图书馆 · 情报 · 文献学

国家社科基金项目书系

本书是国家社科基金重大项目"促进我国基本公共文化服务标准化与均等化研究"（14ZDA050）的研究成果

我国基本公共文化服务标准化与均等化研究

Research on Standardization and Equalization of Basic Public Cultural Services in China

柯平 等著

国家图书馆出版社

图书在版编目(CIP)数据

我国基本公共文化服务标准化与均等化研究/柯平等著. —北京:国家图书馆出版社,
2020.9

(图书馆·情报·文献学国家社科基金项目书系)
ISBN 978 – 7 – 5013 – 6852 – 5

Ⅰ.①我…　Ⅱ.①柯…　Ⅲ.①公共管理—文化工作—研究—中国　Ⅳ.①G123

中国版本图书馆 CIP 数据核字(2019)第 197808 号

书　　名	我国基本公共文化服务标准化与均等化研究
著　　者	柯平　等　著
责任编辑	高爽　唐澈
封面设计	陆智昌

出版发行	国家图书馆出版社(北京市西城区文津街 7 号　100034)
	(原书目文献出版社　北京图书馆出版社)
	010 – 66114536　63802249　nlcpress@ nlc. cn(邮购)
网　　址	http://www.nlcpress.com
排　　版	凡华(北京)文化传播有限公司
印　　装	北京科信印刷有限公司
版次印次	2020 年 9 月第 1 版　2020 年 9 月第 1 次印刷

开　　本	787 × 1092(毫米)　1/16
印　　张	29.25
字　　数	566 千字
书　　号	ISBN 978 – 7 – 5013 – 6852 – 5
定　　价	198.00 元

目　　录

前　　言

公共文化服务是以满足公民基本文化需求为主要目的而提供的公共文化设施、文化产品、文化活动以及其他相关服务。公共文化服务的提出与实践，是中国对于世界文化领域的创新与贡献。

2012年11月，党的十八大报告提出"扎实推进社会主义文化强国建设"，"推动社会主义文化大发展大繁荣，兴起社会主义文化建设的新高潮，提高国家文化软实力"，强调公共文化服务体系建设的重要性。

2013年11月，党的十八届三中全会发布《中共中央关于全面深化改革若干重大问题的决定》，明确提出构建现代公共文化服务体系，建立公共文化服务体系建设协调机制，促进基本公共文化服务标准化、均等化。强调公共文化服务的"现代"特征，突出公共文化服务的"基本"范畴，明确公共文化服务的"标准化与均等化"目标，标志着我国公共文化服务进入一个新的发展时期。

2014年3月，全国哲学社会科学工作办公室为贯彻《中共中央关于全面深化改革若干重大问题的决定》，组织全国研究力量开展重大攻关，在年度重大项目第一批招标中将"促进我国基本公共文化服务标准化与均等化研究"作为课题研究方向进行了全国招标。经过全国哲学社会科学工作办公室对全国各投标单位投标申请书进行严格评审，最终于7月南开大学以柯平教授为首席专家的课题组中标（项目批准号：14ZDA050）。

2014年9月30日，在国家社会科学基金重大项目"促进我国基本公共文化服务标准化与均等化研究"开题会上，中共中央编译局副局长魏海生同志、文化部公共文化司巡视员刘小琴同志提出开展公共文化服务研究要适应新的形势和新的要求，中国社会科学院学部委员黄长著研究员、国家公共文化服务体系建设专家委员会副主任李国新教授、北京市文化局副巡视员倪晓建教授、吉林大学博士生导师靖继鹏教授等充分肯定项目的重大理论价值和现实意义，针对项目开展进一步研究提出了重要意见与期望。全国图书馆标准化技术委员会秘书长申晓娟研究馆员、天津市委宣传部理论处处长袁世军同志以及南开大学副校长佟家栋教授等表示将提供全面支持与服务。

重大项目研究是一个浩大工程,涉及面广,研究难度大。课题组在首席专家领导下,围绕以下方面展开,取得了理论与应用的一系列重要成果。

(1)子课题研究

重大项目的子课题占有重要地位。本重大项目设有五个子课题,课题组从不同的研究视野和实践层面进行专门研究。子课题负责人与成员由来自不同院校的相关领域研究学者和来自公共文化服务实践领域的专家组成,建立起一支理论与实践紧密结合、专业结构合理、学历层次较高的项目研究团队。

子课题一"国外公共文化服务标准化与均等化的理论与实践进展研究"负责人为著名政治学专家、南开大学周恩来政府管理学院院长吴志成教授,成员有魏海生、闫慧、王平、赵滨、陈信、闫娜、邢杰、柯岚馨、王铮、王日花、孔青青、贾子文、段珊珊、张雅琪、彭亮、李京胤等。

子课题二"国内公共文化服务标准化与均等化的基础、现实需求与突出问题研究"负责人为天津师范大学图书情报学科带头人、管理学院原副院长高洁教授,成员有洪秋兰、李丹、张霁星、陈昊琳、朱明、贾东琴、纪树峰、钱蔚蔚、徐青、魏艳霞、吴素舫、孙慧云、张海玲、黄娜、刘旭青、胡银霞、牛佳宁等。

子课题三"我国基本公共文化服务标准化体系构建与实施策略研究"负责人为国家公共文化服务体系建设专家委员会委员、国家图书馆研究院常务副院长申晓娟研究馆员,成员有杨溢、武晓丽、李颖、李卓卓、张文亮、李廷翰、陆晓红、王秀香、刘杰、苏福、胡娟、奚悦等。

子课题四"我国基本公共文化服务均等化的制度设计与实现路径研究"负责人为财政学专家、天津财经大学张进昌教授,成员有黄旭涛、邵永同、杨琪、田园、李健、宫平、张海梅、陈曼娜、唐承秀、杨书文、张平、东方、唐澈、周玮璐、邹金汇等。

子课题五"我国基层公共文化服务的基本标准研究"负责人为国家图书馆博士后、云南师范大学图书馆赵益民研究馆员,成员有王知津、乔东梅、李大玲、肖雪、何颖芳、白庆珉、王明、袁珍珍、裘爽以及赵益民的研究生团队等。

(2)理论研究和调查研究

研究过程中,重大项目在全面系统深入研究国内外公共文化服务相关理论的基础上,运用多种研究方法研究我国基本公共文化服务专门问题,如基层公共文化服务标准、均等化实现阶段、社会公众参与公共文化服务等。开展了大规模的调查研究:问卷调研覆盖全国31个省、自治区、直辖市,专家访谈涉及公共服务、文化领域几十位知名专家学者;组织实施12个地区的实地调查研究,课题组用脚步丈量中国,案例研究涉及东中西部、边疆民族地区、新老城区、棚户区改造等不同类型。

(3)会议研讨

重大项目进行了多种形式的研讨,既有专门的学术研讨会,也有项目汇报会,既有总课题会议,也有子课题会议。如 2015 年 4 月 11 日召开的课题研讨会,来自国家图书馆、南开大学、东北师范大学、天津师范大学、辽宁师范大学、天津财经大学、天津工业大学、天津商业大学、天津科技信息研究所等的 30 余位专家学者参加了研讨。与会人员对基本公共文化服务概念体系进行探索与建构,提出了基本公共文化服务概念体系框架,为项目研究确定了主基调和理论基础。

（4）实践指导和决策支持

重大项目理论联系实际,直接为国家和地方文化工作提供理论指导和政策支撑。课题组将研究成果应用于国家公共文化服务体系示范区建设,课题组首席专家柯平教授对多个地区的国家公共文化服务体系示范区建设进行了指导,还与国家图书馆研究院合作完成了廊坊市国家公共文化服务体系示范区的制度设计。课题组首席专家柯平教授受文化部和中国图书馆学会委托,承担了第六次全国县以上公共图书馆评估定级标准研制工作,完成了省、市、县三级六套评估定级标准,该标准作为文化部文件下发,应用到全国各级公共图书馆评估实践。此外,课题组还完成了《东莞市图书馆"十三五"规划》《新疆维吾尔自治区图书馆"十三五"规划》的制定,将课题思想与理论应用到公共图书馆建设与发展。

（5）文化志愿行动

课题组首席专家柯平教授发起公共文化志愿者行动,并带领文化专家和课题组成员于2018 年 6 月在内蒙古赤峰市举行了启动仪式和首次志愿者行动。志愿者团队从北方的内蒙古到南方的广东,每到一处,就举办多种形式的活动如公益讲座、书法培训、为百姓现场作漫画、免费发放文化资料等,宣传国家公共文化政策,指导基层文化工作,推广应用公共文化研究成果,得到当地政府文化主管部门和基层群众的热烈欢迎和支持。

经过四年的努力,重大项目就我国基本公共文化服务现实需求和薄弱环节进行深入研究,完成了总体目标和任务计划,完成了最终研究报告,出版阶段成果《文化行业标准化研究》专著,先后在国内知名文化学术期刊发表专题研究成果。截至 2018 年 9 月 1 日,已正式发表见刊论文 51 篇,其中被中文社会科学引文索引（CSSCI）收录期刊发表论文 41 篇,已宣读国际会议论文 2 篇,已录用 SSCI 论文 1 篇,博士学位论文 2 篇。

2018 年 9 月,重大项目研究工作正式结束。2018 年 12 月,重大项目获批结项。

项目结项后,课题组开始进行最终成果的整理发表与成果推广工作。

以出版的形式将重大项目的研究报告面世,既是广大文化工作者特别是基层公共文化机构对于理论和实践指导的期待,也是重大项目结项之后课题组进一步为公共文化理论与实践提供服务的愿望。

本书是重大项目理论研究的结晶,研究构建了我国基本公共文化服务标准化体系,确定在全国范围内应该给公民提供的基本文化权益、各级文化机构应该具备的能力要求、公共文化服务标准体系建立机制与保障手段。通过对均等化的制度设计与实现路径的研究,解决如何形成促进我国基本公共文化服务均等化的保障机制,建立可操作、可持续的基本公共文化服务均等化的整体机制,有效地消除城乡二元结构在公共文化服务上的影响,进而逐步缩小城乡差距、地区差距,在整体上确保基本公共文化服务的结果均等、机会均等、过程均等。

本书也是重大项目应用研究的结晶,研究提炼出国内外公共文化服务标准化与均等化的实践特色,分析了我国城乡居民的公共文化服务标准化与均等化的认知需求与实施现状,构建了我国公共文化服务标准化体系框架和公共文化服务均等化的实施路径,并结合我国国情,提出了推进公共文化服务实践发展的对策建议,分别针对农村和城市设计了切实可行的基层公共文化服务的基本标准,以促进我国公共文化服务标准化与均等化的实现。

期待重大项目成果得到更广泛的推广应用。期望通过本书的出版推动新形势下高质量的公共文化服务理论与实践取得更大的发展。

柯平

2019 年 5 月 10 日

1 绪论

1.1 研究背景与研究意义

1.1.1 研究背景

加强公共文化服务是实现人民基本文化权益的主要途径,公共文化服务设施网络是公共文化服务的主要载体和阵地。随着我国公共文化服务设施体系的渐趋完善,公共文化服务的标准化、均等化开始提上政府议程。十八大报告在"人民生活全面提高"这一目标里首次提到"基本公共服务均等化"。2013 年 11 月,党的十八届三中全会发布的《中共中央关于全面深化改革若干重大问题的决定》,指出"构建现代公共文化服务体系。建立公共文化服务体系建设协调机制,统筹服务设施网络建设,促进基本公共文化服务标准化、均等化"。随后,文化部宣布 2014 年将推进基本公共文化服务标准化、均等化,提出要以立法的方式促进公共文化服务标准化、均等化;使公共文化服务有标准可依,以标准化促进均等化;并由文化部牵头成立由中央 20 个部门组成的国家公共文化服务体系建设协调组,标志着国家层面的公共文化服务协调机制正式运转。十二届全国人大二次会议上,国务院总理李克强向大会做的《政府工作报告》指出,2014 年的重点工作包括要促进基本公共文化服务标准化、均等化。2014 年,文化部在全国厅局长会上宣布:2014 年将推进基本公共文化服务标准化、均等化,人民群众将更广泛享有免费或优惠的基本公共文化服务。2014 年 2 月 24 日,文化部部长蔡武在国务院新闻办举行的新闻发布会上表示,正在研究起草公共文化服务标准化、均等化的方案,研究提出国家层面的基本公共文化服务保障标准,作为"底线标准"。2014 年 3 月 19 日,由文化部牵头成立的国家公共文化服务体系建设协调组,召开第一次全体会议,这标志着国家层面的公共文化服务协调机制正式运转,中央 20 个部门将合力"啃"十八届三中全会提出的促进基本公共文化服务标准化、均等化这块"硬骨头"。2015 年,在全国文化厅局长座谈会暨"十三五"规划工作座谈会上,文化部明确了"十三五"时期文化改革发展的总体思路,指出"十三五"文化改革发展主要任务有六个方面,其中第二个方面是以基本公共文化服务标准化、均等化为抓手,加快构建现代公共文化服务体系。力争到"十三五"末,基本建立覆盖城乡、便捷高效、保基本、促公平的现代公共文化服务体系。

2017 年开始施行的《中华人民共和国公共文化服务保障法》(以下简称《公共文化服务保障法》)以法律的力量推动了我国基本公共文化服务标准化、均等化的进程,这也标志着我国公共文化服务标准化、均等化建设进入了新阶段。"没有高度的文化自信,没有文化的繁荣兴盛,就没有中华民族伟大复兴"。2017 年 10 月 18 日,中国共产党第十九次全国代表大会在北京人民大会堂开幕,习近平总书记在十九大报告中向全党全国人民发出了"坚定文化自信,推动社会主义文化繁荣兴盛"的伟大号召,体现了党和政府对社会主义文化发展的重视。党的十九大召开以后,2018 年 1 月 1 日正式实施的《中华人民共和国公共图书馆法》(以下简称《公共图书馆法》)是中国第一部图书馆专门法,具有里程碑意义。《公共图书馆法》围绕公共图书馆在构建现代公共文化服务体系中的职能定位和发展要求,贯穿满足人民群众基本文化需求这条主线,坚持均衡发展的原则,将推动、引导、服务全民阅读作为重要任务,用法治思维、法治手段来推动公共图书馆人民群众基本文化权益的实现和保障,提升人民群众的文化获得感。

与此同时,为了进一步繁荣文化事业、发展文化产业和推动文化创新,文化行业标准化的工作成为文化建设中的重要议题,文化部为此相继印发《文化建设"十一五"规划》《文化部"十二五"文化科技发展规划》《文化标准化中长期发展规划(2007—2020)》《文化部"十三五"时期文化发展改革规划》《文化部"十三五"时期公共数字文化建设规划》等文件,以加强文化行业的标准化建设。

由国家频繁出台的各种政策和措施可以看出,公共文化服务的目标已由建立全覆盖的设施网络体系转向为促进基本公共文化服务的标准化、均等化,以实现公共文化服务在地域、城乡和人群中的平等,使基本公共文化服务同义务教育、基本医疗一样按统一标准提供服务,保障基本文化权益、满足基本文化需求,体现公平正义的原则。

1.1.2 研究意义

1.1.2.1 学术价值和理论意义

(1)本研究完善我国公共文化服务标准化、均等化方面基础理论,确定我国公共文化服务标准化、均等化方面的基本原则、方法和意义。理论上构建我国公共文化服务标准化、均等化方面的分析框架,指导不同层面、不同区域、不同类型的公共文化服务标准化、均等化方面的理论体系构建,促进公共文化服务标准化、均等化方面相关理论的发展。

(2)本研究构建公共文化服务标准化、均等化方面的理论体系,进一步丰富中国特色的文化理论。完善如文化学、传播学、社会学、政治学等文化类相关学科的理论内容。

1.1.2.2　实践意义

（1）本研究调查我国公共文化服务标准化、均等化方面的现状，并在此基础上提出相应的对策，有利于了解和掌握我国公共文化发展的水平，为国家和各级政府制定相关政策与法规提供决策支持服务，有利于国家调整文化政策。

（2）本研究针对增强我国公共文化服务标准化、均等化方面所提出的方法、对策和保障措施等，可以用来指导各地区、各领域和各类型公共文化事业的发展。为我国公共文化事业建设提供量化的可操作的指标，有利于促进公共文化事业建设实现系统性、规范性和可持续性的发展，进而促进文化的发展以增强我国文化软实力，逐步推进社会主义文化强国战略目标的实现，提升我国的国际竞争力。

（3）本研究所构建的公共文化服务标准化、均等化方面的指标体系可以直接应用于实践，从而为各级主管部门进行文化管理提供依据。本研究提出在促进我国公共文化服务标准化、均等化过程中，要形成有效的实现路径与稳定的保障机制，这将为我国相关决策部门协调推进重大公共文化服务法规、政策、标准的制定、实施和考核等相关工作提供可参考借鉴的范本。

1.2　研究目标与研究内容

1.2.1　研究目标

1.2.1.1　理论创新方面

本研究以全面系统地梳理总结国内外已有理论、观点、制度、方案、案例为基础，形成构建我国公共文化服务标准化体系和均等化服务的理论依据、基本原则、方法和意义，从内容和框架上完善了我国公共文化服务的理论体系。具体目标包括：①国外公共文化服务的基本理论研究、标准化研究、均等化研究及对我国的启示与借鉴。②国内公共文化服务标准化与均等化的理论研究、现状研究、需求研究及问题研究。

1.2.1.2　实践应用方面

本研究提出的促进我国公共文化服务标准化的体系构建与实施策略、推进公共服务均等化的制度设计与实现路径以及实现基层公共文化服务标准化的基本标准等，都具有较强的操作性，能够对实践中的重要问题和应用提供指导。具体目标包括：①我国公共文化服务标准及标准化体系研究，我国基本公共文化服务标准化的重点领域研究、优先行业及优先事项研究、实施策略研究、实施指南研究、实施评价研究。②我国基本公共文化服务均等化发展的合理价值取向研究、制度设计研究、实现路径研究、政策统筹发展研究、保障机制研究，以及促进我国基本公共文化服务均等化的协调机制研究和可持续发展研究。

1.2.1.3 服务决策方面

本研究提出，在促进我国公共文化服务标准化、均等化过程中，要形成有效的实现路径与稳定的保障机制，这将为我国相关决策部门协调推进重大公共文化服务法规、政策、标准的制定、实施和考核，以及在《公共文化服务保障法》的基础上，为各地根据民众需求制定出符合当地实际的公共文化服务指南提供现实依据。具体目标包括：①我国基层公共文化服务的底线标准研究；②我国城镇化进程中基层公共文化服务最低标准与农村改革适应性研究；③我国基层公共文化服务保障标准立法研究。

1.2.2 研究内容

1.2.2.1 我国基本公共文化服务标准化的体系构建与实施策略

我国基本公共文化服务标准化体系的主要内容是基本权益的确定，一是要确定在全国范围内给公民提供了哪些基本文化权益。二是要提升公共文化服务的能力，明确各级文化机构应该具备什么样的能力，提供什么服务。三是合理机制和实现手段，确定了这样的目标，怎么样实现这样一个目标，建立一种什么样的机制，通过什么样的措施和手段才能实现确定的标准。实施策略主要通过明确服务的管理标准和服务的技术标准、评价的标准、考核的标准，以及实现这些保障的单位的人员编制、经费投入责任等一系列的配套政策，最终建立一整套健全的公共文化服务监督体系和评价机制。结合上述研究问题，研究的主要内容涉及：

（1）我国基本公共文化服务标准体系和标准化体系框架分析。本研究从国家、行业和地区出发，构建适合我国国情的科学、规范的基本公共文化服务标准体系框架以及标准化工作的体系框架；梳理出图书馆、博物馆、文化馆等各子体系中各类标准的发展现状、各子体系中各标准委员会的工作开展情况，对各子体系中标准化工作所取得的进展和存在的问题进行总结和分析，构建我国基本公共文化服务标准化体系的子体系。

（2）我国基本公共文化服务标准及标准化的重点领域识别。本研究通过对我国基本公共文化服务标准的调查研究，从图书馆、博物馆、档案馆、文化馆等公共文化服务机构中确定基本公共文化服务标准及标准化体系中的重点领域，识别亟须制定相关标准和实施标准化的优先行业，并确定优先事项，确立优先行业标准实施的时间线和优先事项执行的路线图，为国家文化和旅游部制定基本公共文化服务标准提供可靠的决策依据。

（3）我国基本公共文化服务标准化体系的实施策略制定：从实施建议、实施指南和实施评价三个层面制定我国基本公共文化服务标准化体系的实施策略。首先,在基本公共文化服务标准化体系研究基础上,本研究提出标准化体系实施建议用以指导具体实践。其次,本研究拟定《我国基本公共文化服务标准化体系实施指南》,包括标准的基本规范、操作指南和建议方案等,为指导我国各级文化部门制定基本公共文化服务标准提供客观依据。再次,本研究提出的研究标准及标准化实施评价的方法,可以对基本公共文化服务标准化体系实施的效果进行客观的反馈。

1.2.2.2 我国基本公共文化服务均等化的制度设计与实现路径

我国基本公共文化服务均等化的制度设计旨在通过一系列制度设计,探索建立可操作、可持续的基本公共文化服务均等化的整体机制,立足于制度层面的有效性和合法性来努力消除城乡二元结构在公共文化服务上的影响,在内容上主要包括逐步缩小城乡差距、地区差距的有效制度,还包括促进结果均等、机会均等、过程均等的制度内容。在此基础上,实现路径主要致力于通过补齐短板、兜住底线、缩小城乡差距、平衡东西差异等内容来促进基本公共文化服务均等化的合理性。结合上述研究问题,研究的主要内容涉及:

(1)我国基本公共文化服务均等化发展的价值取向探究。价值取向是价值哲学的重要范畴,是一定主体基于自己的价值观在面对或处理各种矛盾、冲突、关系时所持的基本价值立场、价值态度以及所表现出来的基本价值取向。合理化的价值取向能够唤起态度、指引和调节行为。本研究通过对我国基本公共文化服务均等化发展的价值取向探究,寻找正确的理论依据和制度基础,明确我国基本公共文化服务均等化的基本理念,遵循以人为本、公正平等的原则进行顶层制度设计并选择有效的实现路径。

(2)我国基本公共文化服务均等化的制度设计。制度设计是实现基本公共文化服务均等化的首要基础。只有不断完善、细化、健全基本公共文化服务的相关政策,才能使公共文化服务体系建设始终保持在规范科学的轨道上,其中包括:推行基本公共文化服务优先的财政支出政策,健全财力与事权相匹配的、中央和地方相协调的财税体制,促进地区间基本公共文化服务均等化的转移支付制度,建构政府与社会组织的战略伙伴关系。

(3)我国基本公共文化服务均等化的实现路径。实现路径是从现实的国情民情出发,寻求切实可行的路径和手段,选择相对科学合理并兼具实效性的基本公共文化服务均等化发展道路。其中包括:确立服务型政府发展战略、优化公共文化服务均等化的财政投入结构、建构公共文化服务均等化的多元化生产体制、推进公共文化服务均等化的绩效评估进程、建立公共文化服务联盟。

1.2.2.3 我国基层公共文化服务的基本标准研究

我国基层公共文化服务的基本标准是一种覆盖全社会的基层公共文化服务标准体系，是在现有基础上保障基本文化权益、满足基本的文化需求的底线标准，体现了公平正义的原则。主要内容包括基层公共文化服务的基本服务种类、最低保障、场地设施、人均资源配置、服务半径、要求，以及实现这些基本保障的单位、人员编制、经费投入责任等一系列的标准。结合上述研究问题，研究的主要内容涉及：

（1）我国基层公共文化服务的底线标准。从地域范围上，本研究探讨可共同适用于农村乡镇和城市社区的基层公共文化服务基本标准的可行性，从基层群众基本文化权益的确定、基层公共文化机构能力的确定、基层公共文化服务目标实现机制等因素入手，解决乡镇、村、社区三块不同范围内的公民基本权益是哪些、各级文化机构提供哪些基本服务、通过什么样的措施和手段才能实现确定的标准等问题，按统一的标准为基层群众提供基本公共文化服务和保障。

（2）我国城镇化进程中基层公共文化服务最低标准与农村改革的适应性问题。城镇化的过程是国家在实现工业化、现代化过程中所经历社会变迁的一种反映，是解决农业、农村、农民问题的重要途径。就公共文化服务而言，随之带来的是适用于农村乡镇的基本标准将不再适用于城镇化后的"乡镇"。在这一重要的基层发展背景下，本研究结合处于乡镇和社区之间这些原农村人口的实际情况，研究农村改革的基层公共文化服务最低标准。

（3）我国基层公共文化保障标准制度研究。本研究探讨我国基层公共文化服务保障标准立法的必要性，为我国相关文化政策文件的制定提供学理依据和实证依据，特别是在基层公共文化服务方面，研究服务的管理和服务的技术标准、评价的标准、考核的标准等的制定，建立一整套健全的基层公共文化服务体系监督和评价机制。

1.3 研究重点

如何构建促进我国基本公共文化服务标准化的体系与实施策略是本研究的一项重点问题，怎样确定在全国范围内给公民提供的基本文化权益是哪些？通过什么样的方式提升公共文化服务的基本能力？其中各级文化机构应该具备什么样的能力？提供哪些类型的服务？怎么样实现这个目标？需要建立一种什么样的机制？通过什么样的措施和手段才能实现？这一系列问题都需要去发掘。本研究拟通过对标准化体系构建及实施策略的研究来解决上述问题。

　　本研究的另一项重点问题是如何形成促进我国基本公共文化服务均等化的实现路径与保障机制,在什么情况下通过什么样的方式来建立可操作、可持续的基本公共文化服务均等化的整体机制? 如何有效地消除城乡二元结构在公共文化服务上的影响? 怎样逐步缩小城乡差距、地区差距? 如何在整体上确保基本公共文化服务的结果均等、机会均等、过程均等? 上述问题是解决均等化问题的关键。本研究拟通过对均等化的制度设计与实现路径的研究来解决上述问题。

2 研究设计

2.1 研究思路与框架

2.1.1 研究思路

整个研究的设计沿着破题—立论—求解—创新的研究思路,以"立足学术前沿,树立问题意识,体现有限目标"为原则,突出研究重点并确定研究方向、寻找理论支撑、明确研究思路,以"基础—内容—应用"为研究主线,由理论依据、经验借鉴、突出问题、现实需求构成研究基础,由构建体系、实施策略、制度设计、实现路径构成研究内容,以形成基本标准为落脚点,逐步推进来形成一个有机的研究应用。总体思路,如图 2-1 所示。

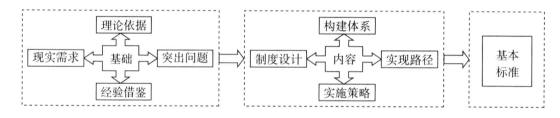

图 2-1 总体路线

资料来源:课题组整理

"研究基础"部分:首先,开展公共文化服务基本理论研究,有关标准化、均等化理论的研究,对现有理论的搜集、整理和比较研究,从历史渊源、理念基础、作用和目的等方面展开,为进一步研究提供理论基础。其次,分国分项考察公共文化服务标准化、均等化的实践进展,选取典型案例进行深入分析,提取国外公共文化服务标准化、均等化实践中丰富的素材与可借鉴经验。再次,提炼国内外公共文化标准化、均等化理论研究、实践操作中有益成分,如经验教训、特色做法,为我国公共文化服务标准化、均等化提供启示与借鉴。

"研究内容"部分:从国家、行业和地区出发,构建适合我国国情的科学、规范的基本公共文化服务标准体系框架以及标准化工作的体系框架。通过对我国基本公共文化服务标准的调查研究,确定基本公共文化服务标准及标准化体系中的重点领域,研究标准及标准化实施评价的方法,以对基本公共文化服务标准化体系实施的效果进行客观的反馈。深入调研与分析我国基本公共文化服务均等化制度的缺陷和制约因素等问题。以我国公共文化服务均等化发展现状与现实需求为出发点,探究我国基本公共文化服务均等化的基本理念和原则,归纳促进公共文化均等化的保障机制与构成因素,寻找正确的理论依据和制度基础,寻求切实可行的路径和手段,优化公共文化服务资源配置,探索相对科学合理并兼具实效性的基本公共文化服务均等化发展道路。

"研究应用"部分:围绕基层公共文化服务的基本标准,分别从横向的标准结构层级和纵向的地理范围切入,在具体应用研究中探索解决我国基本公共文化服务标准化与均等化问题。研究我国农村乡镇和城市社区两个地理范围内的基本标准,厘清乡镇公共文化服务基本标准和社区公共文化服务基本标准的关键要素。

2.1.2　研究框架

本研究的研究框架从基础、内容、应用三个层面展开。具体研究过程通过五个子课题相互配合完善研究。具体包括:子课题一,国外公共文化服务标准化与均等化的理论与实践进展研究;子课题二,国内公共文化服务标准化与均等化的基础、现实需求与突出问题研究;子课题三,我国基本公共文化服务标准化体系构建与实施策略研究;子课题四,我国基本公共文化服务均等化的制度设计与实现路径研究;子课题五,我国基层公共文化服务的基本标准研究。总体研究框架,如图2-2所示。

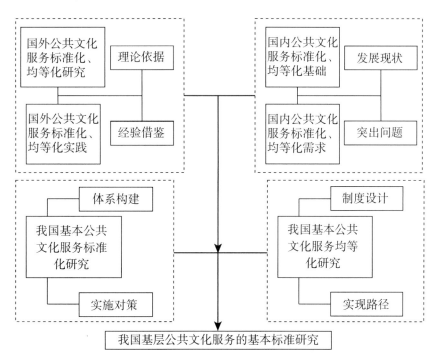

图2-2　主体研究框架

资料来源:课题组整理

以"基础—内容—应用"研究思路为路径,在技术路线上,本研究由理论依据、经验借鉴、现实需求、突出问题构成研究基础,由体系构建、实施策略、制度设计、实现路径构成研究内容,以形成基本标准为最终目标,构成技术路线,如图2-3所示。

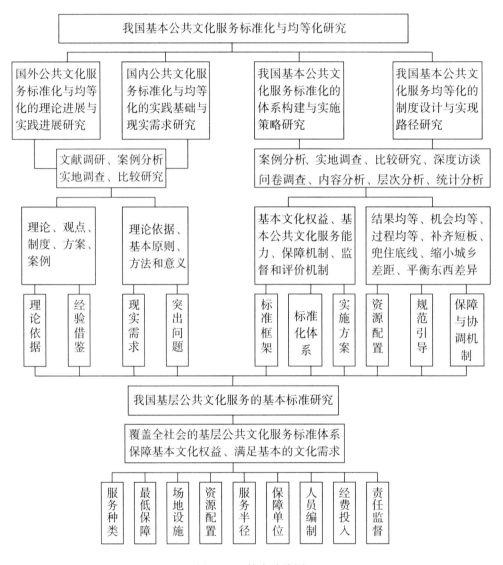

图2-3 技术路线图

资料来源:课题组整理

依据研究内容与研究目的,具体细化如下:

(1)国外公共文化服务标准化与均等化理论与实践进展研究部分,考察和梳理国外公共文化服务标准化、均等化的理论研究和实践进展,为我国现阶段促进基本公共文化服务标准化与均等化研究提供可以参考的依据和能够借鉴的经验。具体研究框架,如图2-4所示。

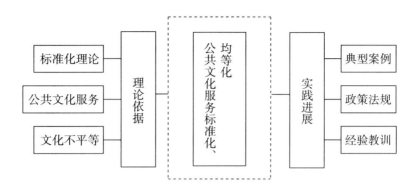

图 2 - 4　国外公共文化服务标准化与均等化理论与实践进展研究框架

资料来源:课题组整理

(2)国内公共文化服务标准化与均等化的突出问题研究部分,是对国内公共文化服务标准化与均等化的实践基础和现实需求进行分析和调研,认清我国现阶段公共文化服务标准化与均等化的发展现状并甄别在推进这一过程时所面临的突出问题和主要矛盾。解决的主要问题包括国内公共文化服务标准化与均等化在现阶段的基础现状,其中包括理论基础、制度基础、物质基础与思想基础;国内公共文化服务标准化与均等化过程中主客体的现实需求,其中包括权益需求、能力需求、结构需求以及政策需求;国内公共文化服务标准化与均等化过程中的突出问题与主要矛盾,其中主要涉及政策法规、服务体系、营运设施、规范标准、评价监督、统筹规划、资源配置、结构差异等方面的内容。

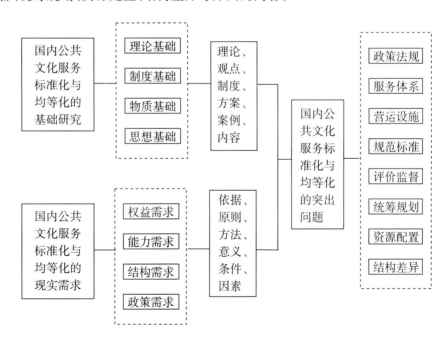

图 2 - 5　国内公共文化服务标准化与均等化突出问题研究框架

资料来源:课题组整理

(3)我国基本公共文化服务标准化体系构建与实施策略研究部分,从公共文化服务标准化的核心环节与中心问题入手,针对公共文化服务标准化的体系构建与实施策略进行研究,并以此为基础来推进我国基本公共文化服务标准化的构建与实施。具体研究框架,如图2-6所示。

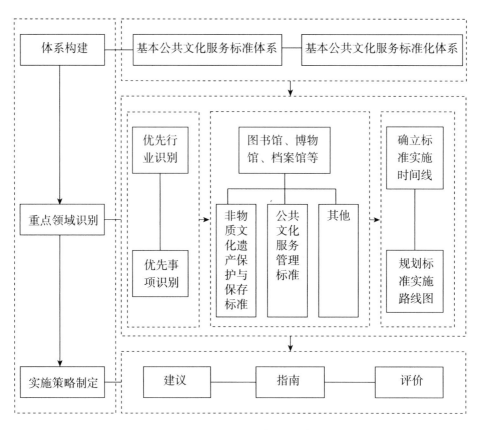

图2-6 我国基本公共文化服务标准化体系构建与实施策略研究框架

资料来源:课题组整理

(4)我国基本公共文化服务均等化的制度设计与实现路径研究部分,以前述的国内外理论与实践研究为基础和依据,从公共文化服务均等化的核心环节与中心问题入手,针对公共文化服务均等化的制度设计与实现路径进行研究,并以此为基础来促进公共文化服务标准化与均等化的推进。具体研究框架,如图2-7所示。

(5)在上述理论与实践研究基础上,本研究从整体上来研究一个切实可行的基层公共文化服务基本标准,可最终促进公共文化服务标准化与均等化的实现。本研究选取我国农村乡镇和城市社区这两个地理范围内基层公共文化服务开展得较好、一般、较差以及非常差的实例,分别进行研究,通过具体分析和解剖实例,寻求解决政府保障标准研制的方案,并将前述研究理论与经验落实到我国基层基本公共文化服务实践中。具体研究框架,如图2-8所示。

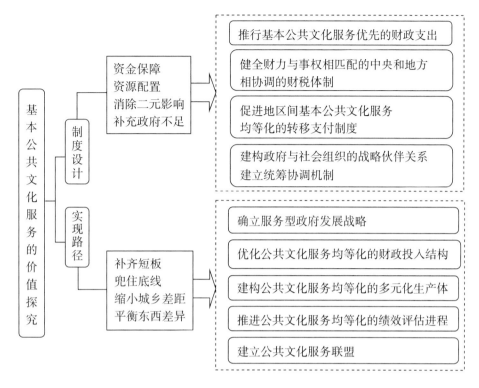

图 2-7　我国基本公共文化服务均等化的制度设计与实现路径研究框架

资料来源:课题组整理

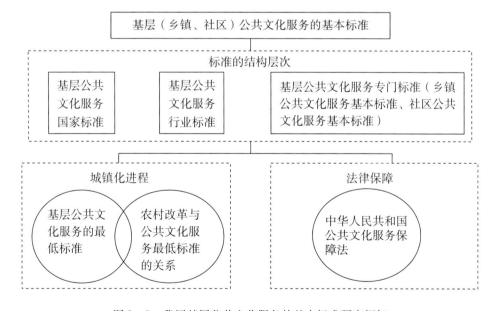

图 2-8　我国基层公共文化服务的基本标准研究框架

资料来源:课题组整理

2.1.3 区域划分标准

目前,我国各地区在经济、文化、教育等方面存在发展不均衡的现象,但我国关于区域划分有多个不同的划分依据(不包括港澳台地区)。据不完全统计,1986 年,"七五"计划把全国经济带划分为东、中、西部三个区域,东部地区 11 个省(直辖市、自治区)分别为北京、天津、河北、辽宁、上海、江苏、浙江、福建、山东、广东和广西等;中部地区 9 个省(自治区)分别为山西、吉林、黑龙江、内蒙古、安徽、江西、河南、湖北、湖南;西部地区 9 个省(市、自治区)分别为四川、贵州、云南、西藏、陕西、甘肃、青海、宁夏、新疆①。2011 年,国家统计局发布的关于东西中部和东北地区划分方法的说明,根据《中共中央、国务院关于促进中部地区崛起的若干意见》《国务院发布关于西部大开发若干政策措施的实施意见》以及党的十六大报告的精神,将我国经济区域划分为东部、中部、西部和东北四大地区,东部 10 省(直辖市)包括:北京、天津、河北、上海、江苏、浙江、福建、山东、广东和海南。中部 6 省包括:山西、安徽、江西、河南、湖北和湖南。西部 12 省(自治区、直辖市)包括:内蒙古、广西、重庆、四川、贵州、云南、西藏、陕西、甘肃、青海、宁夏和新疆。东北 3 省包括:辽宁、吉林和黑龙江②。2018 年 5 月 31 日,文化和旅游部发布的《中华人民共和国文化和旅游部 2017 年文化发展统计公报》确定东部地区包括北京、天津、辽宁、上海、江苏、浙江、福建、山东、广东;中部地区包括河北、山西、吉林、黑龙江、安徽、江西、河南、湖北、湖南、海南;西部地区包括内蒙古、广西、重庆、四川、贵州、云南、西藏、陕西、甘肃、青海、宁夏、新疆③。

根据国家统计局、国家文化和旅游部等部门的区域划分标准,本研究按全国东部、中部、西部三个区域进行调研,如表 2 - 1 所示。地方经济发展、人口数量等因素会影响基本公共文化服务保障和服务效益,根据该区域划分标准,结合国家统计局和《中华人民共和国文化和旅游部 2017 年文化发展统计公报》等资料,可得东部、中部和西部各省人口分布情况(表 2 - 2、表2 - 3),各地区生产总值(表 2 - 4),各地区文化事业的投入情况(表 2 - 5)。

---

① 王惠民."七五"计划三个经济地带的战略布局[J].辽宁大学学报(哲学社会科学版),1987(1):38 - 39.

② 国家统计局.东西中部和东北地区划分方法[EB/OL].[2018 - 07 - 31].http://www.stats.gov.cn/ztjc/zthd/sjtjr/dejtjkfr/tjkp/201106/t20110613_71947.htm.

③ 中华人民共和国文化和旅游部.中华人民共和国文化和旅游部 2017 年文化发展统计公报[EB/OL].[2018 - 07 - 31].http://zwgk.mct.gov.cn/auto255/201805/t20180531_833078.html? keywords =.

表2-1 我国东部、中部、西部划分标准

东部(9)	中部(10)	西部(12)
北京	河北	内蒙古
天津	山西	广西
辽宁	吉林	重庆
上海	黑龙江	四川
江苏	安徽	贵州
浙江	江西	云南
福建	河南	西藏
山东	湖北	陕西
广东	湖南	甘肃
	海南	青海
		宁夏
		新疆

资料来源:课题组根据《中华人民共和国文化和旅游部2017年文化发展统计公报》整理

表2-2 2016年东、中、西部年末常住人口(万人)

东部		中部		西部	
北京	2173	河北	7470	内蒙古	2520
天津	1562	山西	3682	广西	4838
辽宁	4378	吉林	2733	重庆	3048
上海	2420	黑龙江	3799	四川	8262
江苏	7999	安徽	6196	贵州	3555
浙江	5590	江西	4592	云南	4771
福建	3874	河南	9532	西藏	331
山东	9947	湖北	5885	陕西	3813
广东	10 999	湖南	6822	甘肃	2610
—	—	海南	917	青海	593
—	—			宁夏	675
—	—			新疆	2398
合计	48 942	合计	51 628	合计	37 414

资料来源:国家统计局[EB/OL].[2018-07-17].http://data.stats.gov.cn/easyquery.htm?cn=E0103.

表2-3 2016年东、中、西部人口(年末常住)区域分布情况

区域	东部	中部	西部	合计
人口(万人)	48 942	51 628	37 414	137 984
所占比重(%)	35.5	37.4	27.1	100.0

资料来源:国家统计局[EB/OL].[2018-07-17].http://data.stats.gov.cn/easyquery.htm?cn=E0103.

表 2 - 4 2016 年东、中、西部地区生产总值(亿元)

东部		中部		西部	
北京	25 669.13	河北	32 070.45	内蒙古	18 128.10
天津	17 885.39	山西	13 050.41	广西	18 317.64
辽宁	22 246.90	吉林	14 776.80	重庆	1 7740.59
上海	28 178.65	黑龙江	15 386.09	四川	32 934.54
江苏	77 388.28	安徽	24 407.62	贵州	11 776.73
浙江	47 251.36	江西	18 499.00	云南	14 788.42
福建	28 810.58	河南	40 471.79	西藏	1151.41
山东	68 024.49	湖北	32 665.38	陕西	19 399.59
广东	80 854.91	湖南	31 551.37	甘肃	7200.37
—	—	海南	4053.20	青海	2572.49
—	—	—	—	宁夏	3168.59
—	—	—	—	新疆	9649.70
合计	396 309.69	合计	226 932.11	合计	156 828.17

资料来源:国家统计局[EB/OL].[2018 - 07 - 17].http://data.stats.gov.cn/easyquery.htm?cn = E0103.

表 2 - 5 2017 年东、中、西部文化事业费区域分布

区域	东部	中部	西部	合计
总量(亿元)	381.71	213.3	230.7	825.71
所占比重(%)	44.6	24.9	27.0	—

资料来源:《中华人民共和国文化和旅游部 2017 年文化发展统计公报》[EB/OL].[2018 - 07 - 17].http://zwgk.mct.gov.cn/auto255/201805/t20180531_833078.html?keywords = .

本研究依据该区域划分标准开展相关研究:其一,面向各区域开展针对性研究,识别各区域基本公共文化实际建设情况和居民公共文化需求情况,了解各区域之间基本公共文化建设及需求差异。其二,组织整理当前各地基本公共文化发展的相关文件,以东、中、西部为标准进行统筹汇总。其三,依据各区域基本公共文化发展进度,结合国家及地方层面的相关文件等资料,对各区域进行差异化的分类指导,以实现基本公共文化资源合理布局,促进全国各地区基本公共文化协调发展的目的。

2.2 章节安排

本书主要分为 4 个部分共 16 章及附录,主要安排如下:

第一部分从第 1 章到第 5 章,主要是对基本公共文化服务标准化与均等化进行相关理

论分析。第 1 章从研究背景、研究思路、研究内容等方面对本项目进行简要介绍;第 2 章概述本项目的研究设计和工作安排;第 3 章探讨基本概念和基本理论问题,提供本项目的理论支撑;第 4 章和第 5 章总结概述当前国内外公共文化服务标准化与均等化的实践基础和环境。

第二部分从第 6 章到第 9 章,主要是进行基本公共文化服务标准化与均等化的实证研究。第 6 章对本项目使用的问卷调查法和样本情况进行介绍;第 7 章和第 8 章分别对城镇地区和农村地区居民对基本公共文化服务的认识和需求进行分析说明;第 9 章介绍访谈法设计和使用情况,总结分析专家访谈结果。

第三部分从第 10 章到第 15 章,集中反映了本研究的核心成果。第 10 章总结归纳我国基本公共文化服务标准化体系的要素和重点领域等,以调研数据为基础,分别构建现阶段我国区域性的基本公共文化服务标准,为各地区基本公共文化建设提供分类指导,同时,构建"十四五"时期我国基本公共文化服务标准,为下一阶段基本公共文化服务发展提供参考;第 11 章从实施策略制定、实施建议、实施指南、实施评价等方面提出我国基本公共文化服务标准化的实施策略;第 12 章从财力和组织保障、明确底线、人才建设等方面进行我国基本公共文化服务均等化的制度设计;第 13 章从底线均等和效果均等两个方面进行我国基本公共文化服务均等化的实现路径研究;第 14 章介绍我国基层公共文化服务基本标准的理论、设计目标和设计思路;第 15 章构建面向城市和农村基层公共文化服务的基本标准指标体系。

第四部分为第 16 章及附录。第 16 章总结本项目的研究结论,探讨未来研究方向。附录包含调查问卷与访谈提纲、《我国基本公共文化服务标准化体系实施指南(征求意见稿)》、基层公共文化服务标准研究相关文件目录。

2.3　研究方法

在研究方法上,本研究采用理论分析与实证研究相结合的方法来进行。本研究运用到的方法包括:

第一,文献调查法。本研究文献主要来源于纸质图书文献资料和电子相关数据,以及相关国内外学术及主流搜索引擎搜索到的资料和访谈,实地调查得到的第一手资料等。对与研究密切相关的议题和理论,进行跟踪和阅读,归纳和总结国内外与本文研究主题相关的研究范畴、研究方法、已有的研究成果和目前的研究进展,为本研究的进一步深入奠定基础。

文献调查法作为主要的理论研究方法,本研究理论分析部分都运用了该方法,主要反映在第1章研究背景、第3章基本理论问题探讨等章节。

本研究在理论文献调查之外,也对国内外公共文化服务相关政策、标准资料进行了系统收集与整理。在国内的基层公共文化服务相关政策、标准文件整理工作中,本研究汇编了《基层公共文化服务标准研究相关文件目录》(见附录三)。其中,城市基层公共文化服务基本标准的相关文件为111件,农村基层公共文化服务基本标准的相关文件为70件。主要应用于第15章面向基层公共文化服务的基本标准指标体系等章节。

第二,问卷法。本研究利用问卷获取公众公共文化服务认知与需求数据,共发放问卷7200份,覆盖我国31个省、自治区、直辖市,选取省会城市、经济较发达城市以及欠发达城市作为样本城市,发放范围涉及我国行政规划的农村行政村和城镇街道社区,所获数据用于研究中对我国公共文化服务标准化与均等化的现状和需求分析、确立我国公共文化服务标准化的体系、公共文化服务均等化的制度框架等研究。问卷调查设计与分析主要反映在第6章问卷调查概述、第7章城镇地区居民问卷调查分析、第8章农村地区居民问卷调查分析等章节。

通过发放问卷,本研究将基层公共文化服务调研落实到全国各省市,对我国公共文化服务标准化与均等化的现状和需求进行分析,从而获得一手数据,为确定公共文化服务标准化的体系、构建公共文化服务均等化的制度框架构建提供支撑。主要反映在第10章我国基本公共文化服务标准化的体系构建、第11章我国基本公共文化服务标准化的实施策略、第12章我国基本公共文化服务均等化的制度设计、第13章我国基本公共文化服务均等化的实现路径研究等章节。

第三,专家访谈法。本研究根据前期理论与问卷调研成果拟定的访谈提纲,对公共服务、文化领域知名专家学者进行半结构化深度访谈,访谈的形式包括当面拜谈、电话访谈等两种。本研究对访谈的应用在多个子课题中,例如我国公共文化服务标准化与均等化的现状和需求的调研、公共文化服务标准化的体系构建依据、公共文化服务均等化的制度设计原则、公共文化服务均等化的制度设计与实现路径的验证和对策分析等方面。

本研究借助专家访谈聚合业内智慧,重视吸收多方意见与建议,从申请之初就不断与国内公共文化服务领域的研究专家、公共文化服务领域实践者保持良好的科研互动,除各子课题就其具体研究内容开展专家访谈,并形成独立访谈报告之外。本研究系统收录并分析了共计20位公共文化领域优秀学者、实践者的深度访谈,以应用于公共文化服务标准化的体系构建依据、公共文化服务均等化的制度设计原则等研究的核心理论部分。主要反映在第9

章专家访谈分析、第 10 章我国基本公共文化服务标准化的体系构建、第 12 章我国基本公共文化服务均等化的制度设计、第 13 章我国基本公共文化服务均等化的实现路径研究等章节。

在基层标准制定过程中,课题组成员作为核心成员深入参与《第六次全国县以上图书馆评估指标》《东莞图书馆"十三五"战略规划》《新疆维吾尔自治区图书馆"十三五"规划》等具体文化标准与规划的制定过程,指导基层具体公共文化服务实践应用,推广公共文化服务研究成果,并在内蒙古赤峰市启动文化志愿者行动,率先将本研究的思想与理论应用到西部少数民族聚居区,在实践中检验基层标准的可行性。

3 基本理论问题探讨

3.1 基本概念

3.1.1 基本公共文化服务

公共文化是文化的组成部分,"公共"二字是它和其他文化类型的最显著区别。所谓公共,强调的是文化的普惠性、共享性和基本性。公共文化就是以满足公民基本文化需求为主要目的,由政府主导、社会力量参与,向全体公民提供的公共文化设施、产品和服务[①]。全体公民则意味着不以任何年龄、职业、民族、性别、地域等为区分,每一类公民都拥有享受公共文化的权力。同时,这也表明公共文化建设和公共文化服务要能够满足各类公民的需求,以不同年龄段、职业、民族等特征为考量,发展具有特色化和专指性的公共文化服务,在坚持普适性的同时加强个性化的公共文化服务。

公共文化这一概念不是对文化类型、样态、形式加以区分的结果,考量的标准是普通老百姓对文化服务、活动的现实需求和可及性、参与性[②]。因而,公共文化的形态、形式、服务方式等并未有所限制,无论是以时代划分的现代文化、传统文化,以地域进行划分的中国文化、西方文化、亚洲文化、世界文化等,以形态划分的美术、音乐、电视、电影、体育等,还是以服务形式进行划分的演出、竞赛、展览、讲座等,只要深入社会公众的日常文化生活,并且是社会公众有条件、有保障、能享有、愿参与的文化服务和文化活动,就属于公共文化。

文化的使命功能,决定了公共文化首先要承担面向所有人传播和内化社会主义核心价值观、提高公民道德和文化素质的使命与功能。这从对人和社会的影响方面对公共文化服务提出了要求,那些积极向上,既能陶冶情操,又能丰富精神世界;并在此基础上,能够对塑造个人素养,提高个人文化素质和修养有所益处的文化,进而营造良好的生活和社会环境的文化,塑造个人的国家观、历史观、民族观、文化观,增强我国文化整体实力和国际竞争力的公共文化才能满足"公共文化"所要达到的目标和任务。

关于"基本公共文化服务"语境下的"基本"的理解,"基本"体现的是公共文化服务的层

---

①②　十二届全国人大常委会专题讲座第二十一讲对我国现代公共文化服务体系建设的思考[EB/OL].[2018－03－01]. http://www.npc.gov.cn/npc/xinwen/2016-04/06/content_1986532.htm.

次性、阶段性和完备性。首先，是层次性。以"基本"为限区分出了基本公共文化服务和非基本的公共文化服务两类公共文化服务。一般认为基本公共文化服务是指与经济、社会和文化发展水平和人民群众的基本文化需求大体适应、大致均等的公共文化服务；非基本的公共文化服务，一般是指超出经济、社会和文化发展的平均水平，主要满足人民群众或部分人群超出基本文化需求外的更高层次和水平的公共文化服务①。"基本"大致包含两个"底线"，一是公民的"底线"，关系到公民最为迫切和最低程度的文化需求；二是政府的"底线"，是政府能力范围内的公共文化服务。基本公共文化服务既是符合大众最低文化需求的、不可或缺的，并符合社会文化资源配置的基本要求，也是政府现有资源刚好能够提供的公共文化服务②。

其次，是阶段性。目前，基于我国整体基本公共文化的发展情况，以及社会、经济、技术发展趋势等因素，学术界大致形成了基本公共文化服务的共识，即基本公共文化服务可分为基本服务环境、基本服务设施、基本服务形式与内容、基本服务评价等方面③。但公共文化服务语境下的"基本"所代表的状态或要求是具有动态调整和演变的特性的，随着社会、经济、技术的发展以及社会公众的基本公共文化需求变化而不断扩展和丰富，因而基本公共文化服务的内容需要因时因地具体安排。基本公共文化服务的提出最重要的一点是"兜住底线"，更为强调对经济、文化发展不足的地区的公共文化发展，保障生活困难、公共文化获取困难等民众的公共文化服务，但不设上限，基本公共文化服务在"底线"之上不断建设发展。在这一点上，基本公共文化服务和非基本公共文化服务并无明显界限。

再次，是完备性。从公共文化服务与满足社会公众最低限度的文化需求两方面而言，鉴于社会公众不同的生活背景、兴趣爱好等因素，必然是多种公共文化服务并存才有可能符合各类民众的需求。目前，从我国行政管理体制的角度看，公共文化涉及思想宣传、文化、新闻出版、广播电视，乃至全民健身、全民科普、群众性法治文化活动等多个部门。因而，基本公共文化服务设施大致分为公共文化馆、图书馆、博物馆、美术馆、乡镇（街道）综合文化站、村（社区）综合性文化服务中心等，以及其他提供公共文化必要的设施设备如广播电视播出机构、卫星地球站、直播卫星平台等。同时，根据各类公共文化服务设施的服务特点，需要向社会公众提供多种形式和内容的基本服务，主要包括地方戏、广播、电视、电影、图书报刊，以及少数民族文化服务、参观文化遗产、公共体育场馆开放、全民健身服务等。

---

① 祁述裕,曹伟.构建现代公共文化服务体系应处理好的若干关系[J].国家行政学院学报,2015(2)：119－123.
② 刘旭青.促进我国基本公共文化服务标准化和均等化的重大探索——国家社科重大项目首席专家柯平教授访谈录[J].图书馆学研究,2017(18)：26－30.
③ 陈昊琳.基本公共文化服务：概念演变与协同[J].国家图书馆学刊,2015(2)：4－9.

在我国,基本公共文化为政府所主导,政府为基本公共文化主要的责任主体,政府投入资金、人力、技术、设施设备等,在基本公共文化建设当中发挥统筹和规范作用,包括制定法律法规来规范基本公共文化建设及目标。同时,基本公共文化建设也并不排除非政府主体,包括个人、社会组织、民间团体等的参与。一方面,非政府主体拥有大量的人力、技术、设备、资金,能够作为政府实施基本公共文化的补充,发挥辅助作用。市场和社会的参与,能够使基本公共文化更为多样化,并促进地方文化资源的均衡配置。另一方面,基本公共文化作为面向社会公众的一类文化,保障社会公众的文化权益。基本公共文化的建设成效是以社会公众的接受度、满意度、成长度等为重要依凭的。这就说明,基本公共文化建设既要重视社会公众意见并不断完善,同时社会公众也可以主动创造和合作建设自我需要的公共文化服务。此外,我国现有的政策和法律法规也明确了社会力量参与,为社会力量参与提供了政策依据和法律保障。

基本公共文化服务的形式、内容、方式、手段等具有动态发展的特性,即使是在当前不同地域、不同群体、不同职业的背景下,基本公共文化服务提供上也会存在差异,可以说,以"基本公共文化服务"自身而论,其内涵和外延是会随着社会发展不断变化的。但从公共文化理论和我国法律政策等视角来看,基本公共文化服务在自我发展的过程当中,在服务对象、责任主体、服务任务等方面具有一些相对稳定的状态,主要表现为:基本公共文化服务具有公共文化服务的一般特征,即服务于全体社会公民,能够发挥文化引领风尚、教育人民、服务社会、推动发展的作用。并且,政府部门为公共文化服务的主要责任主体承担建设职责。同时,基本公共文化具有不同于其他公共文化服务的特性,即在服务于全体社会公民的基础上,还需更为侧重和切实维护低收入人群及其他特殊群体的基本文化权益,并且,满足的是全体公民最低文化需求,而且是在政府承受范围内进行的资源调控。

因而,本研究将基本公共文化服务理解为以社会法治和公平正义为原则,以政府为主体,在社会文化资源配置和政府现有服务能力承受范围内,以满足全体公民最低文化需求为标准的公共文化制度建设、服务开展、产品生产和设施建设的总称。

3.1.2 基本公共文化服务标准化

关于"标准"的定义,《标准化工作指南 第 1 部分:标准化和相关活动的通用词汇》(GB/T 20000.1—2014)条目 5.3 将标准描述为:通过标准化活动,按照规定的程序经协商一致制定,为各种活动或其结果提供规则、指南或特性,供共同使用和重复使用的一种文件。在当前"基本公共文化服务"语境下,标准化还是个不断推进的过程,对基本公共文化服务具有指导意义和应用价值的文件有些并非严格意义上的标准,然而这却是趋近于标准的一个重要阶段。因而本研究为更为全面反映当前基本公共文化服务发展现状,为未来标准制定实施提供经验,研究所指的"标准化"除标准外,还纳入了计划性文件、规范性文件和政府规章等相关文件。

"标准化"包含两层含义,首先,在微观层面上,"标准化"主要是指标准化工作机制,对重复性事物和概念,通过制定标准、修订标准、实施标准、监督评估,以获得最佳秩序和最佳效益的过程。在宏观层面上,"标准化"指以标准为中心,涵盖制修订、落实、评估标准等工作中涉及的政府部门、社会公众、标准制定部门、标准实施单位等利益相关者。"标准化"是个建立机制、完善体系的过程,是个围绕服务对象需求而持续改进供给的过程。

基本公共文化服务标准化以基本公共文化服务为标准制定对象,通过标准规范政府部门和规范各级各类公共文化机构服务、项目和流程,提高公共文化服务供给,涵盖了基本公共文化服务各方面内容。2015 年 1 月 14 日,中共中央办公厅、国务院办公厅印发的《国家基本公共文化服务指导标准(2015—2020 年)》对各级政府应向人民群众提供的基本公共文化服务项目和硬件设施条件、人员配备等做出了明确规定,其中,基本服务项目包括读书看报、收听广播、观看电视、观赏电影、送地方戏、设施开放、文体活动 7 个方面,硬件设施包括文化设施、广电设施、体育设施、流动设施、辅助设施 5 类公共文化设施,人员配备方面包括人员编制和业务培训。可见基本公共文化服务标准化的内容有:各类公共文化机构包括图书馆、博物馆、文化馆、美术(艺术)馆、演出场所、文化娱乐场所、网络平台、乡村(社区)文化站(中心)、文体广场等;各类服务内容包括读书看报、广播影视、文体活动等。除公共文化设施建设、管理和服务的标准化外,基本公共文化服务标准化的范围还包含基本公共文化服务保障标准、评价标准、各级政府保障责任和义务的标准等。保障标准包括队伍建设、经费投入等,评价标准包括标准实施情况的动态监测机制和绩效评价机制等。

基本公共文化服务标准化的主要表现形式是要建立一个提升公共文化服务水平的质量管理体系,由需求识别、政策转换、效果评估和持续改进等四大机制,以及质量目标、质量责任、质量方法、质量行为、质量测量和质量改进等六大环节所构成的闭合管理体系[①]。基本公共文化服务标准体系建设以纵向而言,是要国家制定的指导标准和省、自治区、直辖市等各级地方政府制定的实施标准以及文化行业标准相衔接;以横向而言,是要文化行业相关标准及标准体系包括图书馆、博物馆、文化馆等标准体系逐步完善,提高总体数量、均衡标准结构、增加标准种类,形成一系列特色文化建设标准体系。

基本公共文化服务标准化大致包含四个阶段:第一,明确社会公众基本文化需求。充分考量社会公众获取公共文化服务的各类因素,其中客观因素如地理距离、时间成本、资金成

---

① 王颖.科学推进公共文化服务标准化建设[J].中国质量万里行,2016(2):42-43.

本等,主观因素如以及社会公众兴趣爱好、年龄段、职业背景等,以及社会公众对于看电视、听广播、读书看报、参加公共文化活动等各类公共文化的需求程度和范围。第二,立足现实,制定标准。基于国家经济社会发展水平和供给能力或地方经济发展水平和地方政府服务能力,确立基本公共文化服务标准,以社会公众的基本文化需求引导公共文化服务供给,底线标准的择定有可供社会公众进行选择的范围。第三,标准执行和实施。依据标准加强各类公共文化服务供给和公共文化服务设施建设,保障基本公共文化建设有序而有效的开展,切实保障公民的基本文化权益。第四,标准评价。结合社会公众基本文化需求被满足程度、满意程度、公共文化建设成效等对基本公共文化服务标准进行评价。根据经济、社会、技术和公众文化需求的发展变化,适时对相关标准及其具体指标进行调整。

可见,基本公共文化服务标准化是要以标准化为方法,以标准为手段,通过建立公共文化服务制度化和规范化的约束,力图达到一定范围和一段时间内的最佳秩序和最佳效能,最终实现以标准化促进均等化,填平补齐公共文化资源,推动区域间、城乡间公共文化服务均衡协调发展。

3.1.3 基本公共文化服务均等化

《现代汉语词典》对"均等"的解释为"平均;相等"①。可以看出,"均等"一词能够容纳众多含义,在不同语境下具有"公平""平等""相等"等含义。作为"均等"一词的延伸,"均等化"一词,在逻辑上可做两种释义,一做静态的理解,它是指一种"均等的状态";二做动态的理解,它是指"使之趋于均等"的过程②。当"均等化"被作为动态认识时,其呈现出一体两面的发展逻辑,一是以均等化为结果导向,其次是以均等化为过程取向,"均等化"是过程均等化与结果均等化的有机统一③。可见,"均等化"既指不断调节和均衡资源配置的过程,也指通过调整资源配置达至均等的结果。简言之,"均等化"包含过程均等和结果均等。以"均等化"的内涵而论,均等化并非绝对的平均主义和单纯的等额分配,而是允许有差距存在,但将差距控制在社会可承受范围内的相对均衡。

"基本公共文化服务均等化"主要涉及两类主体,即基本公共文化服务的主要提供者(政府部门)、基本公共文化服务的接受对象(社会公众)。以公共文化建设和发展的目标而言,其目的是要保障人民群众的文化权利,表明"均等"的出发点和落脚点为社会公众。"均等"为两者

---

① 中国社会科学院语言研究所词典编辑室. 现代汉语词典[M]. 7 版. 北京:商务印书馆,2016:717.

② 张桂琳. 论我国公共文化服务均等化的基本原则[J]. 中国政法大学学报,2009(5):44 - 51,158 - 159.

③ 唐亚林,朱春. 当代中国公共文化服务均等化的发展之道[J]. 学术界,2012(5):24 - 39.

及以上之间的均等,是对多者之间差距的一种比较衡量的结果。因而,可以说,判断"均等"是以社会成员之间比较的结果为标准的。一切都是要实现社会成员之间得到公共文化服务的均等。同时我们也应当看到,任何关于社会发展目标和建设方向的讨论应以现实状况为依凭,基于我国当前的地方行政制度和财政制度,各地基本公共文化服务的供应以地方政府为主要责任者,同时地方政府之间的服务能力存在差异,而且这种状况在未来一段时间还将持续存在,因而针对基本公共文化服务的提供者的论述,实际上是围绕地方政府展开的分析。

从基本公共文化服务的供应效果来看,基本公共文化服务的提供者将基本公共文化服务交给接受对象,其中可影响接受对象的接受效果的因素包括:地方政府的供给能力;基本公共文化服务的内容、形式、方式、路径、范围等;社会公众的接受能力。地方政府的供给能力主要会受到以下因素影响:经济发展因素,政治因素如服务理念、法律法规、职能范围,信息技术因素等。社会公众的接受能力,由于社会公众的年龄阶段、职业背景、兴趣爱好、生活习惯、与获取公共文化服务之间的距离等不同,其接受能力也会有所不同。这就表明"均等的文化服务"是要面对不同背景的人群所要开展的内容、形式等均等的服务,而作为提供这些服务的一方,地方政府则需要满足能够提供这些服务的条件。

以横向比较,社会成员通过接受到"均等"服务,其文化生活逐步达到均等,所以这就要求政府为各社会成员提供"均等"的服务。但一方面由于地方政府的经济能力、服务理念等并不完全一致,因而需要采取措施尽可能平衡不同地区地方政府提供公共文化服务的能力,包括制定法律法规规范其行为、制定一段时期内的发展目标、提高公共文化服务意识等;另一方面,由于社会成员之间的年龄、职业、身体状况等因素,存在对同一内容、形式的公共文化服务接受能力的个体差异,因而,尤其要重视向此前文化服务不足的社会成员进行倾斜,包括老年人、未成年人、进城务工人员、残疾人等特殊群体、贫困地区及边疆地区的社会成员等。

以基本公共文化服务的供应过程而言,这个过程并非是单向且强制的。地方政府提供公共文化服务,社会成员也可以在各项服务当中进行挑选或者不接受服务。同时,社会成员并非处于被动接受的地位,也可以向地方政府进行反馈和服务评价。另外,由于地方政府供给能力、公共文化服务、社会成员接受能力会受到各种因素的影响,要想地方政府之间提供相同的公共文化服务,或是各类社会成员都能得到完全平等的服务,是不切实际的,因而当前提出的"基本公共文化服务均等化"实际上是相对的平等和公平,是不断趋近于平等和公平的"均等化"。

可见,"基本公共文化服务均等化"主要包括三个方面:

第一,从政府部门与社会成员的关于文化服务的供应结果来看,是要追求全体公民享有大体相等的基本公共服务。为达到这一目标,政府首先要为社会成员提供大致均等的基本公共文化产品和服务,即保证社会成员之间享有基本公共文化服务的机会。具体而言,是面向各类社会成员供应的基本公共文化产品和服务具有或逐步形成一致的标准,为提供均等的服务政府可采取多种补偿办法提高供应能力。

第二,从文化服务的供应过程来看,社会成员可以根据自己的文化和生活需求,自主选择自己满意的产品或服务,并决定是否接受,这表明社会成员在这一过程中拥有自由选择权。

第三,均等化并非绝对意义上的平均,而是将差距控制在社会可承受范围内的相对均衡。

3.2　理论视角

基本公共文化服务标准化和均等化研究以公共产品理论和相关理论为基础,本研究主要运用经济学、政治学、社会学的理论,选取公共产品理论、社会公正理论、新公共服务理论作为基本公共文化服务标准化和均等化研究的理论视角。

3.2.1　公共产品理论

公共产品理论为公共经济学的一项基本理论,也是处理政府与市场关系、政府职能转变、构建公共财政收支、公共服务市场化的基础理论。

公共产品(Public Goods)与私人产品(Private Goods)是相对的概念。早在大卫·休谟和亚当·斯密的论述中便已出现公共产品的思想。1954年,经济学家保罗·萨谬尔森在《公共支出的纯理论》中首次将"公共产品"以经济学专业术语提出,萨谬尔森从非竞争性和非排他性的角度出发,将其描述为任何人对这种产品的消费,不会导致其他人对该产品消费的减少。这一定义也成为公共产品的经典定义。安东尼·阿特金森、约瑟夫·斯蒂格利茨则认为萨缪尔森的公共产品为"纯公共产品",现实生活中存在稀少,而大量存在的是处于纯私人产品和纯公共产品之间的中间状态的产品①。奥兹在公共产品理论基础上延伸出了地方性公共产品理论,他认为让地方政府将一个帕累托②有效的产出量提供给他们各自的选民,

① 顾建光.公共经济与政策学原理[M].上海:上海人民出版社,2014:43.
② 公共产品供给中涉及判定公共利益的标准之一是"帕累托标准",由经济学家维尔弗雷多·帕累托提出。"帕累托最优"是指政府的某一种活动或某一项政策变化如果不使其他人的境况变坏,就没有人的境况变好的状态。"帕累托改进"是指政府的某一种活动或某一项政策变化至少使一个人的境况变好而没有人的境况变坏的状态(郭庆旺,赵志耘.公共经济学[M].2版.北京:高等教育出版社,2010:11)。帕累托标准是政府活动或政策制定和实施中追求效率与公平的一项标准。

则总量要比由中央政府向全体选民提供任何特定的并且一致的产出量有效得多①。詹姆斯·布坎南在1965年《俱乐部的经济理论》中扩展了公共产品的概念,认为现实世界中大量存在的是介于公共产品和私人产品之间的产品,即俱乐部产品,也被称为准公共产品。

公共产品具有非排他性和非竞争性两种重要特性。非排他性是指一个人在消费这类产品时,难以排除或无法排除他人从这类产品中获得好处。非排他性有三方面含义,即公共产品在技术上不易排除众多的受益人;有些公共产品虽然在技术上可以排除其他人,但增加了排他成本,远超出排他后带来的好处,在经济上无法接受;公共产品具有不可拒绝性,任何人不可能拒绝享受公共产品的利益②,或者说,即便个人没有消费该产品的意愿,也没有办法排除它。非竞争性是指一个使用者对该产品的消费并不减少它对其他使用者的供应,或者说一个使用者从产品获得收益不会影响其他使用者从产品中的受益,受益对象之间不存在利益冲突,其包含两方面含义,即边际成本为零和边际拥挤成本为零③。前者表示公共产品一旦被提供,使用者的增多并不导致该公共产品生产成本的增加,生产方面无须追加资源的投入来增加供给;后者表示每个使用者的消费都不影响其他使用者的消费数量和质量,同一单位的公共产品可以被许多人消费,它对某一个人的供给并不减少对其他人的供给,某一使用者享用该公共产品得到收益并不减少其他使用者享用该产品所得到的收益。

根据非竞争性与非排他性的程度,公共产品可以分为纯公共产品和准公共产品。纯公共产品指具有完全的非竞争性和完全的非排他性的产品,且不存在"拥挤效应"。准公共产品介于纯公共产品和私人产品之间,通常只具备非竞争性或非排他性特征之一,而另一特征则表现不充分,即具有有限的非竞争性或有限的非排他性的公共产品。若准公共物品的排他性比较突出,这种准公共产品可称之为排他性公共产品,若准公共产品的竞争性比较明显,这种公共产品可称之为拥挤性公共产品④。

公共物品消费的非排他性和非竞争性,使得个人无法从提供公共物品中获益,因而导致他人选择无偿享受公共物品带来的收益却不支付任何费用,产生所谓的"搭便车"现象,每个人都有搭便车的动机,因而就不再有人生产该类产品,或者说,每个人都在等别人生产该类产品⑤。这种现象使得通过市场交换获得公共物品的利益的机制失效,竞争性的市场无法

① 杨静.马克思主义视角下的西方公共产品理论批判性解读[J].教学与研究,2009(8):17-22.
② 郭庆旺,赵志耘.公共经济学[M].2版.北京:高等教育出版社.2010:45.
③ 顾建光.公共经济与政策学原理[M].上海:上海人民出版社,2014:45.
④ 郭庆旺,赵志耘.公共经济学[M].2版.北京:高等教育出版社,2010:46.
⑤ 霍尔库姆.公共经济学:政府在国家经济中的作用[M].顾建光,译.北京:人民大学出版社,2012:96.

达到公共物品的帕累托最优产量,因而决定了公共物品的供给应主要由政府来负责承担①,公民以税收的形式缴纳给政府,再由政府向每个人免费提供该产品。但并非表示政府要生产或提供全部的公共物品,其既可以由政府完全供给也可以公私结合来进行供给。

以公共产品论述基本公共文化服务问题,就是要力图解释在基本公共文化服务问题方面,政府机制应该承担何种职责,以及与此相关的市场机制又应该承担何种职责。

以产品的非排他性和非竞争性特性而论,基本公共文化产品为公共产品的范畴。在非排他性方面,看电视、看电影、欣赏文艺表演、参加文体活动等是公共的或是可以共用的,个人的使用不能够排斥其他人的使用,一个使用者利用这些服务或产品获取文化等的机会与其他使用者获取文化等的机会是同等的,换言之,每个使用者都能从基本公共文化服务和产品中得到好处。但是只要付出一定的成本,基本公共文化产品和服务也可以成为排他的,之所以这些产品和服务具有非排他性,是因为社会有着免费消费的公共需求,人们要求政府提供这些产品,同时希望在不付费的情况下享受这些产品和服务②。在非竞争性方面,以公共图书馆为例说明,当公共图书馆到馆人数不多时,图书馆的空间资源、文献资源、人力资源等能为所有到馆者使用,而且多一位到馆者,不会减少他人对图书馆的使用,此时,图书馆不具有竞争性。但当到馆人数超过图书馆设计可容纳量时,便是一种竞争性产品,其他读者需要对空间资源、文献资源、人力资源进行等待使用,读者承担了等待成本,即额外读者的边际成本上升,并且,公共文化服务人员在开展公共文化服务的频率的负担加重。此外,公园、公共游泳池、公共体育馆、公共文化馆等公共文化设施在没有太多使用者时,不具有竞争性,但在使用者过多时,就会出现竞争性。在这个层面上,公共图书馆等公共文化设施具有不完全的非竞争性,即存在"拥挤点"。但免费观看送下乡电影、使用图书馆数字文献资源等服务却少有存在"拥挤性"问题。

由公共产品理论可知,作为公共产品的公共文化产品,为避免由于"搭便车"现象而至产品生产和供给减少,需要由政府进行供给,由政府和文化事业单位组织调控公共文化产品的资源配置。基本公共文化服务均等化便是追求基本公共文化服务面向社会公众取得效率兼公平的做法,反映的是一个"帕累托改进"的动态过程,最终是要力图达到"帕累托最优"的状态。相比此前,政府加大财政拨付力度并采取各种补贴形式用于基本公共文化发展,基本公共文化服务标准化以标准化文件为依据提高各类基本公共文化产品生产、设施建设和服务供给,在这一过程中,政府部门把控和分配公共文化资源配置,向此前基本公共文化建设

---

① 顾建光.公共经济与政策学原理[M].上海:上海人民出版社,2014:49 – 50.
② 霍尔库姆.公共经济学:政府在国家经济中的作用[M].顾建光,译.北京:人民大学出版社,2012:99.

薄弱地区和群众加以倾斜,并进一步推动经济发达地区的公共文化建设,最终是要力图实现全体社会公民能够共享基本公共文化成果。在推进基本公共文化发展进程中,公民由利益集团提供的收费文化产品转向公共文化机构提供的免费文化产品等现象,会影响其他的利益相关者,但以全体社会公民而言,基本公共文化服务标准化和均等化无疑是符合公共利益的,立足于社会公平正义原则,在改善老少边穷地区和特殊群众的基本公共文化境况的基础上推动整体基本公共文化发展,其目标是要提高整个社会的福利水平。

3.2.2 社会公正理论

社会公正问题是当代政治哲学讨论的重要问题,属于国家所实施的社会行为伦理学性质的范畴。它是国家在处理两个或两个以上在利益上存在差别的社会客体关系时所实施的合乎道德的、能够促进社会幸福增长的社会行为。围绕这一问题,政治哲学界提出了诸多观点。例如,范伯格将社会公正归结为五种原则理论:完全平等原则、需要原则、德才和成绩原则、贡献(或应得回报)原则、努力(或劳动)原则。彼彻姆把社会公正原则理论归结为六种,即平等分配、按照个人需要分配、根据人权原则进行分配、根据个人的努力进行分配、根据对社会的贡献进行分配、按照才能进行分配。

美国哲学家约翰·罗尔斯在"社会契约论"的基础上阐释正义原则,将社会看作是人们或多或少自给自足的联合体,人们在相互关系中认识到某些具有约束力的行为规则,并且基本上据此而行动[1]。他认为公正的基本准则是"所有的社会基本善,即自由和机会、收入和财富及自尊的基础都应被平等地分配,除非对一些或所有社会基本善的一种不平等分配有利于最不利者"[2]。并且提出两个基本正义原则:一是平等原则,即每个人都拥有与其他人同样的平等的基本自由权利。二是不平等原则或差别原则,"社会和经济的不平等将是这样安排的,合理地指望它们对每个人都有利;加上地位和官职对所有人开放",该原则确定在什么条件下社会经济利益分配的不平等是合理的[3]。罗尔斯强调第一个原则即平等原则更为基本和优先,认为平等自由和机会均等原则是社会的基本框架。

美国法哲学家和政治哲学家罗纳德·德沃金提出的"资源平等"观,主张"一个分配方案在人们中间分配或转移资源,直到进一步的资源转移再也无法使他们在总体资源份额上更加平等,这时这个方案就把人作为平等的人对待"。德沃金将资源分为"人格资源"和"非人格资源",人格资源包括人的生理健康和心理健康、力量和才能等,而非人格资源包括可以

① 顾肃. 当代西方政治哲学中的社会公正理论[J]. 河北学刊,2007(6):38-44.
② 罗尔斯. 正义论[M]. 何怀宏,等,译. 北京:中国社会科学出版社,1988:292.
③ 罗尔斯. 政治自由主义[M]. 万俊人,译. 南京:译林出版社,2000:292.

被支配和转让的环境的一部分,如土地和房屋等①。德沃金认为集体目标始终指向社会的整体福利,他强调在所有个人权利中,最重要的是平等权利,尤其是政府应当平等地关怀和尊重人民②,并提出两个原则:第一,"重要性平等"的原则,即每个人都应该得到平等的关切和尊重;第二,"具体责任"的原则,即每个人应对自己的选择承担责任③。

印度经济学家阿玛蒂亚·森认为"平等"问题的重要性源于人际差异性,"人与人之间的差异不仅表现在内部特征上(如性别、年龄、一般能力、特殊才能等),而且也反映在外部特征上(如财产数量、社会背景、外部境遇等)"④。基于此,森提出能力平等理论,他将能力界定为"与'生活内容'概念密切相连的是可实现生活内容的'能力'的概念,它表示人们能够获得的各种生活内容(包括某种生存状态与活动)的不同组合。这样,能力就是生活内容向量的集合,反映了人们能够选择过某种类型的生活的自由"⑤。能力平等关注的是人们在资源的转化能力上是否平等,也就是说人们利用资源"能够做什么"和"能够达到什么状态上"是否平等⑥。森认为人的潜能的发挥是人的根本福利,社会应该保证每个人具有发挥其与经济发展水平相适应的能力的机会。

罗尔斯强调社会当中每个人各种基本自由权利上的平等,并且由于才能、机遇和努力程度等多种因素引起的人们之间的不平等,可以差别原则进行规约,即最不利者必须有所得益,类似于取富济贫的再分配形式⑦。罗尔斯和德沃金都主张在分配中消除运气因素所带来的不平等⑧。基本公共文化服务均等化可以看作是文化层面的再分配形式,由于个人的出身、先天才能、生活背景等因素,个人之间是存在既定差异的,通过基本公共文化服务标准的设置,要求将基本公共文化以免费的供给模式面向社会公众,在文化服务内容、服务方式、服务距离等方面对全体社会公众力图降低或不设门槛,使大部分社会公众都能够获取这类社会资源,支持和鼓励个人后天发展。同时,依据阿玛蒂亚·森所关注到的人际相异性问题,不同个体之间的生理特征和社会特征差异,致使不同的人在将资源转化为各种功能的能力上存在差异,也就是说两个人即使拥有同等数量的基本善,他们的福利状况也会有所不

---

①⑥　高景柱.资源平等抑或能力平等?——评德沃金与阿玛蒂亚·森的平等之争[J].同济大学学报(社会科学版),2009,20(2):58-64.

②⑦　顾肃.当代西方政治哲学中的社会公正理论[J].河北学刊,2007(6):38-44.

③　姚大志.评资源平等[J].社会科学战线,2014(11):1-7.

④　森.论经济不平等　不平等之再考察[M].王利文,于占杰,译.北京:社会科学文献出版社,2006:218.

⑤　森.论经济不平等　不平等之再考察[M].王利文,于占杰,译.北京:社会科学文献出版社,2006:258.

⑧　姚大志,张茜.平等与责任[J].社会科学研究,2018(1):137-143.

同①,因此为使个人能充分利用这些公共文化资源并从中获得益处,在推动基本公共文化服务均等化进程中应重视针对化和个性化的供给,为不同的人群开展差异化或定制化的服务,在制定和实施基本公共文化服务标准时避免"一刀切"现象,切实考虑地方经济、文化、民族、地理情况,充分考虑群体差异和个体差异,如向残疾人、儿童、老年人、病人等特殊人群采取必要措施保障公共文化产品和服务获取效果,加深不同人群对基本公共文化服务和产品的接受程度。

3.2.3　新公共服务理论

"新公共服务"指的是关于公共行政在以公民为中心的治理系统中所扮演的角色的一套理念②。新公共服务理论是在对新公共管理理论反思和批判的基础上孕育而生的关于政府走向和职能重新定位的理论。该理论以民主公民权理论、社区与公民社会理论、组织人本主义和新公共行政、后现代公共行政等民主理论为基础,主张将公民置于中心位置,应用民主和社会的标准来衡量公共服务质量,认为公共管理者在其管理公共组织和执行公共政策时应该集中于承担为公民服务和向公民放权的职责,其工作重点是建立一些明显具有完善整合力和回应力的公共机构。

以美国著名公共管理学家罗伯特·登哈特③为代表的公共管理学者提出了新公共服务理论的理论内涵,主要包括七个方面④:

(1)服务于公民而非顾客。公共利益源于对共同价值准则的对话协商,而不是个体自我利益的简单相加。因此,公务员不仅要回应"顾客"的需求,而且更要关注建设政府与公民之间、公民与公民之间的信任与合作关系。

(2)追求公共利益。公共行政官员必须致力于建立集体的共同的公共利益观念,这个目标不是要在个人选择的驱动下找到解决问题的方案,而是要创造共享利益和共同责任。

(3)重视公民权胜过重视企业家精神。与视公共资金为己所有的企业家行事方式相比,如果公共行政人员和公民都致力于为社会做出有意义的贡献,那么公共利益就会得到更好的实现。

---

① 高景柱.基本善抑或可行能力——评约翰·罗尔斯与阿玛蒂亚·森的平等之争[J].道德与文明,2013(5):53-59.

② 登哈特 J V,登哈特 R B.新公共服务:服务,而不是掌舵[M].丁煌,译.北京:中国人民大学出版社,2004.

③ 引文②与④中的作者相同,仅因译名不规范,导致发表在不同作品上的名称不同。本书统一将作者的姓氏翻译为"登哈特".

④ 丹哈特 R B,丹哈特 J V,刘俊生.新公共服务:服务而非掌舵[J].中国行政管理,2002(10):38-44.

（4）思考要具有战略性，行动要具有民主性。符合公共需要的政策和计划，通过集体努力和协作，能够最有效地、最负责任地得到贯彻执行。

（5）承认责任。公务员不应仅仅关注市场，他们也应关注宪法和法令，关注社会价值观、政治行为准则、职业标准和公民利益。

（6）服务而非掌舵。认为政府越来越重要的作用就在于帮助公民表达和实现他们的共同利益，而非试图在新的方向上控制或驾驭他们。

（7）重视人而不只是重视生产率。公共组织及其所参与的网络，如果能在尊重所有人的基础上通过合作和共同领导的过程来运作，它们最终就更有可能获得成功。

新公共服务承认与政府互动的并不简单的是顾客，而是公民[1]。公民被理解为是在一个更广大社区环境中的权力享有者和责任承担者，被认为在与政府的关系中，公民必须首先是公民，而政府需要去理解公民正在关心什么，必须对其需要和利益做出回应[2]。基本公共文化服务均等化和标准化正是在对社会公民文化权益的关注下提出和进行的。随着人们生活水平的不断提高和对精神世界的需求加强，基本公共文化服务均等化和标准化为响应公民文化需求应运而生。基本公共文化服务供给以公民为核心，始终将公共利益放在主导地位，政府机构在法律和责任的约束范围内努力为公民提供尽可能高质量的文化服务。此外，在公民与政府机构和公共文化机构之间的距离方面，政府机构以一种负责任的态度领导和统筹我国基本公共文化服务建设，具体包括：增强政府服务的有效性，政府响应的高效性，文化政策的正确性，文化服务的公正性、公平性和平等性；加强公民接近和获取政府服务的便利程度，以能够使公民感到安全和放心的方式提供文化服务；增强公民对资金、文化场所、人力等资源配置的信心等。新公共服务认为通过积极的公民参与才最有可能达到最佳的政治结果，而且能够确保公民个人利益和集体利益不断得到政府官员的倾听和关注[3]。基本公共文化服务标准化和均等化的相关政策文件制定不仅是政府行为，同时也鼓励公民个人、学术组织和社会团体等参与其中，共同保障公民文化权利，同时，也表明政府部门及各公共文化事业单位要针对公众服务建立实现均等化和标准化目标的程序和措施，并确保利益相关者公平的参与。

---

[1] 登哈特 J V，登哈特 R B. 新公共服务：服务，而不是掌舵[M]. 丁煌，译. 北京：中国人民大学出版社，2004：58.

[2] 王丽莉，田凯. 新公共服务：对新公共管理的批判与超越[J]. 中国人民大学学报，2004（5）：104 - 110.

[3] 登哈特 J V，登哈特 R B. 新公共服务：服务，而不是掌舵[M]. 丁煌，译. 北京：中国人民大学出版社，2004：48.

4 国内公共文化服务标准化与均等化的实践基础

国外公共文化服务标准化与均等化的实践为国内公共文化服务标准化与均等化的实践提供了借鉴,而国内的实践基础为标准化与均等化理论研究提供了实践基础。伴随着我国现代公共文化服务体系的深入发展,公共文化服务标准化与均等化的实践逐步深入,而实践的发展与理论研究密不可分,两者必将互相促进,推进我国公共文化服务水平的全面提升,解决好发展不平衡、不充分的问题,满足人民日益增长的美好生活需要。公民文化权利的道德属性中的平等性要求每个公共文化参与主体都平等享有各项公共文化服务①。公共文化服务均等化是富有中国特色的提法,中国语境中的文化不平等、文化数字鸿沟在国外对应的相似的概念为"文化、信息不平等"和"数字鸿沟",相关概念还有公共文化政策的研究。

4.1 公共文化服务的决策与制度保障能力逐步提升

"十二五"以来,我国公共文化建设步入稳步增长的阶段,取得了有目共睹的成绩,公共文化服务体系建设成效显著,覆盖城乡的设施网络基本建立,现代公共文化服务体系建设呈现出整体推进、全面提升、重点突破的良好态势,人民群众的精神文化生活大幅度改善。决策与制度保障系统为公共文化服务提供了持续发展的动力,并为公共文化服务指明方向、确定任务。

4.1.1 顶层设计不断完善

在国家和地方政府的高度重视和推动之下,我国公共文化服务顶层设计不断完善,为公共文化服务创造了良好的发展环境。近年来,国家陆续出台了一系列重要政策和法律文件,我国现代公共文化服务体系的制度框架初步形成。《关于加快构建现代公共文化服务体系的意见》于2015年1月14日印发,它是当前和今后一个时期我国现代公共文化服务体系建设的基本遵循。它首次将公共文化服务标准化与均等化作为重要制度设计和工作抓手,对

---

① 唐亚林,朱春.当代中国公共文化服务均等化的发展之道[J].学术界,2012(5):24-39,263-266.

我国现代公共文化服务体系建设的指导思想、主要目标、基本原则、保障措施、重点任务等做出明确规定。为了争取做到统一规范、保障基本,其中附有的自 2015 年开始实施的《国家基本公共文化服务指导标准(2015—2020 年)》,明确了各级政府的保障责任和保障底线。

2016 年 12 月 25 日发布的《公共文化服务保障法》,将公共文化服务纳入法制化、规范化轨道。《公共文化服务保障法》的颁布进一步完善了中国特色社会主义文化法律制度,是我国文化领域建设的一部基础性法律,标志着我国走出了一条符合中国实际的公共文化服务发展道路。《公共文化服务保障法》在法律上对人民群众的基本文化权益和精神文化需求做出保障,向群众提供优质文化产品和文化服务,将逐步推进我国全面深化改革,提高文化治理能力。对于公共文化服务标准化与均等化建设而言,法律明确规定了政府的法律责任,要求政府接受各方监督,并在财政、政策、人才保障等方面发挥主导作用。同时该法还可以视作《国家基本公共文化服务指导标准(2015—2020 年)》的延伸,《公共文化服务保障法》要求"省、自治区、直辖市人民政府根据国家基本公共文化服务指导标准,结合当地实际需求、财政能力和文化特色,制定并调整本行政区域的基本公共文化服务实施标准"。这意味着我国国家和地方层面的相关标准逐渐落实,公共文化服务标准化的标准体系、推进路线、责任主体、制定模式等都上升为国家法律,根本上提升和完善了我国公共文化服务标准化和均等化的保障体系。

第十二届全国人民代表大会常务委员会第三十次会议 2017 年 11 月 4 日通过、2018 年 1 月 1 日起施行的《公共图书馆法》,体现了公共图书馆在中国特色社会主义和新时代满足人民日益增长的美好生活需要的必要性[①]。《公共图书馆法》的出台将会全面保障我国公共图书馆的体系化建设,在公共图书馆服务质量保障、社会力量参与、基层总分馆服务、政府设立的公共图书馆体系等方面都做了专门规定。《公共文化服务保障法》与《公共图书馆法》将对我国公共图书馆事业提供协同保障,是中国特色的公共图书馆体系化框架的基石[②],为我国公共图书馆事业发展提供指引方向,明确了政府在设立和保障公共图书馆中的责任。

4.1.2 政策措施相继出台

在空间维度上,公共文化服务标准化与均等化政策措施可以划分为国家层面和地方层面两个维度。国家层面的政策依据是地方层面的指导和依据,地方层面的政策依据是国家层面的补充和完善,同时针对某一地区出台的公共文化服务政策更能体现地方公共文化服

---

① 李国新.《中华人民共和国公共图书馆法》的历史贡献[J].中国图书馆学报,2017,43(6):4-15.

② 柯平.《中华人民共和国公共图书馆法》全面保障我国公共图书馆体系化建设[J].图书馆建设,2018(1):19-23,36.

务发展的特色和需求,更好地指导地方实践发展。

随着我国现代公共文化服务设施体系渐趋完善,标准化、均等化开始提上政府议程。十八大报告中在"人民生活全面提高"这一目标里明确提到"基本公共服务均等化"。2013 年11 月,党的十八届三中全会发布了《中共中央关于全面深化改革若干重大问题的决定》,指出"构建现代公共文化服务体系。建立公共文化服务体系建设协调机制,统筹服务设施网络建设,促进基本公共文化服务标准化、均等化"。随后,文化部(今文化和旅游部)宣布 2014年将推进基本公共文化服务标准化、均等化,提出要以立法的方式促进标准化、均等化,以标准化促进均等化,实现标准可依;并由组成国家公共文化服务体系建设协调组,从此国家层面的公共文化服务协调机制正式运转,中央 20 个部门将合力"啃"促进基本公共文化服务标准化、均等化这块"硬骨头"。十二届全国人大二次会议上,国务院总理李克强向大会做的《政府工作报告》指出,对于 2014 年的重点工作,要促进基本公共文化服务标准化、均等化。2014 年 2 月 24 日,文化部部长蔡武在国务院新闻办新闻发布厅举行的新闻发布会上表示,现在正在研究起草公共文化服务标准化、均等化的方案,研究提出国家层面的基本公共文化服务保障标准,作为"底线标准"。与此同时,为了进一步繁荣文化事业、发展文化产业和推动文化创新,文化行业标准化的工作成了文化建设中的重要议题,文化部为此相继印发《文化标准化"十一五"及中长期发展规划》《"十二五"文化科技发展规划》《文化标准化中长期发展规划(2007—2020)》等文件,以加强文化行业的标准化建设。

此外,构建现代公共文化服务体系的具体建议也相继出现在《中华人民共和国国民经济和社会发展第十三个五年规划纲要》《文化部"十三五"时期文化发展改革规划》《国家"十三五"时期文化发展改革规划纲要》等系列文件当中。2016 年 12 月,《全民阅读"十三五"时期发展规划》发布,这是我国制定的首个国家级全民阅读规划。2017 年 6 月,《全民阅读促进条例》实施,这都体现了国家对人民群众日益增长的美好生活需要的关切。并且,《"十三五"国家老龄事业发展和养老体系建设规划》《"十三五"推进基本公共服务均等化规划》《"十三五"时期文化扶贫工作实施方案》等都体现了国家对公共文化服务均等化的要求。

由国家频繁出台的各种政策和措施可以看出,公共文化服务的目标已由建立全覆盖的设施网络体系转向为促进基本公共文化服务的标准化、均等化,以实现公共文化服务在地域、城乡和人群中的平等,使其同义务教育、基本医疗一样按统一标准提供服务,保障全体人民群众最基本的文化权益,进而满足人民群众最基本的文化需求,也更好地体现公平正义的原则。

4.1.3 公共文化服务标准体系日益完善

近年来我国相继出台了一系列公共文化服务的相关标准,标准化建设在中央和地方不同层面都取得了一定的成绩。具体公共文化服务设施的标准包括《公共图书馆建设标准》（建标108—2008）、《公共图书馆建设用地指标》（建标〔2008〕74号）、《文化馆建设用地指标》（建标128—2008）、《博物馆建筑设计规范》（JGJ 66—2015）、《剧场建筑设计规范》（JGJ 57—2016）、《乡镇综合文化站建设标准》（建标160—2012）等，以及面向公共文化服务体系的标准如《国家基本公共文化服务指导标准（2015—2020年）》等。

地方在公共文化服务标准化建设上也迈出了重要一步。2004年，上海市出台《上海市社区文化活动中心基本配置要求》，2007年进行修订，2006年制定《上海市公共文化设施资格认定标准（草案）》，2009年5月颁布《上海市公共图书馆行业服务标准（试行）》，标志着我国第一个地方性公共文化服务行业认证标准出台。2007年，北京市出台《北京市基层公共文化设施建设标准（试行）》，2008年山西省开始实施《文化系统公共文化体系服务标准（试行）》，2010年浙江在全国推出首个农村公共文化服务评估指标体系。根据《关于加快构建现代公共文化服务体系的意见》要求，自2015年6月《山东省基本公共文化服务实施标准（2015—2020年）》出台，随后各地结合本省实际情况，相继出台加快构建现代公共文化服务体系的实施意见，并公布基本公共文化服务实施标准。各地的实施标准以《国家基本公共文化服务指导标准（2015—2020年）》为基础，调整或增加了部分标准内容，具有地方特色和实际可操作性。

除省级政府以外，部分地市级地方政府也公布了本地区的基本公共文化服实施标准，例如：《海淀区基本公共文化服务实施标准（2017—2020年）》《杭州市基本公共文化服务标准（2016—2020年）》《西安市基本公共文化服务实施标准（2017—2020年）》《东营市基本公共文化服务标准（2016—2020年）》等。在基本公共文化服务实施标准之外，2016年7月，《浙江省公共图书馆服务规范》[①]批准发布，这是我国首个公共图书馆地方服务标准。浙江省首次用具体数字规范了公共图书馆服务，全面明确了公共图书馆建设的量化指标。2016年6月，广东省为了推动本省行业志愿服务制度化建设，以文化行业为样板，制定了《广东省文化志愿服务规范指引》[②]，建立了文化志愿者晋级培训计划和文化志愿者嘉奖制度等，对规范广东省文化志愿服务标准化建设起到规范和引领作用。为逐步推动《关于加快构建现代公共文化服务体系的实施意见》的贯彻落实，天津市相继实施了一系列文化惠民工程，2016年作为市政府20项民心工程的"公共图书馆通借通还工程"全

---

① 浙江出台全国首个公共图书馆服务标准［EB/OL］.［2018 - 03 - 05］. http://www. xinhuanet. com/book/2016-07/18/c_129154641. htm.

② 广东省推进文化志愿服务标准化建设［EB/OL］.［2018 - 03 - 05］. http://www. wenming. cn/syjj/dfcz/gd/201607/t20160715_3532500. shtml.

面启动实施,20个区级图书馆与天津图书馆实现通借通还,为百姓搭建"一张网"服务平台,公共图书馆通借通还逐步走向标准化①。此外,还有《江西省县(市、区)基本公共文化服务标准化、均等化实施意见(试行)》《安徽省乡镇综合文化站服务标准(试行)》等地方公共文化服务相关标准。

为更好地梳理我国公共文化服务标准化取得的成绩,进一步推动现代公共文化服务体系建设,同时加深社会各界对公共文化服务标准化工作的认识,课题组统计、收集了公共文化服务领域各种标准、政策和法律法规等共计1500余件,具体数据见表4-1。从表4-1中的数据可见,国家层面的建设类、管理类、服务类、评估类等的标准和规范逐渐趋于完善,与其相关的政府公告文件和法律、法规、条例等也大量出台,在制度和法律层面对我国基本公共文化服务提供了保证。在地方层面,东部(417)、中部(454)和西部(639)相关标准和文件等的出台数量呈现出递增的情况,并未呈现出公共文化服务的发展水平越高而相应的标准和文件越多的情况,反而是公共文化服务发展相对落后的西部地区相应的保障措施建设较为健全,这也符合公共文化服务均等化发展的要求,越是公共文化服务发展水平较低的地区越是应该侧重保障。在省级层面,数量较高的出现在广西(121)、安徽(119)、四川(108)和内蒙古(104),这几个省份或自治区也都属于中西部地区。通过比较出台数量较少的几个省份可以发现,西藏(11)、新疆(11)、海南(13)等数量较少的几个省份同样出现在中西部地区,这充分说明中西部地区在保障力度上的不均衡。从横向来看,国家层面的政府公告(48)、标准(13)、法律法规条例(6)、规范(1)呈现出递减的态势。在区域层面中,各省出台的相关规范要大于法律法规条例的数量,其余与国家层面的情况一致。

近几年,各省积极推进基本公共文化服务标准化与均等化工作,从数据中可以反映出,各省均出台了大量的各类政府公告,为公共文化服务提供政策保障,标准和规范也逐步健全,而在区域层面的法律保障发展还相对比较薄弱。

表 4 – 1　国家和地方基本公共文化服务政策标准发布情况

区域	层级	标准					规范					政府公告					法律法规条例	总计（件）
		建设类	服务类	管理类	评估类	其他	建设类	服务类	管理类	评估类	其他	规划类	实施意见类	实施方案类	管理办法、制度类	通知类、其他		
全国	国家	4	4	1	4	0	0	1	0	0	0	16	9	6	7	10	6	68
东部	北京	2	1	0	0	0	0	1	2	0	0	7	7	10	3	10	0	43
	天津	0	4	0	0	0	0	0	0	0	0	14	10	2	6	0	1	37
	辽宁	0	0	0	0	0	0	0	0	0	0	2	14	10	0	1	0	27
	上海	1	3	2	0	1	0	0	0	0	0	14	4	1	1	0	0	27
	江苏	14	27	0	0	0	1	6	0	0	0	12	12	4	2	1	0	79
	浙江	3	4	0	0	0	3	15	10	5	1	7	11	8	5	3	1	76
	福建	8	1	1	2	0	0	0	0	0	0	13	4	17	0	1	0	47
	山东	0	7	2	0	0	0	0	0	0	0	1	5	2	1	8	0	27
	广东	7	6	1	4	0	0	0	0	0	0	2	6	24	1	3	0	54
中部	河北	5	5	3	0	0	0	1	0	0	0	12	12	4	0	2	0	44
	山西	2	2	0	0	0	0	0	0	0	0	9	4	5	2	2	0	26
	吉林	0	4	0	0	0	0	0	0	0	0	4	8	4	1	0	0	21
	黑龙江	0	9	0	0	0	0	0	0	0	0	2	10	12	1	1	0	35
	安徽	4	8	5	6	0	0	2	0	0	0	20	13	61	0	0	0	119
	江西	1	2	0	0	0	0	0	0	0	0	13	13	42	3	10	0	84
	河南	0	4	0	0	0	0	0	0	0	0	6	10	7	0	2	0	29
	湖北	0	1	4	0	0	0	0	0	0	0	1	4	5	0	1	0	16
	湖南	2	8	6	1	0	0	0	0	0	0	18	15	14	1	2	0	67
	海南	0	0	0	0	0	0	0	0	0	0	3	5	4	0	1	0	13
西部	内蒙古	1	4	0	0	0	0	0	0	0	0	6	26	33	24	10	0	104
	广西	2	61	0	0	0	0	0	0	0	0	11	8	33	6	0	0	121
	重庆	1	1	0	0	0	0	4	0	0	0	5	1	18	5	15	0	50
	四川	7	17	9	2	0	0	0	0	0	0	23	28	19	1	1	1	108
	贵州	1	2	1	1	0	0	0	0	0	0	2	6	14	0	1	0	28
	云南	2	6	4	3	1	0	0	0	0	0	17	20	16	1	0	0	70
	西藏	0	1	0	0	0	0	0	0	0	0	3	3	2	0	2	0	11
	陕西	3	4	0	0	0	0	0	0	0	0	6	2	4	0	2	0	21
	甘肃	0	2	0	1	0	0	0	0	0	0	7	8	7	1	2	0	28
	青海	0	4	0	0	0	0	0	0	0	0	7	5	6	7	1	0	30
	宁夏	1	3	0	2	0	0	0	0	0	0	4	7	29	3	8	0	57
	新疆	0	2	0	0	0	0	0	0	0	0	0	5	3	0	0	0	11
总计（件）		71	207	39	27	2	4	30	12	5	1	268	295	426	82	100	9	1578

资料来源：课题组整理

　　此外,我国文化行业标准化进程的快速发展,为公共文化服务标准化提供环境支持。
2011 至 2014 年,文化部发布了 63 项文化标准,其中国家标准 46 项、行业标准 17 项。现行
标准中,从主题分布来看,有关公共文化和文化保护与保存的标准占了较大比重,分别有 147
和 148 项,总和约占全部文化标准的 62%,其次是文艺服务方面的标准,共有 121 项。经过
对国外文化标准的统计,2010 至 2013 年间,国外约有文化标准 620 项。自 2010 年以来,ISO
共发布标准约 2000 项,有关文化标准 282 项,其中关于文化保护与保存的标准最多,有 226
项,占新发布总标准的 80%;其次是关于文化管理的标准,有 31 项,其中与公共文化相关的
11 项。

4.2　我国近年来公共文化服务体系建设的实践成就

　　公共文化服务体系建设的发展和完善为公共文化服务标准化与均等化创造了前提和发
展平台。近年来,我国公共文化服务体系建设取得长足进步,各地也纷纷开展公共文化服务
体系的探索实践①。党的十八大以来,在以习近平同志为核心的党中央领导下,现代公共文
化服务体系建设步入发展快车道。各地有关部门坚持政府主导、共建共享、重心下移、社会
参与,提高效能、补齐短板,打通公共文化服务"最后一公里"。

4.2.1　公共文化服务体系的组织系统进一步完善

　　公共文化服务体系的组织系统是公共文化服务体系建设的基础力量和载体,此组织系
统面向公众提供公共文化服务,为群众参与文化活动、享受文化服务、进行文化创作提供平
台,包括提供公共文化服务的各方参与主体。现阶段,我国公共文化服务体系的组织系统主
要包括:各级政府文化部门,是公共文化服务体系的提供和管理部门;宣传文化事业单位,是
提供公共文化服务的传统主体;文化企业和各类文化社会组织,是参与公共文化服务的重要
力量;文化志愿者等。

　　从横向上来看,当前公共文化服务的组织系统主要集中在图书馆、文化馆、博物馆、音乐
厅、演剧院、美术馆、各级"共享工程"中心、广播电台、电视台、乡镇综合文化站、文化活动中
心等。2017 年末,纳入统计范围的全国各类文化(文物)单位 32.64 万个,比上年末增加
1.58 万个;从业人员 248.30 万人,增加 13.50 万人。其中,各级文化文物部门所属单位
66 738 个,增加 709 个;从业人员 66.72 万人,增加 0.64 万人。年末全国共有公共图书馆

---

①　陈威.完备的广告文化服务体系研究[M].深圳:深圳报业集团出版社,2010:24－44.

3166 个,比上年末增加 13 个。年末全国公共图书馆从业人员 57 567 人,比上年末增加 359 人。年末全国共有各类文物机构 9931 个,比上年末增加 977 个。其中,文物保护管理机构 3518 个,占 35.4%,博物馆 4721 个,占 47.5%。年末全国文物机构从业人员 16.16 万人,比上年末增加 1.01 万人。年末全国共有艺术表演团体 15 752 个,全国艺术表演团体共演出 293.77 万场,全国共有艺术表演场馆 2455 个。全国美术馆 499 个,比上年末增加 36 个,从业人员 4576 人。年末全国共有群众文化机构 44 521 个,比上年末增加 24 个,其中乡镇综合文化站 33 997 个。年末全国群众文化机构从业人员 180 911 人[①]。2017 年全国广播节目制作时间 788.83 万小时,电视节目制作时间 365.18 万小时,全国公共广播节目实际套数 2825 套,公共电视节目实际套数 3493 套。截至 2017 年底,全国广播综合人口覆盖率 98.71%,电视综合人口覆盖率 99.07%,比 2016 年(广播 98.37%,电视 98.88%)分别提高了 0.34 和 0.19 个百分点[②]。2017 年,全国共出版图书、期刊、报纸、音像制品和电子出版物 485.23 亿册(份、盒、张),全国出版图书、期刊、报纸总印张为 2020.94 亿印张[③]。

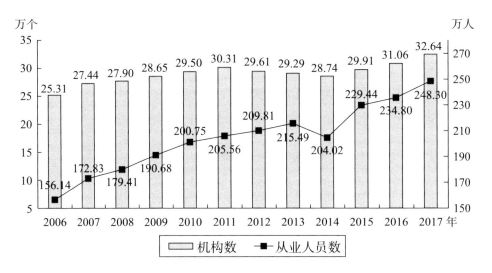

图 4-1 2006—2017 年全国文化单位机构数及从业人员数

资料来源:课题组整理自《中华人民共和国文化和旅游部 2017 年文化发展统计公报》

---

① 中华人民共和国文化和旅游部 2017 年文化发展统计公报[EB/OL]. [2018 - 07 - 17]. http:// zwgk. mct. gov. cn/auto255/201805/W020180531619385990505. pdf.

② 2017 年全国广播电视行业统计公报[EB/OL]. [2018 - 09 - 12]. http://www. gapp. gov. cn/sapprft/ contents/6588/379318. shtml.

③ 2017 年全国新闻出版业基本情况[EB/OL]. [2018 - 09 - 12]. http://xwcbgdj. gd. gov. cn:8080/ xwcbgdj/hydt/2018-08/06/content_0cdb32475ad44fc1968c642bfe11a4ec. shtml.

　　社会文化组织包含文化社团、民办非企业单位、基金会三大类。社会文化组织在承接政府职能转移中发挥着不可替代的作用,充分彰显了社会文化组织的重要作用。文化志愿服务是公共文化建设的重要内容,随着现代公共文化服务体系的逐渐健全和完善,公共文化志愿者队伍不断壮大,在基层文化队伍中的作用日益明显。截至 2014 年底,登记在册的县级以上文化志愿服务组织机构 6337 个,覆盖 24 个省和 275 个地级市,登记在册的文化志愿者达 91 万人,此外还有 174 万名社会体育指导员,基层文化工作队伍专兼结合的发展局面已经初步形成。2016 年 7 月 14 日,文化部制定了《文化志愿服务管理办法》,进一步推动文化志愿服务规范化、制度化。

　　公共文化服务的网络系统建设为公共文化服务体系的建设提供了体质基础,成为一个有效的建设起点,近年来我国公共文化服务网络系统逐渐完善。2016 年 12 月 29 日印发的《关于推进县级文化馆图书馆总分馆制建设的指导意见》指出,把总分馆制建设纳入现代公共文化服务体系,因地制宜推进总分馆制建设,引导社会力量参与总分馆制建设,进一步健全城乡基层公共文化设施网络。为了使各个文化设施之间实现互联互通,图书馆和文化馆领域涌现出了嘉兴模式、重庆大渡口模式、苏州模式、深圳模式、东莞模式等一系列总分馆建设的先进实践模式。尽管这些模式在形式上或者经验上都有所不同,但有一个共同的建设理念:努力实现布点区域平衡,各个馆之间实现资源共享,保持联合行动与协调管理。除区域内的总分馆建设体制,还出现了跨区域的总分馆建设经验,例如,辽宁模式和跨区域的杭(州)—嘉(兴)—宁(波)的图书馆延伸服务,实现了图书馆公共文化服务城际之间的服务对接,将公共图书馆服务与教育、科技充分结合,极大地扩大了图书馆的服务范围和领域,提升了公共文化服务共建和共享的能力。

　　公益性文化单位是公共文化服务体系建设中提供服务的主要机构,伴随管理运行机制的创新,此类单位的活力大幅度提升。围绕增强发展活力、强化服务功能、突出公益属性等建设原则,各地有关部门坚实推进文化体制改革创新。中央成立了国家公共文化服务体系建设协调组,协调组由文化部牵头,联合 25 个部门参加,并且明确划分公益一类事业单位和公益二类事业单位,加强了对文化事业单位的划分指导。将公共图书馆、文化馆(站)、博物馆等划分为公益一类事业单位,党报党刊、公益出版社、时政类报刊社、通讯社、电台电视台等划分为公益二类事业单位。初步建立起国家、省、地市、县、乡(街道)、村(社区)的六级公共文化服务网络体系,包括图书馆、文化馆、博物馆、科技馆、美术馆等,保障人民群众的鉴赏权、阅读权等基本文化权益;农村广播电视村村通、户户通工程等在家里享受的公共文化服务,保障人民群众免费听广播、看电视;各级的文化馆、村(社区)文化室、乡镇(街道)文化站等活跃群众文化生活的公共文化服务①。

公共文化服务机构对社会开放力度大大提升,全国 43 510 个公共图书馆、2780 个公共博物馆和 347 个爱国主义教育示范基地,以及大量的文化馆(站)、美术馆实现免费开放。

4.2.2 公共文化资源配置进一步向基层倾斜

我国在公共文化资源配置中坚持公共文化产品供给"向基层倾斜、向偏远地区倾斜、向弱势群体倾斜"的政策,不断变换服务内容与服务形式,改善乡村资源短缺、人才不足的状况,提高城市资源综合利用率,推动形成比较丰富、完善而又有特色的地区性公共文化产品和服务的生产供给体系②,加大了对农村资源的输送。公共文化服务的重点在农村,难点也在农村。近年来,全国各地努力突破体制障碍,城乡文化配送、交流与合作的长效机制逐渐建立。一方面鼓励城市剧院、文化广场、文化展馆免费为农民提供展演展示的平台,形成公共文化服务自上而下的流动渠道。另一方面,将农村优秀文化"送进城",打开自下而上的流通口径,形成城乡文化流通互补的良好合作氛围。

2012 年以来,国家连续投入 16 亿元人民币对全国 214 个地市级公共图书馆、博物馆、文化馆进行新建和改扩建。目前,在城乡均等方面,积极推广优质资源输送到乡村,江苏张家港、广东佛山、浙江嘉兴、重庆市大渡口区等地初步建成了运行有效、功能完善的图书馆、文化馆总分馆体系,建设成果可圈可点。为解决乡村一级基层公共文化设施存在的"空壳"问题,中央财政建立购置专项资金对基层文化设施设备购置进行补助,以此来满足城市社区文化中心(文化活动室)和乡镇文化站的设备设施需求。在国家财政的支持之下,全国很多地区已初步建成功能配套、布局合理、各具特色、供需衔接的基层综合性文化服务中心。为推进贫困地区公共文化服务体系建设,文化部(今文化和旅游部)等部门先后组织实施贫困地区"百县万村综合性文化服务中心示范工程""村文化活动室设备购置项目""流动文化车配备项目""'阳光工程'——中西部农村文化志愿服务行动计划"等项目,贫困地区公共文化服务体系建设得到跨越式发展③。2016 年 12 月 29 日印发的《关于推进县级文化馆图书馆总分馆制建设的指导意见》指出要因地制宜推进总分馆制建设,进一步健全城乡基层公共文化设施网络,这将有效提升贫困地区和基层地区基本公共文化服务发展水平,加快推进全社会基本公共文化服务均等化步伐。

---

① 文化部:"十二五"期间我国公共文化服务体系建设取得显著成效[EB/OL].[2018 - 03 - 23]. ht-tp://finance.591hx.com/article/2015-10-12/0000483220s.shtml.

② 阮可.现代公共文化服务体系理论与浙江实践[M].杭州:浙江大学出版社,2014:36 - 53.

③ 十八大以来我国构建现代公共文化服务体系成就述评[EB/OL].[2018 - 03 - 15]. http://www.wenming.cn/whtzgg_pd/yw_whtzgg/201709/t20170929_4440761.shtml.

《中共中央国务院关于实施乡村振兴战略的意见》于 2018 年 1 月 2 日由中共中央、国务院联合发布,明确提出"引导社会各界人士投身乡村文化建设""公共文化资源要重点向乡村倾斜""健全乡村公共文化服务体系"等举措,为基层百姓新时代的美好生活开启新的篇章,通过乡村振兴战略,发展当地经济,提升乡村基层公共文化服务水平。

公共文化设施水平的提升不只是推进国家博物馆、国家图书馆新馆等一批高层次的文化设施的建设,还应该积极推进城乡基层公共文化设施网络建设,夯实公共文化服务体系根基。2001 年以来,中央投入 40 多亿元资助地方建设 1086 个县级图书馆、文化馆,2.42 万个乡镇综合文化站,基本实现了"县县有图书馆文化馆、乡乡有综合文化站"的建设目标。为解决基层文化设施"空壳"问题,安排乡镇文化站和城市社区文化中心(文化活动室)设备购置专项资金,对基层文化设施设备购置进行补助①。

4.2.3　地方公共文化服务效能显著提高

地方政府为了实现公共文化服务区域发展的均等化,着力打通公共文化服务"最后一公里"、全面补齐公共文化服务的短板、着力提升公共文化服务效能。据不完全统计,在《国家基本公共文化服务指导标准(2015—2020 年)》出台后,已有 91.47% 的地级市和 72.56% 的县制定了本地区的实施方案和目录,规定了政府保障的"底线",上下衔接的标准体系已初步形成。

2014 年,重庆市为整合公共文化资源,创建了"公共文化物联网",积极探索创新运行机制,以改善公共文化服务供给为抓手,集中配送全市公共文化资源、产品、活动,全力构建公益性、便利性、基本性的文化综合服务平台。北京、天津、惠州、泉州、青岛、大连、合肥等地纷纷发行"文化惠民卡",给人民群众文化服务自主选择权,对优惠文化产品进行打包式服务。焦作、成都、青岛等地开设大量的文化超市。文化超市采用"订单式"服务、突出人民群众个性化和多元化需求。浙江省大力推进文化扶贫,从 2011 年起,省文化馆开展"耕山播海"文化扶贫活动,面向全省 18 个欠发达地区,特别针对经济欠发达地区制定了特殊的文化扶贫项目,受到基层群众的普遍欢迎。全国很多地方的公共文化服务逐渐引入社会力量参与,提升政府决策、执行和监督水平。上海市打造"文化上海云",集中汇总上海市文化信息资源,让海量公共文化信息形成公共文化大数据。

地方公共文化服务效能的显著提高,带动了地方公共文化服务活力的进一步增强。比如,探索实施理事会制度,提升公共文化服务机构活力;努力发展壮大文化志愿者队伍,并逐

---

① 国务院关于公共文化服务体系建设工作情况的报告[EB/OL].[2018 - 03 - 23]. http://www. npc. gov. cn/npc/xinwen/2015-04/23/content_1934246. htm.

步建立健全文化志愿服务制度,改善基层缺乏公共文化服务人才的问题;针对基层公共文化服务机构不会管理、不懂管理的问题,引入专业公司或其他社会力量来提高管理水平;针对公共文化服务供给不对路、文化"菜单"利用率不高的问题,变政府"端菜"为群众"点菜"。

科技是提升公共文化服务效能的一种有效手段,现代公共文化服务体系建设离不开现代互联网文化建设,同时需要推进文化与科技的高度融合,为实现公共文化区域均等化提供平台和媒介;还应积极促进现代科技与公共文化服务深度融合,创新现代传播方式,通过把握传播技术和信息化的发展趋势,全面提升我国公共文化数字化发展水平。面对信息化的发展背景,我国大力加强数字图书馆、博物馆、文化馆、美术馆等建设,开办 605 家互联网视听节目、29 家网络广播电视台、69 个高清电视频道等服务机构,多媒体制播分发平台建设成绩显著。

在区域均等方面,2015 年 12 月 9 日,文化部等七部委印发《"十三五"时期贫困地区公共文化服务体系建设规划纲要》(以下简称《规划纲要》),着力在公共文化服务设施网络、基本公共文化服务项目等方面取得突破,并组织实施了贫困地区民族自治县边境县村综合文化服务中心覆盖工程、贫困地区百县万村综合性文化服务中心示范工程等项目,从而实现对贫困地区的精准扶贫,助推落后地区文化发展达到小康水平[1]。《规划纲要》实施范围为罗霄山区、大别山区、吕梁山区、燕山—太行山区、大兴安岭南麓山区、滇西边境山区、滇桂黔石漠化区、武陵山区、乌蒙山区、秦巴山区、六盘山区等区域的集中连片特困地区,和已经明确实施特殊政策的新疆南疆四地州、四省藏区、西藏,以及连片特困地区以外的国家扶贫开发工作重点县,共计 839 个县,含陆地边境县 72 个、革命老区县 357 个、民族自治地方县 426 个。

4.2.4 优质公共文化产品供给日趋丰富

优质公共文化服务产品的数量和水平是衡量公共文化服务发展水平的一个重要标志。2016 年,全国文化机构举办的群众文化活动次数达到历史较高水平,活动累计达 184 万次,服务群众达 5.79 亿人次,比 2012 年分别增长 52% 和 32%[2]。优质公共文化产品和资源的供给不断丰富,带来了群众文化生活水平的大幅提升。

在国家层面,深入贯彻习近平总书记在文艺工作座谈会上的重要讲话精神,在公共文化产品创造上坚持以人民为中心,积极促进广播影视、新闻出版、艺术创作等文化种类的繁荣发展,始终坚持把创作生产优秀作品作为公共文化服务的重要任务。全国曾开展"深入生

---

[1] 补齐短板提升效能,公共文化服务着力打通"最后一公里"[EB/OL].[2018 - 03 - 21].http://www.gov.cn/xinwen/2018-02/26/content_5268914.htm.

[2] 数读这五年[EB/OL].[2018 - 03 - 15].http://www.sohu.com/a/195421742_162758.

活、扎根人民"主题实践,举办以中国梦为主题的大型文艺创作活动,落实京剧、地方戏、美术、民族音乐等专项扶持计划,实施重大革命历史题材美术创作工程、舞台艺术精品工程等。目前,我国电视剧年产量已位列世界第一,电影年产量也保持在世界第三大国的地位,同时电视剧和电影质量也有较大幅度的提升。全国深入推进全民阅读,一大批重点出版物连续出版,持续开展全民数字阅读、全民阅读报刊行、优秀出版物推荐等活动,2014 年参与达 8 亿多人次。开展"送欢乐下基层""文化进万家"等,提升了城乡群众的文化娱乐生活水平。

在中央的大力号召和推进之下,各地政府部门针对本地的实际情况纷纷开展具有地方特色的群众性文化活动,取得了较好的社会效果。例如,截至 2017 年,上海市自 2013 年举办首届市民文化节以来,已经连续举办了 5 年,累计服务市民超过 1 亿人次,开展活动近 25 万项,其中,嘉定区将公共文化"家常菜"翻出新花样,提出了"精而美"的社区公共文化服务发展思路,以满足人民群众越来越个性化、多元化的公共文化生活需求,在普惠原则的基础上,更加强调精准服务。山西太原自 2015 年 5 月 12 日开始,定期举办"周二剧场"的演出,演出的形式多样,质量很高并且票价低廉,两年的实践演出达 80 多场,惠及观众 5 万余人次。福建闽侯县为满足农村居民文化生活的独特要求,设立"周末农家戏台"点单台,并建立"队伍节目库",若群众有自己想看的文艺节目可通过"点单台"来投票选出。2016 年,云南省开展"文化大篷车"送戏下乡活动,各级文艺院团为基层群众演出 13 980 场,受益群众 1990 万人次。这些群众性文化活动只是全国各地提供优质公共文化产品的一个缩影,这些高水平的群众性文化活动在提升地方公共文化服务水平的同时,也为其他地区公共文化服务发展提供了借鉴。

此外,各级文艺院团也积极开展戏曲和高雅艺术进乡村、进校园活动。全国文化信息资源共享工程作为公共数字文化建设工程的主力之一,已初步形成国家、省、市、县、乡、村六级数字文化服务网络,从而更好地提供移动端全民阅读服务,至今已开通了 149 个移动阅读平台地方分站,数字图书馆推广工程共享资源超过 140TB。

4.2.5 文化事业经费投入稳步增长

公益性是公共文化服务的显著特点,因此政府的财政支持和投入成了公共文化服务体系中最为关键的保障因素,政府财政的支持往往决定了公共文化服务的水平。同时,公共文化服务水平的发展,不只要依托于中央财政的支持,还要依托于地方财政的大力支持。

近年来,中央财政持续实施"三馆一站"免费开放、地市级公共文化设施建设、公共数字文化建设、非物质文化遗产保护等项目,在落实中央补助地方专项资金和全国文化事业费上整体呈现出稳步增长的态势,但在 2017 年也呈现出些许下降,见图 4 - 2。以 2017 年为例,中央财政通过继续实施"三馆一站"免费开放、非物质文化遗产保护、公共数字文化建设等文化项目,共落实中央补助地方专项资金49.33亿元。

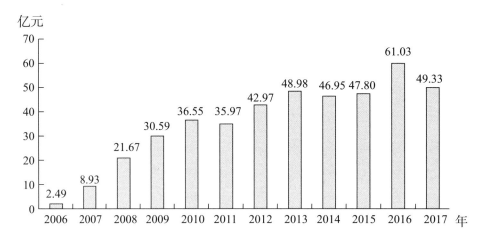

图4-2　2006—2017年中央对地方文化项目补助资金情况

资料来源:课题组整理自《中华人民共和国文化和旅游部2017年文化发展统计公报》

全年全国文化事业费855.80亿元,比上年增加85.11亿元,增长11.04%;文化事业费占财政总支出的比重为0.42%,比重比上年提高0.01个百分点。全国人均文化事业费61.57元,比上年增加5.83元,增长10.46%。同时,随着公共文化服务各类重大项目的先后实施,中央到地方对这些项目的支持力度也都逐渐加大①。

地方财政对公共文化服务的投入力度也保持了稳步增长的态势,各地财政支持文化体制改革,加大资金投入力度,着眼于满足群众多样化精神文化需要,有力促进人民群众共享文化改革发展成果,支持了文化事业繁荣发展。近年来,地方政府对公共文化事业的重视力度普遍加大,例如,山西省曾以1630万元支持城市社区文化中心和文化活动室建设,江苏省以财政资金推动公共文化设施免费开放,四川省以10亿元专项补助资金助推公共文化服务体系建设。深圳市2017年公共文化财政支出61亿元,人均公共文化财政支出达到512.86元,高出全省人均公共文化财政支出水平241元,超额完成广东省对深圳市"人均公共文化财政支出不低于250元"的考核指标。部分经济发达地方财政纷纷对标国际一流城市发展水平,明确自身发展的不足,大力补齐短板。

①　中华人民共和国文化和旅游部2017年文化发展统计公报[EB/OL].[2018-07-17].http://zwgk.mct.gov.cn/auto255/201805/t20180531_833078.html?keywords=.

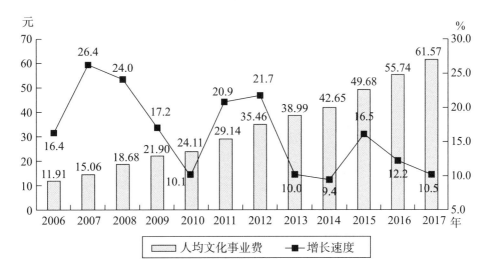

图 4 - 3　2006—2017 年全国人均文化事业费及增速情况

资料来源:课题组整理自《中华人民共和国文化和旅游部 2017 年文化发展统计公报》

4.2.6　重大文化工程实施效果显著

重大文化工程一般是在全国范围内统一实施的、关乎国计民生的重大文化项目,多由国家有关部委来负责牵头。在公共文化服务领域,比较突出的有以解决农民群众听广播、看电视难的"全国农村广播电视村村通工程"、解决农民看书看报难的"农家书屋"工程、推动共享数字文化的"全国文化信息资源共享工程"、解决农民看电影难的"2131"工程等。这些项目是由国家发改委、财政部等部门支持,政策的扶持力度大、实施效果显著、取得的成绩客观,基本实现了建设的目标,弥补了基层资源的不足,有效地改善了服务条件。"十二五"时期各项重大文化工程取得了显著成绩,广播电视村村通工程基本实现已通电乡村的村村通的目标。农村电影放映工程共建设 252 条数字院线,共有 5 万支放映团队,每年放映的次数达到 800 万场,年受惠的观众人次达到 15 亿,保证农民每个月能免费看到一场电影。数字影院发展迅猛,全国已有 10 个省(自治区、直辖市)实现了县城数字影院全覆盖,县级城市拥有数字银幕超过 7200 块。全国文化信息资源共享工程基本实现覆盖所有行政村和乡镇,已建成 70 万个村(社区)基层服务点,3.55 万个乡镇(街道)基层服务点。

各级政府不断加大财政投入,实施了一大批惠及民生的重大文化工程,逐步实现公共文化服务均等化,成为提高人民群众精神文化生活的"阳光工程""民心工程"。农村公共文化服务的发展是实现公共文化服务均等化的关键,但由于我国农村地区经济落后,对文化事业的投入长期不足,农村地区的公共文化服务水平是均等化建设的一个短板。近年来,在中央和地方政府的重视和努力下,农村文化、文化城乡一体化进程大步向前推进。

特殊群体和老少边穷地区一直是公共文化服务均等化发展的一个短板,影响着公共文化服务体系的整体发展水平。因此,面向边疆少数民族地区实施了一批重大文化工程,推动公共文化服务服务下移、资源下移、重心下移。"边疆万里数字文化长廊"已建设 810 个乡镇服务点、3104 个数字文化驿站,覆盖边疆 10 个省份。开展全国文化志愿者边疆行活动,组织实施"春雨工程",公共文化志愿队伍日益庞大,共实施超过 500 个文化志愿服务项目,服务的总人数接近 200 万。少数民族语言文字出版物品种数量不断增加,2013 年译制少数民族电视节目时间达 4 万个小时,广播节目时间达 10 万个小时。为保障少年儿童和老年人等特殊群体的基本文化权益,组织了中国少儿合唱节和中国老年合唱节等活动,并实施"中国少儿歌曲创作推广计划"。目前,全国盲人持证读者达到 35 846 人,是公共文化服务体系中一个庞大的弱势群体,为推进盲人移动数字图书馆建设,大力加强盲文读物的生产。

4.2.7 社会力量积极参与公共文化服务

在构建现代公共文化服务体系中,社会组织与政府是战略合作伙伴的关系,合理引导社会资本进入公共文化服务领域,充分发挥其"自我决定,自我负责,自由选择,团结和参与"的竞争优势,以补充政府公共文化服务的不足。鼓励和推动社会力量参与公共文化服务,也是保障公共文化服务有效提供的重要措施。社会力量依法积极参与公共文化服务,会逐渐形成投入多元、参与多元的公共文化服务良好局面。

为进一步推动公共文化服务转向优质服务,统筹考虑人民群众的基本、多样化文化需求,要发挥社会力量和市场在公共文化服务体系中的作用。为了引导民间投资的健康发展,同时鼓励公共文化服务向社会力量购买服务,党中央、国务院出台了一系列引导社会力量参与公共文化服务体系建设的方针政策。

自《国务院办公厅转发文化部等部门关于做好政府向社会力量购买公共文化服务工作意见的通知》颁布以来,全国各地也结合实际情况提出了促进社会力量参与公共文化服务的具体措施,从而有效承接公共文化服务购买,逐步丰富产品和服务供给。例如《内蒙古自治区关于政府向社会力量购买公共文化服务的实施意见》《贵阳市关于促进社会力量参与公共文化服务实施意见》《无锡市鼓励和引导社会力量参与公共文化服务实施办法》《烟台市关于引导和鼓励社会力量参与公共文化服务的意见》等。

各地纷纷开展了实践探索,例如山东省烟台市探索建立起推进公共文化服务社会化的"1+5"制度体系和 10 个创新机制,注重吸引社会资本投入公共文化领域,为公共文化服务的社会化发展提供了示范和模板。湖南省岳阳市通过"资本运营""产业助推""编外参与""扶持奖励""文企联姻""民间众筹""公益阅读""资源整合"等八大模式,着眼构建长效发展机制。深圳市福田区创新制度设计,2015 年 7 月 23 日,形成公共文化社会建设"1 + 1 + N"系列文件,通过吸引社会力量和资源成功举办了一大批品牌宣传活动及对外文化交流活动。安徽、北京等地为促进当地居民文化消费需求,在本地区开展惠民文化消费季,发放免费文化优惠卡。到 2014 年底,安徽省惠民文化消费总额达 90.43 亿元,参与人次达 2304 万。北京通过文惠卡发生的交易额达 7.19 亿元,累计发放文惠卡 151.06 万张,直接为消费者节省 9000 多万元。全国涌现出一批民办的群众文艺俱乐部、文化大院、文艺团队等,大大丰富了基层公共文化服务参与的群体规模,截至 2013 年底,共有 28.2 万个群众业余文艺团队在文化馆、文化站等的指导之下开展工作。

4.2.8 保护传承中华优秀传统文化和民族遗产

中华民族有着悠久的历史,孕育出优秀的传统文化和文化遗产。中华优秀传统文化是中华民族在世界文化激荡中站稳脚跟的坚实根基,是中华民族伟大复兴的坚强基石,是中华民族的精神命脉。中华优秀传统文化保护传承工作历来受到中央的高度重视,建设中华优秀传统文化传承体系,坚持保护利用与传承发展相结合。党的十八大强调要弘扬中华优秀传统文化,建设中华优秀传统文化传承体系。党的十九大报告中 5 次提到"传统文化",2 次提到"公共文化",6 次提到"文化自信",指出要推动中华优秀传统文化创造性转化、创新性发展,同时发挥传统文化的时代魅力和时代风采。习近平总书记系列重要讲话中多处引经据典,指出了优秀传统文化是中华民族的精神命脉,推动中华文明创造性转化、创新性发展,强调国家治理体系和治理能力现代化必须立足于中华优秀传统文化。

目前,我国重点推进历史文化名城名镇名村、重大文化和自然遗产地、近现代重要史迹等重要遗址保护工程,列入世界非物质文化遗产名录的非物质文化遗产共有 38 项,数量位居世界第一。列入世界自然和文化遗产名录的有 48 项,总量位居世界第二。我国现有可移动文物 4000 多万件,其中 417 万件被评为国家珍贵文物,不可移动文化遗产 76 万多处,其中 4200 多处被评为全国重点文物保护单位。非物质文化遗产项目近 56 万项,其中 1370 多项是国家级非物质文化遗产,国家级代表性传承人 1986 名。设立国家级文化生态保护实验区 18 个,分两批命名非物质文化遗产生产性保护示范基地,共 100 家。开展古籍普查登记,加强中华民族古籍保护工作,建设珍贵典籍数字资源库。

国家加快了对文化领域的立法、加大对文物的保护力度,目前文化领域的三部法律中两部与文化遗产相关,分别是《中华人民共和国文物保护法》(以下简称《文物保护法》)和《中华人民共和国非物质文化遗产法》(以下简称《非物质文化遗产法》)。《文物保护法》于 1982 年颁布,2017 年 11 月 4 日,第十二届全国人民代表大会常务委员会第三十次会议第五次修订。《非物质文化遗产法》在 2011 年颁布,体现出中央对文化遗产法治建设的重视。在加大文物保护力度方面,按照"保护为主,抢救第一,合理利用,加强管理"的方针,中央财政每年投入 80 多亿元对国宝级文物进行保护,重点加强了防火、防盗、防破坏等领域的保护。为了千方百计让文物活起来,更好地服务于公共文化服务体系建设,国家对博物馆、美术馆、展览馆、爱国主义教育基地实行免费开放,吸引更多群众参与到弘扬优秀传统文化的行列中;分学段融入学校课程和教材体系,开展传统文化进校园(进课堂)、文化讲坛、经典诵读、"我们的节日"等活动,加强中华优秀传统文化教育普及工作。

加强地方戏曲的保护和传承、振兴地方戏曲艺术是公共文化服务体系建设的必备要素。目前,地方戏曲振兴工程已经纳入国民经济和社会发展"十三五"规划,在落实地方戏曲振兴工程进程中国家加大了对地方戏曲剧种普查的力度,并明确了保护名录。在基层戏曲下乡文化服务工作上,2016 年中央财政安排了 2.3 亿元专项资金用于贫困地区送戏下乡工作的开展。为发挥戏曲在提升基层公共文化服务水平和丰富群众精神文化生活中的积极作用,2017 年,文化部、中宣部、财政部以政府购买的方式联合推动送戏下乡活动,戏曲进乡村活动逐步实现制度化、普及化、常态化,按照每场 300 元、每个乡镇每年 6 场的标准,每年为 839 个县的 12 984 个乡镇给予经费补助 2.338 亿元,这些县镇都是国家级贫困县、集中连片特困地区。

4.2.9 公共文化机构评估提升标准化与均等化水平

要对公共文化服务体系发展的效果进行评估,从而鼓励公共文化服务体系中的先进经验,并发现其中的不足,鼓励创新性因素,引领公共文化服务体系向现代化、标准化、均等化方向发展。但到目前为止,我国还没有建立针对整个公共文化服务体系的整体性评估,未建立全国性的公共文化服务评估制度。已有的相关评估主要集中在图书馆、博物馆和文化馆等领域,评估定级对图书馆、文化馆、博物馆等服务的标准化有巨大推动作用,公共文化服务局部参与主体的标准化进程也在很大程度上推动公共文化服务整体标准化进程。

自 1994 年以来,文化部每四年举办一次全国县级以上公共图书馆评估,到 2017 年已经举办了六次,公共图书馆评估已经初具常规化、制度化。每一次公共图书馆评估定级工作,都以科学的理论为指导,运用科学方法展开研究和评估,标准体系的构建逐渐合理,大大促进了全国图书馆事业和标准化发展。图书馆的数量和规模、基础设施建设、建筑设施和设备、人员结构和队伍建设、自动化、规范化等各方面都有了很大的提升。第六次全国县级以上公共图书馆评估定级工作坚持"以评促建""以评促管""以评促用"的指导方针,通过评估促进公共图书馆标准化的建设、标准化的管理和标准化的应用。目前,公共文化服务体系发展表现出整体推进、重点突破、全面提升的良好发展态势。公共图书馆评估适应了我国图书馆事业发展的新环境、新任务和新形势,形成了图书馆管理的抓手,是图书馆创新驱动的动力。

为促进文化馆事业科学发展,规范全国文化馆事业的建设、管理与服务,文化部每4年进行一次全国性文化馆评估定级工作,至2015年已经举办了四次。在评估工作结束之后,文化部进行审核、公示后确定评估结果,命名一、二、三级文化馆。文化馆评估定级工作是衡量其服务、管理和建设水平的重要机制,2015年5月至11月,文化部组织开展了全国第四次文化馆评估定级工作。经评估,拟确定全国上等级文化馆共计2550个,其中一级、二级、三级文化馆数量分别是1152个、675个、723个①。文化馆评估标准体系包括《省文化馆等级必备条件和评估标准》《副省级城市文化馆等级必备条件和评估标准》《地级市文化馆等级必备条件和评估标准》《县(市、区)文化馆等级必备条件和评估标准》等,此外公众满意度调查和文化馆的自评估也是评估体系的重要组成部分。

我国博物馆的评估最早始于2008年国家文物局启动的国家一级博物馆评估定级,此次评估公布了首批83家一级博物馆,国家文物局在2010年又针对2008年度和2009年度的国家一级博物馆运行状况进行了评估跟踪工作。2012年11月,国家文物局组织完成了第二批17家国家一级博物馆评估定级工作,12月至2013年3月开展第二批国家二、三级博物馆评估定级工作。国家文物局于2016年7月21日公布施行《博物馆定级评估标准》(文物博发〔2016〕15号)。同时,国家文物局组织修订了《博物馆定级评估办法》《博物馆定级评估标准》《评分细则计分表》《国家一级博物馆定级评估申请书》《国家二、三级博物馆定级评估复核申请书》,并经2016年7月21日第23次局党组会议审议通过,自2016年7月21日起施行。

从博物馆行业实践来看,博物馆评估定级工作的开展不但有利于引导政府、社会等关注博物馆事业发展,促进博物馆事业全面、有序、健康发展,而且还能加强科学化和标准化管理,充分调动博物馆自身建设和工作者的积极性②。博物馆评估定级工作的内涵就是通过提供一套科学、完善、系统的评估标准体系,为博物馆工作明确自身工作的指南,在周期性的自我评估中明确成绩、不足和改进方向,在馆际比较中共同提高、互相促进。博物馆评估采取等级晋升的评估机制,例如二级博物馆由三级博物馆优选晋升,向社会开放、正常运行三年以上的各类未经评估认定的博物馆申请参加三级博物馆评估。参评的博物馆还需同时满

① 文化部办公厅关于公示第四次全国文化馆评估定级结果的公告[EB/OL].[2018 – 03 – 10].http://www.sdwht.gov.cn/html/2016/whfx_0513/31714.html.
② 卢民.对我国博物馆评估定级工作的思考[J].中国博物馆,2013(2):42 – 49.

足藏品总量、年接待观众人次等方面的要求。博物馆评估定级可以更好地推动博物馆品级在全国范围内的合理分布,完善博物馆质量评价体系,切实反映博物馆事业的总体发展情况,充分发挥博物馆的社会服务功能。

表4－2　博物馆评估相关参照标准

序号	标准编号	标准名称
1	GA 27—2002	《文物系统博物馆风险等级和安全防护级别的规定》
2	GB/T 16571—1996	《文物系统博物馆安全防范工程设计规范》
3	JGJ 66—91	《博物馆建筑设计规范》
4	GBJ 16—87	《建筑设计防火规范》
5	GB 50193—93	《高层民用建筑设计防火规范》
6	GB 50222	《建筑内部装修设计防火规范》
7	GB 50263—97	《气体灭火系统施工及验收规范》
8	GB 50261—96	《自动喷水灭火系统施工及验收规范》
9	GB 3095—1996	《环境空气质量标准》
10	GB/T 18883—2002	《室内空气质量标准》
11	GB 50325—2001	《民用建筑工程室内环境污染物控制规范》
12	GB 3096—1993	《城市区域环境噪声规范》
13	GH ZB1—1999	《地表水环境质量规范》
14	GB 10001.1—2000	《标志用公共信息图形符号》
15	GB/T 17775—2003	《旅游景区质量等级的划分与评定》
16	GB/T 24001—2004	《环境管理行为规范》
17	GB/T 28001	《职业健康安全管理体系》
18	GB 9664	《文化娱乐场所卫生标准》
19	GB 16153	《饭馆(餐厅)卫生标准》
20	GB/T 23863—2009	《博物馆照明设计规范》

资料来源:博物馆评估暂行标准[EB/OL].[2018－08－03].http://www.chinamuseum.ong.cn/plus/view.php? aid=79.

图书馆、文化馆和博物馆构成了公共文化服务体系的主体部分,三者在提供公共文化服务上有很多类似的地方,对他们的评估也有很多相似之处。首先,评估的目的相同。都是通过评估定级来反映其发展状况,提升工作和服务的标准化水平,促进此领域公共文化事业的发展,从而为大众提供更好的文化生活服务。其次,都要建立一条评估标准体系。这些标准随着社会的发展而逐步改进,每次评估时都会更新评估标准,并且它们之间互相借鉴,为彼此提供了参考标准。再者,评估的最后都会确定评估的等级。主管部门会公布评估主体的等级(一、二、三级),等级的确定一方面是对等级较高单位工作的肯定,同时也是对等级较低单位工作的一种激励。随着现代公共文化服务体系的逐步发展完善,图书馆、博物馆、文化馆等的评估等级逐渐发挥着越来越大的社会作用,逐渐与政府的工作绩效、公共文化服务体系示范区、文明城市等产生关联,这在很大程度上会提升某一地区的整体公共文化服务水平。

评估对图书馆、文化馆、博物馆等公共文化服务事业标准化建设的促进作用主要体现在两个方面,首先是工作标准化水平的提升,评估标准体系中业务标准占有很高的比例,旨在提升业务工作标准化和规范化水平。评估是对机构当下发展环境的评估,评估标准随着时代的变化也在更新,因此每次评估都反映出当下的时代性和先进性,推动业务工作的科学化和现代化。此外还反映在对服务标准化的提升上,评估标准中对服务范围、服务人次、服务标准、服务内容等多方面的规定,要求图书馆、博物馆、文化馆等公共文化服务参与主体提升服务质量,满足用户日益提升的文化生活需求。

5 国外公共文化服务标准化与均等化的实践借鉴

公共文化事业的繁荣发展,需要有效的公共文化服务和完善的公共文化服务体系。公共文化服务的研究与实践要立足全球视野,站在时代的前沿,充分考察国外公共文化服务实践中的成熟做法,合理借鉴有益经验,寻求我国落实基本文化权益保障的途径、方法、内容与任务,助力我国公共文化服务标准化与均等化的实践推进,推动我国文化事业的健康可持续发展①。

不同国家文化传统、文化氛围不同,公共文化服务标准化、均等化的做法也有差异。本章关注国外公共文化服务标准化、均等化实践进展,主要涉及公共文化服务标准、公共文化政策、公共文化服务供给与评价等方面。从文化标准化、文艺服务标准化、文艺休闲、文化保护和保存以及社会文化等多领域内容进行全面梳理,分析并总结不同国家标准化、均等化的进程中所经历的经验教训与特色做法。

5.1 国际标准化组织公共文化标准概况

国际标准化组织(ISO)是世界上最大的国际标准制订者与出版者,涵盖 162 个国家的国家标准机构,是国际标准化领域中联系公共与私人部门的重要非政府组织。ISO 拥有超过 19 000 份国际标准或其他类型的规划性文件可以使各个行业的标准化工作有序进行。ISO 约有公共文化标准 539 项,其标准范围覆盖了图书馆、文化馆、博物馆等众多公共文化服务场所。

ISO 公共文化标准包括数字资源建设标准、服务标准、管理标准、技术标准。数字资源建设标准指在数字建设工作流程中涉及和遵守的相关标准,ISO/TC 46 制定的数字资源建设标准涉及的主题范围包括国家和地区名称编码、不同语言音译转换、各类型标识符与编码标准、文献信息描述与组织。

---

① 宫平. 公共文化服务领域的理论创新与决策支持——社科重大项目"促进我国基本公共文化服务标准化与均等化研究"开题[J]. 图书情报知识,2015(1).

ISO/TC 46 制定的服务标准涉及的主题范围主要包括馆际互借和 RFID(无线射频识别技术)的应用。

ISO/TC 46 和 ISO/TC 171 制定的管理标准涉及的主题范围包括电子文献管理、质量统计和绩效评估、数字资源存储等。

ISO/TC 46 技术互操作分委会 SC 4 制定的技术标准涉及的主题范围包括信息检索应用服务、信息交换格式、词表的互操作等,也是公共文化标准的基础标准,具体发布数据详见表 5 – 1。

表 5 – 1　ISO 公共文化标准主题及数量分布表

主题	ISO 标准数量(项)
电子文献处理类标准	366
电子成像技术标准	49
技术产品及互操作标准	17
文化保存与保护	69
质量统计与绩效评价	15
声学	6

资料来源:课题组整理

5.2　美国公共文化服务标准化与均等化实践

美国的公共文化服务体系生长于多元价值观念和自由市场体制的环境下,由政府提供最基础最全面的公共服务,社会和市场处于公共文化服务中的主导地位,一手抓公平一手抓效率。

5.2.1　公共文化服务标准与政策

美国标准体系以产业为基础,是开放且灵活的。自愿协调一致标准原则是美国标准体系的基石。美国有许多制定标准的相关机构,一般以民间组织为主导,不由政府制定,各机构单位自愿采纳。主要包括图书馆业务标准、文献资源管理标准、电子成像技术标准等。标准制定由美国国家标准学会(ANSI)负责,但其不直接参与标准本身的制定过程。与公共文化有关的标准制定协会如表 5 – 2 所示:

表5-2 美国公共文化标准制定协会

	信息与图像管理协会(AIIM)
	美国国家信息标准组织(NISO)
文化相关技术标准制定者	娱乐服务与技术协会(ESTA)
	国际信息技术标准委员会(INCITS)
	图像技术及标准委员会(CGATS)
	档案管理和档案管理员协会(ARMA)
	美国图书馆协会(ALA)
其他的非技术标准制定机构	美国博物馆协会(AAM)
	全国音乐教育协会(MENC)

资料来源:课题组整理

美国公共文化标准有546项,其中通过ANSI审核的标准有322项,美国国家信息标准组织(NISO)、信息与图像管理协会(AIIM)和国际信息技术标准委员会(INCITS)制定公共文化标准较多,其中NISO与ANSI共同发布了80项标准。

在公共文化服务政策方面,美国主要通过政治选举制度、法律制度和税收优惠政策,建立比较健全的需求表达机制、供给决策机制、供给监管机制和供给激励机制等保障公共文化服务供给运行。如《联邦国内税收法》501(C)(3)条款针对公共文化的减税、免税规定,旨在通过税收减免促进美国公共文化服务的发展,鼓励文化非营利组织进入公共文化服务领域。联邦层面的《政府绩效与结果法案》(1993年)中有关于公共文化服务绩效评估的规定,《电子政府法案》(2002年)中有专门关于网络文化的规定,《联邦采购条例》(2005年最新修订)中有关于公共文化服务政府购买的条款等。在各州的地方立法中,也有大量与公共文化服务相关的法条。各州制定的法律法规中,都有关于公共博物馆、公共图书馆以及公共文化活动的具体条款。美国有《图书馆服务法》(1956年)、《图书馆服务与建设法》(1964年)等,并通过《政府绩效与结果法案》(1993年)将公共文化服务建设纳入政府官员绩效考评体系,以提高保障的强制性与权威性。

政府依据这些相关的法律法规,运用相应公共权力,就服务价格和服务质量等内容制定标准;同时成立专业的监管机构,以此监督公共服务的提供人,保证公共服务的质量和效率。

5.2.2 公共文化服务供给模式

美国是典型的社会调节型公共文化服务供给模式。这种实践模式主要依靠社会力量引导和调节公共文化服务供给。在美国,农民作为免费公共文化服务的受益者,享受社会提供多种公共文化服务。在这个过程中,政府一般不直接介入农村公共文化服务供给,民间文化机构和中介组织这些社会力量才是提供农村公共文化服务供给的主要力量。通过立法、公共政策等手段,美国政府对农村公共文化服务的供给进行宏观调控。这种供给模式使得美国的公共文化服务实践呈现如下特点:

5.2.2.1 公共文化服务供给主体多元化

美国公共文化服务实践注重社会互动与市场参与。在这样的背景下,美国的政府、企业、社会组织等多元主体都参与公共文化服务的供给,能够较好地满足美国公民多样化的文化需求。在美国农村,来自银行、各种商业组织、文化艺术类非政府组织、公共基金会、地方政府等的组织机构都可以参与公共文化服务,成为供给主体,它们共同组成农村委员会。这个委员会积极开展农村公共文化活动,并利用各个参与主体的资源为农民提供各种公共文化服务。农村的文化娱乐机构与企事业单位联系起来,既能推动农村公共文化活动开展,也为文化企业带来无限商机。多元化的供给主体让美国公共文化服务的社会参与度更加广泛。

5.2.2.2 公共文化服务供给内容多样化

美国公共文化供给的多元化使得其供给内容丰富多彩。在联邦层面,政府大力扶持美国国家艺术基金会、美国国家人文基金会和博物馆图书馆学会等组织,保障其能够提供多样化的公共文化服务;在州政府层面,阿拉斯加州于1998年率先成立乡村治理与充权委员会,通过行政命令赋予该委员会直接向州长和议会负责的权力,尊重并且鼓励不同特色的传统与文化的发展,倡导地方政府积极提供多样化的公共文化服务。在美国农村,多元主体组成的农村委员会能够积极提供和从事多种农村公共文化服务,并实施多个公共文化设施项目。非政府组织和企业组织也会对城乡文化事业进行经济资助,重视公民文化教育、公民培训工作等公共文化活动。多元化的公共文化服务主体保证了公共文化供给内容丰富多样和服务项目的吸引力,既能较好地保证公民基本文化需求,又能较好地满足个性化文化需求①。

5.2.2.3 民间主导、政府为辅的公共文化服务管理体制

美国政府不设文化行政主管部门,主要通过各种公共基金会或私人基金会组织对文化事业进行管理和运作。1965年根据《国家艺术暨人文基金会法案》(*National Foundation on the Arts and Humanities Act of* 1965)成立的国家艺术与人文基金会是联邦政府支持与鼓励文化服务的基本机构,1982年成立的总统艺术与人文基金会(President's Committee on the Arts and the Humanities)则承担协调联系的职能,1996年按照《博物馆与图书馆服务法》(*Museum and Library Service Act*)成立的博物馆与图书馆服务署以及国家博物馆与图书馆服务董事会

---

① 宋元武,徐双敏.国外农村公共文化服务供给实践与经验借鉴[J].学习与实践,2016(11):115 - 122.

则承担对博物馆和图书馆协调的职能。在地方上各州也有自己的基金会,但都不直接从事公共文化活动或设施的供给,采用间接管理的模式。

5.2.2.4 可靠的公共文化服务供给筹资机制

美国公共文化服务所需资金是由公共财政和社会资金共同保障的。由联邦政府、州政府和地方政府等不同层级的政府,按照一定出资比例共同提供社会发展和公民生活所需的文化设施,如图书馆、教育培训机构、文化娱乐设施等所需经费。美国有专门的农村文化事业保障资金,每年联邦政府和地方政府都有资金资助,为农村公益性文化事业的发展提供了可靠资金保障。另一个重要资金来源是非政府组织、企业和个人的社会捐助。这些社会组织、企业和个人捐助积极性很高,据估计仅 2003 年,美国的私人部门对文化艺术等捐赠的数量巨大,平均每个美国人捐赠了 42 美元。在一些文化团体组织的资金来源中,社会捐赠高于政府资助,因此社会捐赠是美国公共文化服务的主要资金来源。

在具体运作方面,政府主要通过法律这一重要杠杆协调税收和资助政策。如美联邦税务局发行的《免税组织指南》规定了交响乐团等九个方面的文化艺术组织享受免税待遇。美国采取有限拨款政策,以防止文化艺术团体过度依赖政府。政府对文化艺术的监管主要有三个方面:一是以税收为重点的统一监管;二是在州层面由首席检察官对非营利组织的财产和活动进行监管和规范;三是鼓励这些组织自我监督。由此形成了可靠的公共文化服务供给筹资机制[①]。

5.2.3 公共文化服务评价

美国公共文化服务的主要支持者是各类基金会,为了保证基金会投入资金的合理利用,美国比较注重公共文化服务的反馈与评价。1993 年颁布的《政府绩效与结果法案》确立的公共文化服务的绩效评估制度,是以质量、结果和顾客满意度为核心的基准化绩效评估。在文化服务的参与度方面,美国政府则通过法律框架向社区和服务提供者提供技术支持和有效监管。在评估主体上,美国公共文化服务评估主体主要有三类:第一类是文化单位或项目自身;第二类是文化单位的上级机构,如国家艺术基金会、美国博物馆协会、美国图书馆协会、美国博物馆与图书馆服务署等;第三类则是第三方评估机构,如国际咨询公司、风险管理委员会、评估公司或高校等。

美国审计署为公共文化服务绩效评估提供了大量的统计数据。基金会对美国的文化状况进行不定期调查,主要涉及公众对于文化活动的参与情况的调查和分析,如《2003:公众艺术参与调查》等。美国博物馆与图书馆服务署每年公布图书馆及博物馆领域的年度绩效报

---

① 李雅,马越. 发达国家和地区公共文化服务模式研究[J]. 图书馆,2017(3):37 – 43.

告,如《绩效和责任报告 2011》,并开展各类绩效评估活动与项目。其中,《美国博物馆绩效评估》(*An Evaluation of the Museums for America Program*)是专门针对美国所有类型博物馆所涉及的绩效评估,由 RMC 研究公司负责所有的评估工作,评估目的在于掌握:博物馆培训、政策实施、机构管理的影响;博物馆的社区服务能力如何保证;博物馆如何开发、文化遗产以及其持续管理工作;资金投入怎样实现战略目标等。美国图书馆协会在 1982 年出版的《公共图书馆绩效评估》成为图书馆绩效评估的指南性文件①。

表 5 – 3　美国公共文化服务绩效评估项目

年份	项目	领域
2013	劳拉·布什 21 世纪图书馆员项目评估 Laura Bush 21st Century Librarian Program Evaluation	公共图书馆
2012	国家如何与艺术互动:2012 年公众参与艺术的调查 How a Nation Engages with Art:Highlights from the 2012 Survey of Public Participation in the Arts(SPPA)	艺术参与
2012	艺术教育领域学生学习的实践评估和建议 Improving the Assessment of Student Learning in the Arts State of the Field and Recommendations	艺术教育
2011	国家图书馆行政机构资助项目的五年评估 Grants to State Library Administrative Agencies Program Five-Year Evaluation	国家图书馆
2011	支持博物馆服务社区:美国博物馆资助项目评估 Supporting Museums Serving Communities:An Evaluation of the Museums for America Program	博物馆
2010	亨能美国公共图书馆评价系统 Hennen's American Public Library Ratings	公共图书馆
2008	美国星级图书馆 America's Star Libraries	公共图书馆

资料来源:课题组整理

以纽约公共文化服务体系为例,纽约市具有完善的法律政策与精简的文化管理机制为公共文化事业提供坚实的法律保障。纽约公共文化服务成效考核、评估的社会化程度较高,避免了仅由政府、公共文化服务机构和文化行政部门等单方面评定,充分考虑公民与社会的真实感受与满意度。纽约的公共文化服务体系绩效考核体系具有考核的真实客观性、公开透明性、沟通性和严格性等特点。其公共文化服务体系考核评价制度有三个层面的内容。首要内容是政府公共财政经费投入及使用情况;其次是考核保障体系的实施,侧重服务人员工作水平、服务素质以及公众社会参与度等方面;最后是公共文化服务的总体效应,考察公共文化在社会快速协调发展的过程中的积极作用。

————————

①　王学琴,陈雅.国内外公共文化服务绩效评估比较研究[J].情报资料工作,2014(6):89 – 94.

5.3 欧洲公共文化服务标准化与均等化实践

近年来,俄、法、德等为主的欧洲国家,一直在加强公共文化标准化建设的力度,并投入了大量资金,致力于扩大其在国际公共文化标准化方面的影响力。这些国家大部分将时间花费在制定国际标准上,这一点与我国形成反差。其中欧盟公共文化国际化标准有 14 项,总体多采用国际标准。

5.3.1 英国

5.3.1.1 公共文化服务标准与政策

英国制定公共文化标准的机构主要是英国标准学会(BS),BS 一共出台了 80 项公共文化标准,其中由英国自己制定的公共文化标准有 20 项、采用的欧盟标准或 ISO 标准有 60 项,主要分布在图书馆统计信息、缩微电子技术、图书馆记录等几个领域。英国在 2011—2014 年明显对公共文化标准加强了建设,发布了 45 项公共文化标准,占总数的 56%。

表 5-4 英国公共文化标准年代分布表

年代	2015 年	2014 年	2013 年	2012 年	2011 年	2010 年以前
数量	2	11	1	13	19	33

资料来源:课题组整理

5.3.1.2 公共文化服务供给模式

英国采用分权式公共文化服务供给模式。这种模式在英国已经历了较长时期广度和深度的实践。英国由政府文化主管部门、非政府公共文化机构以及民间的文化协会/组织组成文化主体,其中非政府公共文化机构在其中充当"中介"的角色,以此来协调政府和民间组织的关系。政府和非政府组织、机构之间关于文化管理属于横向分权关系,即政府和社会是分权关系,三级主体各自具备独立的地位,通过文化经费和文化政策联系,使得文化事业的投资免受政治因素的影响,文化机构和团体具备较大的自主性。

在管理体制上,文化、媒体与体育部是中央的文化主管机构,其前身是国家文化遗产部,涵盖了文化艺术、文化遗产、新闻广播和旅游等事业。日常工作是制定文化政策,并负责经费的划拨。非政府公共文化机构接受政府的委托,进行具体的文化工作,包括咨询、设计、执行等方面。这些机构以 37 个非政府公共文化机构为主体,主要由文化从业人员、文化志愿者及专家组成,保证了其执行文化事务的能力。这些非政府文化机构通过对政府文化政策的具体实施和经费分配,与文化机构/团体产生联系。这些文化机构和团体得到的资助不是固定的,会根据年度的绩效和规划来调整。具体来说,政府对文化事业资助的重点是严肃艺术、国家级文艺团体和公益性事业单位、高质量的文化节目。

英国的分权式模式实现了行政和文化的相对分离,政府仅通过宏观性的政策和拨款来予以调控,而具体的经费分配和落实则交由专业的文化机构来执行,使得文化机构、团体具备很大的自主性,避免滋生腐败,而文化工作的执行又有良好的绩效考核、法律制度作为保障。例如,英国在2007年开始运用国民指标体系(National Indicator, NI)作为考核公共文化服务绩效的唯一标准①。

5.3.1.3　公共文化服务评价

英国公共文化服务指标体系具有普适性与唯一性。普适性是指该指标体系在全国范围内适用,唯一性是指在一定的时间段内在整个国家范围内地方政府绩效情况的评价都是唯一的。以2008年4月至2011年3月之间英国的公共文化服务指标体系为例,其间用于考察中央政府和地方政府绩效的重要工具是"国家指标体系"。该指标是根据政府综合开支审查而做出的,数量为198个,是中央政府考核地方政府及地方合作伙伴绩效的唯一指标。其中所包括的文化服务指标有4个:参加体育及主动娱乐的成年人、使用公共图书馆、参观博物馆和美术馆、参与艺术。

以使用公共图书馆这一指标为例,该指标评价的是地方公共图书馆的使用水平,指标的定义为当地区域的成年人中,在最近12个月内至少一次使用公共图书馆服务的人所占的比例。使用公共图书馆的内容具体包括四个方面:第一,参观固定的公共图书馆或者流动图书馆,使用其提供的图书馆服务;第二,使用电脑访问在线图书馆资源或者服务;第三,以电话或者电子邮件等方式请求以及收到图书馆的服务;第四,得到馆外的主动服务,如家庭投递或者在图书馆建筑之外的图书馆活动等。公共图书馆之所以被选入,在于它充实了个人的生活,提高了社区的凝聚力,提升了教育水平,增强了人们的幸福感。该指标旨在鼓励人们参与和享受公共文化活动②。

5.3.2　法国

5.3.2.1　公共文化服务标准与政策

法国标准化协会(AFNOR)于1926年成立,不仅发布各个行业的标准化文件,也发布家

---

①　李雅,马越. 发达国家和地区公共文化服务模式研究[J]. 图书馆,2017(3):37-43.

②　高峰. 公共文化服务体系评价指标的国际经验与启示[J]. 中国市场,2016(38):134-134.

用电器、家具、建筑材料、管理体系等方面的产品。直到 2015 年,该协会起草和发布的公共文化标准一共 20 项,采用 ISO 和欧盟标准较多。法国公共文化标准主要分布在博览会、图书馆、电影展等领域,包含文献长期保存、数字化资源建设、文化遗产和保护、休闲娱乐和社会文化等方面,详见表 5 - 5。

表 5 - 5　法国公共文化标准概况

标准编号	标准名称
CEN EN ISO 8253 - 3—2012	声学—听力测试方法—第 3 部分:言语测听 Acoustics - Audiometric test methods - Part 3:Speech audiometry
CEN EN ISO 3382 - 3—2012	声学—室内声学参数的测量—第 3 部分:开放式办公室 Acoustics - Measurement of room acoustic parameters - Part 3:Open plan offices
CEN EN ISO 9999—2011	残疾人辅助用品——分类和术语 Assistive products for persons with disability—Classification and terminology
CEN EN 12182—2012	残疾人辅助用品——一般要求和测试方法 Assistive products for persons with disability—General requirements and test methods
CEN EN ISO 5912—2011	野营帐篷 Camping tents
CEN EN 15943—2011	课程交换格式(CEF)——数据模型 Curriculum Exchange Format (CEF)—Data model
CEN EN 13050—2011	幕墙—水密性—气压和喷水动态条件下的实验室试验 Curtain Walling - Watertightness - Laboratory test under dynamic condition of air pressure and water spray
CEN EN 13710—2011	欧洲排序规则——拉丁、希腊、西里尔文、格鲁吉亚和亚美尼亚字符的排序 European Ordering Rules—Ordering of characters from Latin, Greek, Cyrillic, Georgian and Armenian scripts
CEN EN 812—2012	信息技术—自动识别和数据获取技术—协调词汇—第 1 部分:AIDC 的常用术语 Information technology - Automatic identification and data capture (AIDC) techniques - Harmonized vocabulary - Part 1:General terms relating to AIDC

标准编号	标准名称
CEN EN 397—2012	信息技术—自动识别和数据获取技术—协调词汇—第 3 部分:无线射频识别 Information technology – Automatic identification and data capture（AIDC）techniques – Harmonized vocabulary – Part 3：Radio frequency identification（RFID）
CEN EN ISO 21254 – 2—2011	学习资源用元数据——广告 Metadata for Learning Opportunities（MLO）—Advertising
CEN EN 15982—2011	登山装备—登山防护帽—安全要求和试验方法 Mountaineering equipment – Helmets for mountaineers – Safety requirements and test methods
CEN EN ISO 6158—2011	登山装备—冰锚—安全要求和试验方法 Mountaineering equipment – Ice-tools – Safety requirements and test methods
CEN EN ISO 8624—2011	游艇的桨和橹—安全要求和试验方法 Paddles and oars for recreational boats – Safety requirements and test methods
CEN EN ISO 1518 – 2—2011	纸张—耐撕裂性测定—埃尔曼多法 Paper – Determination of tearing resistance – Elmendorf method
CEN EN 15973—2011	玩具安全—第 1 部分:机械和物理性能 Safety of toys – Part 1：Mechanical and physical properties
CEN EN 15700—2011	玩具安全—第 2 部分:可燃性 Safety of toys – Part 2：Flammability
CEN EN 13861—2011	玩具安全—第 8 部分:家用活动玩具 Safety of toys – Part 8：Activity toys for domestic use
CEN EN 12829—2011	泳池设备—第 1 部分:一般要求和测试方法 Swimming pool equipment – Part 1：General safety requirements and test methods
CEN EN 13795—2011	泳池设备—第 3 部分:进出水口和以水/空气为基础的水上休闲功能的附加特殊安全要求和试验方法 Swimming pool equipment – Part 3：Additional specific safety requirements and test methods for inlets and outlets and water/air based water leisure features

资料来源:课题组整理

　　法国是一个法制健全的资本主义国家,非常注重制定完善的文化法律进行公共文化服务监督管理,形成了健全完善的文化法律监管机制。首先,法国通过宪法承认公民在公共文化方面的权益,为教育和文化艺术事业的普及提供了宪法保证。其次,法国还制定一系列有关公共文化服务方面的法律。仅仅就文化遗产保护,1840 年法国就制定了《历史建筑保护法》,之后又制定《纪念物保护法》《景观地保护法》《历史街区保护法》《城市规划法》等法律。此外,法国还制定了一系列发展文化艺术事业的法律,如《图书价格单一法》《出版法》《图书馆法》《博物馆法》等法律,为保护图书出版,图书馆和博物馆事业发展奠定了法律基础①。

5.3.2.2 公共文化服务供给模式

法国是采用多元复合型公共文化服务供给模式的典型国家。多元复合型是一种综合运用集权、分权和放权等多重手段,调动多元供给主体参与公共文化服务供给的实践类型。这种实践类型特色是对不同的公共文化服务,或相同公共文化服务在不同层次,采取不同的供给方式,政府、市场和社会主体都能较好地参与有关公共文化服务的供给。因此法国具有比较完善的公共文化服务供给体系,无论是农村还是城市,法国都拥有较为发达的公共文化服务供给网络。

法国的公共文化服务从供给主体、供给内容和运行机制的角度来看具有以下特点:

(1)多元供给主体保障公共文化服务质量

法国政府是最重要的公共文化服务供给主体。政府注重承担公共文化服务供给责任,也是实行对文化积极干预的政策和文化集权管理的发达国家,这与英美有较大的不同。非政府组织提供大量公共文化服务,如法国的文化机构管理协会、博物馆和图书馆等文化机构和城乡文化剧团等非政府组织,在公共文化服务供给中发挥独特的作用。法国政府通过签订行政合同和政府资助的形式,使营利性的文化企业能够积极提供农村公共文化服务。法国在文化领域注重公民参与,注重及时回应公民的文化需求,通过各种渠道,使农民参与公共文化服务活动,强调农民在公共文化服务供给中的主体地位。政府、非政府组织、文化企业以及农民自身都能较好地参与农村公共文化服务的供给,形成了一个多元的供给格局。

(2)多层次公共文化服务网络提供丰富多样的服务内容

在法国,公共文化服务与管理不仅归属文化部管辖,很多部委都负有责任。多部委通过合作与协调共同推进公共文化服务,提供全方位、跨领域的文化政策观点。地方建立大区文化事务局,监督地方政府落实国家文化政策法令,促进地方各项文化事业的发展。农村建立起发达的公共文化服务供给网络。法国公共图书馆提供乡村公共文化服务,市镇图书馆(室)和省级外借图书馆是主要为乡村提供服务的图书馆。大多市镇有流动图书馆,为乡村读者提供专门服务。省级图书馆通过建立村镇图书室或配备图书借阅点为农村读者服务。

---

① 宋元武,徐双敏.国外农村公共文化服务供给实践与经验借鉴[J].学习与实践,2016(11):115 - 122.

法国各级政府积极举办和支持各种文化艺术节。法国城市到乡村举办各种形式的艺术节，许多艺术节是免费观看和参与的，同时建立一系列农村公共文化活动项目，使法国农民都可能参与到文化艺术活动之中。多层次的公共文化服务供给网络，使法国公共文化服务供给内容丰富多样，较大程度地丰富了法国农民的精神文化生活①。

（3）成熟的现代公共文化服务管理机制实现有效运行

法国公共文化服务管理运行过程涉及政府、文化机构、企业、社会组织和公民等主体。每类主体具有不同的角色和分工，分别构成宏观与微观，投入与生产，供给与需求，实施与监督相互结合、相互促进的完整体系。只有各个要素都充分发挥职能作用，公共文化服务管理才能高效运行。

法国在公共文化服务管理运行的主要举措有：通过行政协调机制加强各部委的分工与合作，统筹中央与地方公共文化服务方面的权力与责任；通过任命与提名人事机制，发挥文化部对文化影响力。在文化部，部办公厅是由一群职称为顾问的技术型官员组成。部内各个司局的负责人和具体业务部门的代表都由部长任命，文化部大区文化事务局的局长或代表也是由文化部部长提名并任命的。这就保证了文化部政令的畅通和权责的统一。文化部向地方派遣专业技术人员，既加强了地方技术力量，同时又得以通过技术人员对全国文化设施进行统一管理。

在经费机制方面，法国政府注重保障文化资金投入，在政府的财政支出中，文化支出占有很大的比例。法国城乡文化基础设施的投资、各类文化活动的资助、艺术品的收购、文化遗产的保护等所需经费都主要源于政府财政拨款，较好地改变了法国文化资源不平衡的状况，初步实现内外省之间和城乡之间的文化平衡。政府对资助文化事业的企业进行税收优惠政策，鼓励各种非政府组织、企业和个人积极捐赠农村公益性文化事业，为农村公共文化服务筹集资金。法国具有健全的法律做保障，为法国公共文化服务的健康发展提供了强有力的支持，使各个阶层的群众都能够较为平等、较为普遍地参与公共文化活动，能够较为均等地享受基本的公共文化服务，也奠定了法国作为文化强国的地位，有效地保护了法国人民的文化权益。这一系列管理运行机制保证了法国公共文化服务与管理有序展开和顺畅运转。

5.3.2.3 公共文化服务评价

在法国，文化管理部门一方面接受立法机关和审计部门的质询和审计，一方面也负有对下级文化事务机构进行管理、评估的责任。在对国家公共文化机构进行审计时，除了政府审

---

① 宋元武，徐双敏. 国外农村公共文化服务供给实践与经验借鉴[J]. 学习与实践，2016（11）：115 – 122.

计部门和审计法院必须参与,为保证审计的公正,民间审计力量(会计师事务所等)也介入审计流程。绩效审计的结果直接关系到对文化机构的业绩评价、文化机构负责人的工作评估、财政拨款、文化政策的调整等,得到了各级立法机关、审计部门、文化部门的重视和配合,一个从中央到地方,覆盖全面的文化服务绩效评估体系也得以形成。

不过,这种评估主要由政府主导在政府内部进行,上级部门对下属的评估缺少第三方和民众代表的参与。比如,文化部艺术创作与推广总司至今除了仍负责主管公共文化机构之外,还与文化部文化事务总督导室共同负责评估大区文化官员的工作绩效,各地的文化活动优劣,并指导完善不足之处。对艺术机构或艺术团体的公共文化服务绩效评估,也是由上级主管机构组织,评估小组由文化部官员和公共文化机构负责人组成。这种内部评估模式,具有明显的封闭性特点。20 世纪 80 年代以来,随着新公共管理理论在全球的扩散,法国中央政府向地方分权进程的启动,政府对公共文化服务理念和立场有较大的调整,积极尝试在公共文化服务绩效评估工作中引入社会主体和第三方评估方式,逐渐形成一种混合性评估模式。混合评估模式是对内部评估模式的一种改善模式,强调政策评估主体由单纯的政府机关内部评估向政府与公众或其他社会主体共同参与评估转变①。

5.4 亚洲公共文化服务标准化与均等化实践

与欧美国家相比,亚洲国家的公共文化服务是政府主导型,标准化与均等化实践存在差距。在公共文化服务中,政府发挥主导作用。由政府设置文化行政部门,通过行政强制手段管理公共文化事业的发展,主导公共文化服务供给。日本、韩国和新加坡都属于这种类型,其中以日本最为典型。

5.4.1　日本

5.4.1.1　公共文化服务标准与政策

日本工业标准委员会(JISC)是产业经济省设置的审议会,基于工业标准化法对工业标准化进行调查和审议。文化行业标准欲成为国家标准,必须提交给 JISC 按照国家标准的制定、审查程序进行。JISC 共发布了关于公共文化标准 600 余项,部分标准也采用国际标准。发布的标准包括文化保护与保存、社会文化、文化管理和文化经营等方面。日本发布关于公

---

①　饶先来.对法国公共文化服务运行机制的探析及借鉴[J].上海文化,2014(6):101－114.

共文化的标准来源机构除了 JISC 还包括日本全国学校图书馆协会(JSLA)、日本广播协会(NHK)和日本工业协会(JIS)等。具体详见图 5 - 1。

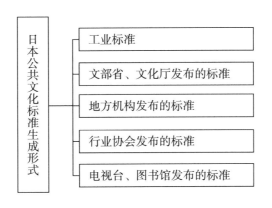

图 5 - 1　日本公共文化标准生成形式

资料来源:课题组整理

由以上机构、协会发布和审核的公共文化标准有 500 余项,其中包括文化的保存与保护、文化管理、社会文化和文化经营等方面,发布机构涉及图书馆、档案馆、电影院、电视台等领域,大部分标准也沿用国际标准。虽然日本在公共文化标准化方面没有一个完整统一的战略,但政府层面文部省、文化厅和行业、地方、公共文化机构发布的标准有互补性,也构成了较为健全的公共文化标准体系。

为促进公共文化服务的发展,日本政府制定了健全的政策和法律、法规。"文化政策促进会议"在 20 世纪 90 年代中期以书面报告的形式提出了日本"文化立国"的战略思想。接着,日本文化厅撰写了《21 世纪文化立国方案》,使日本"文化立国"的方针正式确立,可以说这意味着日本已经把"文化政策"定位为国家的基本政策。日本涉及振兴公共文化艺术方面的法律法规较为完备,每个领域都有相应的法律规范。20 世纪 70 年代初《著作权法》在日本颁布,之后经历了不断修改,后更名为《著作权管理法》并付诸实施至今。为满足日本民众不断高涨的振兴文化的愿望,2001 年日本通过并实施了《文化艺术振兴基本法》,该法明确规定了振兴文化艺术的基本概念以及中央、地方政府的责任。该法是日本文化政策制定的基础,其中明确指出"创造和享用文化和艺术是人与生俱来的权力"。近年来,日本又针对不同的领域制定了多部新的法律以及具体的配套措施①。

5.4.1.2 公共文化服务供给模式

日本的公共文化服务发展最初是完全的"政府主导"模式,但 20 世纪 90 年代以来,私人

---

① 于晗,赵萍.日本公共文化服务的多元化供给及运营模式[J].新视野,2014(6):110 - 113.

部门对公共文化赞助的热情与日俱增,逐渐形成了以政府主导的多元化供给模式。

(1)公共文化服务设施完善

日本的公共文化服务体系的硬件设施完善,并广泛分布于全国,使国民能够便捷地享受到公共文化服务设施提供的精神文化产品和服务。在日本,剧院和美术馆是公共文化服务的重要场馆。公共图书馆是日本公共文化服务基础设施中最重要的组成部分。日本公共图书馆分布非常广泛,任何爱读书的人,都能在自己家附近便捷地获得不同级别的公共图书馆的服务。日本每年都举办丰富多彩的公共文化活动,全国规模的文化艺术活动有国家艺术节、ACA艺术节、日本媒体艺术节以及"文化力量"项目等。其中国家艺术节每年都展出大量的海外作品,旨在提升大众的文化艺术品位,并鼓励本土的艺术创新。

(2)公共文化服务资金来源广泛

首先,日本政府从财政上为公共文化服务提供必要的保障。表现在对民间艺术团体在艺术人员培养和举办文艺活动方面提供资金和活动场地等的具体支援。日本的传统文化对日本企业的影响根深蒂固,二者互为根基,互相促进。商家积极赞助文化活动以达到广告和推广的目的。在20世纪90年代到21世纪初,政府投入逐渐减少,企业赞助除有几次下降外一直保持稳定。当前在日本大型文化活动的举办多依赖于企业、公司的资金赞助。在日本,文化艺术发展可以利用的基金有很多种类,有海外机构设置的,有日本中央或地方政府出资设立的,有政府和私人部门共同设立的,也有私人部门自行设立的。这些名目繁多的基金有的专门针对文化艺术领域,也有的资助范围面向包括文化艺术在内的社会各个领域。

在日本,非营利组织是日本公共文化服务体系多元化供给模式的倡导者。日本文化艺术领域非营利组织的数量已经超过2000个。2008年12月,公共文化领域的慈善企业政策生效,进一步增强了文化政策中基金会和协会的作用。

(3)公共文化服务管理与运行模式不断改善

在公共文化服务领域,日本中央政府和各地地方政府相互补充,建立起多层级、立体化的公共文化服务管理体系。在21世纪初,作为中央政府的执行机构,文化厅开始在国家层面政策法规制定、文化资金筹措、文化艺术人才培养、文化活动组织等各个领域发挥出日益重要的作用。与此同时,地方政府根据地域的实际情况对中央的政策予以灵活性且创造性的贯彻执行。中央和地方政府在公共文化服务领域的相互配合和实践,为社会公众提供具有保障力的公共文化产品和服务,极大地促进了日本公共文化的发展,不断满足社会公众日益增长的公共文化产品和服务需求[①]。

2003年,日本政府借鉴西方国家公共文化服务设施的经营经验,对一项界定了地方政府

---

① 于晗,赵萍.日本公共文化服务的多元化供给及运营模式[J].新视野,2014(6):110-113.

的作用和体系的基本法——《地方自治法》进行了修改,引入了"指定管理者制度"(Designated Manager System,DMS),即允许地方政府将包括公共文化服务设施在内的公共设施的管理外包给私营企业组织或团体。

修改前的法规提供了两项用于公共文化服务设施运营的可选方案。一种方案是当地政府经营和管理公共设施,另一种方案是允许公益组织经营和管理公共设施。而"指定管理者制度"放宽了在公共服务设施中民营资本介入的范围和规模,各类型的组织和机构都可以对公共服务设施进行运营管理,包括营利企业、非营利组织以及同地方政府没有资本关系的机构团体。并且,该制度将市场竞争机制引入了公共文化设施的经营,激励政府及公益部门在经营管理公共设施中引入和采用更多的商业思维。这一新的公共文化服务设施运营模式改变了以往需依赖政府扶持的运营模式,提升了公共文化设施的工作效率、财政资金的使用效率和管理透明度。

5.4.2　新加坡

5.4.2.1　公共文化战略规划

新加坡是一个多元种族、多元宗教、多元文化的国家。由于新加坡人的背景多种多样,国民大多来自不同国度,拥有不同的文化背景和文化传统,因此,新加坡政府实行民族平等的多元化政策,尊重各民族文化,也正是这样充满活力的融合,让新加坡社会独具特色。

新加坡于2010年3月启动了"艺术与文化战略评论"(Arts and Culture Strategic Review,ACSR),以审查其艺术和文化遗产政策。ACSR由私营部门、社区和艺术文化部门主导,并面向公众开展广泛的调查和咨询工作。面向2025年,ACSR以建设一个富有文化和谦和的民族为愿景,确立了两个战略方向,每个战略方向均受三个战略的支持,分别是,战略方向一:将艺术和文化带给每一人、每一地、每一天;吸引新观众;维持终身参与;振兴民族运动。战略方向二:培养实现卓越的能力;发展文化机构;投资人才,支持专业志向;与合作伙伴合作并达到新的高度①。该战略"希望到2025年,每年至少参加一次文化艺术活动的新加坡人比例将从40%增至80%,并且积极参加文化艺术活动的新加坡人的比例将从目前的20%增至50%"。其中提到要将艺术和文化带到全国最常见的公共场所,措施包括:在社区场所中建立社区画廊;在人流量大的公共空间中开拓展览和表演空间;将审批许可权下放给当地社区;打造特色艺术、文化和生活方式区。例如,在地铁站或有盖的中庭以及政府或商业建筑

---

①　Cultural Masterplans[EB/OL].[2019-07-17].https://www.mccy.gov.sg/sector/policies/cultural-masterplans.

的开放空间等公共区域中设立并指定用于表演公共艺术的表演角或空间。在图书馆、社区俱乐部和体育设施等公共场所和社区设施中设置互动式画廊,讲述有关附近社区的历史、生活和文化的故事。而且,考虑到大多数社区俱乐部的剧院和展览空间都无法满足展示的最小尺寸或质量要求,因此提到要提高现有社区设施的质量,为公共艺术和文化用途开放现有的公民和私人空间,并开发新的空间,以满足全国各地艺术文化团体包括业余爱好者和专业人士日益增长的需求。

此外,与ACSR的宗旨相吻合,国家艺术理事会(National Arts Council,NAC)和国家遗产理事会(National Heritage Board,NHB)还分别启动了"新加坡艺术计划(2018—2022)"(Our SG Arts Plan)和"新加坡遗产计划"(Our SG Heritage Plan),以确定未来五年新加坡艺术和遗产生态系统的优先事项。其中,"新加坡艺术计划(2018—2022)"确定了三个战略重点,包括激发公众,即新加坡人有权创作、展示和欣赏优秀的艺术;联结社区,即多元化的社区聚在一起享受并支持艺术;全球化定位,即艺术和文化领域的人物和作品受到国内外观众和评论家的赞赏。在这三个战略重点的指导下,新加坡定义了八个优先事项,包括:越来越关注不断增长的受众;增强艺术领域的多元化能力;为自由职业者提供更多的行业支持等。"新加坡遗产计划"是新加坡遗产和博物馆行业的第一个总体规划,确立了一项使命,即"丰富多元的文化遗产铸造了新加坡特色,我们渴望建立一个凝聚力强的社会,在这里,我们珍视遗产和参与遗产活动,这会让我们为自己的国家以及与世界的联系感到自豪,从而使我们充满信心地走向未来",同时,在地方、文化、瑰宝、社区四个方面阐述有关遗产的重要性。

5.4.2.2 公共文化服务供给模式

(1)立体布局硬件设施

新加坡政府十分重视公共文化设施建设和公共文化服务功能发挥。自20世纪90年代以来,新加坡加大了对公共文化设施的建设力度,形成了以图书馆、博物馆、美术馆、民众联络所(俱乐部)等为主体的公共文化建筑群。目前,在图书馆方面,新加坡已建立起国家、区域和社区三级图书馆体系。而且,新加坡政府通过财政支持发展社区艺术凝聚点。设立社区艺术凝聚点是新加坡文化、社区及青年部的项目之一,国家艺术理事会计划在2025年前于全国各地设立25个社区艺术凝聚点。

民众联络所(Community Centre,CC)也被称为民众俱乐部,是新加坡一种由人民协会管辖的社会基层组织,也就是政府在各个社区内为老百姓建立的活动中心,主要负责各种社区活动的开展,为周边群众提供一个娱乐活动交流的场所。民众联络所是一个公共场所,特定社区的成员可以在此聚集在一起,享受集体活动、社会支持、公共信息以及许多其他可以丰富市民生活的资源和服务。民众联络所内设教室,为社区民众提供多样化的活动和兴趣课程。由于拥有政府财政支持,因此民众联络所收费较低,提供包括英语、韩语、法语、日语等语言类课程,包括书法、绘画、舞蹈、声乐等的艺术类课程,以及各种体育类课程等。而且,国家艺术委员会还将全国各个民众联络所的击鼓爱好者聚集在一起,并于2010年成立了社区击鼓网络。这些公共文化设施针对人们不同层次的文化生活需求,不断丰富公共文化服务的供给,为社会公众提供了多样化的公共文化服务,满足社会公众的精神文化需求。

(2)惠及各个阶层的文化活动

新加坡政府部门和民间团体组织形式多样的公共文化活动,主要包括族群文化节庆活动和社区文化活动等。ACSR的公开征询表明,艺术文化日可能会对扩大受众群体产生重大影响。新加坡为鼓励多元文化共同发展、促进创造力表达并鼓励所有新加坡人参与艺术和文化生活社区创建了各种活动形式。据《中国文化报》报道①,新加坡政府在节假日举办了多种多样的文化活动,比如在春节和中秋节期间,举行"新年亮灯仪式""月圆河畔庆中秋"等文化活动。在印度人聚居地"小印度",每年根据其种族文化、宗教信仰,举办屠妖节、蹈火节等庆祝活动。此外,新加坡还举办"新加坡艺术节""新加坡夜同艺术节""新加坡文化遗产节""新加坡艺术双年展""百盛社区艺术节"等多项活动。丰富多彩的全民文化节庆活动吸引了大量新加坡民众参与。此外,为满足各年龄层次居民的不同需求,新加坡开展了丰富多彩的社区文化教育活动。例如,针对老年人,新加坡创办了乐龄俱乐部,举办三代同堂舞蹈会、保健展览会、集体晨练等活动。

除了各个族群的节庆活动,新加坡政府和基层组织还组织举办了为数众多、富有特色的社区文化活动。2012年8月,新加坡新闻、通讯及艺术部推出"亲近艺术、热爱文化"活动,把国家艺术理事会、国家文物局、国家图书馆和人民协会所推广的普及文化艺术活动全部归纳在一个活动名下,推动社区、邻里和民众一起参与文化活动。国家文物局逐步在不同选区成立多家社区博物馆,成为社区的文化艺术中心,让社区居民更容易接触到文化艺术活动。新加坡人民协会自2012年起每年举办"百盛社区艺术节",组织47个社区举行长达一个月的艺术活动。

5.5　国外公共文化服务标准化与均等化的特点

通过搜集国外公共文化服务领域的实践,了解国外发达国家公共文化服务标准化与均

---

① 新文.新加坡构建高效能公共文化体系[N].中国文化报,2015－06－29(3).

等化的发展与特点,取长补短,因地制宜,能够为我国构建现代公共文化服务体系提供有效借鉴,积极推动公共文化服务标准化与均等化实践进程。国外公共文化服务标准化与均等化实践有如下特点可供借鉴:

(1)完善的法律与政策保障。欧美等发达国家都有较为完善的法律与政策保障,从国家或地方政府层面对公共文化服务予以政策保障。通过文化领域相关标准以及公共文化服务政策,建立需求表达机制、供给决策机制、供给监管机制和供给激励机制等完善的机制来保障公共文化服务供给运行。

(2)多元主体参与公共文化供给。不论是美国的民间主导供给模式,还是法国的政府主导供给模式,多元主体参与公共文化服务是目前各国公共文化服务供给模式的主要格局。社会力量参与公共文化服务,使得公共文化服务内容更加丰富,形式更加灵活。

(3)资金保障。美国的公共文化服务资金由公共财政和社会资金共同保障。日本政府从财政上为公共文化服务提供必要的保障,文化艺术发展可以利用的基金有很多种类。可见,国外的公共文化服务资金来源是多渠道的,由此形成了可靠的公共文化服务供给筹资机制。

(4)注重公共文化服务绩效评价。除了标准与法律政策等保障之外,国外对于公共文化服务绩效评价也非常重视。公共文化服务绩效评价一方面是保证投入的资金被合理利用,如美国各类基金会投入公共文化服务,要通过反馈与评价考察其利用情况;另一方面是用于考察中央政府和地方政府绩效的重要工具与指标,如英国、法国和日本等国家都在不断探索,逐渐构建成公共文化服务体系,用于公共文化服务的绩效评价,以此促进公共文化服务发展。

6 问卷调查概述

当前,随着全国基本公共文化服务标准化与均等化相关工作的不断推进,各地区基本公共文化服务呈现蓬勃发展的局面。为全面了解我国基本公共文化服务标准化与均等化实际工作进展,获取各地区居民对基本公共文化服务认知和需求情况,本研究组织实施了全国范围内的大样本问卷调查,以此为基本公共文化服务均等化实现路径确定提供参考,为制定基本公共文化服务标准建议提供依据。

6.1 问卷调查基本设计

6.1.1 问卷设计的方法与流程

调查问卷的设计是实施调查活动的重要环节。问卷是调查研究中用来收集资料的主要工具,它在形式上是一份精心设计的问题表格,其用途则是用来衡量人们的行为、态度和社会特征。一般而言,问卷调查的设计要遵循客观科学、结构合理、概念清晰、长度合适、主题明确、重点突出以及非诱导性与非暗示性等原则。本研究的问卷采用半结构式问卷,通过设计是否式、单项选择式、多项选择式等问题开展调查,被调查者只需逐项给出答案即可。通常问卷的编制方法有四种:经验法、理论法、因素分析法和综合法。经验法来源于实践活动的总结;理论法根据某种理论依据判断推理选择测试题目;因素分析法是对标准化样本进行大量的题目测试,对测试结果进行因子分析或其他相关分析,将具有较高相关性程度题目集中在一起,删除相关性差的题目,以此分析;综合法是综合利用上述三种方法,以理论法与经验法进行推理获得大量假设题目,再采用因素分析法进行归类,最后用经验法删除那些没有区分度的题目。

由前面的相关研究综述可知,目前关于基本公共文化服务标准化与均等化的实证研究较少,而人民的需求是我国基本公共文化服务政策制定的基本依据,因此本研究力图通过综合采用实地考察、访谈与调查问卷的方式进行研究。为了尽可能客观地实现调查目标,本研究参考上述问卷编制方法,综合运用各种方法编制问卷:通过对调查对象的深度访谈与大量的理论分析与文献调查来制定量表,同时构建自己的各维度理论假设模型以此辅助量表的制定。在问卷编制过程中采取多种手段控制问卷质量:首先,尽可能选择、借鉴与本研究相似研究的相关文献中采用的问卷,尽可能选择已经得到应用的成熟问卷作为借鉴;其次,通过团队合作与头脑风暴等方式加强问卷设计中的多元化,通过反复的讨论,多人经验结合成问卷的最终样式;最后,通过预测试与访谈,针对问卷的问题进行调整。

根据上述的原则与方法,本研究问卷的具体设计流程如下:①大量阅读国内外相关研究文献,根据国务院有关的"两办"文件,分析现有的基本公共文化服务政策及实施情况以及影响因素等,构建问卷的整体模型框架;②通过实地调查与访谈了解基本公共文化服务中的实际问题;③参考相关研究成果,编制问卷初稿;④通过项目研讨会、网上在线交流等方式进行团队讨论与测试,并征询专家意见;⑤将修改的问卷进行预测试,预测试在天津市内展开,根据预测试结果与被调查者意见、专家意见对问卷进行修正,删除重复及与主题相关性差的题项,调整归并相关项;⑥形成正式调查问卷。

6.1.2 问卷的总体设计思路

基本公共文化服务是一个复杂的研究问题,国外图书馆在理论与实践方面已经积累大量有关公共文化服务的经验,但是国内公共文化服务独特的管理习惯与制度文化和地域差别造就了基本公共文化服务的内容确定与实施存在很多特殊性。同时,由于政治、经济等差异,各地区公共文化服务水平有所差别,包括城乡差距、区域差异等。因此,如何确定公共文化服务水平的基准线,达到保基本的目的,成为本次问卷设计的一个难点。为了区分这种差异,问卷设计时最终采取了城镇卷和农村卷分别面向不同地区发放,整体题项设置保持一致,但在一些城乡差异化的地方分别做了不同描述,让被调查者根据实际情况选择做答。

本次问卷分为三个部分,具体调查问卷见附录一。第一部分是基本信息,包括被调查者的性别、年龄、学历、职业等自然信息;第二部分是大众对现有公共文化服务政策、设施的了解情况;第三部分是大众对公共文化服务设施建设、距离、人员、内容等方面的具体需求。

6.1.3 问卷调查对象的确定与抽样

本问卷的目的在于充分了解公民对公共文化场所和设施(如电影院、剧院、博物馆、公共图书馆、美术馆、科技馆、纪念馆、展览馆、工人文化宫、妇女儿童活动中心、青少年宫、文化馆、文化广场和文化公园、体育馆等)及其开展的公共文化活动的认知情况,以及日常公共文化活动的需求情况,以期为我国公共文化服务标准化与均等化研究提供参考依据,以更好地促进公共文化事业的发展。

为了全面了解全国人民的公共文化需求及参与情况,本问卷采取了在全国范围内的配额抽样调查,鉴于我国城市与农村在公共文化服务设施、场所和活动方面存在着较大的差异,所以在 31 个省、自治区、直辖市范围内根据城乡人口比例做了配额抽样,即以抽样问卷 5000 份为最低份数进行各地区配额①,具体分配到每个省、自治区、直辖市。具体问卷抽样情况见表 6-1,在问卷的设计上,考虑到城乡的差异性,本次问卷分别设置了城镇卷和农村卷,便于城乡居民根据实际情况来填写。

表 6-1 问卷抽样情况

区域	地区	人口数量(万人)	人口比例(%)	配额样本总量	城镇人口(万人)	城镇人口比例(%)	城镇配额样本量(份)	农村人口(万人)	农村人口比例(%)	农村配额样本量(份)
	全国	136 782	—	5000	—	—	—	—	—	—
东部	北京	2152	0.015795	79	1858	86.35	68	294	13.65	11
	天津	1517	0.011134	56	1248	82.27	46	269	17.73	10
	辽宁	4391	0.032228	161	2944	67.05	108	1447	32.95	53
	上海	2426	0.017806	89	2173	89.60	80	252	10.40	9
	江苏	7960	0.058424	292	5191	65.21	190	2769	34.79	102
	浙江	5508	0.040427	202	3573	64.87	131	1935	35.13	71
	福建	3806	0.027935	140	2352	61.80	87	1454	38.20	53
	山东	9789	0.071848	359	5385	55.01	197	4404	44.99	162
	广东	10724	0.078711	394	7292	68.00	268	3432	32.00	126
中部	河北	7384	0.054196	271	3642	49.33	134	3741	50.67	137
	山西	3648	0.026775	134	1962	53.79	72	1686	46.21	62
	吉林	2752	0.020199	101	1509	54.81	55	1244	45.19	46
	黑龙江	3833	0.028133	141	2224	58.01	82	1609	41.99	59
	安徽	6083	0.044647	223	2990	49.15	110	3093	50.85	113
	江西	4542	0.033337	167	2281	50.22	84	2261	49.78	83
	河南	9436	0.069257	346	4265	45.20	156	5171	54.80	190
	湖北	5816	0.042687	213	3238	55.67	119	2578	44.33	94
	湖南	6737	0.049447	247	3320	49.28	122	3417	50.72	125
	海南	903	0.006628	33	486	53.76	18	418	46.24	15

---

① 注:5000 份问卷为问卷发放量最低限度,以 5000 份问卷为依据进行各地区配额并发放问卷,由于兼有纸质和电子两种发放方式,因而实际回收问卷 7200 份。

续表

区域	地区	人口数量（万人）	人口比例（%）	配额样本总量	城镇人口（万人）	城镇人口比例（%）	城镇配额样本量（份）	农村人口（万人）	农村人口比例（%）	农村配额样本量（份）
西部	内蒙古	2505	0.018386	92	1491	59.51	55	1014	40.49	37
	广西	4754	0.034893	174	2187	46.01	80	2567	53.99	94
	重庆	2991	0.021953	110	1783	59.60	66	1209	40.40	44
	四川	8140	0.059745	299	3769	46.30	138	4371	53.70	161
	贵州	3508	0.025748	129	1404	40.01	52	2104	59.99	77
	云南	4714	0.034599	173	1967	41.73	72	2747	58.27	101
	西藏	318	0.002334	12	82	25.75	3	236	74.25	9
	陕西	3775	0.027707	139	1985	52.57	73	1791	47.43	66
	甘肃	2591	0.019017	95	1080	41.68	40	1511	58.32	55
	青海	583	0.004279	21	290	49.78	10	293	50.22	11
	宁夏	662	0.004859	24	355	53.61	13	307	46.39	11
	新疆	2298	0.016867	84	1059	46.07	39	1240	53.93	45

注：指标"人口数量（万人）""城镇人口（万人）""农村人口（万人）"数据为国家统计局 2014 年数据（http://data. stats. gov. cn/easyquery. htm? cn = E0103）

资料来源：课题组整理

6.1.4 问卷发放

调查问卷的发放主要采取两种方式：一种是当面发放纸质版问卷，当面发放当面取回；另一种方式采取电子邮件发放的方式，然后查收电子邮件。同时项目还制定了网络版问卷，通过网络问卷发放平台发放。纸质问卷的发放能够保证较高的问卷回收率，而电子邮件形式问卷的发放能够有效地扩大问卷发放范围，降低发放成本。问卷发放过程中，本研究分省份设立负责人，每个省设有多位调研员，在分工范围内发放问卷。问卷发放范围最低至我国行政规划的农村行政村和城镇街道社区，在省内通常会选取省会城市、经济较发达城市以及欠发达城市作为样本城市，再按照行政区划进一步将问卷发放到城市街道社区和县级以下的行政村。本次调查在地区方面做到了很好的梯度分布，为研究分析提供了很大便利。

本次问卷在正式发放之前进行了前期的预调研，时间是 2016 年 11 月 30 日到 2016 年 12 月 15 日，共发放预调研问卷 80 份，并向预调研人员详细了解问卷在设计上和做答上可能存在的问题，同时，对于回收上来的问卷进行了信效度检验，最后综合收集调研人员反馈的问题和专家意见，对问卷进行修订完善，形成最终版作为正式发布问卷。

　　本项目问卷调查工作小组于 2017 年 1 月 4 日开始正式发放问卷,2017 年 6 月 1 日完成问卷的最后回收,历时 5 个月,此次共发放问卷 7200 份(其中纸质问卷为 3000 份,其他均为电子版问卷),回收 7200 份,其中城镇问卷发放 4000 份,回收 4000 份,有效问卷 3633 份,有效回收率为 90.8%;农村问卷发放 3200 份,回收问卷 3200 份,其中有效问卷 2960 份,有效回收率 92.5%。

　　调查研究中,对调查问卷的结果进行统计之前必须先对其进行信度与效度分析。只有信度和效度在研究范围可接受时,问卷统计分析结果才是可靠和准确的。因而在问卷设计时要尤为注意问卷的科学性与有效性,需要有效地考察问卷中所涉及的各个因素。信度分析是考察调查问卷是否具有稳定性和可靠性的分析方法,而效度分析则是指考察问卷测量工具或手段是否能够准确测出所需测量的事物的程度的分析方法。信度与效度关系密切,一般而言,效度高,信度一定高,但是信度高,效度不一定高。信度是效度的必要条件,但不是充分条件。

　　信度也就是通常所说的可靠性,所表达的是问卷令人可信的程度,它主要展示的是检验结果的前后一贯性、一致性、再现性和稳定性。一个好的测量工具,应当支持研究者对同一个事物重复多遍的测量,而测量的结果不应该出现较大变动,理应始终保持不变。所以为了能够保证调查结果的可用性和可信性,在调查问卷编制初期就一定要保证合理性。问卷的信度分析指的是内在信度分析和外在信度分析。内在信度侧重于确定研究者的一组调查项目是否是在测量同一个概念,所测量的项目之间是否具有较高的内在一致性。调查项目最终是否具有意义,往往在于一致性程度的高低,一致性程度决定了调查结果的可信度。外在信度则指在当时间不同而调查者对同批被调查者实施重复调查时,调查结果能否保证一致性。如果两次调查结果相关性比较弱,则表明了项目的概念和内容是不清晰的,导致调查结果不可信。在大型量表或问卷调查中,往往一组问题用来集中测量某一方面的信息。此时信度分析应当按照问题组来进行,而不是直接测量整个量表的信度。

　　检验信度的方法有很多种,目前最常用的是 Cronbach's Alpha 信度系数法。Cronbach's Alpha 的基本含义是:α 系数值越高,说明问卷内各题项的结果越趋于一致,即问卷的信度高,反之亦然。一般来说,当 α 低于 0.35,则属于低信度,问卷不宜采用;若 α 大于 0.7,则表示信度相当高,即问卷设计得相当好;若 α 在 0.35 至 0.7 之间,则属中信度,问卷可以接受①。这种方法可以通过 SPSS20 软件来操作,经过一系列的分析来最终判断研究者的调查问卷是否具有稳定性以及可靠性。

　　本研究中,调查问卷有单选、多选和开放式问题,根据数据统计分析原理,对问卷所有结

---

　　①　风笑天.社会调查中的问卷设计[M].天津:天津人民出版社,2002:38 - 89,101 - 103.

构式问题进行信度分析,其中城镇卷的总体信度系数为0.912,农村卷的总体信度系数为0.924,如表6-2和表6-3所示。以此可以认为问卷量表的信度较好,问卷设计合理。

表6-2 基本公共文化服务标准化与均等化的需求调查问卷(城镇卷)信度

Cronbach's Alpha	基于标准化项的Cronbach's Alpha	项数
0.912	0.909	20

资料来源:课题组整理

表6-3 基本公共文化服务标准化与均等化的需求调查问卷(农村卷)信度

Cronbach's Alpha	基于标准化项的Cronbach's Alpha	项数
0.924	0.922	20

资料来源:课题组整理

除内在信度分析外,本研究采取重测信度的方式对问卷进行外部信度分析。重测信度只用同样量表对同一组被调查者重复进行测验,假定在这段时间内被调查者情况没有发生变化,用两个测验各项得分之间相关分析或差异的统计学检验结果表明调查信度的高低。如果相关分析的结果是有统计学意义的或者统计学检验发现两次测量结果的差异无统计学意义,则具有一定的信度。这种方法特别适用于事实性的量表。相关分析得到的相关系数也就是重测信度系数,一般要求达到0.7以上。本研究间隔一定时间两次测量部分地区,对获取问卷进行相关分析,结果显示,两次测量结果具有统计学意义,说明问卷设计合理,具有较可靠信度。

效度即有效性,它是指测量工具或手段能够准确测出所需测量的事物的程度。效度分为三种类型:内容效度、准则效度和结构效度。效度分析有多种方法,其测量结果反映效度的不同方面,常用于调查问卷效度分析的方法主要有以下几种:

单项与总和相关效度分析方法用于测量调查问卷的内容效度。内容效度又称表面效度或逻辑效度,它是指所设计的题项能否代表所要测量的内容或主题。对内容效度常采用逻辑分析与统计分析相结合的方法进行评价。逻辑分析一般由研究者或专家评判所选题项是否"看上去"符合测量的目的和要求。统计分析主要采用单项与总和相关分析法获得评价结果,即计算每个题项得分与题项总分的相关系数,根据相关是否显著判断是否有效。若量表中有反意题项,应将其逆向处理后再计算总分。

准则效度又称为效标效度或预测效度,是根据已经得到确定的某种理论,选择一种指标或测量工具作为准则,分析问卷题项与准则的联系,若二者相关显著,或者问卷题项对准则的不同取值、特性表现出显著差异,则为有效的题项。评价准则效度的方法是相关分析或差异显著性检验。在调查问卷的效度分析中,选择一个合适的准则往往十分困难,使这种方法的应用受到一定限制。

结构效度是指测量结果体现出来的某种结构与测值之间的对应程度。结构效度分析所采用的方法是因子分析。有的学者认为,效度分析最理想的方法是利用因子分析测量问卷或整个问卷的结构效度。因子分析的主要功能是从调查问卷全部变量(题项)中提取一些公因子,各公因子分别与某一群特定变量高度关联,这些公因子即代表了调查问卷的基本结构。通过因子分析可以考察问卷是否能够测量出研究者设计问卷时假设的某种结构。在因子分析的结果中,用于评价结构效度的主要指标有累积贡献率、共同度和因子负荷。累积贡献率反映公因子对问卷的累积有效程度,共同度反映由公因子解释原变量的有效程度,因子负荷反映原变量与某个公因子的相关程度[①]。

本研究调查问卷多属于事实性问题,问卷结构不利于进行结构效度的测量。本研究问卷设计过程中多次召开讨论会,广泛争取同行专家意见,对问卷题项能否代表所要测量的内容或主题进行反复讨论、沟通、修改,对问卷结构进行调整,经过专家评判,问卷具有较高的表面效度。

6.2 问卷样本情况的描述性统计

上文提到本研究的调查以全国公民为对象,经过配额分层抽样选取调查地点,经过对有效回收的 6593 份(城镇卷 3633 份、农村卷 2960 份)问卷的统计分析发现,对于被调查者的基本情况数据,无论在年龄、学历层次还是地区分布上,覆盖面都很全,基本达到全面覆盖,这为下一步的分析研究提供了很大便利。

6.2.1 调研的地理情况分布

本次调研涉及全国 31 个省、自治区、直辖市,涵盖范围广泛,回收问卷在地区分布上较为均衡,兼顾全国各个省、自治区、直辖市(除港澳台)的情况,实现全国范围的覆盖,满足了本次调研的要求。

---

① 纽曼,克罗依格. 社会工作研究方法:质性和定量方法的应用[M]. 刘梦,译. 北京:中国人民大学出版社,2008:219 - 223.

表6-4 各地区调查员情况

区域	地区	地区负责人	地区调查员
东部	北京	闫娜	刘旭青、权菲菲
	天津	闫娜	刘旭青、田立锋、张纳新、李金玲、郑凤岗、郭子春
	辽宁	宫平	张文亮
	上海	胡银霞	谭丹丹、王毅、陈天天
	江苏	胡银霞	高俊宽、徐芳、都平平、周冬英、宫昌俊、蒋峰、魏隽、陈韩梅
	浙江	张雅琪	王芳、何立芳、傅卫平、张新宇、杨濛璐、刘素艳、雷华刚
	福建	邹金汇	洪秋兰、雷兰芳、刘旭青、张秋天
	山东	宫平	苏福、刘宝峰、张海梅、纪树峰、苗佳佳、苗飞飞、贺彦钧
	广东	苏福	李廷翰、陆晓红、李晓辉、俞传正、周英雄、潘芳莲、尹静、杨琪先、朱淑华、魏翠翠、任书宁、唐煜、张雅琪
中部	河北	刘旭青	刘文青、刘杰、王天庞、李思远、刘尧、田苗、刘建召、郑院林、程向阳、张亚希、王炫、张恒雪、沈昊、马彦元、颜丽良、曹永刚、张绍岩、孙萌萌、齐文君、刘猛、张战强、王卉、张吻秋、郭召杰、杜佳、张晓峰、李鹏飞、刘振民、刘晶磊、侯宝亮、李建朋、戈旭、米佳、杨双荣、张海玲、韩芳洁、韩恺、刘子慧、沈宸、王浩、荣令山、张蕭允
	山西	刘旭青	贾子文、贾磊、李士本、王鸿滨、燕枳伊、张鹏飞、张艳彬、李建朋、徐悦
	吉林	宫平	陈昊琳、李菲
	黑龙江	邹金汇	邹乐军、刘梅香、艾玉芬、王雪、孙兴龙、邹丽梅
	安徽	胡银霞	李祝启、刘丽、傅正、刘辉
	江西	彭亮	曾伟忠、祝童、黄春华、郑智泉、莫玉笋、孙春艳、刘瑞雪、耿江术、曹泰峰、刘旭青
	河南	张雅琪	乔冬梅、白清礼、王平、段珊珊、樊振佳、陈韩梅、刘春遥、张海珍、葛晓龙、张哲宇、郭少友、李想
	湖北	张雅琪	李梦玲、刘生策、程彩虹、黎素军、徐力文、陈雅茜、肖旺、史雅莉
	湖南	彭亮	何颖芳、刘春容、姚湘莲、樊彬、吴婷、吕冰玉、张卓、杨洋、彭丽徽、吴洁、刘江妮、郑旋玮、郭唐宋、肖雄、姚丽萌、申飞宇
	海南	邹金汇	王平、杨文乐、张红霞、李杨
西部	内蒙古	邹金汇	黄娜、刘莉、刘丽敏、赵靖辛、张文彦
	广西	邹金汇	许冠男、赵梦、董言、朱云羲
	重庆	苏福	王宁远、吴勇
	四川	苏福	张欢、吴建国、闫敏、熊文、李忠昊
	贵州	苏福	李海燕、苏承净
	云南	苏福	赵益民、陈信、朱明、赵晓、邓伟升

续表

区域	地区	地区负责人	地区调查员
西部	西藏	胡银霞	宋玮、旦增卓玛
	陕西	刘旭青	王铮、王颖洁、赵文智、蔚锦、张草、曹永峰、尚岑、万行明、李芸芸
	甘肃	刘旭青	张胜开、彭亮、刘子慧、王泽川、杨明、李彦欣、唐凤君、薛栋、苏建军、周永红、武盈
	青海	刘旭青	刘霞、仝愔
	宁夏	刘旭青	王钧梅、张晓芳、刘学雷、李运培
	新疆	张雅琪	张璇

资料来源：课题组整理

由表6-5可知，河北、山西、吉林、江苏、安徽、山东、河南、湖南、广东、贵州、黑龙江等地问卷数较多，超过了200份；北京、天津、内蒙古、上海、浙江、福建、江西、湖北、广西、重庆、四川、云南、陕西、甘肃、新疆等地都在100—200份之间；辽宁、海南、西藏、青海、宁夏等地低于100份。

表6-5 各地区问卷回收情况

区域	来源省份	数量	城镇卷数量	农村卷数量
东部	北京	198	155	43
	天津	188	154	34
	辽宁	84	67	17
	上海	119	92	27
	江苏	246	172	74
	浙江	168	125	43
	福建	156	101	55
	山东	348	205	143
	广东	447	280	167
中部	河北	374	201	173
	山西	247	144	103
	吉林	203	79	124
	黑龙江	311	84	227
	安徽	225	142	83
	江西	167	78	89
	河南	729	376	353
	湖北	200	110	90
	湖南	326	161	165
	海南	54	32	22

续表

区域	来源省份	数量	城镇卷数量	农村卷数量
西部	内蒙古	129	72	57
	广西	179	89	90
	重庆	124	70	54
	四川	197	120	77
	贵州	280	127	153
	云南	185	81	104
	西藏	22	8	14
	陕西	158	79	79
	甘肃	163	90	73
	青海	23	11	12
	宁夏	47	34	13
	新疆	105	53	52
	缺失值	191	41	150
	合计	6593	3633	2960

资料来源:课题组整理

6.2.2 被调查者的人口统计学特征

本研究的调研对象是全国公民,被调查者的个人情况与问题揭示有直接关联。

表6-6 被调查人员年龄分布(城镇卷)[1]

年龄	频数	百分比(%)	有效百分比(%)	累积百分比(%)
14岁及以下	33	0.91	0.91	0.91
15—25岁	1313	36.14	36.28	37.19
26—35岁	1194	32.87	33.00	70.19
36—45岁	624	17.18	17.24	87.43
46—55岁	351	9.66	9.70	97.13
56—64岁	63	1.73	1.74	98.87
65岁及以上	41	1.13	1.13	100.00
缺失值	14	0.38	100.00	—
合计	3633	100.00	—	—

资料来源:课题组整理

---

[1] 因四舍五入问题,本书中部分表格合计非100%,存在0.01%的误差,在此统一说明。

表6-7 被调查人员年龄分布(农村卷)

年龄	频数	百分比(%)	有效百分比(%)	累计百分比(%)
14 岁及以下	58	1.96	1.97	1.97
15—25 岁	1303	44.02	44.23	46.20
26—35 岁	724	24.46	24.57	70.77
36—45 岁	413	13.95	14.02	84.79
46—55 岁	321	10.85	10.90	95.69
56—64 岁	71	2.40	2.41	98.10
65 岁及以上	56	1.89	1.90	100.00
缺失值	14	0.47	100.00	—
合计	2960	100.00	—	—

资料来源:课题组整理

年龄上,被调查者年龄区间依次为 14 岁及以下、15—25 岁、26—35 岁、36—45 岁、46—55 岁、56—64 岁,65 岁及以上。被调查者年龄集中于 15—25 和 26—35 岁这两个区间,其中 15—25 岁区间内被调查者最多,占 39.68%。这一年龄段的群众相对较为年轻,接受新事物的能力更强,因此参与问卷调查的积极性相对也较高。

表6-8 被调查人员文化程度分布(城镇卷)

学历	频数	百分比(%)	有效百分比(%)	累计百分比(%)
从未上过学	14	0.39	0.39	0.39
小学	63	1.73	1.76	2.15
初中	146	4.02	4.08	6.23
高中	241	6.63	6.74	12.97
专科	562	15.47	15.71	28.68
本科	1734	47.73	48.48	77.16
硕士	698	19.21	19.51	96.67
博士	119	3.28	3.33	100.00
缺失值	56	1.54	100.00	—
合计	3633	100.00	—	—

资料来源:课题组整理

表6-9 被调查人员文化程度分布(农村卷)

学历	频数	百分比(%)	有效百分比(%)	累计百分比(%)
从未上过学	18	0.61	0.62	0.62
小学	147	4.97	5.08	5.70

续表

学历	频数	百分比(%)	有效百分比(%)	累计百分比(%)
初中	293	9.90	10.12	15.81
高中	335	11.32	11.57	27.38
专科	575	19.43	19.85	47.24
本科	1239	41.86	42.78	90.02
硕士	253	8.55	8.74	98.76
博士	36	1.21	1.24	100.00
缺失值	64	2.15	100.00	—
合计	2960	100.00	—	—

资料来源:课题组整理

学历上,表6-8和表6-9的统计结果显示,被调查人员主要由专科、本科、硕士学历人群构成,其中,城镇卷比例达到82.41%,农村卷比例达到69.84%,可见问卷被调查者整体文化素质较高。具体而言,城镇卷被调查者的比例依次为本科/专科(63.20%)、硕士及以上(22.49%)、高中/初中(10.65%)、小学及未上过学(2.12%);农村卷被调查者的比例依次为本科/专科(61.29%)、硕士及以上(9.76%)、高中/初中(21.22%)、小学及未上过学(5.58%)。这一学历结果能够看出在城镇地区学历集中在专科及以上,而农村地区则集中在初中到本科学历。这体现出当前农村和城镇在学历层次上的差异,但总体来说,学历越高越有利于接受新鲜事物,更容易形成对基本公共文化服务的看法和见解,也便于本研究的开展。

7 城镇地区居民问卷调查分析

基本公共文化服务标准化与均等化的实施要以社会公众的感受和需求为准。基本公共文化的提供者,是否能够达到社会公众对基本公共文化服务的期望值,是否能够满足社会公众的基本公共文化需求,是衡量基本公共文化服务标准化与均等化效果好坏的重要依据。因此,了解城镇地区居民对基本公共文化服务标准化与均等化的体验感受和各项需求,有针对性地改善城镇地区基本公共文化服务、制定相关基本公共文化政策条例显得尤为重要。本次调查的目的在于深入了解城镇地区居民对基本公共文化服务标准化与均等化的认知情况和需求情况,尤其是要了解不同地区、不同背景城镇地区居民的文化认知和需求情况,为有针对性地制定基本公共文化服务均等化与标准化实施策略提供参考。

7.1 城镇地区居民对基本公共文化服务的认识

本次对于城镇地区居民关于基本公共文化服务标准化与均等化的认知情况调查,包括对基本公共文化服务相关的各类提法和政策法规、基本公共文化服务提供者等了解和认识程度,以便于了解居民对基本公共文化服务的态度和看法,以及基本公共文化服务相关提法和做法在居民之间的普及程度。

7.1.1 总体状况

7.1.1.1 对基本公共文化相关提法的认知情况分析

在调查的所有城镇居民中,对基本公共文化相关提法的了解情况(见表 7 - 1),均有超过 50% 的居民不了解或不清楚"基本公共文化服务标准化"、"基本公共文化服务均等化"、"促进我国基本公共文化服务标准化和均等化"《公共文化服务保障法》《关于加快构建现代公共文化服务体系的意见》。但居民对于各提法的认知情况存在差异,其中,仅有不到 20% 的被调查者表示了解《公共文化服务保障法》和《关于加快构建现代公共文化服务体系的意见》,而有超过 30% 的被调查者表示对于"促进我国基本公共文化服务标准化和均等化"的提法有一定程度的了解,对于"基本公共文化服务标准化""基本公共文化服务均等化"两种提法的认知情况则维持在 25% 左右。由此可见,对于城镇居民而言,"促进我国基本公共文化服务标准化和均等化"是较为常见的说法,盖因在有关公共文化的相关文章或报道中都能够加以融入,但相关的法律和政策则需要更为严谨的陈述,相对而言在大多数居民日常生活中较为少见。总体说来,社会公众普遍对于基本公共文化了解不多,尤其是对于相关法律政策知之较少。因而,还需通过平台加大基本公共文化的宣传力度,尤其是要加强相关法律法规的普及力度,提高社会公众在使用基本公共文化方面的法律意识。

表 7−1 基本公共文化相关提法认知分布

来源		认知	频数	百分比(%)	有效百分比(%)
基本公共文化服务标准化	有效	非常不了解	498	13.71	13.72
		比较不了解	706	19.43	19.45
		不清楚	1546	42.56	42.59
		比较了解	771	21.22	21.24
		非常了解	109	3.00	3.00
		合计	3630	99.92	100.00
	缺失		3	0.08	—
	合计		3633	100.00	—
来源		认知	频数	百分比(%)	有效百分比(%)
基本公共文化服务均等化	有效	非常不了解	472	12.99	13.05
		比较不了解	687	18.91	18.99
		不清楚	1540	42.39	42.58
		比较了解	800	22.02	22.12
		非常了解	118	3.25	3.26
		合计	3617	99.56	100.00
	缺失		16	0.44	—
	合计		3633	100.00	—
来源		认知	频数	百分比(%)	有效百分比(%)
《公共文化服务保障法》	有效	非常不了解	622	17.12	17.23
		比较不了解	637	17.53	17.65
		不清楚	1693	46.60	46.91
		比较了解	563	15.50	15.60
		非常了解	94	2.59	2.60
		合计	3609	99.34	100.00
	缺失		24	0.66	—
	合计		3633	100.00	—

续表

来源		认知	频数	百分比(%)	有效百分比(%)
中共中央办公厅国务院办公厅2015年印发的《关于加快构建现代公共文化服务体系的意见》	有效	非常不了解	673	18.52	18.60
		比较不了解	612	16.85	16.92
		不清楚	1701	46.82	47.01
		比较了解	546	15.03	15.09
		非常了解	86	2.37	2.38
		合计	3618	99.59	100.00
	缺失		15	0.41	—
	合计		3633	100.00	—

来源		认知	频数	百分比(%)	有效百分比(%)
促进我国基本公共文化服务标准化和均等化	有效	非常不了解	496	13.65	13.73
		比较不了解	465	12.80	12.87
		不清楚	1471	40.49	40.73
		比较了解	783	21.55	21.68
		非常了解	397	10.93	10.99
		合计	3612	99.42	100.00
	缺失		21	0.58	—
	合计		3633	100.00	—

资料来源:课题组整理

7.1.1.2 对基本公共文化服务均等化的认知情况分析

在对基本公共文化服务均等化的认知方面(见表7-2),均有超过60%的被调查者同意"农村和城镇在文化资源(如图书、报纸、戏曲、电影等)配置上应当均等(相同的资源)""各地应配置有地方特色的资源""大量提供数字化的资源可以解决农村和城镇地区基本公共文化服务不均等的问题""加强文化工作人员培训可以解决农村和城镇地区基本公共文化服务不均等的问题""提高老百姓的文化水平可以解决农村和城镇地区基本公共文化服务不均等的问题""政府加大投入可以解决农村和城镇地区基本公共文化服务不均等的问题"等六种均等化的说法。六种说法的居民认知程度差别不大,其中对于"各地应配置有地方特色的资源""提高老百姓的文化水平可以解决农村和城镇地区基本公共文化服务不均等的问题""政府加大投入可以解决农村和城镇地区基本公共文化服务不均等的问题"这三种说法,居民的同意程度高达70%以上。这表明,大部分居民对于基本公共文化服务均等化的实现途径等有较为统一的认识,而且对于这些实现途径等较为认可。农村和城镇地区基本公共文化服务不均等的问题涉及多种因素,依靠单一路径并不能有效解决,还需综合运用多种方法,同时以提供大量数字化的资源、加强文化工作人员培训、提高老百姓的文化水平、加大政府投入等方式来加以改善。解决不均等的问题并非朝夕之间可实现的,各类资源持续性的投入和支持不可或缺。

表7-2　基本公共文化服务均等化的认知分布

	来源	认知	频数	百分比(%)	有效百分比(%)
农村和城镇在文化资源(如图书、报纸、戏曲、电影等)配置上应当均等(相同的资源)	有效	非常不同意	212	5.84	5.87
		比较不同意	471	12.96	13.05
		不清楚	568	15.63	15.74
		比较同意	1339	36.86	37.10
		非常同意	1019	28.05	28.23
		合计	3609	99.34	100.00
	缺失		24	0.66	—
	合计		3633	100.00	—
	来源	认知	频数	百分比(%)	有效百分比(%)
各地应配置有地方特色的资源	有效	非常不同意	111	3.06	3.09
		比较不同意	191	5.26	5.32
		不清楚	484	13.32	13.48
		比较同意	1300	35.78	36.20
		非常同意	1505	41.43	41.91
		合计	3591	98.84	100.00
	缺失		42	1.16	—
	合计		3633	100.00	—
	来源	认知	频数	百分比(%)	有效百分比(%)
大量提供数字化的资源可以解决农村和城镇地区基本公共文化服务不均等的问题	有效	非常不同意	167	4.60	4.65
		比较不同意	472	12.99	13.14
		不清楚	738	20.31	20.55
		比较同意	1309	36.03	36.44
		非常同意	906	24.94	25.22
		合计	3592	98.87	100.00
	缺失		41	1.13	—
	合计		3633	100.00	—

	来源	认知	频数	百分比(%)	有效百分比(%)
加强文化工作人员培训可以解决农村和城镇地区基本公共文化服务不均等的问题	有效	非常不同意	157	4.32	4.36
		比较不同意	364	10.02	10.11
		不清楚	662	18.22	18.38
		比较同意	1493	41.10	41.46
		非常同意	925	25.46	25.69
		合计	3601	99.12	100.00
	缺失		32	0.88	—
	合计		3633	100.00	—
提高老百姓的文化水平可以解决农村和城镇地区基本公共文化服务不均等的问题	有效	非常不同意	125	3.44	3.47
		比较不同意	269	7.40	7.47
		不清楚	586	16.13	16.27
		比较同意	1551	42.70	43.07
		非常同意	1070	29.45	29.71
		合计	3601	99.12	100.00
	缺失		32	0.88	—
	合计		3633	100.00	—
政府加大投入可以解决农村和城镇地区基本公共文化服务不均等的问题	有效	非常不同意	135	3.72	3.75
		比较不同意	251	6.91	6.98
		不清楚	594	16.35	16.52
		比较同意	1433	39.44	39.85
		非常同意	1183	32.56	32.90
		合计	3596	98.98	100.00
	缺失		37	1.02	—
	合计		3633	100.00	—

资料来源:课题组整理

7.1.1.3 对各类机构重要性的认知情况分析

关于提供基本公共文化的机构的重要性方面(见表7-3),均有超过三分之二的被调查者认为政府、文化主管部门、公共图书馆、档案馆、博物馆、社区文化中心、科技馆、美术馆、纪念馆、名人故居在基本公共文化建设当中是重要的,同时,有超过80%被调查者认为政府、文化主管部门和图书馆在现代公共文化服务体系建设中占有重要地位。这表明政府行为和文化部门行为对公共文化服务体系建设影响深远,尤其是各级地方政府和当地文化部门,需要积极承担公共文化服务体系建设的规划、指导和协调等职责。作为直接开展公共文化服务的机构,公共图书馆、社区文化中心、博物馆等与社会公众的接触面最为广泛,既被社会公众认可其在公共文化服务体系建设当中充当的角色,同时也需要提供更加优质且形式多样的服务,以满足社会公众的文化需求。

表7-3 机构重要性的认知分布

来源		认知	频数	百分比(%)	有效百分比(%)
政府	有效	非常不重要	187	5.15	5.20
		比较不重要	123	3.39	3.42
		不清楚	249	6.85	6.93
		比较重要	727	20.01	20.22
		非常重要	2309	63.56	64.23
		合计	3595	98.95	100.00
	缺失		38	1.05	—
	合计		3633	100.00	—
来源		认知	频数	百分比(%)	有效百分比(%)
文化主管部门	有效	非常不重要	141	3.88	3.94
		比较不重要	141	3.88	3.94
		不清楚	285	7.84	7.96
		比较重要	849	23.37	23.70
		非常重要	2166	59.62	60.47
		合计	3582	98.60	100.00
	缺失		51	1.40	—
	合计		3633	100.00	—
来源		认知	频数	百分比(%)	有效百分比(%)
公共图书馆	有效	非常不重要	125	3.44	3.48
		比较不重要	125	3.44	3.48
		不清楚	323	8.89	9.00
		比较重要	1149	31.63	32.03
		非常重要	1865	51.33	51.99
		合计	3587	98.73	100.00
	缺失		46	1.27	—
	合计		3633	100.00	—

	来源	认知	频数	百分比（%）	有效百分比（%）
档案馆	有效	非常不重要	125	3.44	3.52
		比较不重要	236	6.50	6.64
		不清楚	671	18.47	18.87
		比较重要	1303	35.87	36.64
		非常重要	1221	33.61	34.34
		合计	3556	97.88	100.00
	缺失		77	2.12	—
	合计		3633	100.00	—
博物馆	有效	非常不重要	115	3.17	3.23
		比较不重要	163	4.49	4.58
		不清楚	428	11.78	12.02
		比较重要	1355	37.30	38.06
		非常重要	1499	41.26	42.11
		合计	3560	97.99	100.00
	缺失		73	2.01	—
	合计		3633	100.00	—
社区文化中心	有效	非常不重要	111	3.06	3.10
		比较不重要	167	4.60	4.67
		不清楚	398	10.96	11.12
		比较重要	1331	36.64	37.19
		非常重要	1572	43.27	43.92
		合计	3579	98.51	100.00
	缺失		54	1.49	—
	合计		3633	100.00	—
科技馆	有效	非常不重要	100	2.75	2.80
		比较不重要	185	5.09	5.18
		不清楚	458	12.61	12.84
		比较重要	1450	39.91	40.64
		非常重要	1375	37.85	38.54
		合计	3568	98.21	100.00
	缺失		65	1.79	—
	合计		3633	100.00	—

续表

来源		认知	频数	百分比（％）	有效百分比（％）
美术馆	有效	非常不重要	99	2.73	2.78
		比较不重要	199	5.48	5.58
		不清楚	554	15.25	15.54
		比较重要	1476	40.63	41.40
		非常重要	1237	34.05	34.70
		合计	3565	98.13	100.00
	缺失		68	1.87	—
	合计		3633	100.00	—
纪念馆、名人故居	有效	来源 认知	频数	百分比（％）	有效百分比（％）

来源		认知	频数	百分比（％）	有效百分比（％）
纪念馆、名人故居	有效	非常不重要	116	3.19	3.25
		比较不重要	203	5.59	5.69
		不清楚	540	14.86	15.15
		比较重要	1471	40.49	41.26
		非常重要	1235	33.99	34.64
		合计	3565	98.13	100.00
	缺失		68	1.87	—
	合计		3633	100.00	—

资料来源：课题组整理

7.1.1.4　对各类内容供应者的认知情况分析

在对基本公共文化服务内容的供应者方面（见表7-4），相对而言，城镇居民认为读书看报、收听广播、观看电视、欣赏电影、观看地方戏、参加文体活动、参加文化艺术知识培训都应该主要由文化行政部门提供。公共文化设施免费开放、参观某些文化设施可以减免门票则应由政府实施。此外，也有部分被调查者认为非营利组织也应提供读书看报、观看电视、观看地方戏、公共文化设施免费开放、参观某些文化设施可以减免门票、参加文体活动、参加文化艺术知识培训。由表7-4可以看出，居民大多认为各类基本公共文化服务供给主要为政府、文化行政部门和非营利组织三方面的责任，只是在具体基本公共文化服务供给方面职能不一，而企业和个人在基本公共文化服务方面则表现为参与、支持行为，并非主要供应者。总体而言，文化行政部门、政府和非营利组织为主要的基本公共文化服务内容供应者，而企业和个人的重要性则相对次之，尤其是涉及制度方面如免费开放和减免门票，还需政府部门牵头才能有效实施，非营利组织在读书看报等公共文化供给方面也可发挥重要作用。

表7-4　基本公共文化服务内容供应者的认知分布

		政府	文化行政部门	非营利组织	企业	个人	有效值	缺失值
读书看报	频数	1534	2105	747	349	543	3604	29
	百分比(%)	42.56	58.41	20.73	9.68	15.07	99.20	0.80
收听广播	频数	1428	1948	660	355	468	3554	79
	百分比(%)	40.18	54.81	18.57	9.99	13.17	97.83	2.17
观看电视	频数	1193	1800	760	506	647	3558	75
	百分比(%)	33.53	50.59	21.36	14.22	18.18	97.94	2.06
欣赏电影	频数	1074	1777	925	768	552	3569	64
	百分比(%)	30.09	49.79	25.92	21.52	15.47	98.24	1.76
观看地方戏	频数	1218	2027	1037	446	378	3545	88
	百分比(%)	34.36	57.18	29.25	12.58	10.66	97.58	2.42
公共文化设施免费开放	频数	2361	1560	713	354	178	3563	70
	百分比(%)	66.26	43.78	20.01	9.94	5.00	98.07	1.93
参观某些文化设施可以减免门票	频数	2060	1700	779	525	171	3561	72
	百分比(%)	57.85	47.74	21.88	14.74	4.80	98.02	1.98
参加文体活动	频数	1397	2005	1067	576	549	3562	71
	百分比(%)	39.22	56.29	29.96	16.17	15.41	98.05	1.95
参加文化艺术知识培训	频数	1381	2023	1134	664	527	3570	63
	百分比(%)	38.68	56.67	31.76	18.60	14.76	98.27	1.73

资料来源:课题组整理

7.1.2　不同地区居民对基本公共文化服务的认识差异分析

7.1.2.1　东、中、西部居民对基本公共文化服务的认识差异分析

关于基本公共文化服务项目该由谁提供,据调查所得(见表7-5),东部、中部和西部城市居民的认知基本一致,认为读书看报、收听广播、观看电视、欣赏电影、观看地方戏、文体活动、文化艺术知识培训等最应由文化行政部门提供,而公共文化设施免费开放、某些文化设施可以减免门票则涉及更多政府主管部门,需要文化行政部门、财政部门等通力合作,才能切实实行。基本公共文化服务项目除是文化行政部门等的职责外,非营利组织和企业也能参与公共文化事业发展,以社会群力共同促进公共文化建设,这就说明需要构建更多和便捷的通道吸引和促成社会参与、社会合作。

表7－5　东、中、西部基本公共文化服务项目提供者认知分布

服务项目	提供单位	东部		中部		西部	
		频数	百分比(％)	频数	百分比(％)	频数	百分比(％)
读书看报	政府	541	40.40	617	44.20	358	43.03
	文化行政部门	805	60.12	798	57.16	476	57.21
	非营利组织	283	21.14	288	20.63	171	20.55
	企业	113	8.44	149	10.67	81	9.74
	个人	204	15.24	224	16.05	111	13.34
	合计	1339	—	1396	—	832	—
收听广播	政府	516	39.33	562	40.67	339	41.14
	文化行政部门	710	54.12	772	55.86	442	53.64
	非营利组织	241	18.37	256	18.52	155	18.81
	企业	105	8.00	157	11.36	88	10.68
	个人	187	14.25	185	13.39	90	10.92
	合计	1312	—	1382	—	824	—
观看电视	政府	416	31.63	473	34.08	289	35.16
	文化行政部门	662	50.34	719	51.80	406	49.39
	非营利组织	278	21.14	313	22.55	162	19.71
	企业	164	12.47	209	15.06	125	15.21
	个人	250	19.01	252	18.16	137	16.67
	合计	1315	—	1388	—	822	—
欣赏电影	政府	374	28.25	412	29.79	275	33.29
	文化行政部门	668	50.45	708	51.19	384	46.49
	非营利组织	343	25.91	379	27.40	195	23.61
	企业	268	20.24	300	21.69	191	23.12
	个人	211	15.94	213	15.40	121	14.65
	合计	1324	—	1383	—	826	—
观看地方戏	政府	409	31.13	489	35.49	301	36.75
	文化行政部门	778	59.21	784	56.89	448	54.70
	非营利组织	387	29.45	409	29.68	233	28.45
	企业	163	12.40	171	12.41	109	13.31
	个人	134	10.20	158	11.47	82	10.01
	合计	1314	—	1378	—	819	—

续表

服务项目	提供单位	东部		中部		西部	
		频数	百分比(%)	频数	百分比(%)	频数	百分比(%)
公共文化设施免费开放	政府	869	65.73	923	66.84	545	66.06
	文化行政部门	582	44.02	611	44.24	352	42.67
	非营利组织	280	21.18	276	19.99	152	18.42
	企业	119	9.00	143	10.35	85	10.30
	个人	62	4.69	74	5.36	40	4.85
	合计	1322	—	1381	—	825	—
参观某些文化设施可以减免门票	政府	759	57.54	802	57.99	477	57.89
	文化行政部门	650	49.28	657	47.51	379	46.00
	非营利组织	293	22.21	293	21.19	186	22.57
	企业	176	13.34	225	16.27	116	14.08
	个人	59	4.47	74	5.35	37	4.49
	合计	1319	—	1383	—	824	—
参加文体活动	政府	501	37.93	540	39.05	341	41.43
	文化行政部门	758	57.38	782	56.54	443	53.83
	非营利组织	396	29.98	420	30.37	241	29.28
	企业	217	16.43	230	16.63	122	14.82
	个人	198	14.99	221	15.98	127	15.43
	合计	1321	—	1383	—	823	—
参加文化艺术知识培训	政府	498	37.76	541	38.98	327	39.54
	文化行政部门	755	57.24	774	55.76	470	56.83
	非营利组织	435	32.98	446	32.13	246	29.75
	企业	237	17.97	273	19.67	144	17.41
	个人	188	14.25	216	15.56	117	14.15
	合计	1319	—	1388	—	827	—

资料来源:课题组整理

东部、中部和西部被调查居民对于基本公共文化服务均等化持有基本一致的看法(见表7-6),认为农村和城镇在文化资源配置上应当均等,同时各地也应配置有地方特色的资源,突出地方特色和民族特色,更重要的是保证底线均等,需要提高老少边穷地区的基本公共文化资源配置,逐步丰富这些地区居民的文化生活。此外,大量提供数字化的资源、加强文化工作人员培训、提高老百姓的文化水平、政府加大投入可以解决农村和城镇地区基本公共文化服务不均等的问题。

表7-6 东、中、西部基本公共文化服务均等化认知分布

基本公共文化服务均等化提法	认知	东部		中部		西部	
		频数	百分比(%)	频数	百分比(%)	频数	百分比(%)
农村和城镇在文化资源(如图书、报纸、戏曲、电影等)配置上应当均等	非常不同意	72	5.33	91	6.45	44	5.28
	比较不同意	167	12.37	185	13.12	118	14.15
	不清楚	198	14.67	245	17.38	118	14.15
	比较同意	520	38.52	517	36.67	289	34.65
	非常同意	384	28.44	361	25.60	263	31.53
	缺失值	9	0.67	11	0.78	2	0.24
	合计	1350	100.00	1410	100.00	834	100.00
各地应配置有地方特色的资源	非常不同意	50	3.70	40	2.84	19	2.28
	比较不同意	46	3.41	95	6.74	42	5.04
	不清楚	165	12.22	217	15.39	97	11.63
	比较同意	498	36.89	484	34.33	312	37.41
	非常同意	571	42.30	560	39.72	359	43.05
	缺失值	20	1.48	14	0.99	5	0.60
	合计	1350	100.00	1410	100.00	834	100.00
大量提供数字化的资源可以解决农村和城镇地区基本公共文化服务不均等的问题	非常不同意	70	5.19	58	4.11	35	4.20
	比较不同意	177	13.11	198	14.04	93	11.15
	不清楚	237	17.56	321	22.77	170	20.38
	比较同意	508	37.63	484	34.33	307	36.81
	非常同意	345	25.56	332	23.55	221	26.50
	缺失值	13	0.96	17	1.21	8	0.96
	合计	1350	100.00	1410	100.00	834	100.00
加强文化工作人员培训可以解决农村和城镇地区基本公共文化服务不均等的问题	非常不同意	68	5.04	53	3.76	33	3.96
	比较不同意	123	9.11	159	11.28	77	9.23
	不清楚	245	18.15	269	19.08	139	16.67
	比较同意	561	41.56	570	40.43	353	42.33
	非常同意	341	25.26	345	24.47	229	27.46
	缺失值	12	0.89	14	0.99	3	0.36
	合计	1350	100.00	1410	100.00	834	100.00
提高老百姓的文化水平可以解决农村和城镇地区基本公共文化服务不均等的问题	非常不同意	50	3.70	45	3.19	28	3.36
	比较不同意	102	7.56	108	7.66	56	6.71
	不清楚	182	13.48	260	18.44	137	16.43
	比较同意	611	45.26	578	40.99	349	41.85
	非常同意	392	29.04	407	28.87	261	31.29
	缺失值	13	0.96	12	0.85	3	0.36
	合计	1350	100.00	1410	100.00	834	100.00

续表

基本公共文化服务均等化提法	认知	东部		中部		西部	
		频数	百分比（%）	频数	百分比（%）	频数	百分比（%）
政府加大投入可以解决农村和城镇地区基本公共文化服务不均等的问题	非常不同意	55	4.07	51	3.62	27	3.24
	比较不同意	81	6.00	113	8.01	52	6.24
	不清楚	200	14.81	256	18.16	131	15.71
	比较同意	559	41.41	530	37.59	330	39.57
	非常同意	440	32.59	446	31.63	289	34.65
	缺失值	15	1.11	14	0.99	5	0.60
	合计	1350	100.00	1410	100.00	834	100.00

资料来源：课题组整理

7.1.2.2　各经济区域居民对基本公共文化服务的认识差异分析

目前,由于各地基本公共文化服务供给由各地方政府负责,而地方经济发展水平会影响地方财政支出,因而依据国家统计局划分的八大经济区域,将31个省、自治区、直辖市按照如下区域集合进行统计分析:

东北地区(辽宁省、吉林省、黑龙江省);

北部沿海(北京市、天津市、河北省、山东省);

东部沿海(上海市、江苏省、浙江省);

南部沿海(福建省、广东省、海南省);

黄河中游(山西省、内蒙古自治区、河南省、陕西省);

长江中游(安徽省、江西省、湖北省、湖南省);

西南地区(广西壮族自治区、重庆市、四川省、贵州省、云南省);

大西北地区(西藏自治区、甘肃省、青海省、宁夏回族自治区、新疆维吾尔自治区)。

(1)基本公共文化服务标准化

在不同地区的城镇居民对于基本公共文化服务标准化的认知方面(见表7-7),各区域的城镇居民中都有超过五分之一的被调查者表示对基本公共文化服务标准化有一定的了解,但却有超过三分之二的被调查者表示对基本公共文化服务标准化不太了解或不太清楚。而在各区域间,被调查者对于基本公共文化服务标准化的了解程度区别不大,但黄河中游、西南地区和大西北地区的城镇居民对于该提法的陌生程度超过其他地区。这表明,全国各地区的城镇居民对于基本公共文化服务标准化的提法虽已有认识,但大部分居民仍对基本公共文化服务标准化的提法较为陌生,在黄河中游、西南地区和大西北地区表现突出。

表7-7 各经济区域对"基本公共文化服务标准化"的认知情况分布

认知\地区		非常不了解	比较不了解	不清楚	比较了解	非常了解	缺失值	合计
东北地区	频数	30	50	97	48	5	0	230
	百分比(%)	13.04	21.74	42.17	20.87	2.17	0.00	100.00
北部沿海	频数	117	124	301	153	19	0	714
	百分比(%)	16.39	17.37	42.16	21.43	2.66	0.00	100.00
东部沿海	频数	58	71	172	79	8	1	389
	百分比(%)	14.91	18.25	44.22	20.31	2.06	0.26	100.00
南部沿海	频数	45	74	188	95	11	0	413
	百分比(%)	10.90	17.92	45.52	23.00	2.66	0.00	100.00
黄河中游	频数	110	127	284	138	14	0	673
	百分比(%)	16.34	18.87	42.20	20.51	2.08	0.00	100.00
长江中游	频数	50	85	239	98	20	0	492
	百分比(%)	10.16	17.28	48.58	19.92	4.07	0.00	100.00
西南地区	频数	62	109	183	113	20	0	487
	百分比(%)	12.73	22.38	37.58	23.20	4.11	0.00	100.00
大西北地区	频数	17	60	71	40	8	0	196
	百分比(%)	8.67	30.61	36.22	20.41	4.08	0.00	100.00
缺失值	频数	9	6	11	7	4	2	39
	百分比(%)	23.08	15.38	28.21	17.95	10.26	5.13	100.00
合计	频数	498	706	1546	771	109	3	3633
	百分比(%)	13.71	19.43	42.55	21.22	3.00	0.08	100.00

资料来源:课题组整理

(2)基本公共文化服务均等化

在不同地区的城镇居民对于基本公共文化服务均等化的认知方面(见表7-8),尽管各区域均有超过20%的被调查者表示对基本公共文化服务均等化有一定的了解,但同时也有超过60%的被调查者表示不太了解或不甚清楚。可见,在各区域中,基本公共文化服务均等化的宣传虽取得了一定成效,但仍有大部分的城镇居民对该提法较为陌生,群众知晓程度普遍较低。对比八大经济区域之间的认知情况,南部沿海地区的城镇居民对于基本公共文化服务均等化则更为了解。

表7-8　各经济区域对"基本公共文化服务均等化"的认知情况分布

认知 地区		非常不 了解	比较不 了解	不清楚	比较了解	非常了解	缺失值	合计
东北地区	频数	34	41	105	42	8	0	230
	百分比(%)	14.78	17.83	45.65	18.26	3.48	0.00	100.00
北部沿海	频数	117	117	299	157	18	6	714
	百分比(%)	16.39	16.39	41.88	21.99	2.52	0.84	100.00
东部沿海	频数	55	64	170	85	11	4	389
	百分比(%)	14.14	16.45	43.70	21.85	2.83	1.03	100.00
南部沿海	频数	41	84	164	113	11	0	413
	百分比(%)	9.93	20.34	39.71	27.36	2.66	0.00	100.00
黄河中游	频数	91	135	290	135	19	3	673
	百分比(%)	13.52	20.06	43.09	20.06	2.82	0.45	100.00
长江中游	频数	51	77	245	96	23	0	492
	百分比(%)	10.37	15.65	49.80	19.51	4.67	0.00	100.00
西南地区	频数	59	106	185	114	22	1	487
	百分比(%)	12.11	21.77	37.99	23.41	4.52	0.21	100.00
大西北地区	频数	16	52	74	50	4	0	196
	百分比(%)	8.16	26.53	37.76	25.51	2.04	0.00	100.00
缺失值	频数	8	11	8	8	2	2	39
	百分比(%)	20.51	28.21	20.51	20.51	5.13	5.13	100.00
合计	频数	472	687	1540	800	118	16	3633
	百分比(%)	12.99	18.91	42.39	22.02	3.25	0.44	100.00

资料来源:课题组整理

(3)《公共文化服务保障法》

在不同地区的城镇居民对于《公共文化服务保障法》的认知方面(见表7-9),各地区均有超过10%的被调查者表示对该法有一定的了解,但同时各地区均有超过75%的被调查者表示对该法不太了解或不甚清楚。可见,该部法律在各地区城镇居民间的知晓程度还较低。虽然各区域之间认知情况还存在一定的差异。据表7-9可知,西南地区和大西北地区的城镇居民对于该法的了解程度达到20%以上,高于其他六个地区。但总体而言,《公共文化服务保障法》在各地区居民间的普及度还相对不高。

表7-9 各经济区域对《公共文化服务保障法》的认知情况分布

地区	认知	非常不了解	比较不了解	不清楚	比较了解	非常了解	缺失值	合计
东北地区	频数	35	38	116	34	7	0	230
	百分比(%)	15.22	16.52	50.43	14.78	3.04	0.00	100.00
北部沿海	频数	144	107	329	109	17	8	714
	百分比(%)	20.17	14.99	46.08	15.27	2.38	1.12	100.00
东部沿海	频数	71	63	190	54	8	3	389
	百分比(%)	18.25	16.20	48.84	13.88	2.07	0.77	100.00
南部沿海	频数	68	77	194	68	5	1	413
	百分比(%)	16.46	18.64	46.97	16.46	1.21	0.24	100.00
黄河中游	频数	111	145	306	93	13	5	673
	百分比(%)	16.49	21.55	45.47	13.82	1.93	0.74	100.00
长江中游	频数	80	73	248	69	19	3	492
	百分比(%)	16.26	14.84	50.41	14.02	3.86	0.61	100.00
西南地区	频数	84	78	217	90	17	1	487
	百分比(%)	17.25	16.02	44.56	18.48	3.49	0.21	100.00
大西北地区	频数	22	49	77	41	6	1	196
	百分比(%)	11.22	25.00	39.29	20.92	3.06	0.51	100.00
缺失值	频数	7	7	16	5	2	2	39
	百分比(%)	17.95	17.95	41.03	12.82	5.13	5.13	100.00
合计	频数	622	637	1693	563	94	24	3633
	百分比(%)	17.12	17.53	46.60	15.50	2.59	0.66	100.00

资料来源:课题组整理

(4)《关于加快构建现代公共文化服务体系的意见》

在不同地区的城镇居民对于《关于加快构建现代公共文化服务体系的意见》(以下简称《意见》)的认知方面(见表7-10),各地区均有超过10%的被调查者表示对于《意见》有一定的了解,但同时有超过75%的被调查者表示不甚了解或不清楚。对比各地区间的认知情况,西南地区和大西北地区的城镇居民对于《意见》的了解程度超过20%,高于其他六个地区,可见这两个地区的城镇居民拥有更为广泛的认识,也从侧面说明当地对于《意见》的宣传更为重视,在不断加强公共文化建设的同时也在不断提高居民对于公共文化的认识和支持。表7-10表明虽然各地区间略有差异,全国各地区的城镇居民普遍对于该《意见》仍不太了解,政府部门和文化机构仍需继续加大宣传力度。

表7－10 各经济区域对《关于加快构建现代公共文化服务体系的意见》的认知情况分布

地区	认知	非常不了解	比较不了解	不清楚	比较了解	非常了解	缺失值	合计
东北地区	频数	39	39	118	26	8	0	230
	百分比(%)	16.96	16.96	51.30	11.30	3.48	0.00	100.00
北部沿海	频数	150	117	321	106	15	5	714
	百分比(%)	21.01	16.39	44.96	14.85	2.10	0.70	100.00
东部沿海	频数	77	67	181	54	7	3	389
	百分比(%)	19.79	17.22	46.53	13.88	1.80	0.77	100.00
南部沿海	频数	76	71	197	64	5	0	413
	百分比(%)	18.40	17.19	47.70	15.50	1.21	0.00	100.00
黄河中游	频数	121	130	317	92	12	1	673
	百分比(%)	17.98	19.32	47.10	13.67	1.78	0.15	100.00
长江中游	频数	84	63	258	68	18	1	492
	百分比(%)	17.07	12.80	52.44	13.82	3.66	0.20	100.00
西南地区	频数	96	77	211	89	12	2	487
	百分比(%)	19.71	15.81	43.33	18.28	2.46	0.41	100.00
大西北地区	频数	23	42	82	42	6	1	196
	百分比(%)	11.73	21.43	41.84	21.43	3.06	0.51	100.00
缺失值	频数	7	6	16	5	3	2	39
	百分比(%)	17.95	15.38	41.03	12.82	7.69	5.13	100.00
合计	频数	673	612	1701	546	86	15	3633
	百分比(%)	18.52	16.85	46.82	15.03	2.37	0.41	100.00

资料来源:课题组整理

(5)促进我国基本公共文化服务标准化和均等化

在不同地区的城镇居民对于"促进我国基本公共文化服务标准化和均等化"的认知方面(见表7－11),各地区均有超过20%的被调查者对该提法有一定的了解,但同时也有超过60%的被调查者表示对该提法不太了解或不甚清楚。而在各地区之间,南部沿海、黄河中游、长江中游、西南地区、大西北地区城镇居民的认知情况均达到30%以上,相较东北地区、北部沿海和东部沿海的居民了解情况较好。这表明,该提法全国已拥有了一定的普及基础,在居民的文化生活中也较为常见,因而居民对该提法较为了解。

表7-11 各经济区域对"促进我国基本公共文化服务标准化和均等化"的认知情况分布

地区	认知	非常不了解	比较不了解	不清楚	比较了解	非常了解	缺失值	合计
东北地区	频数	42	38	104	38	8	0	230
	百分比(%)	18.26	16.52	45.22	16.52	3.48	0.00	100.00
北部沿海	频数	115	86	295	136	76	6	714
	百分比(%)	16.11	12.04	41.32	19.05	10.64	0.84	100.00
东部沿海	频数	55	54	171	83	23	3	389
	百分比(%)	14.14	13.88	43.96	21.34	5.91	0.77	100.00
南部沿海	频数	46	44	163	124	35	1	413
	百分比(%)	11.14	10.65	39.47	30.02	8.47	0.24	100.00
黄河中游	频数	82	96	237	153	102	3	673
	百分比(%)	12.18	14.26	35.22	22.73	15.16	0.45	100.00
长江中游	频数	58	49	213	100	71	1	492
	百分比(%)	11.79	9.96	43.29	20.33	14.43	0.20	100.00
西南地区	频数	67	64	200	99	54	3	487
	百分比(%)	13.76	13.14	41.07	20.33	11.09	0.62	100.00
大西北地区	频数	28	29	72	44	22	1	196
	百分比(%)	14.29	14.80	36.73	22.45	11.22	0.51	100.00
缺失值	频数	3	5	16	6	6	3	39
	百分比(%)	7.69	12.82	41.03	15.38	15.38	7.69	100.00
合计	频数	496	465	1471	783	397	21	3633
	百分比(%)	13.65	12.80	40.49	21.55	10.93	0.58	100.00

资料来源:课题组整理

就各地区对于基本公共文化服务相关提法的认知情况调查结果而言,总体来看,八大经济区域的城镇居民对于各相关提法普遍还不太了解,但对于各提法区域间也会存在些许差异。在对各区域的调查中,城镇居民对于"基本公共文化服务标准化""基本公共文化服务均等化"的认知度维持在20%—30%,对于《公共文化服务保障法》和《关于加快构建现代公共文化服务体系的意见》的认知度除西南地区和大西北地区以外均在10%—20%,而这两个地区的认知度为20%—30%,此外,"促进我国基本公共文化服务标准化和均等化"的认知度则相对较好,在各经济区域中能够达到20%—40%。盖因"促进我国基本公共文化服务标准化和均等化"

的提法经常能够在各类社交平台及各类信息中涉及,因而社会公众对于该句式较为熟悉,但对于该句式中的具体内容,即何为"基本公共文化服务标准化"和"基本公共文化服务均等化",居民则不太了解,而关于法律和意见则更少见于社会公众的日常生活中。

7.1.3 不同年龄居民对基本公共文化服务的认识差异分析

公共图书馆、社区文化中心、科技馆、美术馆等公共文化机构具有不同的服务功能和特征,在居民生活中起到不同的文化服务作用。总体而言,各年龄段居民均认为各类公共文化机构具有一定重要性,并且15—64岁的居民对于公共文化服务机构的重要性认知要高于其他年龄段的居民(见表7-12)。可见,公共文化机构在各年龄段居民中具有一定的普适性,尤其是对于青少年、青年、中年人,宣传推广取得了一定成效,但少年儿童对于公共文化机构的认知还有待于进一步加深了解。

具体而言,在博物馆、纪念馆和名人故居方面,各年龄段居民存在认识差异。相较其他年龄阶段的居民,15岁以上居民认为纪念馆和名人故居具有更重要的意义,26—45岁的居民更为认可博物馆的作用,这表明,当前博物馆、纪念馆和名人故居还未充分引起未成年人的重视。博物馆、纪念馆和名人故居因其承载的历史厚重性,若缺少相关知识和讲解辅助则难以理解,现下中小学校组织学生前往博物馆学习和体验,以及采取多种方法鼓励儿童和青少年参与博物馆志愿活动,担任小讲解员,便是为激发儿童、青少年对于博物馆使用的重视和传统文化的发扬采取的措施。同时,博物馆方面也不断探索新的路径吸引未成年人,如日前播出的电视节目《国家宝藏》、纪录片《如果国宝会说话》等便有别于博物馆以往的刻板印象,采用活泼生动的形式,充分利用电视、网络、短视频平台、社交媒体等渠道,更符合当前未成年人行为方式和接受程度,寓教于乐,有助于让博物馆文化深入年轻群体。

在各类公共文化机构中,各年龄段普遍认为公共图书馆和社区文化中心具有较为重要的作用,尤其对于56—64岁的居民而言,社区文化中心的需求更高。这一年龄段的居民有一定时间和精力开展文化活动,社区文化中心作为基层的公共文化机构之一,为社区居民提供了最为便利的服务,可见,满足这一阶段居民的文化需求,开展适用性的活动是极为重要的。此外,档案馆于各类公共文化机构之间的重要性较低。相对其他文化机构而言,大多数居民日常生活中除非必要,一般不常接触档案馆,而且档案馆由于档案自身性质也不同于其他公共文化机构需要宣传推广吸引社会公众前来,这就使得档案馆在公众间的认知程度相对较低。

表 7－12　各年龄段居民对公共文化机构的认知占比情况（％）

年龄＼文化机构		公共图书馆	档案馆	博物馆	社区文化中心	科技馆	美术馆	纪念馆、名人故居
14岁及以下	非常不重要	0.00	0.00	6.06	3.03	0.00	3.03	3.03
	比较不重要	9.09	9.09	9.09	6.06	3.03	3.03	9.09
	不清楚	9.09	18.18	15.15	9.09	15.15	15.15	15.15
	比较重要	24.24	27.27	27.27	33.33	36.36	39.39	24.24
	非常重要	51.52	36.36	27.27	39.39	33.33	33.33	42.42
	缺失值	6.06	9.09	15.15	9.09	12.12	6.06	6.06
15—25岁	非常不重要	3.88	3.43	3.58	2.67	2.89	2.67	3.73
	比较不重要	4.04	7.62	5.03	6.09	6.40	7.39	6.09
	不清楚	9.67	18.51	11.73	12.80	14.55	16.15	14.85
	比较重要	34.58	37.78	40.44	40.14	42.35	43.95	41.74
	非常重要	46.92	31.15	38.00	37.32	32.67	28.79	32.44
	缺失值	0.91	1.52	1.22	0.99	1.14	1.07	1.14
26—35岁	非常不重要	3.60	3.77	3.52	3.52	3.43	3.35	3.43
	比较不重要	2.85	6.53	4.02	3.85	4.27	4.44	5.78
	不清楚	8.04	18.68	11.22	10.05	10.89	14.32	14.74
	比较重要	29.48	35.85	37.19	34.84	39.95	38.94	41.12
	非常重要	55.53	34.09	42.96	47.24	40.45	37.94	33.84
	缺失值	0.50	1.09	1.09	0.50	1.01	1.01	1.09
36—45岁	非常不重要	2.72	3.37	2.08	3.21	1.92	1.92	2.40
	比较不重要	3.21	3.85	4.01	2.24	3.69	4.33	4.33
	不清楚	9.29	20.35	11.22	11.06	12.34	15.22	15.38
	比较重要	28.53	33.81	35.74	32.53	35.74	37.82	40.71
	非常重要	54.65	35.90	44.39	48.72	43.75	37.98	34.46
	缺失值	1.60	2.72	2.56	2.24	2.56	2.72	2.72
46—55岁	非常不重要	3.13	2.85	2.56	3.13	2.56	2.85	2.56
	比较不重要	3.70	6.84	4.27	5.41	5.70	5.41	5.98
	不清楚	8.83	14.81	13.11	9.12	11.97	14.53	14.81
	比较重要	31.62	34.19	30.77	35.90	37.61	38.46	37.04
	非常重要	50.71	37.32	45.58	44.16	39.60	35.33	36.47
	缺失值	1.99	3.99	3.70	2.28	2.56	3.42	3.13

年龄＼文化机构		公共图书馆	档案馆	博物馆	社区文化中心	科技馆	美术馆	纪念馆、名人故居
56—64 岁	非常不重要	3.17	4.76	3.17	3.17	0.00	1.59	1.59
	比较不重要	1.59	4.76	3.17	1.59	3.17	0.00	1.59
	不清楚	4.76	11.11	9.52	4.76	12.70	14.29	12.70
	比较重要	33.33	38.10	39.68	39.68	47.62	50.79	33.33
	非常重要	50.79	36.51	38.10	46.03	31.75	28.57	46.03
	缺失值	6.35	4.76	6.35	4.76	4.76	4.76	4.76
65 岁及以上	非常不重要	0.00	0.00	0.00	0.00	0.00	0.00	0.00
	比较不重要	0.00	9.76	9.76	9.76	7.32	4.88	2.44
	不清楚	12.20	29.27	26.83	7.32	12.20	21.95	14.63
	比较重要	51.22	29.27	29.27	46.34	39.02	34.15	39.02
	非常重要	31.71	21.95	26.83	26.83	34.15	26.83	34.15
	缺失值	4.88	9.76	7.32	9.76	7.32	12.20	9.76

资料来源：课题组整理

7.1.4 不同学历居民对基本公共文化服务的认识差异分析

7.1.4.1 基本公共文化服务标准化

在不同学历的城镇居民对于基本公共文化服务标准化的认知方面（见表 7-13），各学历背景的居民均有超过15%的被调查者表示对"基本公共文化服务标准化"有一定程度的了解，但各学历阶段均有超过70%的调查者不清楚和不了解基本公共文化服务标准化。若因样本量过少排除"从未上过学"和"小学"这两个阶段，则可知居民对"基本公共文化服务标准化"的了解程度随学历升高而上升。

表 7-13 不同学历居民对"基本公共文化服务标准化"的认知情况

学历		非常不了解	比较不了解	不清楚	比较了解	非常了解	缺失值	合计
从未上过学	频数	5	1	4	2	2	0	14
	百分比(%)	35.71	7.14	28.57	14.29	14.29	0.00	100.00
小学	频数	13	10	28	9	3	0	63
	百分比(%)	20.63	15.87	44.44	14.29	4.76	0.00	100.00
初中	频数	29	23	70	19	5	0	146
	百分比(%)	19.86	15.75	47.95	13.01	3.42	0.00	100.00

续表

学历		非常不了解	比较不了解	不清楚	比较了解	非常了解	缺失值	合计
高中	频数	37	42	114	45	3	0	241
	百分比(%)	15.35	17.43	47.30	18.67	1.24	0.00	100.00
专科	频数	65	128	241	114	14	0	562
	百分比(%)	11.57	22.78	42.88	20.28	2.49	0.00	100.00
本科	频数	225	345	729	373	62	0	1734
	百分比(%)	12.98	19.90	42.04	21.51	3.58	0.00	100.00
硕士	频数	93	126	303	164	11	1	698
	百分比(%)	13.32	18.05	43.41	23.50	1.58	0.14	100.00
博士	频数	19	21	44	30	5	0	119
	百分比(%)	15.97	17.65	36.97	25.21	4.20	0.00	100.00
缺失值	频数	12	10	13	15	4	2	56
	百分比(%)	21.43	17.86	23.21	26.79	7.14	3.57	100.00
合计	频数	498	706	1546	771	109	3	3633
	百分比(%)	13.71	19.43	42.55	21.22	3.00	0.08	100.00

资料来源:课题组整理

7.1.4.2 基本公共文化服务均等化

在不同学历的城镇居民对于基本公共文化服务均等化的认知方面(见表7-14),除博士阶段外,各学历阶段均有超过70%的被调查者不清楚或不了解基本公共文化服务均等化,博士阶段的被调查者对于该提法的了解程度超过35%。此外,若因样本量较少排除"从未上过学"和"小学"两个阶段,则表现为随学历升高,居民对于基本公共文化服务均等化了解越多的趋势。因此,对"基本公共文化服务标准化"的认知度受学历的影响。

表7-14 不同学历居民对"基本公共文化服务均等化"的认知情况

学历		非常不了解	比较不了解	不清楚	比较了解	非常了解	缺失值	合计
从未上过学	频数	3	1	6	3	1	0	14
	百分比(%)	21.43	7.14	42.86	21.43	7.14	0.00	100.00
小学	频数	8	13	27	13	2	0	63
	百分比(%)	12.70	20.63	42.86	20.63	3.17	0.00	100.00
初中	频数	22	27	72	16	8	1	146
	百分比(%)	15.07	18.49	49.32	10.96	5.48	0.68	100.00

学历		非常不了解	比较不了解	不清楚	比较了解	非常了解	缺失值	合计
高中	频数	31	50	108	45	5	2	241
	百分比(%)	12.86	20.75	44.81	18.67	2.07	0.83	100.00
专科	频数	60	122	255	105	20	0	562
	百分比(%)	10.68	21.71	45.37	18.68	3.56	0.00	100.00
本科	频数	234	321	734	380	57	8	1734
	百分比(%)	13.49	18.51	42.33	21.91	3.29	0.46	100.00
硕士	频数	90	124	284	181	18	1	698
	百分比(%)	12.89	17.77	40.69	25.93	2.58	0.14	100.00
博士	频数	13	18	42	40	5	1	119
	百分比(%)	10.92	15.13	35.29	33.61	4.20	0.84	100.00
缺失值	频数	11	11	12	17	2	3	56
	百分比(%)	19.64	19.64	21.43	30.36	3.57	5.36	100.00
合计	频数	472	687	1540	800	118	16	3633
	百分比(%)	12.99	18.91	42.39	22.02	3.25	0.44	100.00

资料来源:课题组整理

7.1.4.3　《公共文化服务保障法》

在不同学历的城镇居民对于《公共文化服务保障法》的了解方面(见表7-15),若因样本量问题排除"从未上过学"和"小学"两个阶段,则各学历阶段均有80%左右的被调查者表示不了解或不清楚《公共文化服务保障法》,而拥有硕士学历的被调查者仅有不到14%表示对该法有一定程度的了解。总体而言,调查者对《公共文化服务保障法》的了解程度与学历关联不大。

表7-15　不同学历居民对《公共文化服务保障法》的认知情况

学历		非常不了解	比较不了解	不清楚	比较了解	非常了解	缺失值	合计
从未上过学	频数	4	1	4	3	2	0	14
	百分比(%)	28.57	7.14	28.57	21.43	14.29	0.00	100.00
小学	频数	9	18	20	13	3	0	63
	百分比(%)	14.29	28.57	31.75	20.63	4.76	0.00	100.00
初中	频数	26	18	72	25	4	1	146
	百分比(%)	17.81	12.33	49.32	17.12	2.74	0.68	100.00

续表

学历		非常不 了解	比较不 了解	不清楚	比较了解	非常了解	缺失值	合计
高中	频数	28	45	126	37	2	3	241
	百分比(%)	11.62	18.67	52.28	15.35	0.83	1.24	100.00
专科	频数	72	111	258	100	19	2	562
	百分比(%)	12.81	19.75	45.91	17.79	3.38	0.36	100.00
本科	频数	306	309	788	272	46	13	1734
	百分比(%)	17.65	17.82	45.44	15.69	2.65	0.75	100.00
硕士	频数	144	107	352	83	11	1	698
	百分比(%)	20.63	15.33	50.43	11.89	1.58	0.14	100.00
博士	频数	25	18	54	16	5	1	119
	百分比(%)	21.01	15.13	45.38	13.45	4.20	0.84	100.00
缺失值	频数	8	10	19	14	2	3	56
	百分比(%)	14.29	17.86	33.93	25.00	3.57	5.36	100.00
合计	频数	622	637	1693	563	94	24	3633
	百分比(%)	17.12	17.53	46.60	15.50	2.59	0.66	100.00

资料来源:课题组整理

7.1.4.4 《关于加快构建现代公共文化服务体系的意见》

在不同学历的城镇居民对于《关于加快构建现代公共文化服务体系的意见》的认知方面(见表7-16),各学历阶段均有70%以上的被调查者对于该意见大多不甚清楚或并不了解。初中学历的被调查者当中有15.75%的人表示了解该意见,高中为12.86%,专科为17.62%,本科为16.95%,硕士为18.63%,博士为22.69%。可见各学历背景的居民都对《意见》了解较少,但基本按照学历阶段对于该意见的了解度有所提高。

表7-16 不同学历居民对《关于加快构建现代公共文化服务体系的意见》的认知情况

学历		非常不 了解	比较不 了解	不清楚	比较了解	非常了解	缺失值	合计
从未上过学	频数	4	2	5	2	1	0	14
	百分比(%)	28.57	14.29	35.71	14.29	7.14	0.00	100.00
小学	频数	11	14	30	4	4	0	63
	百分比(%)	17.46	22.22	47.62	6.35	6.35	0.00	100.00
初中	频数	26	23	73	21	2	1	146
	百分比(%)	17.81	15.75	50.00	14.38	1.37	0.68	100.00

续表

学历		非常不了解	比较不了解	不清楚	比较了解	非常了解	缺失值	合计
高中	频数	35	50	122	29	2	3	241
	百分比(%)	14.52	20.75	50.62	12.03	0.83	1.24	100.00
专科	频数	78	97	288	89	10	0	562
	百分比(%)	13.88	17.26	51.25	15.84	1.78	0.00	100.00
本科	频数	332	291	810	244	50	7	1734
	百分比(%)	19.15	16.78	46.71	14.07	2.88	0.40	100.00
硕士	频数	151	109	308	119	11	0	698
	百分比(%)	21.63	15.62	44.13	17.05	1.58	0.00	100.00
博士	频数	25	18	47	23	4	2	119
	百分比(%)	21.01	15.13	39.50	19.33	3.36	1.68	100.00
缺失值	频数	11	8	18	15	2	2	56
	百分比(%)	19.64	14.29	32.14	26.79	3.57	3.57	100.00
合计	频数	673	612	1701	546	86	15	3633
	百分比(%)	18.52	16.85	46.82	15.03	2.37	0.41	100.00

资料来源:课题组整理

7.1.4.5　促进我国基本公共文化服务标准化和均等化

在不同学历的城镇居民对于"促进我国基本公共文化服务标准化和均等化"的认知方面(见表7-17),各学历阶段的被调查者对于该提法都不甚清楚或不了解,在"比较了解"和"非常了解"两个方面,初中学历的被调查者当中有33.56%的人表示了解该意见,高中为33.61%,专科为33.10%,本科为32.70%,硕士为29.22%,博士为35.29%。除从未上过学的被调查者外,各学历阶段基本达到30%以上,相比对于"基本公共文化服务标准化"、"基本公共文化服务均等化"、《公共文化服务保障法》和《关于加快构建现代公共文化服务体系的意见》的了解程度有所提高。但被调查者的了解程度却并不明显受学历的影响,这表明对于前四种提法和文件的普及度、宣传力度还有所不足。

表7-17　不同学历居民对"促进我国基本公共文化服务标准化和均等化"的认知情况分布

学历		非常不了解	比较不了解	不清楚	比较了解	非常了解	缺失值	合计
从未上过学	频数	2	0	8	2	2	0	14
	百分比(%)	14.29	0.00	57.14	14.29	14.29	0.00	100.00

续表

学历		非常不了解	比较不了解	不清楚	比较了解	非常了解	缺失值	合计
小学	频数	5	7	31	6	14	0	63
	百分比(%)	7.94	11.11	49.21	9.52	22.22	0.00	100.00
初中	频数	19	18	55	21	28	5	146
	百分比(%)	13.01	12.33	37.67	14.38	19.18	3.42	100.00
高中	频数	27	29	101	49	32	3	241
	百分比(%)	11.20	12.03	41.91	20.33	13.28	1.24	100.00
专科	频数	65	77	233	136	50	1	562
	百分比(%)	11.57	13.70	41.46	24.20	8.90	0.18	100.00
本科	频数	246	212	700	375	192	9	1734
	百分比(%)	14.19	12.23	40.37	21.63	11.07	0.52	100.00
硕士	频数	112	100	282	151	53	0	698
	百分比(%)	16.05	14.33	40.40	21.63	7.59	0.00	100.00
博士	频数	16	16	45	30	12	0	119
	百分比(%)	13.45	13.45	37.82	25.21	10.08	0.00	100.00
缺失值	频数	4	6	16	13	14	3	56
	百分比(%)	7.14	10.71	28.57	23.21	25.00	5.36	100.00
合计	频数	496	465	1471	783	397	21	3633
	百分比(%)	13.65	12.80	40.49	21.55	10.93	0.58	100.00

资料来源:课题组整理

7.1.5 不同职业居民对基本公共文化服务的认识差异分析

7.1.5.1 基本公共文化服务标准化

在不同职业的城镇居民对于基本公共文化服务标准化的认知方面(见表7-18),事业单位工作人员、文化机构工作人员中均有30%以上的被调查者表示对于基本公共文化服务标准化有一定程度的了解,而党政机关/公务员、国企/集体企业人员、农民或牧民或渔民、教师、学生、个体商户/自由职业者、体育从业人员的了解程度则为20%—30%。由于基本公共文化服务多为政府职责,具体责任者主要为文化部门下辖单位,因而事业单位工作人员、文化机构工作人员和党政机关/公务员较为了解基本公共文化服务标准化。此外,有超过70%的农民或牧民或渔民表示不清楚或不了解基本公共文化服务标准化。

表 7 - 18 不同职业居民对"基本公共文化服务标准化"的认知情况分布

职业		非常不了解	比较不了解	不清楚	比较了解	非常了解	缺失值	合计
党政机关/公务员	频数	24	33	41	34	5	1	138
	百分比(%)	17.39	23.91	29.71	24.64	3.62	0.72	100.00
事业单位工作人员	频数	94	116	286	215	42	0	753
	百分比(%)	12.48	15.41	37.98	28.55	5.58	0.00	100.00
文化机构工作人员	频数	6	13	27	26	9	0	81
	百分比(%)	7.41	16.05	33.33	32.10	11.11	0.00	100.00
军人	频数	4	4	10	3	1	0	22
	百分比(%)	18.18	18.18	45.45	13.64	4.55	0.00	100.00
国企/集体企业人员	频数	37	58	119	51	4	0	269
	百分比(%)	13.75	21.56	44.24	18.96	1.49	0.00	100.00
农民或牧民或渔民	频数	9	5	18	6	2	0	40
	百分比(%)	22.50	12.50	45.00	15.00	5.00	0.00	100.00
民营/私营企业人员	频数	64	49	168	50	5	0	336
	百分比(%)	19.05	14.58	50.00	14.88	1.49	0.00	100.00
教师	频数	39	55	121	68	6	0	289
	百分比(%)	13.49	19.03	41.87	23.53	2.08	0.00	100.00
学生	频数	139	268	511	218	19	0	1155
	百分比(%)	12.03	23.20	44.24	18.87	1.65	0.00	100.00
个体商户/自由职业者	频数	22	36	97	35	4	0	194
	百分比(%)	11.34	18.56	50.00	18.04	2.06	0.00	100.00
演艺从业人员	频数	1	1	4	1	0	0	7
	百分比(%)	14.29	14.29	57.14	14.29	0.00	0.00	100.00
体育从业人员	频数	3	4	4	3	1	0	15
	百分比(%)	20.00	26.67	26.67	20.00	6.67	0.00	100.00
进城务工人员	频数	24	10	37	13	3	0	87
	百分比(%)	27.59	11.49	42.53	14.94	3.45	0.00	100.00
其他	频数	27	47	93	37	7	0	211
	百分比(%)	12.80	22.27	44.08	17.54	3.32	0.00	100.00
缺失值	频数	5	7	10	11	1	2	36
	百分比(%)	13.89	19.44	27.78	30.56	2.78	5.56	100.00
合计	频数	498	706	1546	771	109	3	3633
	百分比(%)	13.71	19.43	42.55	21.22	3.00	0.08	100.00

资料来源:课题组整理

7.1.5.2 基本公共文化服务均等化

在不同职业的城镇居民对于基本公共文化服务均等化的认知方面(见表 7-19),党政机关/公务员、事业单位工作人员、文化机构工作人员中有 30% 以上的被调查者表示对于基本公共文化服务均等化有一定程度的了解,而农民或牧民或渔民、教师、学生、进城务工人员的了解程度则为 20%—30%。各职业背景的居民对于基本公共文化服务均等化的认知情况与对基本公共文化服务标准化的认知情况基本相同。

表 7-19 不同职业居民对"基本公共文化服务均等化"的认知情况分布

职业		非常不了解	比较不了解	不清楚	比较了解	非常了解	缺失值	合计
党政机关/公务员	频数	24	30	37	42	5	0	138
	百分比(%)	17.39	21.74	26.81	30.43	3.62	0.00	100.00
事业单位工作人员	频数	88	104	275	239	46	1	753
	百分比(%)	11.69	13.81	36.52	31.74	6.11	0.13	100.00
文化机构工作人员	频数	6	13	28	28	6	0	81
	百分比(%)	7.41	16.05	34.57	34.57	7.41	0.00	100.00
军人	频数	2	7	10	2	1	0	22
	百分比(%)	9.09	31.82	45.45	9.09	4.55	0.00	100.00
国企/集体企业人员	频数	43	47	128	45	6	0	269
	百分比(%)	15.99	17.47	47.58	16.73	2.23	0.00	100.00
农民或牧民或渔民	频数	6	6	17	5	4	2	40
	百分比(%)	15.00	15.00	42.50	12.50	10.00	5.00	100.00
民营/私营企业人员	频数	65	56	167	43	4	1	336
	百分比(%)	19.35	16.67	49.70	12.80	1.19	0.30	100.00
教师	频数	36	50	119	77	7	0	289
	百分比(%)	12.46	17.30	41.18	26.64	2.42	0.00	100.00
学生	频数	135	257	506	227	22	8	1155
	百分比(%)	11.69	22.25	43.81	19.65	1.90	0.69	100.00
个体商户/自由职业者	频数	21	41	95	30	6	1	194
	百分比(%)	10.82	21.13	48.97	15.46	3.09	0.52	100.00
演艺从业人员	频数	0	2	4	1	0	0	7
	百分比(%)	0.00	28.57	57.14	14.29	0.00	0.00	100.00
体育从业人员	频数	2	3	8	0	2	0	15
	百分比(%)	13.33	20.00	53.33	0.00	13.33	0.00	100.00

续表

职业		非常不了解	比较不了解	不清楚	比较了解	非常了解	缺失值	合计
进城务工人员	频数	14	17	37	16	3	0	87
	百分比(%)	16.09	19.54	42.53	18.39	3.45	0.00	100.00
其他	频数	27	47	98	33	5	1	211
	百分比(%)	12.80	22.27	46.45	15.64	2.37	0.47	100.00
缺失值	频数	3	7	11	12	1	2	36
	百分比(%)	8.33	19.44	30.56	33.33	2.78	5.56	100.00
合计	频数	472	687	1540	800	118	16	3633
	百分比(%)	12.99	18.91	42.39	22.02	3.25	0.44	100.00

资料来源:课题组整理

7.1.5.3 《公共文化服务保障法》

在不同职业的城镇居民对于《公共文化服务保障法》的认知方面(见表7-20),文化机构工作人员、农民或牧民或渔民有30%及以上的被调查者表示对于《公共文化服务保障法》有一定程度的了解,而党政机关/公务员、事业单位工作人员、体育从业人员则为20%—30%。整体而言,各职业从业人员对于该法的认知情况与对"基本公共文化服务均等化""基本公共文化服务标准化"这两个说法的认知情况有所下降。但在职业分布上,居民对该法的认知情况与这两个说法的认知情况略有差别,其中,农民或牧民或渔民对于该部法律的了解度有所提高,作为《公共文化服务保障法》面向的主要服务群体,该群体的认知情况表明该法在基层已取得一定的宣传效果。

表7-20 不同职业居民对《公共文化服务保障法》的认知情况分布

职业		非常不了解	比较不了解	不清楚	比较了解	非常了解	缺失值	合计
党政机关/公务员	频数	25	26	58	23	6	0	138
	百分比(%)	18.12	18.84	42.03	16.67	4.35	0.00	100.00
事业单位工作人员	频数	106	100	337	170	39	1	753
	百分比(%)	14.08	13.28	44.75	22.58	5.18	0.13	100.00
文化机构工作人员	频数	9	13	30	22	5	2	81
	百分比(%)	11.11	16.05	37.04	27.16	6.17	2.47	100.00
军人	频数	2	7	10	2	1	0	22
	百分比(%)	9.09	31.82	45.45	9.09	4.55	0.00	100.00

续表

职业		非常不了解	比较不了解	不清楚	比较了解	非常了解	缺失值	合计
国企/集体企业人员	频数	55	45	131	34	4	0	269
	百分比(%)	20.45	16.73	48.70	12.64	1.49	0.00	100.00
农民或牧民或渔民	频数	10	4	13	10	2	1	40
	百分比(%)	25.00	10.00	32.50	25.00	5.00	2.50	100.00
民营/私营企业人员	频数	78	52	169	33	2	2	336
	百分比(%)	23.21	15.48	50.30	9.82	0.60	0.60	100.00
教师	频数	61	52	139	32	5	0	289
	百分比(%)	21.11	17.99	48.10	11.07	1.73	0.00	100.00
学生	频数	194	231	553	149	16	12	1155
	百分比(%)	16.80	20.00	47.88	12.90	1.39	1.04	100.00
个体商户/自由职业者	频数	25	35	96	33	3	2	194
	百分比(%)	12.89	18.04	49.48	17.01	1.55	1.03	100.00
演艺从业人员	频数	0	3	3	1	0	0	7
	百分比(%)	0.00	42.86	42.86	14.29	0.00	0.00	100.00
体育从业人员	频数	2	2	8	3	0	0	15
	百分比(%)	13.33	13.33	53.33	20.00	0.00	0.00	100.00
进城务工人员	频数	16	15	39	14	3	0	87
	百分比(%)	18.39	17.24	44.83	16.09	3.45	0.00	100.00
其他	频数	35	43	95	30	6	2	211
	百分比(%)	16.59	20.38	45.02	14.22	2.84	0.95	100.00
缺失值	频数	4	9	12	7	2	2	36
	百分比(%)	11.11	25.00	33.33	19.44	5.56	5.56	100.00
合计	频数	622	637	1693	563	94	24	3633
	百分比(%)	17.12	17.53	46.60	15.50	2.59	0.66	100.00

资料来源:课题组整理

7.1.5.4 《关于加快构建现代公共文化服务体系的意见》

在不同职业的城镇居民对于《关于加快构建现代公共文化服务体系的意见》的认知方面(见表7-21),事业单位工作人员、文化机构工作人员中有30%以上的被调查者表示对于《意见》有一定程度的了解,20%—30%的党政机关/公务员、农民或牧民或渔民、体育从业人员表示了解。在职业分布上,不同职业的居民对于《意见》的了解程度与《公共文化服务保障法》大致相同。

表7-21 不同职业居民对《关于加快构建现代公共文化服务体系的意见》的认知情况分布

职业		非常不了解	比较不了解	不清楚	比较了解	非常了解	缺失值	合计
党政机关/公务员	频数	25	32	51	24	6	0	138
	百分比(%)	18.12	23.19	36.96	17.39	4.35	0.00	100.00
事业单位工作人员	频数	110	107	307	189	38	2	753
	百分比(%)	14.61	14.21	40.77	25.10	5.05	0.27	100.00
文化机构工作人员	频数	10	11	35	19	6	0	81
	百分比(%)	12.35	13.58	43.21	23.46	7.41	0.00	100.00
军人	频数	3	7	11	0	1	0	22
	百分比(%)	13.64	31.82	50.00	0.00	4.55	0.00	100.00
国企/集体企业人员	频数	56	41	140	30	2	0	269
	百分比(%)	20.82	15.24	52.04	11.15	0.74	0.00	100.00
农民或牧民或渔民	频数	11	4	16	5	3	1	40
	百分比(%)	27.50	10.00	40.00	12.50	7.50	2.50	100.00
民营/私营企业人员	频数	90	49	170	25	2	0	336
	百分比(%)	26.79	14.58	50.60	7.44	0.60	0.00	100.00
教师	频数	61	46	127	52	3	0	289
	百分比(%)	21.11	15.92	43.94	17.99	1.04	0.00	100.00
学生	频数	218	209	580	127	13	8	1155
	百分比(%)	18.87	18.10	50.22	11.00	1.13	0.69	100.00
个体商户/自由职业者	频数	27	36	103	26	2	0	194
	百分比(%)	13.92	18.56	53.09	13.40	1.03	0.00	100.00
演艺从业人员	频数	1	2	3	1	0	0	7
	百分比(%)	14.29	28.57	42.86	14.29	0.00	0.00	100.00
体育从业人员	频数	2	3	6	1	3	0	15
	百分比(%)	13.33	20.00	40.00	6.67	20.00	0.00	100.00
进城务工人员	频数	17	16	40	13	1	0	87
	百分比(%)	19.54	18.39	45.98	14.94	1.15	0.00	100.00
其他	频数	38	42	98	26	5	2	211
	百分比(%)	18.01	19.91	46.45	12.32	2.37	0.95	100.00
缺失值	频数	4	7	14	8	1	2	36
	百分比(%)	11.11	19.44	38.89	22.22	2.78	5.56	100.00
合计	频数	673	612	1701	546	86	15	3633
	百分比(%)	18.52	16.85	46.82	15.03	2.37	0.41	100.00

资料来源:课题组整理

7.1.5.5 促进我国基本公共文化服务标准化和均等化

在不同职业的城镇居民对于"促进我国基本公共文化服务标准化和均等化"的认知方面（见表7－22），党政机关/公务员、事业单位工作人员、文化机构工作人员、农民或牧民或渔民、学生、个体商户/自由职业者、进城务工人员中有30%以上的被调查者表示对于"促进我国基本公共文化服务标准化和均等化"有一定程度的了解，其中，事业单位工作人员、文化机构工作人员的了解程度达到40%左右，而军人、国企/集体企业人员、体育从业人员、民营/私营企业人员、教师则为20%—30%。整体而言，各职业从业人员对于该提法的认知情况相较前四种说法都有所提高。而且，作为基本公共文化服务的重要提供对象，农民或牧民或渔民、进城务工人员分别达到32.50%、33.33%，这也表明该提法在基层具有较好的宣传效果。

表7－22 不同职业居民对"促进我国基本公共文化服务标准化和均等化"的认知情况分布

职业		非常不了解	比较不了解	不清楚	比较了解	非常了解	缺失值	合计
党政机关/公务员	频数	23	23	45	37	10	0	138
	百分比（%）	16.67	16.67	32.61	26.81	7.25	0.00	100.00
事业单位工作人员	频数	88	72	292	199	98	4	753
	百分比（%）	11.69	9.56	38.78	26.43	13.01	0.53	100.00
文化机构工作人员	频数	9	9	29	26	7	1	81
	百分比（%）	11.11	11.11	35.80	32.10	8.64	1.23	100.00
军人	频数	3	4	9	1	5	0	22
	百分比（%）	13.64	18.18	40.91	4.55	22.73	0.00	100.00
国企/集体企业人员	频数	53	31	125	35	25	0	269
	百分比（%）	19.70	11.52	46.47	13.01	9.29	0.00	100.00
农民或牧民或渔民	频数	5	4	17	7	6	1	40
	百分比（%）	12.50	10.00	42.50	17.50	15.00	2.50	100.00
民营/私营企业人员	频数	61	38	155	48	34	0	336
	百分比（%）	18.15	11.31	46.13	14.29	10.12	0.00	100.00
教师	频数	59	40	114	61	15	0	289
	百分比（%）	20.42	13.84	39.45	21.11	5.19	0.00	100.00
学生	频数	129	166	456	272	125	7	1155
	百分比（%）	11.17	14.37	39.48	23.55	10.82	0.61	100.00
个体商户/自由职业者	频数	23	24	82	35	28	2	194
	百分比（%）	11.86	12.37	42.27	18.04	14.43	1.03	100.00
演艺从业人员	频数	2	1	3	1	0	0	7
	百分比（%）	28.57	14.29	42.86	14.29	0.00	0.00	100.00

续表

职业		非常不了解	比较不了解	不清楚	比较了解	非常了解	缺失值	合计
体育从业人员	频数	2	6	4	2	1	0	15
	百分比(%)	13.33	40.00	26.67	13.33	6.67	0.00	100.00
进城务工人员	频数	7	11	38	10	19	2	87
	百分比(%)	8.05	12.64	43.68	11.49	21.84	2.30	100.00
其他	频数	29	32	93	41	15	1	211
	百分比(%)	13.74	15.17	44.08	19.43	7.11	0.47	100.00
缺失值	频数	3	4	9	8	9	3	36
	百分比(%)	8.33	11.11	25.00	22.22	25.00	8.33	100.00
合计	频数	496	465	1471	783	397	21	3633
	百分比(%)	13.65	12.80	40.49	21.55	10.93	0.58	100.00

资料来源:课题组整理

7.2　城镇地区居民基本公共文化服务需求分析

本次对于城镇地区居民关于基本公共文化服务标准化与均等化的需求情况调查,包括各类公共文化设施设备、公共文化服务场所、公共文化服务项目、公共文化服务人员等方面。

7.2.1　总体状况

7.2.1.1　文化设施设备类需求情况分析

在文化设施设备类的需求方面(见表7-23),需求量达到被调查者一半人数的为公共图书馆、公共博物馆、文化馆,并且,公共美术馆、科技馆、文化广场、老年活动中心、青少年校外活动场所的需求量也较高,而对于音响设备、演出服装、书法绘画用具的需求则较少。公共图书馆作为社会知识信息的存储场所,尤其是在大力提倡社会教育、阅读推广、早期素养等活动的当下,以其丰富的馆藏资源、多样的文化活动和舒适的场所环境等特征成为居民生活中最不可或缺的文化设施。

表 7-23 文化设施设备需求分布

文化设施设备	公共图书馆	文化馆	公共博物馆	公共美术馆	群众艺术馆
选中	3162	1903	2196	1638	1249
未选中	471	1730	1437	1995	2384
有效百分比(%)	87.04	52.38	60.45	45.09	34.38
文化设施设备	科技馆	社区文化室	家庭文化室	纪念馆	遗址公园
选中	1780	1360	640	1118	1011
未选中	1853	2273	2993	2515	2622
有效百分比(%)	49.00	37.43	17.62	30.77	27.83
文化设施设备	文化广场	市民读书社	社区图书室	工人文化宫	妇女儿童活动中心
选中	1600	1062	1249	811	1200
未选中	2033	2571	2384	2822	2433
有效百分比(%)	44.04	29.23	34.38	22.32	33.03
文化设施设备	老年活动中心	青少年校外活动场所	农家书屋	阅览室及相关器具	社区综合文化站
选中	1480	1472	777	764	817
未选中	2153	2161	2856	2869	2816
有效百分比(%)	40.74	40.52	21.39	21.03	22.49
文化设施设备	民间剧院	非物质文化遗产传习场所	传统民俗文化活动场所	演艺会展场所	乐器
选中	630	1037	1026	728	876
未选中	3003	2596	2607	2905	2757
有效百分比(%)	17.34	28.54	28.24	20.04	24.11
文化设施设备	文化教育培训场所	街道综合文化服务中心	公益电影放映广场	音响设备	影剧院或数字影厅
选中	876	807	1171	444	837
未选中	2757	2826	2462	3189	2796
有效百分比(%)	24.11	22.21	32.23	12.22	23.04
文化设施设备	培训教室及相关器材	演出服装	书法绘画用具		
选中	674	345	625		
未选中	2959	3288	3008		
有效百分比(%)	18.55	9.50	17.20		

资料来源:课题组整理

7.2.1.2　广播电视设施设备类需求情况分析

在广播电视设施设备类的需求方面(见表7-24),省级广播电视中心(站、台)、市级广播电视中心(站、台)、移动数字电视、移动多媒体广播四者的需求量较高。一般而言,省级和市级广播电视的内容较为丰富,质量也相对较高。但移动数字电视和移动多媒体广播的高需求量,则表明在移动设备广泛普及的当下,社会公众已对移动形式的数字服务形成共同的认知,即认为移动形式的数字服务是生活中必不可少的文化服务形式,社会公众已习惯于使用移动数字服务。因此,相关服务的提供者不仅要提供数字电视和多媒体广播等泛在化服务,而且还应随用户使用倾向和生活习惯不断丰富和完善移动服务内容。

表7-24　广播电视设施设备需求分布

广播电视设施设备	省级广播电视中心(站、台)	市级广播电视中心(站、台)	移动数字电视	区级广播电视中心(站、台)
选中	2234	2004	1926	886
未选中	1399	1629	1707	2747
有效百分比(%)	61.49	55.16	53.01	24.39
广播电视设施设备	街道广播电视中心(站、台)	移动多媒体广播	社区广播电视中心(站、台)	广播电视系统单位或机构
选中	1267	1541	892	762
未选中	2366	2092	2741	2871
有效百分比(%)	34.87	42.42	24.55	20.97
广播电视设施设备	广播电视设备器材	广播电视发射(转播)台(站)	广播电视播音(演播)室	广播收音台(站)
选中	776	731	913	695
未选中	2857	2902	2720	2938
有效百分比(%)	21.36	20.12	25.13	19.13
广播电视设施设备	广播电视中心技术用房			
选中	590			
未选中	3043			
有效百分比(%)	16.24			

资料来源:课题组整理

7.2.1.3　体育设施设备类需求情况分析

在体育设施设备类的需求方面(见表7-25),首先,省级公共体育场、市级公共体育场、区级公共体育场、街道级公共体育场的需求量均超过50%,这说明在被调查者中,有超过一半的人数表明需要提供这些体育设施设备。其次,社区级公共体育场、中小学体育活动器材、文体活动室和游泳场馆的需求量在40%—50%之间,这表明社会公众既需要大型的省级公共体育场,以提供全面多样的体育器械和广阔的运动场所,满足居民不同体育健身运动的需求,同时也要求建立距离较近且使用便利的街道级和社区级公共体育场,可以满足对健身运动较为单一固定但追求方便的居民的需要。整体而言,社会公众对于各类体育设施设备都拥有较高的需求,因此应继续加强体育类设施设备建设,支持全民健身。

表 7-25 体育设施设备需求分布

体育设施设备	省级公共体育场	市级公共体育场	区级公共体育场	街道级公共体育场	社区级公共体育场
选中	1938	2028	1850	1822	1716
未选中	1695	1605	1783	1811	1917
有效百分比(%)	53.34	55.82	50.92	50.15	47.23
体育设施设备	省级综合型全民健身活动中心	中小学体育活动器材	体育公园或公园健身器械区域	市级综合型全民健身活动中心	文体活动室
选中	1159	1589	1418	1176	1458
未选中	2474	2044	2215	2457	2175
有效百分比(%)	31.90	43.74	39.03	32.37	40.13
体育设施设备	社区级综合型全民健身活动中心	棋牌室	街道级综合型全民健身活动中心	游泳场馆	体育训练基地
选中	1122	875	1289	1761	1078
未选中	2511	2758	2344	1872	2555
有效百分比(%)	30.88	24.08	35.48	48.47	29.67
体育设施设备	街道群众体育活动器材	社区群众体育活动器材			
选中	1080	1369			
未选中	2553	2264			
有效百分比(%)	29.73	37.68			

资料来源:课题组整理

7.2.1.4 流动设施设备类需求情况分析

在流动设施设备类的需求方面(见表7-26),图书馆流动站和流动图书车的需求量相对较高,超过被调查者的二分之一,其次为文艺演出流动车和电影放映流动车,而流动舞台车和流动信息车则相对较少。这表明社会公众期望能提供更多图书类、文艺演出和电影放映的便捷服务设施。

表 7 – 26　流动设施设备需求分布

流动设施设备	图书馆流动站	流动图书车	文艺演出流动车	电影放映流动车	流动舞台车	流动信息车
选中	2528	1883	1595	1787	858	1199
未选中	1105	1750	2038	1846	2775	2434
有效百分比(%)	69.58	51.83	43.90	49.19	23.62	33.00

资料来源:课题组整理

7.2.1.5　残障人士专用设施设备类需求情况分析

在残障人士专用设施设备类的需求方面(见表 7 – 27),各类设施设备的需求占比都较高,且相差不大,这表明社会公众认为各类残障人士专用设施设备都应当提供。其中,相较而言,无障碍出入口、盲道、轮椅坡道和无障碍厕所被认为是最基本的无障碍设施设备,在各类型公共文化服务场所中都应当配备。

表 7 – 27　残障人士专用设施设备需求分布

专用设施设备	缘石坡道	盲道	无障碍出入口	轮椅坡道	扶手
选中	2015	2535	2558	2254	1820
未选中	1618	1098	1075	1379	1813
有效百分比(%)	55.46	69.78	70.41	62.04	50.10
专用设施设备	无障碍通道/门	无障碍电梯/升降平台	无障碍厕所	轮椅席位	无障碍停车位
选中	1927	1811	2275	1621	1528
未选中	1706	1822	1358	2012	2105
有效百分比(%)	53.04	49.85	62.62	44.62	42.06
专用设施设备	低位服务设施	无障碍信息与标识	盲文阅览室	无障碍游览通路	
选中	1293	1498	1745	1376	
未选中	2340	2135	1888	2257	
有效百分比(%)	35.59	41.23	48.03	37.88	

资料来源:课题组整理

7.2.1.6　其他类型公共文化场所、设施、设备、技术需求情况分析

对于其他类型的公共文化场所,被调查者认为政府还应当增设的场所包括报刊亭、报刊阅览亭、篮球场、儿童图书馆、电影播放室、电影院、导盲犬寄放中心、母婴室、宠物寄放中心、行李寄存点、意见收集平台、吸烟者隔离室、无烟区、公共服务咨询站、公共剧院、公共书屋、街道和社区信息素养培训室、家庭档案收藏室、电竞社、历史博物馆、传统文化博物馆、露天

舞台、流动书吧、流动文化馆等,要为老人、儿童、残障人士增加更多休息娱乐的场所。对于其他类型的公共文化设施、设备、技术,被调查者认为政府还应当配备 24 小时自助借还机、免费 Wi-Fi、导盲犬、盲人阅读机、充电设施、触屏阅读设备、平板电脑、广场舞音响、流动信息台、电子阅读设备、儿童娱乐设施、自助式服务设备、直饮水机、公共阅报屏、空气净化设备、语音提示设备、残障人士健身器材、文明语录告示牌、能够基于大数据的各类资源定点投放等。提供的服务包括能够进行法律咨询活动,开设时政历史研讨班、才艺培训班,提供免费接送服务车服务等。

7.2.1.7 公共文化机构或场所出行方式需求情况分析

在公共文化机构或场所出行方式需求方面(见表 7-28),对于前往公共图书馆(室)、文化馆(站)、社区综合文化服务中心、文体广场、公园、影剧院(放映室)及公共体育场(活动中心),人们更倾向于步行。并且,更倾向于乘坐公交抵达公共博物馆、公共美术馆、科技馆、文物建筑等。整体而言,社会公众对于前往公共文化机构或场所的主要出行方式为步行或公交,这表明公共图书馆(室)、文体广场等公共文化机构或场所需要为社会公众按照就近原则提供服务,或增加多个服务节点,扩大服务密度,同时应当设置更多的交通节点,便于人们乘坐公共交通出行。此外,自行车作为一种重要的出行方式,在公共图书馆(室)、文化馆(站)等场所的出行需求中位居第二位。当前各大城市共享单车运动方兴未艾,为更多居民选择绿色出行提供了便利。

表 7-28 公共文化机构或场所出行方式需求分布

公共文化机构或场所		步行	自驾车	自行车	地铁	公交	有效值	缺失值
公共图书馆(室)	频数	2304	622	1491	1094	1379	3625	8
	百分比(%)	63.56	17.16	41.13	30.18	38.04	99.78	0.22
文化馆(站)	频数	1598	859	1443	1114	1384	3611	22
	百分比(%)	44.25	23.79	39.96	30.85	38.33	99.39	0.61
社区综合文化服务中心	频数	2378	543	1213	605	812	3593	40
	百分比(%)	66.18	15.11	33.76	16.84	22.60	98.90	1.10
公共博物馆	频数	1178	1088	1206	1548	1828	3598	35
	百分比(%)	32.74	30.24	33.52	43.02	50.81	99.04	0.96
公共美术馆	频数	1190	1076	1208	1529	1790	3588	45
	百分比(%)	33.17	29.99	33.67	42.61	49.89	98.76	1.24
文体广场	频数	2111	714	1303	928	1165	3599	34
	百分比(%)	58.66	19.84	36.20	25.78	32.37	99.06	0.94
科技馆	频数	1190	1145	1137	1530	1763	3593	40
	百分比(%)	33.12	31.87	31.64	42.58	49.07	98.90	1.10

公共文化机构或场所		步行	自驾车	自行车	地铁	公交	有效值	缺失值
公园	频数	2503	627	1258	763	992	3601	32
	百分比(%)	69.51	17.41	34.93	21.19	27.55	99.12	0.88
影剧院(放映室)	频数	1549	1041	1289	1225	1517	3596	37
	百分比(%)	43.08	28.95	35.85	34.07	42.19	98.98	1.02
公共体育场(活动中心)	频数	1900	898	1371	1052	1305	3592	41
	百分比(%)	52.90	25.00	38.17	29.29	36.33	98.87	1.13
文物建筑	频数	1221	1205	1104	1494	1767	3583	50
	百分比(%)	34.08	33.63	30.81	41.70	49.32	98.62	1.38

资料来源:课题组整理

7.2.1.8 公共文化机构或场所出行距离需求情况分析

在公共文化机构或场所出行距离方面(见表7-29),有超过80%的被调查者认为公共图书馆(室)、文化馆(站)、社区综合文化服务中心、文体广场、公园应设置在离住所4公里以内,有超过80%的被调查者认为公共博物馆、公共美术馆应设置6公里以内,另有超过70%的被调查者认为影剧院(放映室)和公共体育场(活动中心)应为4公里以内、文物建筑应为6公里以内。总体而言,在调查的所有公共文化机构中,人们普遍认为出行距离应不超过6公里,但不同的公共设施间还存在区别。对于公共图书馆(室)、文化馆(站)等公共文化机构,4公里为建设的最高标准,而对于公共博物馆、公共美术馆等公共文化机构,6公里为最高标准,这表明公共文化机构应为居民提供就近服务,同时也间接表明了居民对于公共文化机构的日常使用频率和强度有所不同。另外,对于公共图书馆(室)、社区综合文化服务中心、公园的建设,有30%的居民期望能在1公里以内获得这些公共文化机构提供的服务,这表明公共图书馆(室)等机构场所应打通"最后一公里",通过增加场馆数量和服务点等手段,提供更为便捷的公共文化服务。

表7-29 公共文化机构或场所出行距离需求分布

公共文化机构或场所	来源	距离	频数	百分比(%)	有效百分比(%)
公共图书馆(室)	有效	1公里以内	1214	33.42	33.56
		1—2公里	1102	30.33	30.47
		2—4公里	790	21.75	21.84
		4—6公里	327	9.00	9.04
		6—8公里	87	2.39	2.41
		8—10公里	97	2.67	2.68
		合计	3617	99.56	100.00
	缺失值		16	0.44	—
	合计		3633	100.00	—

续表

公共文化机构或场所	来源	距离	频数	百分比（％）	有效百分比（％）
文化馆（站）	有效	1公里以内	779	21.44	21.68
		1—2公里	1144	31.49	31.84
		2—4公里	983	27.06	27.36
		4—6公里	426	11.73	11.86
		6—8公里	134	3.69	3.73
		8—10公里	127	3.50	3.53
		合计	3593	98.90	100.00
	缺失值		40	1.10	—
	合计		3633	100.00	—
社区综合文化服务中心	有效	1公里以内	1687	46.44	47.15
		1—2公里	986	27.14	27.56
		2—4公里	625	17.20	17.47
		4—6公里	201	5.53	5.62
		6—8公里	41	1.13	1.15
		8—10公里	38	1.05	1.06
		合计	3578	98.49	100.00
	缺失值		55	1.51	—
	合计		3633	100.00	—
公共博物馆	有效	1公里以内	464	12.77	12.96
		1—2公里	707	19.46	19.75
		2—4公里	1056	29.07	29.50
		4—6公里	760	20.92	21.23
		6—8公里	322	8.86	8.99
		8—10公里	271	7.46	7.57
		合计	3580	98.54	100.00
	缺失值		53	1.46	—
	合计		3633	100.00	—
公共美术馆	有效	1公里以内	457	12.58	12.83
		1—2公里	719	19.79	20.18
		2—4公里	1011	27.83	28.37
		4—6公里	769	21.17	21.58
		6—8公里	317	8.73	8.90
		8—10公里	290	7.98	8.14
		合计	3563	98.07	100.00
	缺失值		70	1.93	—
	合计		3633	100.00	—

公共文化机构或场所	来源	距离	频数	百分比（%）	有效百分比（%）
文体广场	有效	1 公里以内	1079	29.70	30.12
		1—2 公里	1024	28.19	28.59
		2—4 公里	831	22.87	23.20
		4—6 公里	384	10.57	10.72
		6—8 公里	161	4.43	4.49
		8—10 公里	103	2.84	2.88
		合计	3582	98.60	100.00
	缺失值		51	1.40	—
	合计		3633	100.00	—
科技馆	有效	1 公里以内	517	14.23	14.45
		1—2 公里	682	18.77	19.07
		2—4 公里	1034	28.46	28.91
		4—6 公里	779	21.44	21.78
		6—8 公里	346	9.52	9.67
		8—10 公里	219	6.03	6.12
		合计	3577	98.46	100.00
	缺失值		56	1.54	—
	合计		3633	100.00	—
公园	有效	1 公里以内	1442	39.69	40.29
		1—2 公里	1009	27.77	28.19
		2—4 公里	649	17.86	18.13
		4—6 公里	297	8.18	8.30
		6—8 公里	102	2.81	2.85
		8—10 公里	80	2.20	2.24
		合计	3579	98.51	100.00
	缺失值		54	1.49	—
	合计		3633	100.00	—
影剧院（放映室）	有效	1 公里以内	806	22.19	22.52
		1—2 公里	981	27.00	27.41
		2—4 公里	1005	27.66	28.08
		4—6 公里	507	13.96	14.17
		6—8 公里	159	4.38	4.44
		8—10 公里	121	3.33	3.38
		合计	3579	98.51	100.00
	缺失值		54	1.49	—
	合计		3633	100.00	—

续表

公共文化机构或场所	来源	距离	频数	百分比(%)	有效百分比(%)
公共体育场(活动中心)	有效	1公里以内	1002	27.58	28.03
		1—2公里	969	26.67	27.10
		2—4公里	876	24.11	24.50
		4—6公里	451	12.41	12.62
		6—8公里	158	4.35	4.42
		8—10公里	119	3.28	3.33
		合计	3575	98.40	100.00
	缺失值		58	1.60	—
	合计		3633	100.00	—
文物建筑	有效	1公里以内	479	13.18	13.44
		1—2公里	618	17.01	17.34
		2—4公里	882	24.28	24.75
		4—6公里	772	21.25	21.67
		6—8公里	376	10.35	10.55
		8—10公里	436	12.00	12.24
		合计	3563	98.07	100.00
	缺失值		70	1.93	—
	合计		3633	100.00	—

资料来源:课题组整理

7.2.1.9 公共文化机构或场所出行时间需求情况分析

在公共文化机构或场所出行时间需求方面(见表7-30),有超过50%的被调查者认为文化馆(站)、文体广场、影剧院(放映室)、公共体育场(活动中心)等应在步行20分钟以内到达,有超过70%的被调查者认为公共图书馆(室)、社区综合文化服务中心、公园应在步行20分钟以内到达。此外,对于公共博物馆、科技馆、美术馆和文物建筑,城镇居民更倾向于乘车到达,并且认为乘车30分钟以内为宜。表明相较其他的公共文化机构或场所,公共图书馆(室)、社区综合文化服务中心和公园为社会公众最期望能触之可及的场所,并且该类场所最便于日常休闲,应当增加该类场所的数量,使其能分布更为广泛和覆盖面更广,缩短与社会公众的接触距离。对于各类公共文化机构或场所人们所期望的出行时间有所不同,可能是由于人们认为公共博物馆、公共美术馆、科技馆等机构应当配备更多的新技术、新设备和拥有设计感,需要配置较高的经费,对于这类机构可能更加追求欣赏性和观赏性,而便捷性要求则相对较少。

表7-30 公共文化机构或场所出行时间需求分布

公共文化机构	出行时间	步行10分钟以内	步行20分钟以内	步行30分钟以内	乘车15分钟以内	乘车30分钟以内	乘车1小时以内	有效值	缺失值
公共图书馆（室）	频数	1181	1381	738	858	463	115	3614	19
	百分比(%)	32.68	38.21	20.42	23.74	12.81	3.18	99.48	0.52
文化馆（站）	频数	806	1260	894	831	583	186	3596	37
	百分比(%)	22.41	35.04	24.86	23.11	16.21	5.17	98.98	1.02
社区综合文化服务中心	频数	1473	1161	627	693	304	81	3571	62
	百分比(%)	41.25	32.51	17.56	19.41	8.51	2.27	98.29	1.71
公共博物馆	频数	498	836	891	933	956	372	3575	58
	百分比(%)	13.93	23.38	24.92	26.10	26.74	10.41	98.40	1.60
公共美术馆	频数	492	813	876	900	977	401	3576	73
	百分比(%)	13.82	22.84	24.61	25.28	27.44	11.26	97.99	2.01
文体广场	频数	1032	1152	772	806	524	160	3576	57
	百分比(%)	28.86	32.21	21.59	22.54	14.65	4.47	98.43	1.57
科技馆	频数	547	799	904	901	964	343	3566	67
	百分比(%)	15.34	22.41	25.35	25.27	27.03	9.62	98.16	1.84
公园	频数	1379	1161	727	685	353	122	3573	60
	百分比(%)	38.60	32.49	20.35	19.17	9.88	3.41	98.35	1.65
影剧院（放映室）	频数	765	1128	857	916	627	180	3578	55
	百分比(%)	21.38	31.53	23.95	25.60	17.52	5.03	98.49	1.51
公共体育场（活动中心）	频数	948	1106	832	852	587	152	3575	58
	百分比(%)	26.52	30.94	23.27	23.83	16.42	4.25	98.40	1.60
文物建筑	频数	502	743	847	821	894	683	3565	68
	百分比(%)	14.08	20.84	23.76	23.03	25.08	19.16	98.13	1.87

资料来源：课题组整理

7.2.1.10 公共文化机构内部设备需求情况分析

在公共文化机构内部设备的需求方面(见表7-31)，首先有超过80%的被调查者表示需要公共文化机构配备存包处和饮水处，其次需求量较高的为便民服务点、警报逃生设施、餐厅服务点和打印复印处。这表明公共文化机构不仅需为社会公众提供存包处等轻便型的服务，并且由于社会公众使用公共文化机构的时间较长，因而还需设置餐饮和休闲区域，在开展文化服务的同时也为社会公众提供更为便利的配套设施服务。另外，还需增加和完善公共文化机构的安全保障类的设施设备，以提高机构的安全性能。

表 7 - 31　公共文化机构内部设备需求分布

内部设备	存包处	饮水处	打印复印处	纪念品商店
选中	3084	3063	1913	1019
未选中	549	570	1720	2614
有效百分比(%)	84.89	84.31	52.66	28.05
内部设备	餐厅服务点	健身中心	警报逃生设施	棋牌室
选中	1955	1406	2097	770
未选中	1678	2227	1536	2863
有效百分比(%)	53.81	38.70	57.72	21.19
内部设备	儿童俱乐部	便民服务点	其他	—
选中	1616	2156	178	—
未选中	2017	1477	3455	—
有效百分比(%)	44.48	59.34	4.90	—

资料来源:课题组整理

7.2.1.11　公共文化机构外部设备需求情况分析

在公共文化机构外部设备的需求方面(见表 7 - 32),宣传栏、桌椅、绿化设施、停车场、免费读物取阅处和电子显示屏等需求量均超过被调查者的半数。宣传栏、免费读物取阅处、桌椅和电子显示屏一方面可作为公共文化机构外部和内部联系的平台,另一方面,也扩展了公共文化机构内部的服务半径,使其能够延伸至机构外部,使社会公众能够在更大的空间范围内享受到文化机构的服务。而且,桌椅等设施的配备能够使公共文化机构服务于更为广阔的社会群体,如为休憩、休闲、交流等目的的人群提供便利,而非仅仅是服务于有针对性的前来公共文化机构的公众。

表 7 - 32　公共文化机构外部设备需求分布

外部设备	宣传栏	公共电话亭	桌椅	绿化设施
选中	2477	1423	2425	2379
未选中	1156	2210	1208	1254
有效百分比(%)	68.18	39.17	66.75	65.48
外部设备	电子显示屏	电子阅读设备	音响设备	健身设施
选中	1996	1695	854	1312
未选中	1637	1938	2779	2321
有效百分比(%)	54.94	46.66	23.51	36.11
外部设备	免费读物取阅处	娱乐设施	停车场	其他
选中	2149	1174	2194	143
未选中	1484	2459	1439	3490
有效百分比(%)	59.15	32.31	60.39	3.94

资料来源:课题组整理

7.2.1.12 城市社区文化站面积和场所需求情况分析

在城市社区文化站面积的需求方面(见表 7 – 33),超过 60% 的被调查者期望城市社区文化站面积为 50—300 平方米。这表明城市的社区文化站普遍应拥有较大规模,以便具备更为丰富的文化功能,50 平方米为建设的最低限度。在城市社区文化站场所的需求方面(见表 7 – 34),相对而言,首先图书室、多功能活动室和书画活动室的需求量更高,其次为健身室、培训室和儿童俱乐部。这表明社会公众期望能就近获得更多图书期刊、写作绘画相关的设施设备和服务,更多各种类型的活动和健身运动,以及良好的教育培训的场所。而且,社区面向儿童也应提供针对性的场所和服务,既能依据儿童心理特征提供兼具学习和娱乐的服务,同时也能为儿童提供安全、舒适、专业的活动场所。

表 7 – 33 城市社区文化站面积需求分布

来源	面积	频数	百分比(%)	有效百分比(%)
有效	50 平方米以内	138	3.80	3.84
	50—100 平方米	596	16.41	16.60
	101—200 平方米	898	24.72	25.01
	201—300 平方米	740	20.37	20.61
	301—400 平方米	435	11.97	12.11
	401—500 平方米	312	8.59	8.69
	500 平方米以上	472	12.99	13.14
	合计	3591	98.84	100.00
缺失		42	1.16	—
合计		3633	100.00	—

资料来源:课题组整理

表 7 – 34 城市社区文化站场所需求分布

场所	会议室	培训室	棋牌室	图书室
选中	1349	1684	1429	2758
未选中	2284	1949	2204	875
有效百分比(%)	37.13	46.35	39.33	75.92
场所	多功能活动室	书画活动室	创客空间	儿童俱乐部
选中	2518	1855	1354	1677
未选中	1115	1778	2279	1956
有效百分比(%)	69.31	51.06	37.27	46.16

续表

场所	健身室	舞蹈室	其他	—
选中	1698	1097	132	—
未选中	1935	2536	3501	—
有效百分比(%)	46.74	30.20	3.63	—

资料来源:课题组整理

7.2.1.13 城市社区文化站设备需求情况分析

在城市社区文化站设备的需求方面(见表7-35),相较而言,首先图书柜、图书阅览桌、投影仪和电脑是被调查者更为期望提供的设备,其次为宣传栏、无线网络、音响设备、乒乓球、展板、报刊栏、自助借还机、健身器材和移动电子阅读设备。这表明社会公众对于图书期刊阅读的服务需求较高,需要配备相应的图书柜、图书阅览桌、报刊栏、自助借还机、移动电子阅读设备等设备。同时,被调查者也期望提供多媒体设备和各类数字化平台、技术和设备,因此城市社区文化站需加强现代化设备设施建设。

表7-35 城市社区文化站设备需求分布

设备	投影仪	音响设备	展板	宣传栏
选中	2240	1932	1794	2014
未选中	1393	1701	1839	1619
有效百分比(%)	61.66	53.18	49.38	55.44
设备	图书柜	图书阅览桌	报刊栏	自助借还机
选中	2416	2214	1740	1732
未选中	1217	1419	1893	1901
有效百分比(%)	66.50	60.94	47.89	47.67
设备	打印机	移动电子阅读设备	无线网络	DVD
选中	1382	1463	1995	564
未选中	2251	2170	1638	3069
有效百分比(%)	38.04	40.27	54.91	15.52
设备	点播台	录音机	书法用品	绘画工具
选中	651	472	1151	1093
未选中	2982	3161	2482	2540
有效百分比(%)	17.92	12.99	31.68	30.09
设备	3D打印机	雕刻机	激光切割机	儿童娱乐设备
选中	805	480	376	1321
未选中	2828	3153	3257	2312
有效百分比(%)	22.16	13.21	10.35	36.36

设备	儿童学习器材	亲子活动设备	健身器材	篮球架
选中	1347	1362	1519	1020
未选中	2286	2271	2114	2613
有效百分比(%)	37.08	37.49	41.81	28.08
设备	麻将桌	彩电	电脑	锣鼓
选中	475	1438	2183	807
未选中	3158	2195	1450	2826
有效百分比(%)	13.07	39.58	60.09	22.21
设备	乒乓球	棋牌桌	其他	—
选中	1876	1268	146	—
未选中	1757	2365	3487	—
有效百分比(%)	51.64	34.90	4.02	—

资料来源:课题组整理

7.2.1.14 基本公共文化服务项目需求情况分析

在基本公共文化服务项目的需求方面(见表7-36),被调查者首要需求是读书看报、公共文化设施免费开放、欣赏电影,其次为参加文体活动、参观某些文化设施可以减免门票等,而对观看地方戏和收听广播的需求则相对较少。这表明基本公共文化服务项目在提供更多的图书期刊、电影、文体活动等的同时,还需采取措施实现各地各类公共文化设施免费开放或门票减免。

表7-36 基本公共文化服务项目需求分布

服务项目	读书看报	收听广播	观看电视	欣赏电影
选中	2501	1047	1409	1853
未选中	1132	2586	2224	1780
有效百分比(%)	68.84	28.82	38.78	51.00
服务项目	观看地方戏	参加文体活动	公共文化设施免费开放	参观某些文化设施可以减免门票
选中	884	1790	2074	1651
未选中	2749	1843	1559	1982
有效百分比(%)	24.33	49.27	57.09	45.44
服务项目	参加文化艺术知识培训	其他	—	—
选中	1385	85	—	—
未选中	2248	3548	—	—
有效百分比(%)	38.12	2.34	—	—

资料来源:课题组整理

7.2.1.15 基本公共文化服务设备或技术需求情况分析

在基本公共文化服务设备或技术的需求方面(见表7-37),图书、报纸、杂志、电脑拥有相对较高的需求量,而乐器、服装、光盘、流动舞台车设备的需求量则相对较少。这表明在城镇地区的社会公众当中,图书、报纸、杂志、电脑等资源和设备相对来说更加普及,适用于各年龄段、各职业等各类群体,而对乐器、服装、光盘等使用率则相对较低。究其原因,可能是这些设备较为专业化,或适用于专用场合,或适用于特定群体等。

表7-37 基本公共文化服务设备或技术需求分布

服务设备或技术需求	图书	报纸	杂志	广播
选中	3001	2438	2274	1632
未选中	632	1195	1359	2001
有效百分比(%)	82.60	67.11	62.59	44.92
服务设备或技术需求	电视	电脑	音响	乐器
选中	1758	2147	1050	987
未选中	1875	1486	2583	2646
有效百分比(%)	48.39	59.10	28.90	27.17
服务设备或技术需求	服装	光盘	体育活动器材	流动舞台车设备
选中	586	517	1625	609
未选中	3047	3116	2008	3024
有效百分比(%)	16.13	14.23	44.73	16.76
服务设备或技术需求	流动图书车设备	流动信息车设备	图书的实时智能翻译技术	少数民族语言与汉语间的智能互译
选中	1209	827	951	833
未选中	2424	2806	2682	2800
有效百分比(%)	33.28	22.76	26.18	22.93
服务设备或技术需求	图书盲文化的自动化生成技术	人机交互技术的文化服务应用软件	音视频节目中自动添加手语和字幕技术	其他
选中	1042	1004	761	100
未选中	2591	2629	2872	3533
有效百分比(%)	28.68	27.64	20.95	2.75

资料来源:课题组整理

7.2.1.16 基本文化工作人员配备需求情况分析

在基本文化工作人员配备的需求方面,有超过80%的被调查者认为应当配备专职人员(见表7-38),同时,有近80%的被调查者认为应当配备1—10位的专职和兼职人员(见表

7-39）。在人员构成上，更需要配备社区综合文化站（中心）从业人员、社区图书室管理员、街道普法教育培训人员、城市文化宣传推广人员、街道科技普及培训人员（见表7-40）。这表明社会公众更加期望能在社区当中设置文化站及专业的服务人员、图书馆室管理人员，为社会公众指引和服务。

表7-38 基本文化工作专职人员配备需求分布

专职人员配备需求		频数	百分比（%）	有效百分比（%）
有效	是	2943	81.01	83.92
	否	257	7.07	7.33
	不清楚	307	8.45	8.75
	合计	3507	96.53	100.00
缺失		126	3.47	—
合计		3633	100.00	—

资料来源：课题组整理

表7-39 基本文化工作人员数量需求分布

工作人员数量	人数	频数	百分比（%）	有效百分比（%）
有效	1—5人	1670	45.97	47.00
	6—10人	1172	32.26	32.99
	11—15人	356	9.80	10.02
	16—20人	168	4.62	4.73
	20人以上	187	5.15	5.26
	合计	3553	97.80	100.00
缺失		80	2.20	—
合计		3633	100.00	—

资料来源：课题组整理

表7-40 基本文化工作人员类别需求分布

工作人员类别	社区综合文化站（中心）从业人员	街道普法教育培训人员	街道党员教育培训人员	街道科技普及培训人员
选中	2629	1805	1076	1636
未选中	1004	1828	2557	1997
有效百分比（%）	72.36	49.68	29.62	45.03
工作人员类别	街道社会体育指导员	城市文化宣传推广人员	社区图书室管理员	流动舞台车服务人员
选中	1298	1651	2135	774
未选中	2335	1982	1498	2859
有效百分比（%）	35.73	45.44	58.77	21.30

续表

工作人员类别	流动图书车服务人员	流动信息车服务人员	城市弱势群体文化帮扶人员	—
选中	1156	790	1386	—
未选中	2477	2843	2247	—
有效百分比(%)	31.82	21.75	38.15	—

资料来源:课题组整理

7.2.2 不同地区居民基本公共文化服务需求差异分析

7.2.2.1 不同省、自治区、直辖市居民基本公共文化服务需求差异分析

社区文化站作为基层公共文化机构的"末梢神经",在各类公共文化机构和场所中的作用日益重要。社区文化站不仅承担着满足社区居民各类文化需求的功能,便于城市居民就近获得公共文化服务、丰富居民业余文化生活,而且要能调动居民的文化积极性,在社区中形成文化合力,打造特色社区。

在全国31个省、自治区、直辖市关于城市社区文化站面积的调查中(见表7-41),发现四川(77.50%)、辽宁(73.14%)、北京(71.33%)、黑龙江(70.24%)、广东(68.12%)、天津(66.44%)均有超过60%的被调查者期望城市社区文化站达到50—400平方米。同时,云南(77.78%)、福建(77.22%)、内蒙古(73.61%)、浙江(72.95%)、上海(72.83%)、湖南(69.57%)、安徽(67.85%)、吉林(67.09%)、重庆(65.72%)、海南(65.63%)、河北(65.47%)、江西(65.39%)、新疆(65.38%)、贵州(65.07%)、山西(64.58%)、青海(63.63%)、山东(63.55%)、江苏(62.57%)、宁夏(61.77%)、甘肃(60.01%)、湖北(59.81%)均有60%左右的被调查者认为50—300平方米的社区文化站较为合适。此外,陕西(68.35%)、河南(62.57%)的被调查者大多期望城市社区文化站为101—400平方米。广西和西藏的城市社区文化站面积需求呈现两极态势,广西分别有56.17%和26.97%的被调查者分别表示文化站面积为0—200平方米、400平方米以上较为合适,西藏有62.50%和25.00%的被调查者分别期望文化站面积为50—200平方米、500平方米以上。这表明既有居民认为社区文化站拥有基本功能即可,但也有居民期望社区文化站越大越好。

城市社区文化站承担为社区居民提供文化服务的重要职责,本研究在对城镇社区文化站的调查中,发现部分省市的城市社区文化站面积需求呈现较大的相似性。总体而言,全国各地区有90%左右的被调查者表示社区文化站为50平方米以上才能满足需求,如山西(98.61%)、湖南(98.14%)、湖北(98.05%)、福建(98.01%)、辽宁(97.03%)、黑龙江(96.43%)、浙江(95.09%)、江西(94.88%)、山东(95.07%)、广西(89.89%)等,可见50平

方米应为社区文化站建设最低标准,并且多认为101—300平方米的社区文化站较为适宜。此外,由表7-41发现,安徽省、北京市、贵州省、福建省、甘肃省、河北省、河南省、湖南省等城市社区文化站面积的城镇居民的需求程度以"101—200平方米"区间为中心,两侧区间均呈现下降趋势,"50平方米以内"区间或"401—500平方米"区间降至最低点,但"500平方米以上"区间却出现增长态势。对于该现象的出现,本研究推测可能在居民的实际需求之外,还与居民的心理因素有关,即期望更多的文化服务设施与资源投入,尤其是社区文化站为街道政府机构免费提供的公共文化场所。

表7-41 各地区城市社区文化站面积需求分布(%)

面积 地区	50平方米以内	50—100平方米	101—200平方米	201—300平方米	301—400平方米	401—500平方米	500平方米以上
北京	4.00	16.67	25.33	13.33	16.00	6.67	18.00
天津	6.58	15.13	20.39	20.39	10.53	7.89	19.08
辽宁	2.99	13.43	20.90	22.39	16.42	8.96	14.93
上海	4.35	18.48	36.96	17.39	10.87	4.35	7.61
江苏	2.34	21.05	19.88	21.64	12.87	11.70	10.53
浙江	4.92	31.97	27.87	13.11	4.92	8.20	9.02
福建	1.98	18.81	36.63	21.78	6.93	4.95	8.91
山东	4.93	15.76	24.14	23.65	10.84	10.34	10.34
广东	6.52	15.94	15.58	18.48	18.12	14.13	11.23
河北	5.58	20.30	26.90	18.27	9.64	9.14	10.15
山西	1.39	13.19	29.17	22.22	10.42	9.03	14.58
吉林	0.00	16.46	24.05	26.58	7.59	5.06	20.25
黑龙江	3.57	17.86	16.67	23.81	11.90	10.71	15.48
安徽	0.00	15.00	30.71	22.14	14.29	5.00	12.86
江西	5.13	10.26	24.36	30.77	17.95	5.13	6.41
河南	2.67	6.42	26.74	21.12	14.71	8.82	19.52
湖北	1.96	15.69	22.55	21.57	8.82	13.73	15.69
湖南	1.86	16.77	31.68	21.12	11.80	6.21	10.56
海南	0.00	15.63	25.00	25.00	15.63	12.50	6.25
内蒙古	4.17	20.83	26.39	26.39	6.94	8.33	6.94
广西	10.11	29.21	16.85	8.99	7.87	12.36	14.61
重庆	4.29	24.29	17.14	24.29	8.57	4.29	17.14
四川	4.17	19.17	18.33	22.50	17.50	6.67	11.67
贵州	3.17	17.46	26.98	20.63	11.11	7.14	13.49

续表

面积 地区	50 平方 米以内	50—100 平方米	101—200 平方米	201—300 平方米	301—400 平方米	401—500 平方米	500 平方 米以上
云南	2.47	19.75	34.57	23.46	8.64	3.70	7.41
西藏	0.00	37.50	25.00	0.00	12.50	0.00	25.00
陕西	2.53	8.86	24.05	26.58	17.72	10.13	10.13
甘肃	2.22	15.56	28.89	15.56	10.00	10.00	17.78
青海	18.18	36.36	9.09	18.18	9.09	9.09	0.00
宁夏	2.94	14.71	26.47	20.59	14.71	8.82	11.76
新疆	13.46	15.38	26.92	23.08	7.69	3.85	9.62

资料来源:课题组整理

在城市社区文化站内部文化场所的设置方面(见表7－42),以最低达到各地区被调查者数量的三分之一为限,北京居民更倾向于市社区文化站设置图书室、多功能活动室、健身室、书画活动室、儿童俱乐部、棋牌室、培训室、会议室;天津居民更需要配备图书室、多功能活动室、健身室、书画活动室、培训室、儿童俱乐部、棋牌室、会议室、创客空间等;辽宁居民需要具备图书室、多功能活动室、儿童俱乐部、健身室、书画活动室等;上海居民认为应设有图书室、多功能活动室、儿童俱乐部、培训室、健身室、创客空间、书画活动室等;江苏居民希望社区文化站内部需涵盖图书室、多功能活动室、健身室、儿童俱乐部、培训室等。

表7－42 各地区城市社区文化站场所设置需求情况(%)

场所 地区	会议室	培训室	棋牌室	图书室	多功能 活动室	书画活 动室	创客 空间	儿童俱 乐部	健身室	舞蹈室	其他
北京	38.56	39.87	43.79	81.70	66.01	49.02	24.84	45.75	50.33	26.14	3.92
天津	43.33	52.00	45.33	81.33	73.33	56.67	41.33	47.33	61.33	38.00	2.67
辽宁	38.81	46.27	44.78	91.04	68.66	49.25	40.30	53.73	53.73	35.82	2.99
上海	40.22	57.61	25.00	85.87	79.35	50.00	55.43	58.70	56.52	34.78	3.26
江苏	34.50	51.46	43.27	76.61	73.68	47.95	33.33	52.63	54.39	33.33	2.34
浙江	55.00	62.50	52.50	60.00	52.50	41.67	35.00	43.33	36.67	20.00	1.67
福建	39.60	56.44	41.58	90.10	76.24	63.37	47.52	62.38	51.49	34.65	3.96
山东	24.88	46.83	46.34	80.49	75.12	58.05	30.73	64.39	63.41	31.71	2.93
广东	26.09	38.04	31.16	65.58	62.32	45.29	35.14	44.93	40.22	24.28	1.81
河北	35.68	36.18	33.67	77.39	66.33	48.74	32.66	48.74	45.23	29.65	2.51
山西	36.11	50.00	34.03	77.78	70.83	45.14	36.11	45.83	49.31	29.86	2.78

续表

场所 地区	会议室	培训室	棋牌室	图书室	多功能 活动室	书画活 动室	创客 空间	儿童俱 乐部	健身室	舞蹈室	其他
吉林	31.65	39.24	45.57	81.01	69.62	45.57	39.24	43.04	43.04	37.97	5.06
黑龙江	30.95	46.43	53.57	83.33	78.57	48.81	27.38	52.38	57.14	38.10	2.38
安徽	30.22	49.64	25.90	86.33	73.38	56.83	38.13	56.83	48.20	29.50	2.88
江西	44.87	39.74	46.15	70.51	64.10	58.97	58.97	43.59	37.18	34.62	2.56
河南	46.95	43.77	46.15	65.25	68.97	52.52	38.46	29.44	30.50	21.75	6.10
湖北	37.96	54.63	38.89	86.11	75.93	55.56	42.59	50.00	55.56	39.81	1.85
湖南	32.92	39.75	43.48	81.99	70.81	53.42	33.54	40.37	48.45	33.54	4.97
海南	18.75	31.25	43.75	68.75	62.50	46.88	28.13	40.63	53.13	21.88	6.25
内蒙古	38.03	53.52	45.07	83.10	74.65	53.52	46.48	40.85	52.11	46.48	4.23
广西	30.68	38.64	21.59	80.68	63.64	47.73	35.23	40.91	38.64	26.14	4.55
重庆	50.00	57.14	40.00	85.71	75.71	52.86	40.00	51.43	61.43	38.57	4.29
四川	37.50	50.83	46.67	84.17	71.67	57.50	37.50	55.00	45.00	35.00	2.50
贵州	29.92	48.03	34.65	74.80	66.93	40.16	39.37	40.94	45.67	29.13	2.36
云南	50.62	55.56	40.74	83.95	83.95	55.56	48.15	55.56	48.15	32.10	3.70
西藏	25.00	37.50	62.50	62.50	37.50	50.00	0.00	37.50	25.00	12.50	0.00
陕西	59.49	50.63	40.51	78.48	79.75	63.29	41.77	56.96	55.70	36.71	7.59
甘肃	31.03	48.28	24.14	66.67	59.77	50.57	36.78	28.74	44.83	32.18	8.05
青海	45.45	63.64	9.09	36.36	45.45	54.55	27.27	36.36	45.45	45.45	18.18
宁夏	29.41	70.59	35.29	85.29	73.53	67.65	52.94	58.82	50.00	32.35	2.94
新疆	52.83	43.40	26.42	56.60	77.36	47.17	45.28	20.75	33.96	16.98	7.55

资料来源：课题组整理

　　总体而言，在城市社区文化站内部设置方面，各地区居民需求差异不大，图书室、多功能活动室、书画活动室、儿童俱乐部、健身室、会议室、培训室等为多数居民的共同需求，创客空间和舞蹈室等场所需求相对较少。一方面，居民表现出多元化的文化需求，社区文化站需要依此设立和提供符合不同年龄阶段、具有不同文化内容的场所和服务。同时，各地居民对图书室、多功能活动室等需求量相对更高，居民更为倾向于利用图书报刊、良好的阅读环境和便利的活动场所。由此可见，图书室、活动室为当前城市社区文化站的必备要素。

　　此外，在面对丰富多样的文化活动和需求的情况下，社区文化站由于场所面积和工作人员数量等限制，无法涵盖全部的文化活动，当前仍是以满足多数群众共同需求为主要目的，包括图书期刊、运动健身、书写绘画等，在此基础上可建设具有个性化和针对性的服务。在文化活动开展的场所外，居民还要求社区文化站应配备工作组织、会议开展等相关的场所和设施,这表明居民日益寻求文化活动的规范性和常态化,同时也说明居民需要有一定的空间开展文化自治。这就需要社区文化工作人员在指导和辅助社区居民的基础上,充分给予居民文化活动组织的权限,调动居民的活动积极性和能动性,使居民从文化活动和服务的接受者逐渐成长为组织者,以使社区文化站能够更多体现社区居民的自我意识,将社区文化站打造成为具有该社区文化特色的机构。

7.2.2.2 东、中、西部居民基本公共文化服务需求差异分析

（1）文化设施设备类需求分析

在居民对文化设施设备类的需求方面(见表 7 - 43),有超过一半的被调查居民表示公共图书馆、公共博物馆、文化馆是最为需要的,超过 30% 的被调查居民需要建设有公共美术馆、文化广场、老年活动中心、青少年校外活动场所、社区文化室、社区图书室、妇女儿童活动中心、群众艺术馆、公益电影放映广场等,共 13 种文化设施。中部有超过一半的被调查居民表示需要公共图书馆、公共博物馆,超过 30% 的被调查居民需要建设有文化馆、科技馆、文化广场、老年活动中心、公共美术馆、青少年校外活动场所、社区文化室、纪念馆、群众艺术馆,共 11 种文化设施。西部有超过一半的被调查居民表示需要公共图书馆、公共博物馆、文化馆、科技馆、公共美术馆,超过 30% 的被调查居民需要建设有文化广场、青少年校外活动场所、社区文化室、老年活动中心、群众艺术馆、社区图书室、妇女儿童活动中心、公益电影放映广场、非物质文化遗产传习场所、传统民俗文化活动场所、遗址公园、市民读书社、纪念馆,共 18 种文化设施。可见,公共图书馆、公共博物馆、文化馆、科技馆、公共美术馆、文化广场等为大部分居民都共同需要的文化设施。同时,对于老年活动中心、妇女儿童活动中心、青少年校外活动场所等面向不同群体开展专门性活动的文化场所的需求量也较高。

另外,对比东、中、西部某一文化设施设备,发现相较于东部和中部,西部城市居民对大部分的文化设施设备的需求都要更高,包括公共图书馆、文化馆、公共博物馆、公共美术馆、群众艺术馆、科技馆、社区文化室、家庭文化室、纪念馆、遗址公园、市民读书社、社区图书室、工人文化宫、妇女儿童活动中心、青少年校外活动场所、农家书屋、阅览室、社区综合文化站等。而且,西部城市居民也要求提供更多不同种类的文化设施。

东部和中部基于经济基础和各级财政力量,文化设施建设已有一定基础,而西部由于地方财政等因素,文化设施设备建设还较为薄弱,但同时,随着当前西部经济、教育的大力发展,生活水平的提高使得城市居民对文化的要求也越来越高,这就形成了居民不断攀升的文化需求与当前文化设施设备的匮乏之间的矛盾。

表7－43 东、中、西部城市居民对文化设施设备类需求分布

文化设施设备类	来源	东部	中部	西部	合计
公共图书馆	选中	1186	1199	750	3135
	百分比（%）	88.05	85.22	90.25	—
文化馆	选中	727	685	475	1887
	百分比（%）	53.97	48.69	57.16	—
公共博物馆	选中	845	778	560	2183
	百分比（%）	62.73	55.29	67.39	—
公共美术馆	选中	659	555	418	1632
	百分比（%）	48.92	39.45	50.30	—
群众艺术馆	选中	459	451	331	1241
	百分比（%）	34.08	32.05	39.83	—
科技馆	选中	704	614	451	1769
	百分比（%）	52.26	43.64	54.27	—
社区文化室	选中	522	477	354	1353
	百分比（%）	38.75	33.90	42.60	—
家庭文化室	选中	211	259	166	636
	百分比（%）	15.66	18.41	19.98	—
纪念馆	选中	391	447	270	1108
	百分比（%）	29.03	31.77	32.49	—
遗址公园	选中	353	377	272	1002
	百分比（%）	26.21	26.79	32.73	—
文化广场	选中	625	601	362	1588
	百分比（%）	46.40	42.71	43.56	—
市民读书社	选中	400	382	272	1054
	百分比（%）	29.70	27.15	32.73	—
社区图书室	选中	518	400	324	1242
	百分比（%）	38.46	28.43	38.99	—
工人文化宫	选中	308	292	205	805
	百分比（%）	22.87	20.75	24.67	—
妇女儿童活动中心	选中	476	414	302	1192
	百分比（%）	35.34	29.42	36.34	—
老年活动中心	选中	574	556	336	1466
	百分比（%）	42.61	39.52	40.43	—
青少年校外活动场所	选中	550	541	362	1453
	百分比（%）	40.83	38.45	43.56	—

续表

文化设施设备类	来源	东部	中部	西部	合计
农家书屋	选中	297	263	211	771
	百分比(%)	22.05	18.69	25.39	—
阅览室及相关器具	选中	271	262	227	760
	百分比(%)	20.12	18.62	27.32	—
社区综合文化站	选中	304	308	200	812
	百分比(%)	22.57	21.89	24.07	—
民间剧院	选中	218	239	171	628
	百分比(%)	16.18	16.99	20.58	—
非物质文化遗产传习场所	选中	387	360	283	1030
	百分比(%)	28.73	25.59	34.06	—
传统民俗文化活动场所	选中	381	355	283	1019
	百分比(%)	28.29	25.23	34.06	—
演艺会展场所	选中	257	260	204	721
	百分比(%)	19.08	18.48	24.55	—
乐器	选中	255	281	156	692
	百分比(%)	18.93	19.97	18.77	—
文化教育培训场所	选中	333	297	239	869
	百分比(%)	24.72	21.11	28.76	—
街道综合文化服务中心	选中	301	290	213	804
	百分比(%)	22.35	20.61	25.63	—
公益电影放映广场	选中	457	409	293	1159
	百分比(%)	33.93	29.07	35.26	—
音响设备	选中	149	178	114	441
	百分比(%)	11.06	12.65	13.72	—
影剧院或数字影厅	选中	293	315	224	832
	百分比(%)	21.75	22.39	26.96	—
培训教室及相关器材	选中	248	239	185	672
	百分比(%)	18.41	16.99	22.26	—
演出服装	选中	115	124	105	344
	百分比(%)	8.54	8.81	12.64	—
书法绘画用具	选中	228	213	179	620
	百分比(%)	16.93	15.14	21.54	—
合计	选中	1347	1407	831	3585

资料来源:课题组整理

（2）广播电视设施设备类需求

在居民对广播电视设施设备的需求方面（见表 7 – 44），东部和西部都有超过一半的被调查者认为省级广播电视中心（站、台）、移动数字电视以及市级广播电视中心（站、台）是必需的，并且有超过三分之一的被调查者表明移动多媒体广播以及街道广播电视中心（站、台）也是需要的。中部则是有超过一半的被调查者认为需要提供省级广播电视中心（站、台）以及市级广播电视中心（站、台），超过三分之一的被调查者倾向于提供移动数字电视、移动多媒体广播以及街道广播电视中心（站、台）。这表明社会公众在收听广播和观看电视方面更倾向于省级和市级广播电视。有赖于省市级财政支持，这两级的广播电视中心为社会公众呈现了丰富新潮的广播电视节目，培养了对其有信任感和追随性的用户，同时，社会公众在使用中也形成了自己的使用习惯。另外，移动技术的发展也对社会公众的生活习惯产生了影响，移动数字电视和移动多媒体广播已渗入大众的日常生活，成为继省级和市级广播电视后最为需要的设备类型。尤其在东部地区最为明显，移动数字电视已逐渐成为同省级广播电视一样为民众经常使用和迫切需要的设备类型。

除省级广播电视中心（站、台）、广播电视系统单位或机构、广播电视播音（演播）室外，西部城市公众对于各设施设备的需求值普遍高于东部和中部，包括市级广播电视中心（站、台）、移动数字电视、区级广播电视中心（站、台）、街道广播电视中心（站、台）、移动多媒体广播、社区广播中心（站、台）等。这表明，相比东部和中部，西部现有的多数广播电视设施设备都还无法达到社会公众的需求。

表 7 – 44　东、中、西部城市居民对广播电视设施设备类需求分布

广播电视设施设备类	来源	东部	中部	西部	合计
省级广播电视中心（站、台）	选中	844	852	519	2215
	百分比（％）	63.65	61.16	63.14	—
市级广播电视中心（站、台）	选中	751	762	480	1993
	百分比（％）	56.64	54.70	58.39	—
移动数字电视	选中	757	686	475	1918
	百分比（％）	57.09	49.25	57.79	—
区级广播电视中心（站、台）	选中	303	342	235	880
	百分比（％）	22.85	24.55	28.59	—
街道广播电视中心（站、台）	选中	452	496	306	1254
	百分比（％）	34.09	35.61	37.23	—
移动多媒体广播	选中	586	561	385	1532
	百分比（％）	44.19	40.27	46.84	—

续表

广播电视设施设备类	来源	东部	中部	西部	合计
社区广播电视中心(站、台)	选中	325	334	228	887
	百分比(%)	24.51	23.98	27.74	—
广播电视系统单位或机构	选中	248	332	175	755
	百分比(%)	18.70	23.83	21.29	—
广播电视设备器材	选中	256	310	200	766
	百分比(%)	19.31	22.25	24.33	—
广播电视发射(转播)台(站)	选中	256	262	206	724
	百分比(%)	19.31	18.81	25.06	—
广播电视播音(演播)室	选中	299	384	221	904
	百分比(%)	22.55	27.57	26.89	—
广播收音台(站)	选中	225	291	176	692
	百分比(%)	16.97	20.89	21.41	—
广播电视中心技术用房	选中	197	228	161	586
	百分比(%)	14.86	16.37	19.59	—
合计	选中	1326	1393	822	3541

资料来源:课题组整理

(3)体育设施设备类需求

在体育设施设备方面(见表7-45),东部有超过30%的被调查者表示需要建设有市级公共体育场、区级公共体育场、街道级公共体育场、省级公共体育场、社区级公共体育场、游泳场馆、中小学体育活动器材、文体活动室、体育公园或公园健身器械区域、社区群众体育活动器材、街道级综合型全民健身活动中心、社区级综合型全民健身活动中心、街道群众体育活动器材、市级综合型全民健身活动中心、体育训练基地等16类体育机构或场所。并且有超过一半的被调查者认为市级公共体育场、区级公共体育场、街道级公共体育场、省级公共体育场、社区级公共体育场最为需要。中部有超过30%的被调查者表示需要13类体育机构,最为需要市级公共体育场、省级公共体育场。西部则有超过30%的被调查者表示需要16类体育机构,最为需要6类机构。从中部、东部到西部,城市居民对于体育设施设备类型的需求是逐渐增加的,而且涵盖的体育场所涉及省、市、区、街道、社区各级体育场所以及游泳场馆、公园等,可见,居民对于体育场所和设施的需求量是较大的。其中,市级公共体育场是高居各类场所首位的,作为体现该市体育发展风貌的重要形象之一,市级体育场不论是在场所空间布置、场所环境、活动面积、体育功能等方面还需尽量做到大而全,能够尽可能容纳更多的活动人群,满足更多类型的体育活动需要。随着城市的不断扩张和市区的设置,区级体育场相比市级体育场能够为更多的城市居民提供就近服务,而且作为区体育局部署,也应功能齐全、场所充足。可见,城市居民对于体育场所和设施设备的需要,体现在场所距离和体育功能等方面,既希望能够拥有就近的体育设施,同时也期望这些设施能够满足自身多种需求。

表 7 - 45 东、中、西部城市居民对体育设施设备类需求分布

体育设施设备类	来源	东部	中部	西部	合计
省级公共体育场	选中	704	727	486	1917
	百分比(%)	52.69	51.82	58.55	—
市级公共体育场	选中	771	754	487	2012
	百分比(%)	57.71	53.74	58.67	—
区级公共体育场	选中	726	644	469	1839
	百分比(%)	54.34	45.9	56.51	—
街道级公共体育场	选中	721	646	441	1808
	百分比(%)	53.97	46.04	53.13	—
社区级公共体育场	选中	676	615	419	1710
	百分比(%)	50.60	43.83	50.48	—
省级综合型全民健身活动中心	选中	402	448	297	1147
	百分比(%)	30.09	31.93	35.78	—
中小学体育活动器材	选中	608	599	362	1569
	百分比(%)	45.51	42.69	43.61	—
体育公园或公园健身器械区域	选中	541	496	372	1409
	百分比(%)	40.49	35.35	44.82	—
市级综合型全民健身活动中心	选中	412	478	276	1166
	百分比(%)	30.84	34.07	33.25	—
文体活动室	选中	566	553	329	1448
	百分比(%)	42.37	39.42	39.64	—
社区级综合型全民健身活动中心	选中	430	379	305	1114
	百分比(%)	32.19	27.01	36.75	—
棋牌室	选中	330	329	209	868
	百分比(%)	24.70	23.45	25.18	—
街道级综合型全民健身活动中心	选中	492	499	284	1275
	百分比(%)	36.83	35.57	34.22	—
游泳场馆	选中	667	655	427	1749
	百分比(%)	49.93	46.69	51.45	—

续表

体育设施设备类	来源	东部	中部	西部	合计
体育训练基地	选中	413	372	278	1063
	百分比(%)	30.91	26.51	33.49	——
街道群众体育活动器材	选中	429	366	279	1074
	百分比(%)	32.11	26.09	33.61	——
社区群众体育活动器材	选中	529	515	316	1360
	百分比(%)	39.60	36.71	38.07	——
合计	选中	1336	1403	830	3569

资料来源:课题组整理

(4)流动设施设备类需求

在流动设施设备方面(见表7-46),东部、中部和西部都有超过30%的被调查城市居民认为应当提供图书馆流动站、流动图书车、电影放映流动车、文艺演出流动车、流动信息车,这表明各地区居民对于流动设施设备的种类和各类设施的需求值都较为一致,涵盖图书、文艺演出、电影等文化服务。可见,作为扩大公共图书馆、文化馆等场所的外延服务,流动设施当前在各个地区都具有一定的重要地位,而且流动设施还应具备各类文化服务功能,使各类文化活动都能够贴近群众,深入城市各地区组织活动。因而不仅需要进一步完善流动设施数量和功能,还需规划流动设施活动时间和地点,统筹布局各类流动设施的活动情况。

表7-46 东、中、西部城市居民对流动设施设备类需求分布

流动设施设备类	来源	东部	中部	西部	合计
图书馆流动站	选中	964	952	590	2506
	百分比(%)	74.67	70.41	73.66	——
流动图书车	选中	712	701	458	1871
	百分比(%)	55.15	51.85	57.18	——
文艺演出流动车	选中	574	626	381	1581
	百分比(%)	44.46	46.30	47.57	——
电影放映流动车	选中	628	686	461	1775
	百分比(%)	48.64	50.74	57.55	——
流动舞台车	选中	306	323	222	851
	百分比(%)	23.70	23.89	27.72	——
流动信息车	选中	416	465	312	1193
	百分比(%)	32.22	34.39	38.95	——
合计	选中	1291	1352	801	3444

资料来源:课题组整理

（5）残障人士专用设施设备类需求

各地区对于残障人士专用设施设备的需求差异不大（见表7-47），东部、中部和西部都有超过三分之一的被调查者认为表7-47中的全部设施设备都应当具备，其中无障碍出入口、盲道、轮椅坡道、无障碍厕所、缘石坡道、无障碍通道/门、扶手、无障碍电梯/升降平台等设施设备的需求量更大。这表明不论是在何区域，作为体现人文关怀的重要举措，无障碍设施的建设都是必需的，而且应当种类齐全，数量适宜，布局合理，安全可用，真正能够便于特殊群体出行和使用。

表7-47　东、中、西部城市居民对残障人士专用设施设备类需求分布

残障人士专用设施设备类	来源	东部	中部	西部	合计
缘石坡道	选中	787	756	456	1999
	百分比（%）	59.44	54.12	55.27	——
盲道	选中	955	961	597	2513
	百分比（%）	72.13	68.79	72.36	——
无障碍出入口	选中	974	968	600	2542
	百分比（%）	73.56	69.29	72.73	——
轮椅坡道	选中	862	851	527	2240
	百分比（%）	65.11	60.92	63.88	——
扶手	选中	683	687	441	1811
	百分比（%）	51.59	49.18	53.45	——
无障碍通道/门	选中	755	715	448	1918
	百分比（%）	57.02	51.18	54.30	——
无障碍电梯/升降平台	选中	669	695	436	1800
	百分比（%）	50.53	49.75	52.85	——
无障碍厕所	选中	843	884	531	2258
	百分比（%）	63.67	63.28	64.36	——
轮椅席位	选中	593	625	391	1609
	百分比（%）	44.79	44.74	47.39	——
无障碍停车位	选中	584	567	365	1516
	百分比（%）	44.11	40.59	44.24	——
低位服务设施	选中	486	486	313	1285
	百分比（%）	36.71	34.79	37.94	——
无障碍信息与标识	选中	584	515	393	1492
	百分比（%）	44.11	36.86	47.64	——

续表

残障人士专用设施设备类	来源	东部	中部	西部	合计
盲文阅览室	选中	655	644	438	1737
	百分比(%)	49.47	46.10	53.09	——
无障碍游览通路	选中	541	485	343	1369
	百分比(%)	40.86	34.72	41.58	——
合计	选中	1324	1397	825	3546

资料来源:课题组整理

(6)公共文化机构或场所出行方式需求

公共文化机构或场所各负有不同文化功能,城市居民对于各类公共文化机构的出行方式也有所不同(见表7-48)。东部、中部和西部地区的城市居民认为能够步行到达公共图书馆、公园、文化馆(站)、社区综合文化服务中心、文体广场、影剧院(放映室)、公共体育场(活动中心)较好,其次的出行工具为自行车或公交。对于公共博物馆、公共美术馆、科技馆、文物建筑等场所,东部和中部地区的城市居民表示通过地铁或公交可以达到即可,而西部地区居民则表示更希望是公交车方便到达。

各类公共文化场所出行方式的不同表明文化场所在居民日常生活中的使用是存在差异的。图书馆、文化馆、文化广场、公园等场所由于居民使用频率较高,需靠近居民住所,能够为居民提供便利服务,使居民通过步行或自行车便能够到达。而文化建筑、博物馆等日常使用率相对较低的文化机构,可以使用公交或地铁等方式到达。此外,西部地区地铁的建设率并不高,也导致了西部地区居民对于地铁的低使用率。

表7-48 东、中、西部公共文化机构或场所出行方式需求分布

公共文化机构或场所	出行方式	东部		中部		西部	
		频数	百分比(%)	频数	百分比(%)	频数	百分比(%)
公共图书馆(室)	步行	858	63.65	890	63.12	530	63.70
	自驾车	249	18.47	247	17.52	118	14.18
	自行车	579	42.95	553	39.22	342	41.11
	地铁	465	34.50	373	26.45	248	29.81
	公交	522	38.72	510	36.17	336	40.38
	合计	1348	——	1410	——	832	——

公共文化机构或场所	出行方式	东部		中部		西部	
		频数	百分比（%）	频数	百分比（%）	频数	百分比（%）
文化馆（站）	步行	631	47.12	565	40.13	384	46.27
	自驾车	335	25.02	336	23.86	176	21.20
	自行车	537	40.10	550	39.06	345	41.57
	地铁	443	33.08	430	30.54	234	28.19
	公交	474	35.40	566	40.20	335	40.36
	合计	1339	—	1408	—	830	—
社区综合文化服务中心	步行	915	68.75	908	64.76	536	64.73
	自驾车	202	15.18	218	15.55	114	13.77
	自行车	456	34.26	456	32.52	289	34.90
	地铁	236	17.73	241	17.19	123	14.86
	公交	269	20.21	327	23.32	211	25.48
	合计	1331	—	1402	—	828	—
公共博物馆	步行	444	33.31	419	29.89	302	36.39
	自驾车	408	30.61	452	32.24	216	26.02
	自行车	464	34.81	453	32.31	280	33.73
	地铁	675	50.64	559	39.87	305	36.75
	公交	661	49.59	710	50.64	440	53.01
	合计	1333	—	1402	—	830	—
公共美术馆	步行	431	32.50	430	30.67	315	38.09
	自驾车	407	30.69	447	31.88	213	25.76
	自行车	448	33.79	456	32.52	293	35.43
	地铁	661	49.85	558	39.80	301	36.40
	公交	656	49.47	702	50.07	420	50.79
	合计	1326	—	1402	—	827	—
文体广场	步行	799	59.94	795	56.75	497	59.81
	自驾车	273	20.48	287	20.49	144	17.33
	自行车	495	37.13	497	35.47	302	36.34
	地铁	391	29.33	354	25.27	175	21.06
	公交	419	31.43	452	32.26	286	34.42
	合计	1333	—	1401	—	831	—

续表

公共文化机构或场所	出行方式	东部		中部		西部	
		频数	百分比（%）	频数	百分比（%）	频数	百分比（%）
科技馆	步行	447	33.66	432	30.81	297	35.83
	自驾车	439	33.06	453	32.31	240	28.95
	自行车	428	32.23	421	30.03	283	34.14
	地铁	650	48.95	565	40.30	306	36.91
	公交	636	47.89	694	49.50	422	50.90
	合计	1328	—	1402	—	829	—
公园	步行	948	71.17	952	67.85	581	69.83
	自驾车	241	18.09	255	18.18	122	14.66
	自行车	477	35.81	486	34.64	286	34.38
	地铁	291	21.85	293	20.88	173	20.79
	公交	350	26.28	385	27.44	248	29.81
	合计	1332	—	1403	—	832	—
影剧院（放映室）	步行	599	45.04	546	39.03	389	46.75
	自驾车	391	29.40	436	31.17	208	25.00
	自行车	500	37.59	490	35.03	288	34.62
	地铁	506	38.05	459	32.81	252	30.29
	公交	537	40.38	592	42.32	376	45.19
	合计	1330	—	1399	—	832	—
公共体育场（活动中心）	步行	724	54.48	693	49.57	464	55.90
	自驾车	324	24.38	380	27.18	183	22.05
	自行车	520	39.13	520	37.20	315	37.95
	地铁	436	32.81	411	29.40	199	23.98
	公交	472	35.52	512	36.62	313	37.71
	合计	1329	—	1398	—	830	—
文物建筑	步行	444	33.56	443	31.69	324	39.04
	自驾车	444	33.56	515	36.84	229	27.59
	自行车	428	32.35	403	28.83	263	31.69
	地铁	618	46.71	554	39.63	316	38.07
	公交	662	50.04	681	48.71	414	49.88
	合计	1323	—	1398	—	830	—

资料来源：课题组整理

（7）公共文化机构或场所出行距离需求

在对东、中、西部城市公共文化机构或场所与居民的出行距离的调查中，发现公共文化机构或场所的位置安排与其文化功能以及居民使用频率有关，而且东部、中部、西部的城市居民对于各类公共文化机构的距离需求差异不大（见表7-49）。总体而言，居民大多希望公共图书馆（室）、社区综合文化服务中心、文体广场、公园、公共体育场（活动中心）能位于其所在1公里以内，文化馆（站）在2公里以内，公共博物馆、公共美术馆、影剧院（放映室）、科技馆、文物建筑在4公里以内。公共图书馆（室）和公共体育场（活动中心）为居民阅读学习、健身运动提供了良好的环境和必要的设施，文体广场、公园作为居民日常休闲的场所，也应便于居民使用。但对于公共博物馆、公共美术馆等具有科普性、欣赏性等功能的公共文化机构，多数居民的日常使用率并不高。居民对于不同公共文化机构的使用频率和需求的高低，表明在实际使用情况下，公共图书馆（室）、公共体育场（活动中心）等机构的服务能力和范围是小于公共博物馆、公共美术馆等机构的，这也就要求在城镇建设和公共文化机构布局方面，市政部门还需统筹安排，合理规划各类型公共文化机构和场所的区域位置和数量。

此外，这也为当前所提倡的"一公里文化圈"的建设提供了一些思路，即在当前一些城市的文化基础设施或经济基础还欠薄弱的情况下，可以优先设置部分公共文化机构和场所位于"一公里文化圈"，如公共图书馆（室）、文体广场、公园、公共体育场（活动中心）等，在此基础上，再进一步扩大"一公里文化圈"内公共文化机构和场所的类型，逐渐建立公共博物馆、公共美术馆、文物建筑等机构和场所。

表7-49　东、中、西部公共文化机构或场所出行距离需求分布

公共文化机构或场所	出行距离	东部		中部		西部	
		频数	百分比（%）	频数	百分比（%）	频数	百分比（%）
公共图书馆（室）	1公里以内	458	33.93	449	31.84	293	35.13
	1—2公里	405	30.00	438	31.06	251	30.10
	2—4公里	302	22.37	307	21.77	173	20.74
	4—6公里	118	8.74	126	8.94	80	9.59
	6—8公里	28	2.07	42	2.98	16	1.92
	8—10公里	32	2.37	47	3.33	18	2.16
	缺失	7	0.52	1	0.07	3	0.36
	合计	1350	—	1410	—	834	—

续表

公共文化机构或场所	出行距离	东部		中部		西部	
		频数	百分比（%）	频数	百分比（%）	频数	百分比（%）
文化馆（站）	1公里以内	323	23.93	260	18.44	189	22.66
	1—2公里	404	29.93	423	30.00	306	36.69
	2—4公里	383	28.37	394	27.94	197	23.62
	4—6公里	132	9.78	195	13.83	95	11.39
	6—8公里	44	3.26	65	4.61	24	2.88
	8—10公里	42	3.11	67	4.75	18	2.16
	缺失	22	1.63	6	0.43	5	0.60
	合计	1350	—	1410	—	834	—
社区综合文化服务中心	1公里以内	656	48.59	643	45.60	376	45.08
	1—2公里	360	26.67	372	26.38	246	29.50
	2—4公里	224	16.59	249	17.66	143	17.15
	4—6公里	55	4.07	90	6.38	53	6.35
	6—8公里	13	0.96	22	1.56	6	0.72
	8—10公里	12	0.89	21	1.49	5	0.60
	缺失	30	2.22	13	0.92	5	0.60
	合计	1350	—	1410	—	834	—
公共博物馆	1公里以内	176	13.04	174	12.34	110	13.19
	1—2公里	252	18.67	263	18.65	187	22.42
	2—4公里	374	27.70	432	30.64	240	28.78
	4—6公里	294	21.78	279	19.79	177	21.22
	6—8公里	121	8.96	139	9.86	60	7.19
	8—10公里	106	7.85	110	7.80	54	6.47
	缺失	27	2.00	13	0.92	6	0.72
	合计	1350	—	1410	—	834	—
公共美术馆	1公里以内	177	13.11	172	12.20	102	12.23
	1—2公里	237	17.56	277	19.65	200	23.98
	2—4公里	358	26.52	404	28.65	239	28.66
	4—6公里	289	21.41	298	21.13	175	20.98
	6—8公里	135	10.00	118	8.37	62	7.43
	8—10公里	115	8.52	128	9.08	46	5.52
	缺失	39	2.89	13	0.92	10	1.20
	合计	1350	—	1410	—	834	—

续表

公共文化机构或场所	出行距离	东部		中部		西部	
		频数	百分比（%）	频数	百分比（%）	频数	百分比（%）
文体广场	1 公里以内	397	29.41	405	28.72	269	32.25
	1—2 公里	386	28.59	399	28.30	229	27.46
	2—4 公里	315	23.33	332	23.55	177	21.22
	4—6 公里	127	9.41	156	11.06	96	11.51
	6—8 公里	65	4.81	60	4.26	35	4.20
	8—10 公里	32	2.37	49	3.48	21	2.52
	缺失	28	2.07	9	0.64	7	0.84
	合计	1350	—	1410	—	834	—
科技馆	1 公里以内	186	13.78	209	14.82	115	13.79
	1—2 公里	241	17.85	235	16.67	201	24.10
	2—4 公里	392	29.04	399	28.30	234	28.06
	4—6 公里	292	21.63	313	22.20	164	19.66
	6—8 公里	146	10.81	129	9.15	70	8.39
	8—10 公里	66	4.89	112	7.94	40	4.80
	缺失	27	2.00	13	0.92	10	1.20
	合计	1350	—	1410	—	834	—
公园	1 公里以内	550	40.74	536	38.01	346	41.49
	1—2 公里	384	28.44	390	27.66	230	27.58
	2—4 公里	233	17.26	264	18.72	142	17.03
	4—6 公里	96	7.11	122	8.65	74	8.87
	6—8 公里	37	2.74	40	2.84	22	2.64
	8—10 公里	24	1.78	44	3.12	12	1.44
	缺失	26	1.93	14	0.99	8	0.96
	合计	1350	—	1410	—	834	—
影剧院（放映室）	1 公里以内	293	21.70	285	20.21	221	26.50
	1—2 公里	358	26.52	377	26.74	239	28.66
	2—4 公里	412	30.52	381	27.02	199	23.86
	4—6 公里	169	12.52	220	15.60	115	13.79
	6—8 公里	54	4.00	67	4.75	35	4.20
	8—10 公里	38	2.81	63	4.47	19	2.28
	缺失	26	1.93	17	1.21	6	0.72
	合计	1350	—	1410	—	834	—

续表

公共文化机构或场所	出行距离	东部		中部		西部	
		频数	百分比(%)	频数	百分比(%)	频数	百分比(%)
公共体育场（活动中心）	1公里以内	393	29.11	348	24.68	254	30.46
	1—2公里	366	27.11	365	25.89	233	27.94
	2—4公里	329	24.37	356	25.25	177	21.22
	4—6公里	143	10.59	197	13.97	106	12.71
	6—8公里	56	4.15	71	5.04	29	3.48
	8—10公里	34	2.52	57	4.04	27	3.24
	缺失	29	2.15	16	1.13	8	0.96
	合计	1350	—	1410	—	834	—
文物建筑	1公里以内	188	13.93	168	11.91	117	14.03
	1—2公里	214	15.85	249	17.66	152	18.23
	2—4公里	316	23.41	340	24.11	215	25.78
	4—6公里	275	20.37	312	22.13	177	21.22
	6—8公里	139	10.30	141	10.00	92	11.03
	8—10公里	181	13.41	183	12.98	71	8.51
	缺失	37	2.74	17	1.21	10	1.20
	合计	1350	—	1410	—	834	—

资料来源：课题组整理

（8）公共文化机构或场所出行时间需求

在对各类文化机构或场所出行距离需求的调查中，东部和中部情况基本一致（见表7—50），都有超过二分之一的被调查城市居民认为公共图书馆（室）、社区综合文化服务中心、文体广场、公园、公共体育场（活动中心）、文化馆（站）等应步行不超过20分钟可达，另外，有超过二分之一的被调查者更倾向于步行30分钟以内或乘车30分钟以内可达的场所包括影剧院（放映室）、公共博物馆、公共美术馆、科技馆、文物建筑。另外，社区综合文化服务中心和公园最好能够步行10分钟以内抵达。西部的调查情况与东中部差异不大，但西部居民期望能在乘车30分钟以内达到多数文化场所。西部大部分地区地广人稀，同时更多的文化设施建设还未全面铺开，地理环境、设施数量、设施距离可能是影响西部居民出行时间需求的因素，这表明现有的设施布局已无法满足居民的需求，需在现有的设施建设基础上进一步完善和扩展。结合东、中、西部三个区域的公共文化机构出行时间的调查，本研究发现公共文化机构出行时间的划定受文化机构自身文化功能以及居民使用频率等因素的影响，如社区综合文化服务中心和公园为居民希望步行时间最短的场所，而对于博物馆、美术馆、文物建筑等并不经常前往的场所，大多数居民可以接受单次付出更多的时间。

表 7-50 东、中、西部公共文化机构或场所出行时间需求分布

公共文化机构或场所	出行时间	东部		中部		西部	
		频数	百分比（%）	频数	百分比（%）	频数	百分比（%）
公共图书馆（室）	步行 10 分钟以内	475	35.39	411	29.21	280	33.65
	步行 20 分钟以内	487	36.29	572	40.65	308	37.02
	步行 30 分钟以内	243	18.11	303	21.54	184	22.12
	乘车 15 分钟以内	320	23.85	354	25.16	174	20.91
	乘车 30 分钟以内	180	13.41	183	13.01	96	11.54
	乘车 1 小时以内	23	1.71	69	4.90	22	2.64
	合计	1342	—	1407	—	832	—
文化馆（站）	步行 10 分钟以内	308	23.12	285	20.30	205	24.73
	步行 20 分钟以内	490	36.79	453	32.26	303	36.55
	步行 30 分钟以内	310	23.27	365	26.00	213	25.69
	乘车 15 分钟以内	277	20.80	380	27.07	166	20.02
	乘车 30 分钟以内	208	15.62	242	17.24	126	15.20
	乘车 1 小时以内	54	4.05	100	7.12	31	3.74
	合计	1332	—	1404	—	829	—
社区综合文化服务中心	步行 10 分钟以内	579	43.83	550	39.43	334	40.48
	步行 20 分钟以内	434	32.85	447	32.04	268	32.48
	步行 30 分钟以内	195	14.76	269	19.28	158	19.15
	乘车 15 分钟以内	244	18.47	298	21.36	144	17.45
	乘车 30 分钟以内	88	6.66	140	10.04	72	8.73
	乘车 1 小时以内	19	1.44	44	3.15	17	2.06
	合计	1321	—	1395	—	825	—
公共博物馆	步行 10 分钟以内	203	15.30	172	12.36	118	14.29
	步行 20 分钟以内	300	22.61	312	22.41	216	26.15
	步行 30 分钟以内	310	23.36	361	25.93	215	26.03
	乘车 15 分钟以内	320	24.11	391	28.09	212	25.67
	乘车 30 分钟以内	362	27.28	393	28.23	191	23.12
	乘车 1 小时以内	141	10.63	156	11.21	74	8.96
	合计	1327	—	1392	—	826	—
公共美术馆	步行 10 分钟以内	188	14.31	179	12.85	120	14.58
	步行 20 分钟以内	291	22.15	314	22.54	201	24.42
	步行 30 分钟以内	298	22.68	355	25.48	215	26.12
	乘车 15 分钟以内	332	25.27	351	25.20	211	25.64

续表

公共文化机构或场所	出行时间	东部		中部		西部	
		频数	百分比(%)	频数	百分比(%)	频数	百分比(%)
公共美术馆	乘车 30 分钟以内	376	28.61	406	29.15	187	22.72
	乘车 1 小时以内	137	10.43	183	13.14	77	9.36
	合计	1314	—	1393	—	823	—
文体广场	步行 10 分钟以内	392	29.65	379	27.13	252	30.51
	步行 20 分钟以内	410	31.01	471	33.72	258	31.23
	步行 30 分钟以内	265	20.05	319	22.83	184	22.28
	乘车 15 分钟以内	292	22.09	323	23.12	183	22.15
	乘车 30 分钟以内	189	14.30	226	16.18	104	12.59
	乘车 1 小时以内	57	4.31	77	5.51	25	3.03
	合计	1322	—	1397	—	826	—
科技馆	步行 10 分钟以内	196	14.87	207	14.88	136	16.50
	步行 20 分钟以内	300	22.76	285	20.49	204	24.76
	步行 30 分钟以内	324	24.58	357	25.66	218	26.46
	乘车 15 分钟以内	324	24.58	362	26.02	206	25.00
	乘车 30 分钟以内	370	28.07	390	28.04	197	23.91
	乘车 1 小时以内	117	8.88	169	12.15	55	6.67
	合计	1318	—	1391	—	824	—
公园	步行 10 分钟以内	540	40.94	499	35.80	328	39.61
	步行 20 分钟以内	425	32.22	477	34.22	253	30.56
	步行 30 分钟以内	241	18.27	309	22.17	170	20.53
	乘车 15 分钟以内	237	17.97	285	20.44	153	18.48
	乘车 30 分钟以内	128	9.70	137	9.83	83	10.02
	乘车 1 小时以内	31	2.35	68	4.88	22	2.66
	合计	1319	—	1394	—	828	—
影剧院（放映室）	步行 10 分钟以内	294	22.22	266	19.10	200	24.15
	步行 20 分钟以内	431	32.58	421	30.22	259	31.28
	步行 30 分钟以内	291	22.00	359	25.77	199	24.03
	乘车 15 分钟以内	336	25.40	380	27.28	194	23.43
	乘车 30 分钟以内	220	16.63	270	19.38	131	15.82
	乘车 1 小时以内	54	4.08	98	7.04	26	3.14
	合计	1323	—	1393	—	828	—

公共文化机构或场所	出行时间	东部		中部		西部	
		频数	百分比（%）	频数	百分比（%）	频数	百分比（%）
公共体育场（活动中心）	步行 10 分钟以内	365	27.67	324	23.24	249	30.07
	步行 20 分钟以内	432	32.75	413	29.63	253	30.56
	步行 30 分钟以内	275	20.85	353	25.32	196	23.67
	乘车 15 分钟以内	296	22.44	373	26.76	176	21.26
	乘车 30 分钟以内	218	16.53	247	17.72	115	13.89
	乘车 1 小时以内	41	3.11	89	6.38	20	2.42
	合计	1319	—	1394	—	828	—
文物建筑	步行 10 分钟以内	203	15.43	161	11.59	133	16.06
	步行 20 分钟以内	273	20.74	279	20.09	187	22.58
	步行 30 分钟以内	285	21.66	350	25.20	203	24.52
	乘车 15 分钟以内	289	21.96	326	23.47	198	23.91
	乘车 30 分钟以内	336	25.53	362	26.06	187	22.58
	乘车 1 小时以内	246	18.69	312	22.46	120	14.49
	合计	1316	—	1389	—	828	—

资料来源：课题组整理

（9）城市社区文化站面积需求

在对城市社区文化站的调查中，东、中、西部地区都有超过 60% 的被调查城市居民认为城市社区文化站的建设面积达到 50—300 平方米较为适宜（见表 7-51），这也表明整体而言，东、中、西部的社区文化站面积应不低于 50 平方米。

表 7-51　东、中、西部城市社区文化站面积需求

面积	来源	东部	中部	西部	合计
50 平方米以内	选中	62	35	40	137
	百分比（%）	4.59	2.48	4.80	3.81
50—100 平方米	选中	244	188	160	592
	百分比（%）	18.07	13.33	19.18	16.47
101—200 平方米	选中	314	372	201	887
	百分比（%）	23.26	26.38	24.10	24.68
201—300 平方米	选中	256	307	172	735
	百分比（%）	18.96	21.77	20.62	20.45
301—400 平方米	选中	168	172	94	434
	百分比（%）	12.44	12.20	11.27	12.08

续表

面积	来源	东部	中部	西部	合计
401—500平方米	选中	127	116	63	306
	百分比(%)	9.41	8.23	7.55	8.51
500平方米以上	选中	163	201	102	466
	百分比(%)	12.07	14.26	12.23	12.97
缺失	选中	16	19	2	37
	百分比(%)	1.19	1.35	0.24	1.03
合计	选中	1350	1410	834	3594

资料来源:课题组整理

(10)基层文化工作人员需求

就基层文化工作人员而言,被调查的城镇居民中有80%左右认为基层文化工作人员在1—10人较为适宜(见表7-52)。基层文化工作人员更需要了解基层需求,而不单单追求工作人员多寡。基层文化工作人员是最为贴近居民的文化工作人员,在居民文化生活中不可或缺,不仅是提供设施设备支持居民文化活动的开展,必要时还要起到专业指导作用。因而需要加强群众文化队伍建设,配齐相关工作人员,尤其是专业性人员,提高基层工作人员薪酬待遇,增强岗位黏性,以基层公共文化机构服务范围和居民数量等为因素确定基层文化工作人员数量。

表7-52 东、中、西部基层文化工作人员需求分布

基层文化工作人员数量	来源	东部	中部	西部
1—5人	选中	677	574	407
	百分比(%)	50.15	40.71	48.80
6—10人	选中	404	491	264
	百分比(%)	29.93	34.82	31.65
11—15人	选中	115	166	71
	百分比(%)	8.52	11.77	8.51
16—20人	选中	57	73	38
	百分比(%)	4.22	5.18	4.56
20人以上	选中	71	69	43
	百分比(%)	5.26	4.89	5.16
缺失	选中	26	37	11
	百分比(%)	1.93	2.62	1.32
合计	选中	1350	1410	834

资料来源:课题组整理

（11）文化项目需求频率

文化项目涉及图书看报、收听广播、看电视、欣赏戏曲、健身运动等，各项目需求层次不一，就看电影，尤其是中小学爱国主义教育影片而言，东、中、西部城镇居民的调查中，超过三分之一的被调查者表示1月1次较为合适（见表7-53）。可见，随着影视业的蓬勃发展以及各地影院的大力兴建，居民对于电影的需求越来越高，看电影已成为居民生活中日常开展的文化项目之一。

表 7-53　东、中、西部文化项目需求频率

看电影					
频率	来源	东部	中部	西部	合计
1 次/天	选中	62	68	46	176
	百分比（%）	4.59	4.82	5.52	4.90
2 次/周	选中	225	288	165	678
	百分比（%）	16.67	20.43	19.78	18.86
3 次/周	选中	80	117	78	275
	百分比（%）	5.93	8.30	9.35	7.65
1 次/月	选中	508	471	308	1287
	百分比（%）	37.63	33.40	36.93	35.81
其他	选中	242	329	161	732
	百分比（%）	17.93	23.33	19.30	20.37
缺失	选中	233	137	76	446
	百分比（%）	17.26	9.72	9.11	12.41
合计	选中	1350	1410	834	3594
中小学爱国主义教育影片					
频率	来源	东部	中部	西部	合计
1 次/天	选中	44	45	31	120
	百分比（%）	3.26	3.19	3.72	3.34
2 次/周	选中	103	148	97	348
	百分比（%）	7.63	10.50	11.63	9.68
3 次/周	选中	68	92	54	214
	百分比（%）	5.04	6.52	6.47	5.95
1 次/月	选中	533	567	346	1446
	百分比（%）	39.48	40.21	41.49	40.23
其他	选中	255	291	173	719
	百分比（%）	18.89	20.64	20.74	20.01

续表

中小学爱国主义教育片					
频率	来源	东部	中部	西部	合计
缺失	选中	347	267	133	747
	百分比(%)	25.70	18.94	15.95	20.78
合计	选中	1350	1410	834	3594

资料来源:课题组整理

7.2.3 不同年龄居民基本公共文化服务需求差异分析

由表 7－54 可知,不同年龄段的居民具有大致相同的基本公共文化服务需求,包括图书室、多功能活动室、书画活动室等公共文化场所,但不同年龄段群体也具有各自的特征,具体如下:

对于 14 岁及以下居民而言,多功能活动室、创客空间是其最希望城市社区文化站设置的场所,其他还包括图书室、书画活动室。由此可见,对于青少年而言,丰富多样的活动以及能发挥创造力、想象力的事物才是极具吸引力的,这表明基本公共文化服务需为少年群体提供更多新技术、新设备、多样化的活动。

对于 15—25 岁居民而言,图书室、多功能活动室、书画活动室是其最希望城市社区文化站设置的场所,其他还包括健身室、创客空间、培训室等。该年龄段的居民对各类型文化场所都有较高的需求量。

对于 26—35 岁居民而言,图书室、多功能活动室、儿童俱乐部、书画活动室、培训室是其最希望城市社区文化站设置的场所。这些场所中既包括该年龄段的居民自身发展所需要的公共文化服务,同时还包括为其子女应提供的服务如儿童俱乐部。这表明基本公共文化服务应为该年龄段的居民提供成人和儿童两种类型的文化服务,才能满足其需求。

对于 36—45 岁居民而言,图书室、多功能活动室是其最希望城市社区文化站设置的场所,其他还包括儿童俱乐部、健身室、书画活动室。超过半数的被调查者需要设置健身室,这表明这一年龄阶段的社会公众除需要图书、期刊等各类服务外,也更加重视运动和健康。

对于 46—55 岁居民而言,图书室、多功能活动室是其最希望城市社区文化站设置的场所,其他还包括培训室、棋牌室、健身室等。这表明该年龄段的群体除需要为自身发展提供的文化服务如培训、阅读外,也更加需要休闲娱乐和重视健康养生。

对于 56—64 岁居民而言,图书室、多功能活动室是其最希望城市社区文化站设置的场所,其他还包括培训室、会议室等。这表明这一年龄段的群体除需要各类型文化休闲服务外,也更重视培训和学习。

对于 65 岁及以上居民而言,图书室是其最希望城市社区文化站设置的场所,其他还包括会议室、棋牌室等,而对于儿童俱乐部等场所的需求量并不大。

表 7-54 各年龄段居民对城市社区文化站场所设置的需求情况分布

年龄 \ 文化站场所		会议室	培训室	棋牌室	图书室	多功能活动室	书画活动室	创客空间	儿童俱乐部	健身室	舞蹈室	其他
14 岁及以下	频数	8	9	11	13	17	13	14	11	12	11	3
	百分比(%)	25.81	29.03	35.48	41.94	54.84	41.94	45.16	35.48	38.71	35.48	9.68
15—25 岁	频数	519	542	500	978	858	679	549	484	562	377	57
	百分比(%)	39.80	41.56	38.34	75.00	65.80	52.07	42.10	37.12	43.10	28.91	4.37
26—35 岁	频数	453	602	448	960	869	627	465	670	580	392	35
	百分比(%)	38.20	50.76	37.77	80.94	73.27	52.87	39.21	56.49	48.90	33.05	2.95
36—45 岁	频数	198	300	242	488	459	321	205	342	326	187	16
	百分比(%)	31.94	48.39	39.03	78.71	74.03	51.77	33.06	55.16	52.58	30.16	2.58
46—55 岁	频数	117	183	176	246	254	168	98	134	176	109	18
	百分比(%)	33.91	53.04	51.01	71.30	73.62	48.70	28.41	38.84	51.01	31.59	5.22
56—64 岁	频数	30	30	28	42	36	28	8	23	25	13	1
	百分比(%)	47.62	47.62	44.44	66.67	57.14	44.44	12.70	36.51	39.68	20.63	1.59
65 岁及以上	频数	18	14	16	23	16	15	9	6	11	5	1
	百分比(%)	47.37	36.84	42.11	60.53	42.11	39.47	23.68	15.79	28.95	13.16	2.63

资料来源:课题组整理

7.2.4 不同学历居民基本公共文化服务需求差异分析

由于"从未上过学"的城市居民样本数量较少,为减少数据分析误差,本研究仅对其他 7 种学历进行分析,以探究在面对不同学历居民时,公共文化服务场所、设备、技术是否需要差异化供给。

总体而言,城市居民对文化设施设备的需求是随着学历的升高而增加的,包括公共图书馆、文化馆、公共博物馆、公共美术馆、群众艺术馆、科技馆等各类机构(见表 7-55),这表明居民学历越高对公共文化的类型、数量等要求越高,尤其是对于公共图书馆,本科、硕士、博士学历的居民中都有超过 90%的被调查者认为公共图书馆是必要的。拥有高学历的居民已表现出对公共文化的重视和需求,在日常生活中是拥有主动意识的。相较而言,其他学历的居民尚未具有更明确的需求,这从侧面说明文化部门和公共文化机构需要主动面向这一群体开展服务和推广。但也并非所有文化设施设备和技术的需求都与居民学历呈正比。例如,相较其他学历的居民,小学学历的居民更为重视家庭文化室等建设。在乐器、音响设备、书法绘画用具等方面,博士学历的居民对其需求则不如其他学历居民,可能是高学历居民更专注于本专业或职业的学习和工作,而少有闲暇时间进行该方面的自娱活动。

不同学历居民基于其自身发展要求,对于公共文化服务是存在区别化选择的。本研究在对比社区图书室和社区文化室,这两个比邻而居的公共文化场所时发现,两者需求量也是与居民学历成正比的。但硕士和博士学历居民更为需要社区图书室,而小学、初中、高中、专科和本科学历居民却更青睐于社区文化室,这说明高学历居民还是更为重视知识获取,其他学历居民更为重视娱乐休闲。这些表明公共文化服务需要对不同学历的居民进行有差异的提供,基于不同学历居民对各类公共文化机构和场所的认识和需求,明确公共文化机构和场所的定位和主要服务群体。

表 7 - 55   不同学历居民对文化设施设备的需求情况(百分比%)

学历 文化设施设备	小学	初中	高中	专科	本科	硕士	博士
公共图书馆	49.21	74.13	80.33	83.27	90.01	92.68	95.80
文化馆	30.16	37.06	45.61	50.00	54.19	56.96	61.34
公共博物馆	28.57	37.06	48.54	56.76	63.95	67.29	72.27
公共美术馆	20.63	27.27	33.89	35.23	48.82	53.52	53.78
群众艺术馆	20.63	27.27	28.45	29.72	36.34	38.02	37.82
科技馆	20.63	34.97	38.49	43.24	51.36	55.95	65.55
社区文化室	11.11	31.47	31.38	34.70	37.90	45.05	44.54
家庭文化室	25.40	15.38	16.74	16.55	18.60	17.36	12.61
纪念馆	20.63	24.48	30.96	27.58	31.95	34.58	28.57
遗址公园	22.22	22.38	24.69	25.98	28.60	30.85	33.61
文化广场	26.98	39.16	35.56	40.39	47.20	45.91	45.38
市民读书社	17.46	17.48	22.18	24.56	31.37	34.00	34.45
社区图书室	11.11	18.88	18.41	28.65	35.76	46.20	47.90
工人文化宫	17.46	17.48	21.76	19.04	23.05	24.68	28.57
妇女儿童活动中心	36.51	26.57	28.03	30.25	33.28	38.16	37.82
老年活动中心	36.51	40.56	39.75	39.50	40.90	43.04	42.86
青少年校外活动场所	31.75	37.06	35.98	38.08	41.77	42.90	44.54
农家书屋	17.46	13.29	16.32	18.51	20.80	27.98	28.57
阅览室及相关器具	6.35	9.09	18.83	19.57	22.30	24.68	18.49

文化设施设备　＼　学历	小学	初中	高中	专科	本科	硕士	博士
社区综合文化站	19.05	22.38	28.03	21.71	20.91	25.11	31.93
民间剧院	6.35	15.38	12.55	14.77	17.97	20.95	26.89
非物质文化遗产传习场所	22.22	20.28	18.41	24.56	29.98	33.86	35.29
传统民俗文化活动场所	28.57	23.08	19.25	24.02	29.75	32.71	31.93
演艺会展场所	15.87	17.48	15.06	17.79	21.32	21.38	23.53
乐器	6.35	10.49	17.99	19.04	20.57	20.37	12.61
文化教育培训场所	19.05	20.28	15.48	22.60	24.32	28.98	30.25
街道综合文化服务中心	12.70	21.68	17.15	19.93	22.41	25.54	31.09
公益电影放映广场	26.98	25.87	30.54	29.54	33.80	34.15	32.77
音响设备	4.76	9.79	10.46	11.92	12.65	13.34	10.08
影剧院或数字影厅	11.11	19.58	20.50	19.93	24.84	25.25	21.85
培训教室及相关器材	11.11	13.99	16.74	16.37	19.76	19.94	22.69
演出服装	7.94	10.49	10.04	6.41	10.05	11.33	7.56
书法绘画用具	17.46	13.29	19.25	16.37	17.74	18.08	14.29

资料来源:课题组整理

在对不同学历的城市居民对基本公共文化服务设备或技术的需求情况调查时发现,整体而言,各学历居民对于图书、报纸、杂志、广播、电视、电脑都有较高的需求量,但对服装、光盘、流动舞台车设备、流动信息车设备、图书的实时智能翻译技术、音视频节目中自动添加手语和字幕技术等基本公共文化服务设备的需求量较低。

由表7－56可知,学历因素对于基本公共文化服务设备或技术的需求量影响并未有规律性的表现,不过不同学历居民对于这些设备或技术的需求仍是存在差异的。高学历居民表示更为需要图书、报纸、杂志、电脑等。这部分居民需要书籍和期刊等资源从事科学研究,也需要电脑也作为科研主要的工具之一,在日常学习和工作中使用频率较高。这体现出这部分居民对于知识获取的重视。但高学历居民对广播、电视等需求较低,可见当前广播和电视并非这部分居民的主要活动平台。高中、专科、本科学历居民除需要图书、报纸、杂志等外,相较于硕博士学历居民而言,高中、专科、本科学历居民更为需要广播、电视等设备。这表明这部分居民一方面需要文化知识,另一方面也更需要娱乐休闲类公共文化服务的提供。此外,本研究发现小学学历居民对于乐器拥有较高的需求,这可能与当前学校和家长大力培养儿童器乐、美术、舞蹈等素质教育有关。

表7-56 不同学历居民对基本公共文化服务设备或技术的需求情况(百分比%)

公共文化 服务设备或技术 ＼ 学历	小学	初中	高中	专科	本科	硕士	博士
图书	40.32	63.38	80.17	81.01	86.08	89.38	86.55
报纸	46.77	51.41	60.76	67.63	69.19	73.89	69.75
杂志	40.32	50.00	55.27	60.94	64.47	70.01	67.23
广播	37.10	38.73	46.41	49.19	45.37	44.33	47.90
电视	35.48	42.96	52.32	48.82	51.08	46.92	44.54
电脑	38.71	44.37	54.01	57.69	61.62	63.13	69.75
音响	24.19	26.76	29.96	28.93	29.41	31.28	21.85
乐器	30.65	21.83	25.32	28.21	28.25	27.98	23.53
服装	16.13	16.20	17.72	17.36	17.30	12.34	15.97
光盘	8.06	9.86	10.97	13.74	16.48	12.91	12.61
体育活动器材	25.81	37.32	45.57	44.67	45.54	48.78	47.90
流动舞台车设备	6.45	10.56	15.19	18.63	17.94	16.50	15.13
流动图书车设备	22.58	23.24	29.11	33.82	33.43	38.74	36.97
流动信息车设备	17.74	19.72	23.21	24.77	22.60	23.53	23.53
图书的实时智能翻译技术	16.13	23.24	24.05	24.41	28.60	25.82	21.85
少数民族语言与汉语 间的智能互译	30.65	18.31	18.99	21.16	24.87	21.95	20.17
图书盲文化的自动化 生成技术	11.29	19.01	24.47	27.12	31.68	29.99	26.89
人机交互技术的文化 服务应用软件	17.74	21.83	21.94	23.69	29.64	30.70	31.93
音视频节目中自动添 加手语和字幕技术	12.90	20.42	20.25	20.43	23.06	18.51	18.49
其他	3.23	9.15	2.53	3.25	2.91	1.15	0.00

资料来源:课题组整理

7.2.5 不同职业居民基本公共文化服务需求差异分析

在对各职业居民的基本公共文化服务需求调查中,本研究发现不同职业的居民拥有共同的公共文化诉求,包括读书看报、公共文化设施免费开放、欣赏电影、参加文体活动等,而普遍对于地方戏等公共文化的需求相对较少(见表7-57)。但在居民共同的需求之外,不同的职业间也存在区别,如演艺从业人员和体育从业人员分别对于收听广播、文化艺术知识培训和文体活动有更大的需求量,这表明文化需求与职业特质相关,居民的职业背景反映到文化生活中,需要相应的文化服务以支持职业发展。另外,在众多的文化需求中,读书看报、公共文化设施免费开放被不同职业背景的居民认为是必备的文化服务。可见对于居民而言,在文化艺术享受之外,知识的获取也同样重要。

表 7 - 57   各职业居民对基本公共文化服务项目的需求情况分布

职业 \ 公共文化服务项目		读书看报	收听广播	观看电视	欣赏电影	观看地方戏	参加文体活动	公共文化设施免费开放	参观某些文化设施可以减免门票	参加文化艺术知识培训	其他
党政机关/公务员	频数	91	37	54	65	38	77	82	55	57	2
	百分比(%)	67.41	27.41	40.00	48.15	28.15	57.04	60.74	40.74	42.22	1.48
事业单位工作人员	频数	545	227	301	398	192	409	469	355	336	16
	百分比(%)	75.48	31.44	41.69	54.71	26.59	56.65	64.96	49.17	46.54	2.22
文化机构工作人员	频数	59	25	32	44	20	39	50	38	37	0
	百分比(%)	75.64	32.05	41.03	56.41	25.64	50.00	64.10	48.72	47.44	0.00
军人	频数	13	8	11	13	8	9	12	11	12	2
	百分比(%)	59.09	36.36	50.00	59.09	36.36	40.91	54.55	50.00	54.55	9.09
国企/集体企业人员	频数	172	84	106	139	62	145	153	120	91	2
	百分比(%)	65.90	32.18	40.61	53.26	23.75	55.56	58.62	45.98	34.87	0.77
农民或牧民或渔民	频数	19	11	15	11	7	12	13	12	11	0
	百分比(%)	57.58	33.33	45.45	33.33	21.21	36.36	39.39	36.36	33.33	0.00
民营/私营企业人员	频数	210	85	115	167	70	158	193	145	112	6
	百分比(%)	64.42	26.07	35.28	51.23	21.47	48.47	59.20	44.48	34.36	1.84
教师	频数	224	81	102	140	76	183	190	138	143	9
	百分比(%)	77.78	28.13	35.42	48.61	26.39	63.54	65.97	47.92	49.65	3.13
学生	频数	825	323	442	638	300	520	639	543	403	27
	百分比(%)	73.01	28.58	39.12	56.46	26.55	46.02	56.55	48.05	35.66	2.39
个体商户/自由职业者	频数	130	64	79	91	45	88	104	84	72	11
	百分比(%)	68.42	33.68	41.58	47.89	23.68	46.32	54.74	44.21	37.89	5.79
演艺从业人员	频数	3	5	2	2	2	2	5	2	3	0
	百分比(%)	42.86	71.43	28.57	28.57	28.57	28.57	71.43	28.57	42.86	0.00
体育从业人员	频数	6	3	6	4	4	8	5	7	2	0
	百分比(%)	42.86	21.43	42.86	28.57	28.57	57.14	35.71	50.00	14.29	0.00
进城务工人员	频数	35	30	40	31	15	24	30	28	19	0
	百分比(%)	41.67	35.71	47.62	36.90	17.86	28.57	35.71	33.33	22.62	0.00

资料来源:课题组整理

如表7-57所示,对于党政机关/公务员而言,读书看报、公共文化设施免费开放、参加文体活动是更被期望的基本公共文化服务项目,而对于观看地方戏和收听广播则相对较少。

对于事业单位工作人员而言,读书看报、公共文化设施免费开放、参加文体活动、欣赏电影是更被期望的基本公共文化服务项目,而对于观看地方戏则相对较少。

对于文化机构工作人员而言,读书看报、公共文化设施免费开放、欣赏电影是更被期望的基本公共文化服务项目,而对于观看地方戏则相对较少。

对于军人而言,读书看报、欣赏电影、公共文化设施免费开放、参加文化艺术知识培训是更被期望的基本公共文化服务项目。但整体而言,各基本公共文化服务项目需求率相差不大。

对于国企/集体企业人员而言,读书看报、公共文化设施免费开放、参加文体活动、欣赏电影是更被期望的基本公共文化服务项目,而对于观看地方戏则相对较少。

对于农民或牧民或渔民而言,读书看报是更被期望的基本公共文化服务项目,其他基本公共文化服务项目的需求量均较低。原因可能有二,一是由于时间所限,二是由于样本量不足。

对于民营/私营企业人员而言,读书看报、公共文化设施免费开放、欣赏电影、参加文体活动是更被期望的基本公共文化服务项目,而对于观看地方戏则相对较少。

对于教师而言,读书看报、公共文化设施免费开放、参加文体活动是更被期望的基本公共文化服务项目,而对于观看地方戏和收听广播则相对较少。

对于学生而言,读书看报、公共文化设施免费开放、欣赏电影是更被期望的基本公共文化服务项目,而对于观看地方戏和收听广播则相对较少。

对于个体商户/自由职业者而言,首先读书看报、公共文化设施免费开放是最被期望的基本公共文化服务项目,其次还包括参加文体活动、欣赏电影等,而对于观看地方戏则相对较少。

对于演艺从业人员而言,收听广播、公共文化设施免费开放、读书看报、参加文化艺术知识培训是更被期望的基本公共文化服务项目。这表明演艺从业人员在其职业之外,还对各类文化艺术知识有更多的需求。

对于体育从业人员而言,参加文体活动、参观某些文化设施可以减免门票、读书看报、观看电视是更被期望的基本公共文化服务项目。文体活动的高需求率表明体育从业人员将其职业性投射在日常生活之中,日常文化需求也符合其职业特性。

对于进城务工人员而言,观看电视、读书看报是更被期望的基本公共文化服务项目,而对于观看地方戏则相对较少。对于各基本公共文化服务项目较低的需求率,可能是由于工作和时间原因所限。

7.3 分析小结

本次调查结果显示,全国各地区、各职业、各学历的城镇居民对基本公共文化服务的认知情况还较低,虽然对于耳熟能详或经常见到的相关提法有一定了解,但对于其涉及的内容本身则并不太明确,尤其是对于相关法律法规的了解程度还较低。各类城镇居民对于基本公共文化服务场所、设备设施、项目等均有一定程度的需求,但具体方面的需求情况存在差异,大致可分为:①全民需求型或普及型,即各类社会公众均有较高的使用需求,并且都能够方便地使用,如图书馆、文化馆、博物馆、体育馆等机构和场所及相关配置。②较为针对性或较为专业型的公共文化服务,可能在某一类群体或个人的某一时段中存在较高的需求,如书画室、舞蹈室、创客空间等机构和场所及相关配置。这与社会公众的爱好、习惯等自身情况或政策等社会导向相关。

在基本公共文化服务的宣传贯彻方面,各地政府、文化部门、各公共文化服务机构和场所还需在各类平台加强基本公共文化服务的相关宣传。并且,不能仅是对相关提法或法律法规名称的宣传,而是要提高对其内容、要求、做法等相关方面的宣传,不能仅做表面文章,需能让社会公众深入了解基本公共文化服务,增强社会公众的参与和监督意识。

在开展和提供基本公共文化服务方面,虽提倡公共文化普适性发展,但就调查结果本身而言,对于各类型基本公共文化可适当倾向性的发展。总体而言,对于全民需求型的基本公共文化服务,应加大普及力度,增加机构、场所、设备等数量,同时提高服务质量;对于较为针对性的基本公共文化服务,应更为侧重机构、场所、设备、技术、人员等服务质量的提升。但也不应忽视各地区的实际情况,各地区应深入调查本地区各类城镇居民对各项基本公共文化服务场所、设备设施、技术、项目等需求情况,以便满足不同社会公众的公共文化服务。同时,可以采取分层级调查的方式,省级或市级的调查结果作为这一地区公共文化服务质量规范和总体规划,而市级或区级调查结果可作为这一地区公共文化服务开展和实施情况的具体办法。

8 农村地区居民问卷调查分析

随着文化在社会经济发展中的作用日益显现,国家对文化建设的重视力度逐渐加大。就我国公共文化服务发展的现状而言,农村地区公共文化服务体系建设和发展水平远落后于城镇地区,明确农村地区居民基本公共文化服务标准化与均等化的认识与需求情况有着巨大的战略意义和现实意义,是加强农村公共文化服务体系建设的前提条件,从而逐渐缩小城乡之间公共文化服务差距,最终实现城乡一体化和谐发展的战略布局。本次调查的目的在于深入了解农村地区居民对基本公共文化服务标准化与均等化的认知情况和需求情况,尤其是要了解不同地区、不同经济文化背景农村居民的文化认知和需求情况,为项目后续针对性地制定基层基本公共文化服务标准及均等化实施路径提供参考。

8.1 农村地区居民基本公共文化服务的认识

农村公共文化服务体系是国家公共文化服务体系的重要组成部分,农村地区基本公共文化服务发展水平在一定程度上也代表着我国基本公共文化服务的发展水平。同样,农村地区居民对基本公共文化服务的认识和理解也反映出我国当前基本公共文化服务的现状与问题。

8.1.1 总体状况

伴随着农村经济的发展和农村居民生活水平的提高,农村居民对基本公共文化服务的权利意识逐渐觉醒。但由于我国幅员辽阔,东西部、城乡经济社会发展水平不协调,不同农村地区的基本公共文化服务发展水平也存在很大差异。同时农村地区居民由于在户口类型、学历水平、职业类型上的不同,在对基本公共文化服务的认识上也存在着很大的差距。

在对农村地区基本公共文化服务认识差异分析上,不同类别的农村居民对基本公共文化服务认识不只是存在着明显的差异和区别,也在很大程度上具有明显的共性。

农村居民对基本公共文化服务的了解情况在一定程度上反映出国家政策在农村地区推行和实践情况。由表8-1可知,农村居民对基本公共文化服务标准化和均等化、《公共文化服务保障法》《关于加快构建现代公共文化服务体系的意见》等的了解程度既有共性,也存在一定差异。选择"不清楚"选项所占的比例均比较高(40%以上),并且非常不了解、比较不了解和不清楚都可以归为"不了解"一个大类,由此可以看出农村居民对基本公共文化服务相关政策的了解程度均比较低。分析比较表8-1中不同条目了解度占比情况可知,农村居民对"促进我国基本公共文化服务标准化和均等化"的了解程度最高(32.18%),而对中共中央办公厅、国务院办公厅2015年印发的《关于加快构建现代公共文化服务体系的意见》的了解程度最低(17.76%)。

表8-1 农村居民对国家公共文化服务政策的了解情况

国家公共文化服务政策		非常不了解	比较不了解	不清楚	比较了解	非常了解	其他
基本公共文化服务标准化	频数	374	557	1277	666	76	11
	百分百(%)	12.63	18.81	43.13	22.49	2.57	0.37
基本公共文化服务均等化	频数	364	518	1345	639	75	20
	百分百(%)	12.29	17.49	45.42	21.58	2.53	0.68
《公共文化服务保障法》	频数	453	513	1373	532	69	21
	百分百(%)	15.30	17.33	46.37	17.97	2.33	0.71
《关于加快构建现代公共文化服务体系的意见》	频数	472	510	1433	454	72	20
	百分百(%)	15.94	17.22	48.40	15.33	2.43	0.68
促进我国基本公共文化服务标准化和均等化	频数	339	395	1231	631	322	43
	百分百(%)	11.45	13.34	41.57	21.31	10.87	1.45

资料来源:课题组整理

如表8-2所示,基本公共文化服务的参与主体呈现出多元化,政府部门不是提供基本公共文化服务的唯一主体部门。农村居民平时能享受到的基本公共文化服务内容主要有:读书看报、收听广播、观看电视、欣赏电影、观看地方戏、公共文化设施免费开放参加文体活动、参加文化艺术知识培训等。由表8-2可知,农村居民对基本公共文化服务提供部门的认识中,政府和文化行政部门所占的比例最大,并整体呈现出向个人递减的趋势,这体现出基本公共文化服务的公益性特质。

表8-2 农村居民对基本公共文化服务提供部门的认识

基本公共文化服务内容		政府	文化行政部门	非营利组织	企业	个人	其他
读书看报	频数	1231	1644	504	260	360	38
	百分比(%)	41.57	55.52	17.02	8.78	12.16	1.28

续表

基本公共文化服务内容		政府	文化行政部门	非营利组织	企业	个人	其他
收听广播	频数	1189	1467	521	283	308	63
	百分比(%)	40.16	49.54	17.60	9.56	10.40	2.13
观看电视	频数	1035	1324	575	402	490	60
	百分比(%)	34.95	44.71	19.42	13.58	16.55	2.03
欣赏电影	频数	902	1394	653	536	432	70
	百分比(%)	30.46	47.08	22.05	18.10	14.59	2.36
观看地方戏	频数	1017	1480	746	346	304	78
	百分比(%)	34.35	49.98	25.19	11.69	10.27	2.63
公共文化设施免费开放	频数	1765	1206	584	284	113	64
	百分比(%)	59.61	40.73	19.72	9.59	3.82	2.16
参观某些文化设施可以减免门票	频数	1525	1275	664	449	141	59
	百分比(%)	51.50	43.06	22.42	15.16	4.76	1.99
参加文体活动	频数	1134	1515	714	414	406	60
	百分比(%)	38.30	51.17	24.11	13.98	13.71	2.03
参加文化艺术知识培训	频数	1130	1536	733	462	364	66
	百分比(%)	38.16	51.87	24.76	15.60	12.29	2.23

资料来源:课题组整理

在我国全面实现小康社会的农村发展大背景之下,随着农村经济的快速发展,农村居民基本公共文化服务需求大幅度增长,这与农村基本公共文化服务专职人员匮乏之间的矛盾日益凸显。在本次问卷的统计结果中,80.82%的农村居民表达出需要基本公共文化服务专职人员的强烈意向。当前农村地区基本公共文化服务最急需的是人才,基本公共文化服务人才队伍建设是推动基本公共文化服务均等化、切实保障人民群众的基本公共文化权益实现的重要前提,基本公共文化服务离不开专业技术人才。当前农村地区在基本公共文化服务专职人员上面临的主要问题表现在组织管理和文化专业人才匮乏。造成这种局面的主要原因是我国特殊的农村经济和社会发展环境,例如有些地方领导对农村文化工作不重视,农村公共文化服务人员配备和财政拨款很难达到国家标准,农村文化艺术工作者的待遇往往得不到落实,同时农村缺少从事文化活动的劳动力,难以吸引文化专业技术人才。

农村居民对基本公共文化服务专职人员的强烈需求,迫切需要政府部门统筹规划,加快农村公共文化服务专业技术人才的培养,完善农村基本公共文化服务专职人才保障机制,加强农村公共文化服务工作人员管理。同时,还应合理配置城乡之间基本公共文化服务人才,注意人才队伍基本结构的合理性,促进基本公共文化人才队伍的健康发展。

农村居民对基本公共文化服务接触情况,如表8-3所示。当前,农村居民可以享受到的基本公共文化服务主要有:到图书馆/室看书,到图书馆/室阅读报刊,广播,电视,参加文化知识普及和培训,参加红色、党员教育和讲座,观看电影,欣赏戏曲,中小学爱国主义教育片,参加篮球、足球、太极拳等体育健身运动,参加敲锣打鼓、广场舞、扭秧歌等文艺活动,参加合唱团等。在表8-3中,农村居民接触图书馆/室、电视、观看电影等三项服务的比例达到70%以上,图书/报刊、电视、电影本身就是全体居民最容易接触到的文化活动,是农村居民需求量最大的文化生活内容。其中参加敲锣打鼓、广场舞、扭秧歌等文艺活动、参加合唱团两项内容的比例低于40%,处于较低水平,这表明这两项群体性的公共文化活动,对农村居民的群体参与性要求比较高,相较于其他文化活动组织和开展的困难性也更大。

表8-3 农村居民对基本公共文化服务接触情况统计

基本公共文化服务项目		是	否	其他
到图书馆/室看书	频数	2173	731	57
	百分比(%)	73.39	24.69	1.93
到图书馆/室阅读报刊	频数	1899	995	67
	百分比(%)	64.13	33.60	2.26
广播	频数	1681	1200	80
	百分比(%)	56.77	40.53	2.70
电视	频数	2128	757	76
	百分比(%)	71.87	25.57	2.57
参加文化知识普及和培训	频数	1208	1673	80
	百分比(%)	40.80	56.50	2.70
参加红色、党员教育和讲座	频数	1215	1664	82
	百分比(%)	41.03	56.20	2.77
观看电影	频数	2085	803	73
	百分比(%)	70.42	27.12	2.47
欣赏戏曲	频数	1220	1656	85
	百分比(%)	41.20	55.93	2.87
中小学爱国主义教育片	频数	1548	1327	86
	百分比(%)	52.28	44.82	2.90
参加篮球、足球、太极拳等体育健身运动	频数	1511	1371	79
	百分比(%)	51.03	46.30	2.67
参加敲锣打鼓、广场舞、扭秧歌等文艺活动	频数	1051	1833	77
	百分比(%)	35.49	61.90	2.60

续表

基本公共文化服务项目		是	否	其他
参加合唱团	频数	950	1926	85
	百分比(%)	32.08	65.05	2.87

资料来源:课题组整理

农村基本公共文化服务满意度测评是反映当前农村基本公共文化服务发展水平的重要指标,如表8-4所示,在农村开展的基本公共文化服务项目中,农村居民对"文化活动宣传"(49.53%)和"文化活动内容"(40.88%)的满意度最高。这表明当今农村居民享受到的基本公共文化服务内容较为丰富,比较贴近农村居民的文化生活需求,同时宣传工作比较到位,善于迎合农村现实的社会环境。在其余接触到的基本公共文化服务中,农村居民对"文化项目收费"(19.22%)的满意度最低,表明农村居民更加需求免费的、公益性的基本公共文化服务项目,这也反映出农村居民在文化产品和项目上的消费能力较弱,相对于城市居民,农村居民在文化生活消费上还有很大的发展空间。

在城乡经济文化发展不均衡的当今社会,农村地区基本公共文化服务发展水平远落后于城市地区,农村居民无法与城市居民享受同等的基本公共文化服务。如何实现基本公共文化服务标准化与均等化、形成较为完备的农村公共文化服务体系、使广大农村居民共享经济发展的成果、提升农村居民的文化素质和精神品德是推进现代公共文化服务体系需要解决的重大问题。农村基本公共文化服务体系建设需要充分考虑到农村居民对现有基本公共文化服务的满意度,建立以农村居民文化需求为导向的基本公共文化服务体系,注重农村基本公共文化服务建设的可持续性和连续性。加强农村公共文化服务满意度测评的研究,有利于提高农村公共文化服务的管理水平和运行效率,对在现有经济条件下最大限度满足广大农民群众的基本精神文化生活需要,保障人们基本权利的实现具有积极意义[①]。

表8-4 农村居民接触过的基本公共文化服务居民满意度情况统计

文化活动宣传	频数	1466	设施设备的操作性	频数	675
	百分比(%)	49.53		百分比(%)	22.80
文化活动内容	频数	1210	文化场所的开放时间	频数	865
	百分比(%)	40.88		百分比(%)	29.22
文化活动开展时间	频数	858	文化场所的整体环境	频数	1035
	百分比(%)	28.99		百分比(%)	34.97

---

① 张照龙.现阶段农村公共文化服务满意度实证研究[D].武汉:华中师范大学,2013.

续表

文化项目收费	频数	569	文化场所的安全性保障	频数	876
	百分比(%)	19.22		百分比(%)	29.59
文化工作人员的服务能力	频数	820	设施设备的安全性保障	频数	661
	百分比(%)	27.70		百分比(%)	22.33
文化工作人员的服务态度	频数	957	其他	频数	200
	百分比(%)	32.33		百分比(%)	6.76

资料来源:课题组整理

如表8-5所示,政府、文化主管部门、公共图书馆、社区文化中心、博物馆、档案馆、科技馆、纪念馆和名人故居、美术馆等构成我国提供公共文化服务的主要公益性文化机构,但这也并不是参与基本公共文化服务建设的全部主体。在对上述公共文化服务机构重要性程度统计中,在农村地区公共图书馆(45.05%)和社区文化中心(38.60%)发挥的作用高于其他公共文化服务主体。政府和文化主管部门是公共文化服务的管理部门,不直接向农村居民提供公共文化服务。在表8-5中,公共图书馆在农村地区主要以图书室、农家书屋等形式存在,在农村地区往往还与社区文化中心融为一体,真正意义上的公共图书馆在农村地区比较少。农家书屋工程是国家实施的重点文化惠民工程,主要目的是为了解决农村居民"买书难、借书难、看书难"等问题,农村居民认为公共图书馆在公共文化服务中有较高的重要程度,这在一定程度上是对近年来国家推广文化惠民工程的认可,同时也反映了农村居民对图书和文化信息的较高需求。社区文化中心在农村地区同样是文化交流中心,全国各地也纷纷把农村社区文化中心纳入当地经济和文化建设总体规划,努力为广大农村居民提供快捷方便的公共文化服务。各地区因地制宜,着眼实效,形成特色,在文化中心运作模式和硬件建设上做出了诸多有益探索。其他档案馆、博物馆、科技馆、美术馆等公共文化服务机构一般位于城镇地区,这些机构所展开的公共文化服务活动对农村居民的吸引力相对较小,距离农村居民的现实生活较远,这也表明农村基本公共文化服务体系还有很大的建设和发展空间,需要进一步推进覆盖城乡的现代公共文化服务体系建设。

表8-5　公共文化服务机构重要性程度统计

公共文化服务机构		非常不重要	比较不重要	不清楚	比较重要	非常重要	其他
政府	频数	169	123	330	625	1683	31
	百分比(%)	5.71	4.15	11.14	21.11	56.84	1.05
文化主管部门	频数	128	136	355	789	1516	37
	百分比(%)	4.32	4.59	11.99	26.65	51.2	1.25

续表

公共文化服务机构		非常不重要	比较不重要	不清楚	比较重要	非常重要	其他
公共图书馆	频数	117	122	379	969	1334	40
	百分比（%）	3.95	4.12	12.80	32.73	45.05	1.35
档案馆	频数	113	198	576	1046	971	57
	百分比（%）	3.82	6.69	19.45	35.33	32.79	1.93
博物馆	频数	108	174	488	1101	1035	55
	百分比（%）	3.65	5.88	16.48	37.18	34.95	1.86
社区文化中心	频数	103	146	412	1110	1143	47
	百分比（%）	3.48	4.93	13.91	37.49	38.60	1.59
科技馆	频数	98	153	523	1178	954	55
	百分比（%）	3.31	5.17	17.66	39.78	32.22	1.86
美术馆	频数	104	197	565	1166	874	55
	百分比（%）	3.51	6.65	19.08	39.38	29.52	1.86
纪念馆、名人故居	频数	110	161	540	1138	950	62
	百分比（%）	3.71	5.44	18.24	38.43	32.08	2.09

资料来源：课题组整理

我国农村地区基本公共文化服务发展水平整体落后于城镇地区，这在一定程度上与城乡历史建设有关。近年来，尽管农村公共文化服务发展取得了一定的成效，但当前农村地区基本公共文化服务体系建设仍然存在着一系列的困难和问题，有些县至今还没有建立县级图书馆，而很多乡镇文化站的建设水平仍远远落后于国家规定标准和农村居民的切实需求，同时文化站等公共文化服务机构还面临着人员编制、活动场所、活动经费等各方面的问题。因此，农村地区基本公共文化服务任重而道远，实现城乡基本公共文化服务均等化还是一个长期的历史任务。

8.1.2 不同地区居民对基本公共文化服务的认识差异分析

地域环境的不同往往会造成人们对某件事物的认识和看法的差异，基本公共文化服务作为农村居民文化生活的重要组成部分，不同地区居民对基本公共文化服务也会存在认识上的差异。本研究对不同地区农村居民的基本公共文化服务了解情况和参与情况两部分内容展开分析。

8.1.2.1 不同省、自治区、直辖市居民对基本公共文化服务的认识差异分析

作为当今世界最大的发展中国家，在国民经济总量快速增长的同时还应该认识到我国经济、社会发展的不平衡，这有着深刻的自然、历史、政策等原因。经济基础决定上层建筑，

经济的大发展往往会带动文化的大繁荣,而经济发展的不平衡也会在一定程度上造成文化发展的不平衡。我国国土面积幅员辽阔,不同地区的公共文化服务发展水平有着较大的差距,全国人民并没有享受到同等质量和水平的基本公共文化服务。本次调查研究,更加侧重对基本公共文化服务地区不平衡的研究,以便更好地推进基本公共文化服务均等化的实现。本研究对不同地区农村居民"基本公共文化服务标准化"的了解程度进行了统计,具体情况如表8-6所示。

表8-6 不同地区农村居民对"基本公共文化服务标准化"的了解程度统计

地区		非常不了解	比较了解	不清楚	比较了解	非常了解	其他
北京	频数	9	12	16	6	0	0
	百分比(%)	20.93	27.91	37.21	13.95	0.00	0.00
天津	频数	6	4	19	5	0	0
	百分比(%)	17.65	11.76	55.88	14.71	0.00	0.00
辽宁	频数	6	3	7	1	0	0
	百分比(%)	35.29	17.65	41.18	5.88	0.00	0.00
上海	频数	7	5	14	1	0	0
	百分比(%)	25.93	18.52	51.85	3.70	0.00	0.00
江苏	频数	7	11	37	13	5	1
	百分比(%)	9.46	14.86	50.00	17.57	6.76	1.35
浙江	频数	3	6	24	8	2	0
	百分比(%)	6.98	13.95	55.81	18.60	4.65	0.00
福建	频数	7	13	23	12	0	0
	百分比(%)	12.73	23.64	41.82	21.82	0.00	0.00
山东	频数	19	23	59	39	3	0
	百分比(%)	13.29	16.08	41.26	27.27	2.10	0.00
广东	频数	23	45	54	33	11	1
	百分比(%)	13.77	26.95	32.34	19.76	6.59	0.60
河北	频数	31	30	80	29	4	0
	百分比(%)	17.82	17.24	45.98	16.67	2.30	0.00
山西	频数	22	19	38	22	2	0
	百分比(%)	21.36	18.45	36.89	21.36	1.94	0.00
吉林	频数	17	19	47	35	6	0
	百分比(%)	13.71	15.32	37.90	28.23	4.84	0.00
黑龙江	频数	19	45	79	80	4	0
	百分比(%)	8.37	19.82	34.80	35.24	1.76	0.00

续表

地区		非常不了解	比较了解	不清楚	比较了解	非常了解	其他
安徽	频数	12	17	31	21	1	1
	百分比（%）	14.46	20.48	37.35	25.30	1.20	1.20
江西	频数	16	12	50	7	4	0
	百分比（%）	17.98	13.48	56.18	7.87	4.49	0.00
河南	频数	46	76	174	52	3	2
	百分比（%）	13.03	21.53	49.29	14.73	0.85	0.57
湖北	频数	11	14	38	26	1	0
	百分比（%）	12.22	15.56	42.22	28.89	1.11	0.00
湖南	频数	13	30	77	41	4	0
	百分比（%）	7.88	18.18	46.67	24.85	2.42	0.00
海南	频数	4	1	16	1	0	0
	百分比（%）	18.18	4.55	72.73	4.55	0.00	0.00
内蒙古	频数	3	6	27	15	5	0
	百分比（%）	5.36	10.71	48.21	26.79	8.93	0.00
广西	频数	15	24	39	12	0	0
	百分比（%）	16.67	26.67	43.33	13.33	0.00	0.00
重庆	频数	5	12	19	14	4	0
	百分比（%）	9.26	22.22	35.19	25.93	7.41	0.00
四川	频数	9	14	38	16	0	0
	百分比（%）	11.69	18.18	49.35	20.78	0.00	0.00
贵州	频数	15	27	68	40	1	2
	百分比（%）	9.80	17.65	44.44	26.14	0.65	1.31
云南	频数	13	24	49	18	0	0
	百分比（%）	12.50	23.08	47.12	17.31	0.00	0.00
西藏	频数	1	3	3	5	2	0
	百分比（%）	7.14	21.43	21.43	35.71	14.29	0.00
陕西	频数	1	5	29	42	2	0
	百分比（%）	1.27	6.33	36.71	53.16	2.53	0.00
甘肃	频数	12	17	26	17	1	0
	百分比（%）	16.44	23.29	35.62	23.29	1.37	0.00
青海	频数	1	7	3	0	1	0
	百分比（%）	8.33	58.33	25.00	0.00	8.33	0.00

地区		非常不了解	比较了解	不清楚	比较了解	非常了解	其他
宁夏	频数	1	1	8	3	0	0
	百分比(%)	7.69	7.69	61.54	23.08	0.00	0.00
新疆	频数	5	9	17	15	6	0
	百分比(%)	9.62	17.31	32.69	28.85	11.54	0.00

资料来源:课题组整理

通过对表8-6的分析可见,全国各地农村居民对"基本公共文化服务标准化"的了解程度普遍较低,"不清楚"选项所占的比例最高,这反映出不同地区的农村居民享受到的基本公共文化程度普遍不高,在一定程度上反映出农村居民对现阶段基本公共文化服务的满意水平。伴随着农民生活水平的提高,文化诉求肯定会逐渐上升,政府部门推进农村基本公共文化服务的重要任务之一就是加大基本公共文化服务的宣传力度,使农村居民参与到基本公共文化服务体系建设之中。

如果按经济发展水平影响居民的公共文化服务认识水平("比较了解"和"非常了解"比重之和)的角度来衡量的话,全国各地农村居民并没有表现出明显的差距。以经济发展程度较高的东部发达地区为例,如广东(26.35%)、浙江(23.25%)、北京(13.95%)、上海(3.70%)等,并没有远高于陕西(55.69%)、西藏(50.00%)、新疆(40.39%)、内蒙古(35.72%)等西部经济欠发达的地区。这在很大程度上反映了农村居民在对基本公共文化服务认识的随机性,不同地区的农村居民对基本公共文化服务的了解程度差异程度不是特别明显。可见,经济发展水平并不是影响农村居民了解基本公共文化服务的绝对因素。由于信息技术、网络通信技术的发展,尤其是近年来移动互联网的发展,农村居民在获得各种信息、了解国家大政方针政策上有比较畅通的获取途径。鉴于不同地区农村居民对基本公共文化服务了解程度普遍较低,政府部门更应该加大对基本公共文化服务的投入力度,扶持农村弱势群体,形成城乡互动的公共文化促进机制,增强农村居民对于公共文化活动的了解程度和主动参与性。

公共图书馆是提供公共文化服务的重要主体,农村地区的图书馆/室等是农村基本公共文化服务体系的主力军。要想农村居民有接触图书馆基本公共文化服务的机会,当地公共文化服务主管部门必须首先配置图书馆/室等硬件设施。而到目前为止,全国还有大量农村地区还没有图书馆或图书室,农村居民还不能享受到图书馆的服务。有些农村地区即使有图书馆或图书室,但是开放程度和服务水平较低,农村居民不能享受到完整、高质量的图书馆信息服务。

如表8-7所示,以河南省为例,农村居民没有到图书馆/室看书和阅览报刊的人员比例达到46.46%和58.92%,基本上半数的河南农村居民没有接触过和体验过图书馆服务。这些数据直接反映了政府基本公共文化服务任重而道远,提高农村居民文化生活水平、保障农村居民基本文化权利显得极为迫切。农村地区图书馆/室的建设和发展水平受到当地经济发展水平的影响比较大,馆舍的建设、图书资料的购买以及管理人员工资的发放需要当地的财政投入和支撑。从全国范围的发展水平来说,东部沿海发达省份的经济发展水平远高于西部欠发达的省份,因此东部发达省份的农村地区基本公共文化服务投入力度也相对较大,农村地区图书馆/室的建设和发展水平一般也会略高。

由表8-7可见,福建(94.55%)、上海(88.89%)、北京(86.05%)、广东(82.04%)、江苏(81.08%)等经济发达地区农村居民接触图书馆基本公共文化服务的比率普遍较高,基本都保持在80%以上的水平。而内蒙古(69.64%)、黑龙江(62.11%)、河北(61.49%)、辽宁(58.82%)、甘肃(54.79%)、河南(51.84%)等地区的农村居民接触图书馆基本公共文化服务的比率相对较低,这也和本省农村地区的经济发展水平密切相关。但是这并不代表经济越发达的省份农村居民接触比例越高,而经济欠发达的地区农村居民接触比例一定很低。东部地区以浙江省为例,农村居民对图书馆/室看书和阅读报刊的接触比例均很低,分别为51.16%和48.84%。而属于西部的广西、重庆、宁夏等省份农村居民到图书馆/室看书的比例均达到90%以上。

表8-7 不同地区农村居民接触图书馆基本公共文化服务情况统计

地区		到图书馆/室看书			到图书馆/室阅读报刊		
		是	否	其他	是	否	其他
北京	频数	37	6	0	33	10	0
	百分比(%)	86.05	13.95	0.00	76.74	23.26	0.00
天津	频数	25	9	0	25	9	0
	百分比(%)	73.53	26.47	0.00	73.53	26.47	0.00
辽宁	频数	10	7	0	9	8	0
	百分比(%)	58.82	41.18	0.00	52.94	47.06	0.00
上海	频数	24	3	0	22	5	0
	百分比(%)	88.89	11.11	0.00	81.48	18.52	0.00
江苏	频数	60	12	2	50	22	2
	百分比(%)	81.08	16.22	2.70	67.57	29.73	2.70
浙江	频数	22	11	10	21	11	11
	百分比(%)	51.16	25.58	23.26	48.84	25.58	25.58
福建	频数	52	3	0	52	3	0
	百分比(%)	94.55	5.45	0.00	94.55	5.45	0.00

续表

地区		到图书馆/室看书			到图书馆/室阅读报刊		
		是	否	其他	是	否	其他
山东	频数	108	34	1	104	38	1
	百分比(%)	75.52	23.78	0.70	72.73	26.57	0.70
广东	频数	137	29	1	91	73	3
	百分比(%)	82.04	17.37	0.60	54.49	43.71	1.80
河北	频数	107	66	1	94	78	2
	百分比(%)	61.49	37.93	0.57	54.02	44.83	1.15
山西	频数	80	19	4	73	26	4
	百分比(%)	77.67	18.45	3.88	70.87	25.24	3.88
吉林	频数	106	18	0	101	23	0
	百分比(%)	85.48	14.52	0.00	81.45	18.55	0.00
黑龙江	频数	141	86	0	130	97	0
	百分比(%)	62.11	37.89	0.00	57.27	42.73	0.00
安徽	频数	67	13	3	49	31	3
	百分比(%)	80.72	15.66	3.61	59.04	37.35	3.61
江西	频数	74	12	3	74	12	3
	百分比(%)	83.15	13.48	3.37	83.15	13.48	3.37
河南	频数	183	164	6	137	208	8
	百分比(%)	51.84	46.46	1.70	38.81	58.92	2.27
湖北	频数	55	23	12	44	36	10
	百分比(%)	61.11	25.56	13.33	48.89	40.00	11.11
湖南	频数	145	20	0	138	27	0
	百分比(%)	87.88	12.12	0	83.64	16.36	0.00
海南	频数	16	5	1	14	7	1
	百分比(%)	72.73	22.73	4.55	63.64	31.82	4.55
内蒙古	频数	39	17	0	36	20	0
	百分比(%)	69.64	30.36	0.00	64.29	35.71	0.00
广西	频数	81	8	1	73	14	3
	百分比(%)	90.00	8.89	1.11	81.11	15.56	3.33
重庆	频数	49	5	0	46	8	0
	百分比(%)	90.74	9.26	0.00	85.19	14.81	0.00
四川	频数	64	11	2	48	29	0
	百分比(%)	83.12	14.29	2.60	62.34	37.66	0.00

续表

地区		到图书馆/室看书			到图书馆/室阅读报刊		
		是	否	其他	是	否	其他
贵州	频数	113	36	4	97	51	5
	百分比(%)	73.86	23.53	2.61	63.4	33.33	3.27
云南	频数	85	19	0	81	22	1
	百分比(%)	81.73	18.27	0.00	77.88	21.15	0.96
西藏	频数	12	2	0	10	4	0
	百分比(%)	85.71	14.29	0.00	71.43	28.57	0.00
陕西	频数	62	17	0	62	17	0
	百分比(%)	78.48	21.52	0.00	78.48	21.52	0.00
甘肃	频数	40	33	0	38	35	0
	百分比(%)	54.79	45.21	0.00	52.05	47.95	0.00
青海	频数	9	3	0	9	3	0
	百分比(%)	75.00	25.00	0.00	75.00	25.00	0.00
宁夏	频数	12	1	0	12	1	0
	百分比(%)	92.31	7.69	0.00	92.31	7.69	0.00
新疆	频数	44	6	2	34	15	3
	百分比(%)	84.62	11.54	3.85	65.38	28.85	5.77

资料来源:课题组整理

8.1.2.2 东、中、西部不同地区居民对基本公共文化服务的认识差异分析

经济带的划分在很大程度上代表着一个地区的整体经济、社会等的发展水平。基本公共文化服务是公共服务领域的重要组成部分,基本公共文化服务发展水平受到当地经济发展水平的制约。居民享受到的基本公共文化服务水平影响着居民对基本公共文化服务的认识,为了向全体农村居民提供切实的基本公共文化服务,需要全面提升农村居民对基本公共文化服务的认识。

此部分重点从政府保障基本公共文化服务应当提供哪些设施设备和公共文化机构或场所的出行时间两个角度来分析东、中、西部农村居民对基本公共文化服务认识的差异。其中基本公共文化服务相关的设施设备可以划分为:文化设施设备、广播电视设施设备、体育设施设备、残障人士专用设施设备和流动设施设备类等,公共文化机构或场所出行时间的统计主要是通过对图书馆、文化馆和博物馆三个公共文化服务的主体部分的统计来实现,从时间文化圈的角度来分析不同公共文化设施合理的出行时间。

文化设施设备是基本公共文化服务的物质基础,不同地区对文化设施设备的认识具有

一般的共性,也表现出其独特性。从表8-8中的统计数据可见,东、中、西部农村居民对基本公共文化服务的认识具有很大的相似性,普遍认为公共图书馆是政府最应当提供的文化设施设备,占有最高的比例,其中东部占83.67%、中部78.60%、西部84.56%。以东、中、西部不同的比例来衡量,反而是经济发展欠发达的西部地区对公共图书馆的需求度最高,并且在东、中、西部所有文化设施设备的统计比例中占有最高的数值,这在很大程度上说明西部地区由于基本公共文化服务发展水平的相对落后,对单一种类的文化设施设备需求度较高,而基本公共文化服务发展水平较高的东部和中部地区反而各项数值表现得更为平衡,农村地区居民对基本公共文化服务需求的多样性也更加明显,对基本公共文化服务各项文化设施设备的需求也更加均衡。

在公共图书馆以外,东、中、西部地区农村居民对文化馆、公共博物馆和文化广场三类文化设施设备认可度较高。这也正好印证了图书馆、文化馆和博物馆是公共文化服务的参与主体,在不同地区公共文化服务发展中发挥出核心作用。而文化广场在此次问卷统计中占有了很高的比例,在东部地区占42.67%,位于第三;中部地区占40.65%,位于第四;西部地区占44.79%,位于第四。文化广场一般是提供休闲娱乐的文化活动场所或公共空间的较大型的场地,它通常并没有提供固定的公共文化服务类型,多是居民各项文化活动集中的场地。在政府各项基本公共文化服务中,文化广场多数没有受到应有的高度重视,通过此部分的数据分析可知,文化广场在农村居民公共文化服务认识中扮演者重要的必备角色,应该加大对此部分公共文化服务的引导和投入。

表8-8 政府保障基本公共文化服务应提供的文化设施设备

文化设施设备		东部	中部	西部	合计
公共图书馆	频数	502	1164	657	2323
	百分比(%)	83.67	78.60	84.56	——
文化馆	频数	248	651	441	1340
	百分比(%)	41.33	43.96	56.76	——
公共博物馆	频数	303	674	420	1397
	百分比(%)	50.50	45.51	54.05	——
公共美术馆	频数	225	425	331	981
	百分比(%)	37.50	28.70	42.60	——
群众艺术馆	频数	193	442	302	937
	百分比(%)	32.17	29.84	38.87	——
科技馆	频数	223	465	333	1021
	百分比(%)	37.17	31.40	42.86	——

续表

文化设施设备		东部	中部	西部	合计
社区文化室	频数	201	471	312	984
	百分比(%)	33.50	31.80	40.15	—
家庭文化室	频数	101	265	168	534
	百分比(%)	16.83	17.89	21.62	—
纪念馆	频数	152	347	189	688
	百分比(%)	25.33	23.43	24.32	—
遗址公园	频数	123	300	179	602
	百分比(%)	20.50	20.26	23.04	—
文化广场	频数	256	602	348	1206
	百分比(%)	42.67	40.65	44.79	—
市民读书社	频数	145	300	187	632
	百分比(%)	24.17	20.26	24.07	—
社区图书室	频数	193	338	210	741
	百分比(%)	32.17	22.82	27.03	—
工人文化宫	频数	108	263	153	524
	百分比(%)	18.00	17.76	19.69	—
妇女儿童活动中心	频数	176	414	281	871
	百分比(%)	29.33	27.95	36.16	—
老年活动中心	频数	241	571	329	1141
	百分比(%)	40.17	38.56	42.34	—
青少年校外活动场所	频数	206	514	320	1040
	百分比(%)	34.33	34.71	41.18	—
农家书屋	频数	153	344	198	695
	百分比(%)	25.50	23.23	25.48	—
阅览室及相关器具	频数	102	245	148	495
	百分比(%)	17.00	16.54	19.05	—
社区综合文化站	频数	137	248	136	521
	百分比(%)	22.83	16.75	17.50	—
民间剧院	频数	114	240	130	484
	百分比(%)	19.00	16.21	16.73	—
非物质文化遗产传习场所	频数	130	309	214	653
	百分比(%)	21.67	20.86	27.54	—

文化设施设备		东部	中部	西部	合计
传统民俗文化活动场所	频数	165	312	219	696
	百分比(%)	27.50	21.07	28.19	—
演艺会展场所	频数	96	242	147	485
	百分比(%)	16.00	16.34	18.92	—
乐器	频数	100	257	116	473
	百分比(%)	16.67	17.35	14.93	—
文化教育培训场所	频数	101	258	177	536
	百分比(%)	16.83	17.42	22.78	—
街道综合文化服务中心	频数	131	257	179	567
	百分比(%)	21.83	17.35	23.04	—
公益电影放映广场	频数	186	412	215	813
	百分比(%)	31.00	27.82	27.67	—
音响设备	频数	66	181	90	337
	百分比(%)	11.00	12.22	11.58	—
影剧院或数字影厅	频数	131	294	148	573
	百分比(%)	21.83	19.85	19.05	—
培训教室及相关器材	频数	109	200	143	452
	百分比(%)	18.17	13.50	18.40	—
演出服装	频数	72	145	88	305
	百分比(%)	12.00	9.79	11.33	—
书法绘画用具	频数	101	280	141	522
	百分比(%)	17.40	19.10	18.10	—
合计	频数	795	1233	777	2805

资料来源:课题组整理

近年来,我国接连实施了"广播电视村村通工程""全国文化信息资源共享工程""农村电影放映工程"等一系列重点文化工程,全国各地尤其是西部贫困地区广播电视基础设施建设大幅度改善,争取实现广播电视全覆盖。从表8-9中的数据可知,西部地区农村居民对政府保障基本公共文化服务应提供的广播电视设施设备的认识比例普遍高于中部和东部地区。在统计的13项指标中,农村居民对省级广播电视中心和站台(60.37%)、市级广播电视中心和站台(51.24%)、区级广播电视中心和站台(32.46%)、街道广播电视中心和站台(40.94%)、社区广播电视中心和站台(26.08%)、广播电视系统单位或机构(22.29%)、广播电视设备器材(22.95%)、广播电视发射(转播)台(站)(24.38%)、广播电视播音(演播)

室(27.38％)、广播收音台(站)(20.60％)和广播电视中心技术用房(14.60％)等11项指标都占有最高的比重,这代表西部地区对广播电视设施设备类的需求要高于东部和中部地区。农村居民对广播电视的高需求,说明此地区对广播电视类的基本公共文化服务投入不足,尚未能满足此地区农村居民对此类公共文化服务的需求。

伴随着互联网技术和移动通信技术的进步,移动数字电视和移动多媒体广播发展迅速。我国经济的飞速发展为通信领域的发展注入了活力,国家对通信领域的各项投入也稳步加大,尤其是东部发达地区数字广播电视逐步实现全覆盖,而西部部分欠发达地区,由于受经济发展水平的制约,此领域的基本公共文化服务发展水平较为落后。分析表8-9中移动数字电视、移动多媒体广播两项数据可见,东部和中部地区农村居民只有这两项指标在所有统计数据中占有较大的比例。政府提供的各项广播电视设施设备中,移动数字服务属于较为高端的公共文化服务,因为其需要更高的技术投入和消费水平。东部和中部的基本公共文化服务发展水平相对较高,农村地区居民对此类公共文化服务的参与和需求度较高,而西部地区农村居民对此类服务的需求度有待进一步挖掘。因此,政府在保障群众基本公共文化服务权利的过程中,首先要满足农村居民对广播电视领域的传统需求,进而开发农村居民对移动数字电视、移动多媒体广播等的较高档次的文化需求。对基本公共文化服务设施设备的投入也应该根据本地区的具体需求情况,提供更为精准的基本公共文化服务。

表8-9 政府保障基本公共文化服务应提供的广播电视设施设备

广播电视设施设备类		东部	中部	西部	合计
省级广播电视中心和站、台	频数	329	732	463	1524
	百分比(％)	55.95	49.66	60.37	——
市级广播电视中心和站、台	频数	266	593	393	1252
	百分比(％)	45.24	40.23	51.24	——
移动数字电视	频数	304	679	351	1334
	百分比(％)	51.70	46.07	45.76	——
区级广播电视中心和站、台	频数	123	348	249	720
	百分比(％)	20.92	23.61	32.46	——
街道广播电视中心和站、台	频数	200	569	314	1083
	百分比(％)	34.01	38.60	40.94	——
移动多媒体广播	频数	244	555	296	1095
	百分比(％)	41.50	37.65	38.59	——
社区广播电视中心和站、台	频数	132	358	200	690
	百分比(％)	22.45	24.29	26.08	——

续表

广播电视设施设备类		东部	中部	西部	合计
广播电视系统单位或机构	频数	99	320	171	590
	百分比(%)	16.84	21.71	22.29	—
广播电视设备器材	频数	123	336	176	635
	百分比(%)	20.92	22.80	22.95	—
广播电视发射(转播)台(站)	频数	133	277	187	597
	百分比(%)	22.62	18.79	24.38	—
广播电视播音(演播)室	频数	150	362	210	722
	百分比(%)	25.51	24.56	27.38	—
广播收音台(站)	频数	107	276	158	541
	百分比(%)	18.20	18.72	20.60	—
广播电视中心技术用房	频数	74	196	112	382
	百分比(%)	12.59	13.30	14.60	—
合计	频数	588	1474	767	2829

资料来源:课题组整理

　　体育设施设备的服务作为基本公共文化服务的有机组成部分,在全民娱乐、健身等公共事业领域发挥出特有作用,公共文化的建设与体育事业的发展联系逐渐紧密。尤其是在农村、基层地区,文化场馆和体育场所往往结合紧密,文化活动室和体育活动室共同构成了基层公共文化服务的重要部分,在提升基层居民文化生活方面贡献突出。

　　由表8-10可知,西部地区农村居民对省级公共体育场(48.71%)、市级公共体育场(48.97%)、区级公共体育场(49.35%)、街道级公共体育场(53.75%)、社区级公共体育场(51.55%)等大型体育活动场馆的需求普遍达到或接近50%的比例,与东部和中部地区有明显的差距。由此可推断西部地区农村居民对公共体育场馆的需求较为迫切,政府对此类体育设施设备类的投入也应相对加强。相较于西部地区,东部地区在市级综合型全民健身活动中心(29.90%)、文体活动室(42.74%)、棋牌室(27.36%)、社区群众体育活动器材(36.99%)等更加贴近生活需求类的体育设施需求度较高。以上数据反映出,东部地区对大型体育设施、场馆的投入和建设水平上要优于西部、中部地区,东部地区农村居民在享受大型体育场馆等的服务下,更加侧重于对基层、特色、细化的体育设施类的需求。而西部地区由于大型基础设施建设的相对落后,本地区居民对此类体育设施的需求更加明显。中部地区的认识比例多处于东部和西部之间,对东部和西部地区数据的分析一定程度上反映出中部农村居民对基本公共文化服务的认识。

表 8 – 10 政府保障基本公共文化服务应提供的体育设施设备

体育设施设备		东部	中部	西部	合计
省级公共体育场	频数	270	545	377	1192
	百分比(%)	45.61	36.97	48.71	—
市级公共体育场	频数	249	542	379	1170
	百分比(%)	42.06	36.77	48.97	—
区级公共体育场	频数	256	521	382	1159
	百分比(%)	43.24	35.35	49.35	—
街道级公共体育场	频数	280	661	416	1357
	百分比(%)	47.30	44.84	53.75	—
社区级公共体育场	频数	269	573	399	1241
	百分比(%)	45.44	38.87	51.55	—
省级综合型全民健身活动中心	频数	120	380	216	716
	百分比(%)	20.27	25.78	27.91	—
中小学体育活动器材	频数	263	660	311	1234
	百分比(%)	44.43	44.78	40.18	—
体育公园或公园健身器械区域	频数	202	473	313	988
	百分比(%)	34.12	32.09	40.44	—
市级综合型全民健身活动中心	频数	177	358	213	748
	百分比(%)	29.90	24.29	27.52	—
文体活动室	频数	253	589	296	1138
	百分比(%)	42.74	39.96	38.24	—
社区级综合型全民健身活动中心	频数	186	358	258	802
	百分比(%)	31.42	24.29	33.33	—
棋牌室	频数	162	368	182	712
	百分比(%)	27.36	24.97	23.51	—
街道级综合型全民健身活动中心	频数	175	382	251	808
	百分比(%)	29.56	25.92	32.43	—
游泳场馆	频数	237	586	322	1145
	百分比(%)	40.03	39.76	41.60	—
体育训练基地	频数	132	389	233	754
	百分比(%)	22.30	26.39	30.10	—
街道群众体育活动器材	频数	178	376	245	799
	百分比(%)	30.07	25.51	31.65	—

续表

体育设施设备		东部	中部	西部	合计
社区群众体育活动器材	频数	219	481	255	955
	百分比(%)	36.99	32.63	32.95	—
合计	频数	592	1474	774	2840

资料来源:课题组整理

近年来,为加强残障人士公共文化服务建设,中共中央宣传部等多部门联合制定的《关于加强残疾人文化建设的意见》,切实将残障人士文化建设纳入现代公共文化服务体系建设。但由于此领域建设的起点较低,残障人士基本公共文化服务目前仍然面临着资金投入不大、文化活动普及不足、专业文化队伍欠缺、硬件设施使用不充分等一系列问题。对残障人士等特殊群体的服务最能体现基本公共文化服务的公平性,从而切实保障特殊群体的文化权益,共享社会发展成果。

通过对表8-11中数据的比较分析,东、中、西部地区农村居民对各类残障人士专用设施设备类的认识差异较小,更多的是表现出认识的共性。不同地区的农村居民对盲道、无障碍出入口、轮椅坡道、无障碍厕所等常见、利用度较高的专用设施设备的需求度较高,达到或接近60%的比例。而对无障碍停车位、低位服务设施、无障碍游览通路等使用和普及度较低的专用设施设备的认识比例也相对较低,大概处于30%左右。然而也应注意,此部分的数据不是专门对残障人士群体的调查,因此数据带有一定的片面性,不能全面表达出使用者的全部需求。

表8-11　政府保障基本公共文化服务应提供的残障人士专用设施设备

残障人士专用设施设备		东部	中部	西部	合计
缘石坡道	频数	275	608	330	1213
	百分比(%)	46.61	41.50	42.69	—
盲道	频数	389	995	541	1925
	百分比(%)	65.93	67.92	69.99	—
无障碍出入口	频数	367	843	490	1700
	百分比(%)	62.20	57.54	63.39	—
轮椅坡道	频数	339	803	464	1606
	百分比(%)	57.46	54.81	60.03	—
扶手	频数	274	693	395	1362
	百分比(%)	46.44	47.30	51.10	—
无障碍通道/门	频数	250	587	362	1199
	百分比(%)	42.37	40.07	46.83	—

续表

残障人士专用设施设备		东部	中部	西部	合计
无障碍电梯/升降平台	频数	263	511	320	1094
	百分比(%)	44.58	34.88	41.40	—
无障碍厕所	频数	356	845	473	1674
	百分比(%)	60.34	57.68	61.19	—
轮椅席位	频数	247	560	322	1129
	百分比(%)	41.86	38.23	41.66	—
无障碍停车位	频数	238	493	291	1022
	百分比(%)	40.34	33.65	37.65	—
低位服务设施	频数	181	385	201	767
	百分比(%)	30.68	26.28	26.00	—
无障碍信息与标识	频数	208	382	256	846
	百分比(%)	35.25	26.08	33.12	—
盲文阅览室	频数	251	516	315	1082
	百分比(%)	42.54	35.22	40.75	—
无障碍游览通路	频数	211	389	255	855
	百分比(%)	35.76	26.55	32.99	—
合计	频数	590	1465	773	2828

资料来源:课题组整理

此次问卷调查所统计的公共文化服务所提供的流动设施设备包括图书馆流动站、流动图书车、文艺演出流动车、电影放映流动车、流动舞台车和流动信息车等6项内容,这也是目前公共文化流动服务最主要的类型和方式。对比这六项数据(见表8-12),图书馆流动站、流动图书车、文艺演出流动车、电影放映流动车的比例相对较高(基本处于50%以上),而流动舞台车和流动信息车的比例相对较低(30%左右)。以流动信息车为例,近年来我国移动通信、互联网领域发展成绩显著,不同地区农村居民对信息、新闻等的获取途径增多,获取信息更加便利和及时,也因此对传统的流动信息车的需求比例较低。农村地区是基本公共文化服务发展的短板,各项基础设施建设和服务发展相对欠缺。而流动服务正是弥补农村地区基本公共文化服务发展不足的有效手段,流动设施设备也是更多地侧重为基层公共文化服务。《公共文化服务保障法》中要求县级以上地方人民政府合理确定公共文化设施的种类、数量、规模以及布局,发展流动服务。

若与政府提供的文化设施设备、广播电视设施设备等其他设施设备相比,此部分的认识和需求比例也相对较高。从东、中、西部的横向数据来看,各项流动设施设备的调查比例呈现出明显的递增趋势。这并不代表越往东部发达地区基本公共文化服务流动设施设备发展不足或认识不足,反而是越靠近东部地区农村基本公共文化服务发展相对完善,各项固定的公共文化设施对当地居民的服务质量较高,因此人民群众对流动服务的需求比例也相对降低。对比不同流动设施设备的比例差距来看,不同地区对文艺演出流动车的认识比例差距最大,达到15.24%,图书馆流动站的认识比例差距最小,为2.10%。此部分数据表明,东、中、西部农村地区对图书馆、图书馆流动服务的认识需求比例较为一致,并且处于最高比例水平,符合图书馆在基本公共文化服务体系建设中的核心引领作用。

表8-12 政府保障基本公共文化服务应提供的流动设施设备

流动设施设备		东部	中部	西部	合计
图书馆流动站	频数	395	947	503	1845
	百分比(%)	67.41	65.31	66.18	—
流动图书车	频数	284	697	420	1401
	百分比(%)	48.46	48.07	55.26	—
文艺演出流动车	频数	260	746	453	1459
	百分比(%)	44.37	51.45	59.61	—
电影放映流动车	频数	301	802	463	1566
	百分比(%)	51.37	55.31	60.92	—
流动舞台车	频数	157	389	257	803
	百分比(%)	26.79	26.83	33.82	—
流动信息车	频数	155	497	282	934
	百分比(%)	26.45	34.28	37.11	—
合计	频数	586	1450	760	2796

资料来源:课题组整理

公共文化服务领域内的时间文化圈,如"10分钟文化圈"等,指以有效覆盖面积和有效服务半径为核心的概念。在公共文化服务领域同时存在着距离文化圈,如"1公里文化圈""10公里文化圈",其目的都是为了让居民在一定的时间和距离范围内到达基层公共文化设施,享受基本公共文化服务。本研究在面向农村地区基本公共文化服务需求调查问卷的设计中同时考虑到了时间和距离因素,并综合考量了时间和距离因素对城市和农村居民的科学性、可行性。在此部分问卷分析中,重点对公共文化机构或场所的出行时间因素进行了考量和分析。出行方式分为步行和乘车两种类型,乘车方式同时包括自驾车、自行车、地铁、公交等。

对比表8-13、表8-14和表8-15的内容可知,农村地区居民选择公共图书馆(室)和文化馆(站)步行出行方式较高,并且选择"步行20分钟以内"的认识比例最高,东、中、西部农村居民选择此种服务方式的出行时间的比例均在30%以上。公共博物馆合适的出行时间比例最高的是"乘车15分钟以内"。以步行和乘车两种出行方式的速度来衡量,"乘车15分钟以内"的出行距离要远于"步行20分钟以内"的出行距离,也由此可知,农村居民对公共图书馆(室)和文化馆(站)的距离要求比公共博物馆要更近。这主要是由公共文化服务对象的需求特色所决定的,一般居民期望能在较短时间内、更方便的出行方式来获得阅读类的服务,而对公共博物馆提供的大型展览活动等可以接受距离稍远的出行方式。

若单以时间因素来衡量,"步行10分钟以内"是最短的出行方式,但此选项并没有占据最高的比例。"乘车1小时以内"是所有选项中耗时最长的,此部分所占的比例在公共图书馆(室)、文化馆(站)、公共博物馆以及东、中、西部不同地区的比例中均是最低的,大部分处于10%之下,并且公共图书馆(室)的比例最低,处于6%以下。此部分数据说明,不同地区的农村居民并不是完全期望所有的公共文化机构的场所距离居住地越近越好,只要在合理的出行方式和时间范围之内就容易被群众所接受。如今公共文化服务示范区建设、文明城市的评选,对公共文化机构或场所的合理布局要求逐步提升,这也要求政府部门在各项公共文化机构或场所的建设布局过程中充分尊重人民群众的实际需求,科学规划,合理布局。

表8-13　公共图书馆(室)合适的出行时间

公共图书馆(室)		东部	中部	西部	合计
步行10分钟以内	频数	184	486	229	899
	百分比(%)	30.77	32.93	29.51	—
步行20分钟以内	频数	201	532	254	987
	百分比(%)	33.61	36.04	32.73	—
步行30分钟以内	频数	112	309	180	601
	百分比(%)	18.73	20.93	23.20	—
乘车15分钟以内	频数	152	351	196	699
	百分比(%)	25.42	23.78	25.26	—
乘车30分钟以内	频数	91	135	62	288
	百分比(%)	15.22	9.15	7.99	—
乘车1小时以内	频数	15	80	17	112
	百分比(%)	2.51	5.42	2.19	—
合计	频数	598	1476	776	2850

资料来源:课题组整理

表8-14　文化馆(站)合适的出行时间

文化馆(站)		东部	中部	西部	合计
步行10分钟以内	频数	113	338	161	612
	百分比(%)	19.12	22.95	20.80	—

文化馆（站）		东部	中部	西部	合计
步行 20 分钟以内	频数	176	513	242	931
	百分比（%）	29.78	34.83	31.27	—
步行 30 分钟以内	频数	133	355	201	689
	百分比（%）	22.50	24.10	25.97	—
乘车 15 分钟以内	频数	172	370	198	740
	百分比（%）	29.10	25.12	25.58	—
乘车 30 分钟以内	频数	84	184	94	362
	百分比（%）	14.21	12.49	12.14	—
乘车 1 小时以内	频数	44	88	21	153
	百分比（%）	7.45	5.97	2.71	—
合计	频数	591	1473	774	2838

资料来源：课题组整理

表 8 - 15　公共博物馆合适的出行时间

公共博物馆		东部	中部	西部	合计
步行 10 分钟以内	频数	72	269	135	476
	百分比（%）	12.59	18.35	17.42	—
步行 20 分钟以内	频数	107	350	176	633
	百分比（%）	18.71	23.87	22.71	—
步行 30 分钟以内	频数	139	372	185	696
	百分比（%）	24.30	25.38	23.87	—
乘车 15 分钟以内	频数	157	414	220	791
	百分比（%）	27.45	28.24	28.39	—
乘车 30 分钟以内	频数	135	269	147	551
	百分比（%）	23.60	18.35	18.97	—
乘车 1 小时以内	频数	81	160	50	291
	百分比（%）	14.16	10.91	6.45	—
合计	频数	572	1466	775	2813

资料来源：课题组整理

8.1.3　不同年龄居民对基本公共文化服务的认识差异分析

基本公共文化服务的对象是全体公民，这就包括了所有年龄段的农村居民。近年来，我国人口年龄结构发生了较大变化，截至 2017 年底，我国 60 岁及以上老年人口占总人口

17.3%（2.41亿），我国已进入老龄化社会，且老龄化呈现出加速发展的趋势，这带来了一系列老龄化问题。同时，20世纪80年代计划生育政策，对我国人口的年龄、性别分布也产生一定影响。人是基本公共文化服务的主体，由于人在年龄层次上的区别，其对基本公共文化服务的认识和需求也会表现出较大的差别。年龄层次是影响农村居民认识和需求的重要因素，为完善公共文化服务体系，政府应根据不同年龄层次的不同需求来制定公共文化服务发展的具体策略。

不同年龄段的居民在受教育程度、消费习惯、沟通能力、接受新鲜事物能力等方面表现出较大差异，这也就在很大程度上影响了其对基本公共文化服务的认识和需求。同样，不同年龄段的农村居民对基本公共文化服务的认识和需求上也存在着一定差异。伴随我国人口老龄化、代际冲突等问题，年龄因素已成为影响基本公共文化服务的重要因素。

在本次问卷调查中，试图涵盖所有年龄段的农村居民，以充分反映不同年龄段农村居民对基本公共文化服务的认识和需求差异。从问卷的统计数据来看（见表8－16），年龄在"15—25岁"和"26—35岁"的居民占据了大部分比重，主要为青年人群体，而老人和儿童群体所占的比例较少。若单从年龄的角度划分农村居民，不同年龄段的农村居民应该呈现出相对平均的比例，这也反映出本次问卷调查在年龄层次分布上具有一定局限性。

优质的公共文化服务是农村居民文化生活的切实需求，近年来我国加快构建现代公共文化服务体系，大力推进基本公共文化服务标准化与均等化工作，并取得了一系列可喜的成绩，农村基本公共文化服务保障水平也大幅提升，农村居民享受到越来越优质、高效的公共文化服务产品和内容。整体来说，我国农村居民对公共文化服务的接受水平有所提高，但对基本公共文化服务标准化和均等化的认识程度偏低，尽管国家和地方各级政府加大建设和宣传力度，在农村居民群体中的影响能力依然有限。从表8－16中可见，在被调查的农村居民中，大部分群体选择的是"不清楚"，基本处于40%以上的比例，在所有认识情况中的比例最高。选择"比较了解"和"非常了解"的农村居民是认识水平相对较高的群体，可大部分处于20%以下的比例。数值最高的是"46—55岁"的居民群体，对基本公共文化服务标准化和均等化的比较了解程度达到26.17%，仍处于较低的比例。对不同年龄段了解程度进行对比，本研究发现对基本公共文化服务标准化和均等化"比较了解"的农村居民呈现出较为明显的变化趋势，在"46—55岁"以下（包括"46—55岁"）的群体，随着年龄的增长，对基本公共文化服务标准化和均等化的了解程度也逐步提升，到"56—64岁"和"65岁及以上"的群体又呈现出下降的趋势。这在很大程度上反映出，认识程度较高的群体对基本公共文化服务的参与程度较高，更容易接受和消费社会所提供的各项公共服务，是影响我国基本公共文化服务发展水平的核心群体。

表 8 - 16 不同年龄农村居民对"促进我国基本公共文化服务标准化和均等化"的认识

年龄		非常不了解	比较不了解	不清楚	比较了解	非常了解	其他
14 岁及以下	频数	4	11	23	11	9	0
	百分比(%)	6.90	18.97	39.66	18.97	15.52	0.00
15—25 岁	频数	148	188	540	270	135	22
	百分比(%)	11.36	14.43	41.44	20.72	10.36	1.69
26—35 岁	频数	107	99	290	145	79	4
	百分比(%)	14.78	13.67	40.06	20.03	10.91	0.55
36—45 岁	频数	37	47	180	100	48	1
	百分比(%)	8.96	11.38	43.58	24.21	11.62	0.24
46—55 岁	频数	26	29	139	84	36	7
	百分比(%)	8.10	9.03	43.30	26.17	11.21	2.18
56—64 岁	频数	8	12	34	10	6	1
	百分比(%)	11.27	16.90	47.89	14.08	8.45	1.41
65 岁及以上	频数	9	9	23	9	4	2
	百分比(%)	16.07	16.07	41.07	16.07	7.14	3.57

资料来源:课题组整理

由于我国长期实行城乡二元结构发展模式,农村地区的文化建设水平远落后于城市地区,农村居民的基本文化权利没有得到有效的保障,这既不利于社会主义新农村的建设,也有悖于社会和谐和公平。当今社会人口结构面临着巨大的变化,改革开放以来大量的"金饭碗"从业人员变成了社会人,城乡之间人员的频繁流动带来人户分离,农民不再受土地的限制和制约。年龄因素也是社会人口结构的重要组成部分,年龄结构也在很大程度上影响社会经济、文化的发展。公共文化服务专职人员是整个社会人口结构中的必备成员,从我国现有基本公共文化服务发展现状来说,配备专职的工作人员可以保证基本公共文化服务的良性发展。《国家基本公共文化服务指导标准(2015—2020 年)》在人员配备部分对人员编制提出了明确规定,"乡镇综合文化站每站配备有编制人员 1—2 人,规模较大的乡镇适当增加;村(社区)公共服务中心设有由政府购买的公益文化岗位",并对工作人员的业务培训提出相关的硬性要求。

由表 8 - 17 中的数据可见,绝大多数农村居民对基层公共文化服务配备专职人员是认可的,"26—35 岁"年龄段的农村居民认可比例最高(81.77%),"14 岁及以下"年龄段的农村居民认可比例相对较低,但仍占有很高的比例(63.79%)。在所有年龄段的农村居民中,反对配备专职人员的比例整体处于7%以下的比例。年龄段在"14 岁及以下"的农村居民选择"不清楚"的比例较高(24.14%),此部分人群多为中小学生,这也反映出受教育程度对公共文化服务认识水平的影响。

表8-17　不同年龄农村居民对"基层公共文化服务是否需要配置专职人员"的认识

年龄		是	否	不清楚	其他
14岁及以下	频数	37	2	14	5
	百分比(%)	63.79	3.45	24.14	8.62
15—25岁	频数	1064	91	138	10
	百分比(%)	81.66	6.98	10.59	0.77
26—35岁	频数	592	50	75	7
	百分比(%)	81.77	6.91	10.36	0.97
36—45岁	频数	331	21	47	14
	百分比(%)	80.15	5.08	11.38	3.39
46—55岁	频数	261	19	32	9
	百分比(%)	81.31	5.92	9.97	2.80
56—64岁	频数	56	1	12	2
	百分比(%)	78.87	1.41	16.90	2.82
65岁及以上	频数	44	2	7	3
	百分比(%)	78.57	3.57	12.50	5.36

资料来源:课题组整理

不同年龄段的居民对同一项公共文化服务会表现出不同的认识层次,并且随着年龄的变化往往呈现出一定的规律和趋势。本研究对农村居民接触过的公共文化服务类型进行了调查,验证了年龄因素对基本公共文化服务接触和接受程度的影响。以不同年龄农村居民"图书馆/室看书"和"欣赏戏曲"两项服务内容为例,年龄因素表现出明显的正相关或负相关关系,这对制定合理的基本公共文化服务发展规划、提升农村居民基本公共文化服务满意度等方面有着很强的借鉴意义。

表8-18　不同年龄农村居民到图书馆/室看书比例

年龄		是	否	其他
14岁及以下	频数	46	11	1
	百分比(%)	79.31	18.97	1.72
15—25岁	频数	1085	208	10
	百分比(%)	83.27	15.96	0.77
26—35岁	频数	536	182	6
	百分比(%)	74.03	25.14	0.83

续表

年龄		是	否	其他
36—45 岁	频数	277	124	12
	百分比(%)	67.07	30.02	2.91
46—55 岁	频数	166	139	16
	百分比(%)	51.71	43.30	4.98
56—64 岁	频数	35	28	8
	百分比(%)	49.30	39.44	11.27
65 岁及以上	频数	22	32	2
	百分比(%)	39.29	57.14	3.57

资料来源:课题组整理

从表8－18中可见,农村居民接触过到图书馆/室看书的比例,随着年龄的增加呈现出明显的下降趋势,接触比例最高的出现在"14 岁及以下"(79.31%)和"15—25 岁"(83.27%)的群体。此部分农村居民多为少年儿童和在校学生,受职业的影响,到图书馆/室看书的比例较高。近年来,公共图书馆广泛开展的阅读推广活动在提升全民阅读水平方面作用不可忽视,而受影响最大的也是此部分群体。青少年是社会发展的希望,拥有较高的阅读比例也是全社会支持和认可的社会现象。表8－18中比例最低的是"65 岁及以上"群体,这反映出随着年龄的增长,农村居民享受图书馆服务的比例和期望值有所下降。同时,年龄越高的老年人群体,受自身身体素质的限制,选择到图书馆(室)等固定场所看书的比例会明显下降,更多选择的是居家阅读等省时省力的阅读方式。没有接触过到图书馆/室看书的不同年龄段的农村居民,随着年龄的增长表现出明显的上升趋势,这与接触过此项服务的农村居民群体呈现出相反的趋势。

欣赏戏曲是基本公共文化服务的具体内容之一,送地方戏也成为基本公共文化服务的基本服务内容。戏曲是我国非物质文化遗产保护的核心内容之一,加强地方戏曲的保护和传承、振兴地方戏曲艺术是公共文化服务体系建设的必备要素。戏曲方面的中国非物质文化遗产有两项,分别是2001 年和2010 年通过联合国教科文组织审核的昆曲和京剧。此外,其他各类地方戏曲各具特色,纷纷入选国家非物质文化遗产名录。国家对地方戏曲的保护和传承提升了人民大众对戏曲艺术的接触和接受水平,但目前无论是农村还是城市居民对欣赏戏曲的接触程度仍然较低,戏曲在人民群众中的影响水平堪忧。从表8－19中可见,没有接触过戏曲这项服务的农村居民普遍高于接触过此类服务的人群(65 岁及以上除外),接触此类服务的情况与接触图书馆/室看书的情况正好相反。随着农村居民年龄的增加,接触戏曲的人群比例逐渐增加,没有接触此类服务的人们明显下降,其中"65 岁及以上"人群,接触戏曲的比例最高(53.57%)。在所有人群中,"14 岁及以下"的青少年群体接触戏曲的比例最低(31.03%),这也引起了社会的普遍重视,中国优秀的传统文化需要青少年群体去学习和传承。近年来,国家对非遗的保护力度大大加强,"非遗进校园""戏曲进校园"等活动持续开展,在非遗保护的同时也加大了对中国传统戏曲的宣传力度,力争在构建完善公共文化服务体系中弘扬我国优秀传统文化。

表 8-19 不同年龄农村居民对欣赏戏曲的接触程度

年龄		是	否	其他
14 岁及以下	频数	18	38	2
	百分比(%)	31.03	65.52	3.45
15—25 岁	频数	571	715	17
	百分比(%)	43.82	54.87	1.30
26—35 岁	频数	284	429	11
	百分比(%)	39.23	59.25	1.52
36—45 岁	频数	165	228	20
	百分比(%)	39.95	55.21	4.84
46—55 岁	频数	120	183	18
	百分比(%)	37.38	57.01	5.61
56—64 岁	频数	30	33	8
	百分比(%)	42.25	46.48	11.27
65 岁及以上	频数	30	22	4
	百分比(%)	53.57	39.29	7.14

资料来源:课题组整理

8.1.4 不同学历居民对基本公共文化服务的认识差异分析

学历代表受教育的程度,而教育的目的带有意识性和意欲性,农村居民受教育程度的提升有利于提高农村居民维护自身文化权益的意愿,增强农村居民保护自身基本公共文化服务权利的能力。在我国广大农村地区受教育程度远低于城镇地区,农村居民的文化水平是其自身全面素质形成的基础,对农村居民其他综合素质的形成和提升有很大的影响力和渗透力,从多方面影响着他们接受各种信息和新知识的能力及思维水平。

受教育水平的提升有利于国家政策的推行和实施,文化水平越高的群体越关注国家时事和国家政策。《公共文化服务保障法》由全国人民代表大会常务委员会于2016 年底公布,并于2017 年 3 月开始实施,这是我国首次关于公共文化服务领域的立法,至今实施时间还比较短。为贯彻落实《公共文化服务保障法》的实施,各级政府组织召开专题会议,成立公共文化服务建设领导小组,部署下一步公共文化服务实施具体工作,加大宣传力度,《公共文化服务保障法》的贯彻和落实取得了一定的成效。从表 8 - 20 的统计情况可见,农村居民随着学历水平的提升,对《公共文化服务保障法》的了解度整体呈上升趋势,而选择"非常不了解"和"比较不了解"的人群整体呈下降趋势。

表 8 - 20　不同学历农村居民对《公共文化服务保障法》的了解统计

学历		非常不了解	比较不了解	不清楚	比较了解	非常了解	其他
从未上过学	频数	6	4	6	2	0	0
	百分比(%)	33.33	22.22	33.33	11.11	0.00	0.00
小学	频数	33	31	71	7	2	3
	百分比(%)	22.45	21.09	48.30	4.76	1.36	2.04
初中	频数	54	41	142	42	10	4
	百分比(%)	18.43	13.99	48.46	14.33	3.41	1.37
高中	频数	36	61	164	64	6	4
	百分比(%)	10.75	18.21	48.96	19.10	1.79	1.19
专科	频数	66	91	284	123	10	1
	百分比(%)	11.48	15.83	49.39	21.39	1.74	0.17
本科	频数	182	218	560	244	32	3
	百分比(%)	14.69	17.59	45.20	19.69	2.58	0.24
硕士	频数	55	52	104	37	4	0
	百分比(%)	21.83	20.63	41.27	14.68	1.59	0.00
博士	频数	11	7	11	3	4	0
	百分比(%)	30.56	19.44	30.56	8.33	11.11	0.00

资料来源:课题组整理

本次调查问卷中设置了调查对象对基本公共文化服务均等化的看法,对均等化的调查具体有 6 个选项供调查者选择,分别是:农村和城镇在文化资源(如图书、报纸、戏曲、电影等)配置上应当均等(相同的资源)、各地应配置有地方特色的资源、大量提供数字化的资源可以解决农村和城镇地区基本公共文化服务不均等的问题、加强文化工作人员培训可以解决农村和城镇地区基本公共文化服务不均等的问题、提高老百姓的文化水平可以解决农村和城镇地区基本公共文化服务不均等的问题、政府加大投入可以解决农村和城镇地区基本公共文化服务不均等的问题等。此处以第六个问题"政府加大投入可以解决农村和城镇地区基本公共文化服务不均等的问题"为例,分析学历水平影响农村居民对基本公共文化服务的认识。从表 8 - 21 可见,对基本公共文化服务均等化相关问题持"比较同意"的农村居民群体,随着学历水平的提升呈现出非常明显的上升趋势,持"不清楚"态度的农村居民群体呈现出明显的下降趋势。

表8-21　不同学历农村居民对"政府加大投入可以解决农村和城镇地区
基本公共文化服务不均等的问题"的认识统计

文化程度		非常不同意	比较不同意	不清楚	比较同意	非常同意	其他
从未上过学	频数	0	0	7	4	7	0
	百分比(%)	0.00	0.00	38.89	22.22	38.89	0.00
小学	频数	6	6	40	35	57	3
	百分比(%)	4.08	4.08	27.21	23.81	38.78	2.04
初中	频数	6	14	63	79	123	8
	百分比(%)	2.05	4.78	21.50	26.96	41.98	2.73
高中	频数	10	17	59	125	122	2
	百分比(%)	2.99	5.07	17.61	37.31	36.42	0.60
专科	频数	28	41	107	210	186	3
	百分比(%)	4.87	7.13	18.61	36.52	32.35	0.52
本科	频数	59	106	197	513	356	8
	百分比(%)	4.76	8.56	15.90	41.40	28.73	0.65
硕士	频数	9	28	40	97	76	3
	百分比(%)	3.56	11.07	15.81	38.34	30.04	1.19
博士	频数	0	3	5	18	10	0
	百分比(%)	0.00	8.33	13.89	50.00	27.78	0.00

资料来源:课题组整理

　　同样,以农村居民接触和参加过的基本公共文化服务为例,学历水平也影响着农村居民对基本公共文化服务的认识和态度,如表8-22所呈现的内容,农村居民从未接触过"参加文化知识普及和培训"的比例由从未上过学的83.33%,随着学历的提升下降到50%左右。而有过"参加文化知识普及和培训"的群体比例由未上过学的16.67%上升到50%左右,这说明学历和知识水平较高的农村居民对基本公共文化服务的需求更加强烈和具体。此外,通过表8-22还可以明显的发现,农村居民对基本公共文化服务的接触和参与程度变化最明显的是在专科以前的学历程度,而专科以后的其他学历水平的居民群体对基本公共文化服务的接触和参与水平变化并不明显。因此可以说明,大学学历以前的教育阶段对基本公共文化服务的普及和推广有着至关重要的作用,尤其是在农村地区教育水平普遍落后的环境之下,大力普及农村地区义务教育显得尤为重要。此外,农村基本公共文化服务的重点宣传对象也应该面向学历水平较低的农村居民,提升学历水平较低的农村居民对基本公共文化服务的认识是今后农村基本公共文化服务的中心工作之一。

表 8 - 22 不同学历农村居民"参加文化知识普及和培训"统计

文化程度		是	否	其他
从未上过学	频数	3	15	0
	百分比(%)	16.67	83.33	0.00
小学	频数	37	97	13
	百分比(%)	25.17	65.99	8.84
初中	频数	70	200	23
	百分比(%)	23.89	68.26	7.85
高中	频数	115	211	9
	百分比(%)	34.33	62.99	2.69
专科	频数	272	294	9
	百分比(%)	47.30	51.13	1.57
本科	频数	561	665	13
	百分比(%)	45.28	53.67	1.05
硕士	频数	117	135	1
	百分比(%)	46.25	53.36	0.40
博士	频数	15	21	0
	百分比(%)	41.67	58.33	0.00

资料来源:课题组整理

总之,农村居民教育水平的提高是社会主义新农村建设的需要,也是时代发展的必然要求。没有农村居民教育水平的提升就没有整体国民素质的提升,就没有社会主义国家建设的现代化,全面建设小康社会的宏伟目标也就难以实现。在进一步推进国家现代公共文化服务体系的大背景之下,保障全体农村居民基本公共文化权益的实现,能够强力促进全体农村居民文化水平和文化素质的提升,进而培养一批适应农业和农村经济发展的高素质农村居民群体。

8.1.5 不同职业居民对基本公共文化服务的认识差异分析

在现阶段社会主义市场经济的大环境之下,社会分工越来越细,无论是城镇还是农村的工作机会都越来越多,职业的种类和可选择的空间逐渐拓宽。近年来,社会主义新农村的建设取得了一定成效,农村的经济、生活环境得到很大的改善,农村居民的工作和职业已不单单依附于土地,职业结构趋向于多元化和复杂化。从表 8 - 23 本研究回收问卷农村居民职业分布情况可见,问卷中所设置的所有职业选项农村居民均有选择,其中学生的比例最高(38.28%),这和本次问卷采取网络电子问卷的发放形式有关,学生群体采用电脑、手机等网络形式填写问卷更加轻松和便利。其他如事业单位工作人员(9.26%)、教师(8.28%)、个体商户/自由职业者(7.64%)、进城务工人员(6.55%)、民营/私营企业人员(6.39%)、农民/牧民/渔民(5.88%)也都占有一定的比例。由于演艺从业人员的人数只有 1 人,占比也过小(0.03%),在数据统计上容易影响客观性,参考价值也相对较低,因此在此部分的分析报告中暂不分析演艺从业人员部分。

表 8 - 23　农村居民职业分布情况

职业类型	频数	百分比(%)	职业类型	频数	百分比(%)
党政机关/公务员	71	2.40	教师	245	8.28
事业单位工作人员	274	9.26	学生	1133	38.28
文化机构工作人员	50	1.69	个体商户/自由职业者	226	7.64
军人	10	0.34	演艺从业人员	1	0.03
国企/集体企业人员	196	6.62	体育从业人员	8	0.27
农民/牧民/渔民	174	5.88	进城务工人员	194	6.55
民营/私营企业人员	189	6.39	其他	150	5.07

资料来源:课题组整理

公共图书馆服务体系是基本公共文化服务体系的重要组成部分,公共图书馆承担着保障公众文化获取权益的责任,这是由其固有的公共物品性质与公共发展目标要求所决定的,同时公共图书馆还担负着为全体公民提供普遍均等、惠及全民的公共文化服务的神圣使命。因此,在现有基本公共文化服务发展水平之下,以公共图书馆为基础推进基本公共文化服务体系建设,发挥公共图书馆的社会作用,切实发挥公共图书馆在基本公共文化服务体系建设中的主体作用有很强的理论意义和实践价值。在本次调查问卷中,不同职业的农村居民对公共图书馆的重要性认识上存在一定的差异,这在一定程度上反映了公共图书馆在基本公共文化服务体系中作用的被认可程度。不同职业农村居民对公共图书馆重要性的认识差异情况,如表 8 - 24 所示。

表 8 - 24　不同职业农村居民对公共图书馆重要性的认识差异

职业类型		非常不重要	比较不重要	不清楚	比较重要	非常重要
党政机关/公务员	频数	4	2	9	20	34
	百分比(%)	5.63	2.82	12.68	28.17	47.89

续表

职业类型		非常不重要	比较不重要	不清楚	比较重要	非常重要
事业单位工作人员	频数	9	10	25	86	143
	百分比(%)	3.28	3.65	9.12	31.39	52.19
文化机构工作人员	频数	3	4	1	18	24
	百分比(%)	6.00	8.00	2.00	36.00	48.00
军人	频数	0	0	2	4	4
	百分比(%)	0.00	0.00	20.00	40.00	40.00
国企/集体企业人员	频数	8	15	30	66	76
	百分比(%)	4.08	7.65	15.31	33.67	38.78
农民/牧民/渔民	频数	1	4	22	55	87
	百分比(%)	0.57	2.30	12.64	31.61	50.00
民营/私营企业人员	频数	8	3	22	68	86
	百分比(%)	4.23	1.59	11.64	35.98	45.50
教师	频数	14	12	27	75	115
	百分比(%)	5.71	4.90	11.02	30.61	46.94
学生	频数	57	54	148	358	507
	百分比(%)	5.03	4.77	13.06	31.60	44.75
个体商户/自由职业者	频数	7	5	32	80	101
	百分比(%)	3.10	2.21	14.16	35.40	44.69
体育从业人员	频数	0	0	1	6	1
	百分比(%)	0.00	0.00	12.50	75.00	12.50
进城务工人员	频数	2	6	25	71	80
	百分比(%)	1.04	3.11	12.95	36.79	41.45
其他	频数	3	6	35	52	50
	百分比(%)	2.00	4.00	23.33	34.67	33.33

资料来源:课题组整理

由表 8－24 的数据可知,不同职业的农村居民对公共图书馆的重要性都比较认同,认为其比较重要和非常重要的比例之和基本保持在 70% 以上,这是调查数据存在的明显共性。其中事业单位工作人员认为公共图书馆非常重要的比例最高(52.19%),体育从业人员认为公共图书馆非常重要的比例最低(12.50%)。如果按群体的需求度来衡量的话,教师、学生、文化机构工作人员对公共图书馆的需求会更加明显,但在以上数据中并没有表现出对公共图书馆重要性有很高的认同度,农民/牧民/渔民一般对公共图书馆的需求度相对于其他群体会略显低一些,但在以上调查数据中并没有呈现出很低的比例,相反却表现出很高的比例,并没有明显的规律可循。总体来说,农村居民职业对公共图书馆的重要性认识影响不是特别明显。同样在现实生活中不同职业的居民对公共图书馆服务都有一定的依赖,都有获取相关信息和服务的需求。现实需求中虽然职业类型不同,但只是获取信息和服务的侧重点会不同,并不影响居民对公共图书馆服务的认同。

在所有职业类型的农村居民出行方式比例中,如表 8-25 所示,步行所占的整体比重最大,明显高于其他出行方式,而选择地铁作为出行方式的比例最低。农村居民选择步行作为主要的出行方式在某种程度上体现出对公共图书馆的需求意向,期望能距离住所更近,也往往因为对某一类型的服务需求较为迫切而期望能有更近的出行距离。并且随着全体农村居民生活水平的逐渐提高,选择步行这种健康环保的出行方式的人群不断增加,从而可以在享受基本公共文化服务的同时起到锻炼身体的目的。在不同职业对出行方式的选择上,进城务工人员选择步行的比例最高(72.02%),但农民/牧民/渔民(5.75%)、进城务工人员(8.29%)在地铁出行方式上选择的比例却很低,明显低于其他群体。在选择自驾车这项消费较高的出现方式上,文化机构工作人员(32.00%)、事业单位工作人员(21.53%)和军人(40.00%)职业群体所占的比例较高,农民/牧民/渔民(14.94%)、进城务工人员(15.03%)所占的比例整体低于其他群体。通过以上数据综合来衡量,经济收入是影响农村居民出行方式的重要因素,农民群体更加倾向于经济便捷的出行方式。此外,某一地区的经济发展水平和城市交通发展水平影响着农村居民出行方式的选择,由于我国经济发展的不平衡,很多地区地铁和公交等城市交通发展尚不完善,并且有大量城市和地区至今尚没有建有地铁交通体系。因此,大力发展农村和城镇交通系统、完善基础设施建设、增加农村居民出行方式的选择是对农村地区基本公共文化服务的有力保障。

表 8-25　不同职业农村居民选择到公共图书馆的出行方式统计

职业类型		步行	自驾车	自行车	地铁	公交
党政机关/公务员	频数	47	14	23	10	17
	百分比(%)	66.20	19.72	32.39	14.08	23.94
事业单位工作人员	频数	189	59	107	75	99
	百分比(%)	68.98	21.53	39.05	27.37	36.13
文化机构工作人员	频数	24	16	22	4	12
	百分比(%)	48.00	32.00	44.00	8.00	24.00
军人	频数	5	4	3	1	1
	百分比(%)	50.00	40.00	30.00	10.00	10.00
国企/集体企业人员	频数	135	29	64	34	58
	百分比(%)	68.88	14.80	32.65	17.35	29.59

续表

职业类型		步行	自驾车	自行车	地铁	公交
农民/牧民/渔民	频数	116	26	44	10	30
	百分比(%)	66.67	14.94	25.29	5.75	17.24
民营/私营企业人员	频数	112	28	63	33	54
	百分比(%)	59.26	14.81	33.33	17.46	28.57
教师	频数	171	27	69	57	73
	百分比(%)	69.80	11.02	28.16	23.27	29.80
学生	频数	739	119	452	201	316
	百分比(%)	65.23	10.50	39.89	17.74	27.89
个体商户/自由职业者	频数	152	40	85	31	69
	百分比(%)	67.26	17.70	37.61	13.72	30.53
体育从业人员	频数	1	0	4	4	2
	百分比(%)	12.50	0.00	50.00	50.00	25.00
进城务工人员	频数	139	29	55	16	55
	百分比(%)	72.02	15.03	28.50	8.29	28.50
其他	频数	87	21	54	24	45
	百分比(%)	58.00	14.00	36.00	16.00	30.00

资料来源:课题组整理

　　政府是保证农村基本公共文化服务体系的建设核心,也是各项基本公共文化服务提供的主体部门。从表8－26中的数据可以看出,不同职业的农村居民都将政府和文化行政部门当作"观看电影"这项基本公共文化服务的提供主体,并且即使是本次调查的其他基本公共文化服务项目,如读书看报、收听广播、观看电视、观看地方戏、公共文化设施免费开放、参观某些文化设施可以减免门票、参加文体活动、参加文化艺术知识培训等,不同职业的农村居民也对政府作为基本公共文化服务提供的主体地位都有普遍的认同。在"互联网＋"时代,电影下乡、公益电影放映等活动受到了很大的冲击,"欣赏电影"在当今一般被作为一种个人性娱乐消费,与基本公共文化服务联系不是很紧密,但却依然是政府公共文化服务的重要内容,尤其是在农村和偏远地区依然拥有很大的社会需求和影响,因此在本次公共文化服务问卷调查中将其作为了一个基本参考指标。通过对不同职业农村居民的选择分析可以看出,不同职业的农村居民受到自身所从事行业的影响,表现出对自身所从事行业的认同以及行业的责任感。文化机构工作人员对"欣赏电影"这项由基本公共文化服务文化行政部门提供的比例最高(66.00%),农民/牧民/渔民群体对政府提供这项基本公共文化服务的认同度最高(43.10%),国企/集体企业人员对企业提供"欣赏电影"这项由基本公共文化服务的认同度高于其他一般群体(20.92%),而个体商户/自由职业者认为这项基本公共文化服务由个人提供所占的比例高于其他一般群体。

表 8-26 不同职业农村居民对基本公共文化服务内容"欣赏电影"提供部门的统计

职业类型		政府	文化行政部门	非营利组织	企业	个人
党政机关/公务员	频数	21	31	19	17	4
	百分比(%)	29.58	43.66	26.76	23.94	5.63
事业单位工作人员	频数	84	137	67	52	24
	百分比(%)	30.66	50.00	24.45	18.98	8.76
文化机构工作人员	频数	13	33	6	10	7
	百分比(%)	26.00	66.00	12.00	20.00	14.00
军人	频数	4	5	2	1	0
	百分比(%)	40.00	50.00	20.00	10.00	0.00
国企/集体企业人员	频数	59	103	45	41	22
	百分比(%)	30.10	52.55	22.96	20.92	11.22
农民/牧民/渔民	频数	75	87	24	15	20
	百分比(%)	43.10	50.00	13.79	8.62	11.49
民营/私营企业人员	频数	60	83	42	30	31
	百分比(%)	31.75	43.92	22.22	15.87	16.40
教师	频数	74	128	52	33	32
	百分比(%)	30.20	52.24	21.22	13.47	13.06
学生	频数	298	510	272	239	201
	百分比(%)	26.30	45.01	24.01	21.09	17.74
个体商户/自由职业者	频数	76	108	51	42	37
	百分比(%)	33.63	47.79	22.57	18.58	16.37
体育从业人员	频数	3	2	3	3	0
	百分比(%)	37.50	25.00	37.50	37.50	0.00
进城务工人员	频数	67	87	37	26	29
	百分比(%)	34.72	45.08	19.17	13.47	15.03
其他	频数	52	67	31	22	19
	百分比(%)	34.67	44.67	20.67	14.67	12.67

资料来源:课题组整理

如何有效地为农村居民提供更加完善的基本公共文化服务,促进基本公共文化服务标准化与均等化的实现,是当前政府部门发挥自身职能、完善社会公共服务亟待研究的课题。传统的公共文化服务供给模式都是以政府为主导,随着农村地区各种新型社会组织和经济组织的不断涌现,农村基本公共文化服务供给表现出社会化的趋势,供给主体也开始向多元化发展。因此,在进一步推进农村基本公共文化服务均等化的进程中,要正确处理好政府与市场、文化事业单位、非营利组织、企业、个人之间的关系,最终形成政府主导、社会参与、市场配置的农村基本公共文化服务体系的理想模式,不断满足农村居民日益增长的文化生活需求,提高农村基本公共文化服务的供给效率,实现农村基本公共文化服务供给的公正性、公平性与有效性。

8.2 农村地区居民基本公共文化服务需求分析

基本公共文化服务需求是基本公共文化服务的导向基础。目前,我国基本公共文化服务的需求主要通过政府意见和文化行政部门来主导和表达,并往往以此作为建设基本公共文化服务体系的政策依据。若是在社会公民文化意识发育相对落后、政府推进文化改革的初期,此种政府主导和表达需求的方式存在一定的合理性。但若随着我国经济和社会的发展,全体公民的文化权利和意识趋向于多元化,为精确地表达和满足人民群众的公共文化生活意愿,真实地反映人民群众的文化生活需求信息,就需要调整以政府供给为导向的公共文化服务模式,转变为以全体居民公共文化需求为导向的服务模式。

8.2.1 总体描述

我国城镇化建设不断推进,农村居民的基本公共文化需求不断增长,农村基本公共文化服务建设的重要性日益凸显。文化需求相对于基本生理和安全需求是一种较高层次的生活需求,人们在生产和生活中需要精神动力,需要提升生活品质、抚慰心灵、修养性情、沟通情感,社会也需要通过倡导真、善、美营造良好的社会风气,于是就产生了相应的文化需求①。正确合理地分析农村地区基本公共文化服务的需求,是政府制定基本公共文化服务政策的依据,也是推进基本公共文化服务均等化的前提。

农村地区居民的兴趣爱好以及对基本公共文化服务不同项目的选择代表其对基本公共文化服务的需求和认知,本次调查问卷中考虑到农村居民对不同爱好和服务项目的选择,具体统计数据见表 8 - 27 和表 8 - 28。农村地区居民的兴趣爱好反映了居民群体的精神文化生活需求,其中传统的观看电视(51.92%)、电影(46.52%)、读书看报(46.49%)等文化娱乐活动还占有很高的比例。随着移动互联网技术的兴起,玩手机(48.41%)、上网(39.74%)等文娱活动在农村居民群体中也占有较高的比例。近年来,社会主义新农村建设取得

---

① 彭益民. 文化需求:优化农村公共文化服务的关键[J]. 湖湘论坛,2010,23(5):120 - 124.

初步成效,农村居民生活水平明显提高,农村地区基本公共文化服务水平得到了初步改善,伴随而来的是对精神文化生活需求的强烈愿望。通过对统计数据的分析,农村居民平时兴趣爱好呈现出多元化的分布格局,各种兴趣爱好类型均有涉及,但却没有表现出均匀的正态分布,兴趣爱好比例结构存在优化的空间。在农村居民必需的基本公共文化服务项目方面,读书看报(68.64%)、公共文化设施免费开放(50.81%)、参加文体活动(48.41%)等几项服务内容占有较高的比例。表 8 - 28 中的其他项目如收听广播、观看电视、欣赏电影、观看地方戏、参观某些文化设施可以减免门票、参加文化艺术知识培训等也都属于基本公共文化服务内容,当地政府以及文化行政部门在制定和实施基本公共文化服务政策措施时,既要保证全体农村居民普遍享有接受全部基本公共文化服务项目的机会,同时也应该有所侧重,重点关注和考察农村居民群体比较关注和侧重的公共文化服务项目。

表 8 - 27　农村地区居民平时兴趣爱好统计

兴趣爱好	频数	百分比(%)	兴趣爱好	频数	百分比(%)
看电视	1538	51.92	收听广播	473	15.97
玩手机	1434	48.41	观看文艺演出	446	15.06
看电影	1378	46.52	摄影	342	11.55
读书看报	1377	46.49	书法	269	9.08
上网	1177	39.74	绘画	224	7.56
体育或健身	889	30.01	写作	202	6.82
旅游	875	29.54	广场舞	188	6.35
看电子书	532	17.96	唱戏	71	2.40
玩游戏	479	16.17	其他	203	6.85

资料来源:课题组整理

表 8 - 28　农村居民必需的基本公共文化服务项目统计

基本公共文化服务项目	频数	百分比(%)	基本公共文化服务项目	频数	百分比(%)
读书看报	2033	68.64	参加文体活动	1434	48.41
收听广播	1079	36.43	公共文化设施免费开放	1505	50.81
观看电视	1289	43.52	参观某些文化设施可以减免门票	1102	37.20
欣赏电影	1428	48.21	参加文化艺术知识培训	1092	36.87
观看地方戏	909	30.69	其他	92	3.11

资料来源:课题组整理

由表 8 - 29 的数据可见,农村居民对乡镇文化站的面积需求和对基层文化服务工作配备人员数量的认识有着明显的共性,较高比例的农村居民对基本公共文化服务的不同内容均选择了较小的数值。随着被调查数据值的增加,农村居民选择此种选项的比例整体呈下降趋势。47.87%的农村居民认为配备1—5人的基层文化服务工作人员比较合适,17.62%的农村居民选择乡镇文化站的面积50—100平方米比较合适。乡镇文化站是农村地区开展基本公共文化服务工作的主要阵地,是农村基本公共文化服务体系的重要链条,肩负着宣传国家各项方针政策、组织农村群众开展各项文化活动、收集农村地区民情以及推广农业科学技术等重要职责,在推进新农村公共文化建设方面发挥着巨大作用。基层文化工作人员是基层群众文化工作的主要承担者,文化工作人员的素质和能力水平影响着乡镇文化站作用的发挥。目前,农村地区基本公共文化服务水平较低,农村居民对基本公共文化服务相关数据尚无明确的数值概念。现在农村地区在乡镇文化站以及基层文化服务工作人员上都存在一定的问题,比如乡镇文化站的管理体制不严整、活动形式单一、经费投入不足、文化设施不完善等共性问题,在基层文化工作人员方面也面临着缺乏基层文化管理人员、工作人员多为兼职者、队伍建设缺乏科学性等不利局面。

然而,现在广大农村地区基本公共文化服务基础设施建设、人员配备等问题不只是数量多少和质量好坏的问题,还有很大部分农村地区面临着是否有基础设施建设以及有无工作人员配备的问题,这几方面因素影响着农村地区基本公共文化服务项目的开展和实施。因此,在推进农村基本公共文化服务均等化的实践进程中,应重点关注乡镇文化站的建设以及基层文化服务工作人员的配备,从而保证广大基层群众的业余文化生活更加丰富和活跃。

表8－29 农村居民对基层文化服务工作配备人员数量的认识

	是否需要配置专职人员				配备多少人合适				
	是	否	不清楚	其他	1—5人	6—10人	11—15人	16—20人	20人以上
频数	2393	189	326	52	1417	888	277	166	150
百分比（％）	80.84	6.00	11.01	1.76	47.87	30.00	9.36	5.61	5.07

资料来源:课题组整理

8.2.2 不同地区居民基本公共文化服务需求差异分析

8.2.2.1 不同省、自治区、直辖市居民对基本公共文化服务的需求差异分析

流动文化服务是提升农村基本公共文化服务效能的重要途径,可以弥补公共文化服务缺口,扩大服务半径,进一步保障农村地区基本公共文化服务需求。在我国农村、偏远山区、牧区等仍然存在着公共文化服务的盲区,相对于服务半径有限、服务设施固定的公共文化服务项目,流动服务设施设备显得机动灵活、投入少、见效快,是性价比较高的一种公共文化服务方式。基本公共文化服务流动设施设备一般包括图书馆流动站、流动图书车、文艺演出流

动车、电影放映流动车、流动舞台车、流动信息车等,通过这些设施设备可以把优质的文化资源输送到广大基层偏远地区,盘活了文化存量,极大地丰富了农村地区基本公共文化产品的供给。通过对表 8 - 30 的数据观察可见,各地区对"图书馆流动站"的需求普遍大于其他流动设施设备,基本保持在 50% 以上的需求水平。"流动图书车"需求量最高的是甘肃地区(68.49%),"文艺演出流动车"需求量最高的是陕西地区(82.28%),"电影放映流动车"需求量最高的是陕西地区(81.01%),"流动舞台车"需求量最高的是宁夏地区(61.54%),"流动信息车"需求量最大的是青海地区(75.00%)。由此可见,对基本公共文化服务流动设施设备需求比例大的地区主要集中在西部地区,而西部这些省份的农村地区经济建设和发展水平也相对较低,偏远、农村地区对流动设施设备的需求普遍大于交通、经济等发达的地区。

表 8 - 30　政府应当提供哪些基本公共文化服务流动设施设备统计比例

地区	图书馆流动站	流动图书车	文艺演出流动车	电影放映流动车	流动舞台车	流动信息车	其他
北京	65.12	39.53	39.53	62.79	32.56	30.23	0.00
天津	67.65	44.12	55.88	47.06	32.35	38.24	0.00
辽宁	70.59	41.18	47.06	47.06	35.29	29.41	0.00
上海	51.85	40.74	29.63	55.56	37.04	25.93	0.00
江苏	63.51	62.16	45.95	62.16	31.08	31.08	1.35
浙江	44.19	25.58	39.53	30.23	23.26	20.93	16.28
福建	87.27	60.00	52.73	38.18	23.64	30.91	0.00
山东	58.74	51.05	49.65	54.55	33.57	29.37	2.80
广东	71.86	42.51	34.13	46.11	13.17	15.57	2.99
河北	63.79	50.57	54.02	58.62	32.18	33.91	1.72
山西	60.19	42.72	49.51	58.25	31.07	34.95	1.94
吉林	66.13	52.42	50.81	62.10	39.52	43.55	0.00
黑龙江	60.79	47.14	44.93	54.19	23.79	34.80	0.00
安徽	61.45	43.37	48.19	60.24	30.12	34.94	9.64
江西	74.16	52.81	52.81	49.44	25.84	32.58	1.12
河南	59.21	49.58	54.39	47.03	20.11	31.44	2.27
湖北	56.67	38.89	37.78	56.67	16.67	26.67	8.89
湖南	77.58	47.27	52.73	59.39	29.7	33.33	0.00
海南	77.27	31.82	63.64	22.73	45.45	40.91	0.00
内蒙古	57.89	45.61	43.86	45.61	38.6	26.32	1.75

地区	图书馆流动站	流动图书车	文艺演出流动车	电影放映流动车	流动舞台车	流动信息车	其他
广西	56.67	47.78	38.89	53.33	14.44	25.56	5.56
重庆	90.74	66.67	61.11	55.56	31.48	46.3	0.00
四川	71.43	53.25	54.55	64.94	33.77	35.06	2.60
贵州	62.09	43.79	52.94	54.25	32.68	41.83	3.92
云南	69.23	54.81	62.50	66.35	29.81	45.19	0.00
西藏	78.57	42.86	50.00	50.00	28.57	42.86	0.00
陕西	50.63	67.09	82.28	81.01	43.04	31.65	0.00
甘肃	60.27	68.49	76.71	65.75	50.68	31.51	2.74
青海	66.67	41.67	58.33	16.67	16.67	75.00	0.00
宁夏	46.15	46.15	53.85	53.85	61.54	23.08	0.00
新疆	75.00	57.69	57.69	55.77	25.00	28.85	3.85

资料来源:课题组整理

乡镇文化站是农村地区文化建设的重要节点,也是建设农村地区经济、建设社会主义新农村的重要环节,承担着农村地区开展文化娱乐活动、传输社会主义先进文化正能量、为基层群众提供健康精神食粮的基本职能。一般来说,乡镇文化站设置的场所越丰富越能满足当地农村地区居民的公共文化生活需求,乡镇文化站设置场所的结构反映出当地农村居民的文化生活需求结构。整体来说,农村居民对"便民服务中心"和"多功能活动室"的选择比例较高,而对其他如会议室、培训室、棋牌室、书画活动室、电子阅览室、儿童俱乐部、展览室、健身室等场所的需求较低,但也根据不同地区农村居民的需求而呈现出比例和结构上的差异。从表8-31的具体数据来看,对"会议室"选择比例最高的是陕西地区(64.56%),对"培训室"选择比例最高的是宁夏地区(76.92%),对"棋牌室"选择比例最高的是甘肃地区(64.38%),对"便民服务中心"选择比例最高的是辽宁地区(76.47%),对"多功能活动室"选择比例最高的地区是西藏地区(85.71%),对"书画活动室"选择比例最高的地区是青海地区(83.33%),对"电子阅览室"选择比例最高的地区是福建地区(69.09%),对儿童俱乐部选择比例最高的地区是四川地区(57.14%),对"展览室"选择比例最高的是江苏地区(60.81%),对"健身室"选择比例最高的地区是湖北地区(55.56%)。对比以上数据可见,农村居民对乡镇文化站不同场所的需求和认识是多元化的,对不同场所的高需求并没有集中在某一地区或个别几个地区。

由此可知,当地政府及文化主管部门在进行乡镇文化站场所设置或改造的进程中应充分考虑农村地区居民的特殊需求,以农村居民的具体需求为文化场所和设施的提供标准,充分尊重地域特色、民族特色等因素。农村地区文化建设国家文化战略的前沿阵地和发展基础,事关社会稳定和国家发展。乡镇文化站的建设还应加强对文化队伍、文化阵地、文化载体的重视,以农村地区需求为导向,不断整合文化资源,以培育农村地区特色文化为目标,调动广大农村居民文化建设的积极性,着力改善农村地区文化面貌,使得广大农村居民成为新农村基本公共文化服务建设的受惠者。

表8-31　乡镇文化站应当设置的场所统计比例

地区	会议室	培训室	棋牌室	便民服务中心	多功能活动室	书画活动室	电子阅览室	儿童俱乐部	展览室	健身室	其他
北京	34.88	27.91	37.21	62.79	67.44	44.19	55.81	53.49	39.53	37.21	0.00
天津	32.35	44.12	32.35	64.71	70.59	67.65	52.94	44.12	44.12	52.94	0.00
辽宁	29.41	52.94	41.18	76.47	64.71	41.18	47.06	47.06	41.18	23.53	0.00
上海	29.63	29.63	29.63	62.96	48.15	33.33	48.15	29.63	22.22	29.63	0.00
江苏	45.95	54.05	43.24	62.16	74.32	47.30	62.16	41.89	60.81	50.00	1.35
浙江	25.58	23.26	20.93	58.14	44.19	27.91	27.91	25.58	18.60	34.88	2.33
福建	40.00	43.64	38.18	65.45	74.55	47.27	69.09	47.27	41.82	32.73	0.00
山东	30.07	48.95	37.76	63.64	62.94	39.16	43.36	41.96	32.17	40.56	0.70
广东	30.54	32.34	24.55	41.92	47.90	44.91	35.33	34.13	27.54	31.14	5.99
河北	40.23	49.43	41.38	66.67	60.34	49.43	41.95	41.95	42.53	47.70	4.60
山西	45.63	52.43	33.01	66.02	68.93	46.60	45.63	42.72	42.72	50.49	2.91
吉林	45.16	45.16	42.74	64.52	58.06	41.13	44.35	41.13	50.81	41.13	4.03
黑龙江	36.56	42.73	48.90	54.19	66.52	48.46	45.81	36.56	39.65	53.74	2.20
安徽	30.12	32.53	26.51	57.83	53.01	39.76	51.81	37.35	33.73	42.17	1.20
江西	39.33	51.69	38.20	55.06	43.82	42.70	43.82	34.83	35.96	34.83	3.37
河南	35.98	39.09	46.74	54.39	57.51	42.21	41.93	39.38	33.99	41.64	7.65
湖北	42.22	48.89	35.56	68.89	67.78	41.11	46.67	47.78	40.00	55.56	2.22
湖南	33.33	33.33	35.15	62.42	58.79	43.64	34.55	30.30	39.39	36.97	4.24
海南	40.91	50.00	13.64	27.27	40.91	68.18	45.45	22.73	36.36	54.55	0.00
内蒙古	35.09	38.60	54.39	59.65	57.89	47.37	40.35	35.09	42.11	52.63	1.75
广西	25.56	35.56	30.00	67.78	44.44	40.00	41.11	31.11	33.33	32.22	4.44
重庆	55.56	59.26	20.37	62.96	70.37	62.96	53.70	40.74	38.89	40.74	3.70
四川	46.75	62.34	46.75	62.34	68.83	64.94	51.95	57.14	42.86	50.65	1.30
贵州	41.18	47.06	35.95	68.63	62.75	54.90	45.10	32.68	43.79	42.48	4.58
云南	46.15	50.00	51.92	64.42	67.31	53.85	58.65	48.08	50.96	53.85	4.81
西藏	50.00	50.00	21.43	71.43	85.71	50.00	35.71	57.14	35.71	47.14	7.14

地区	会议室	培训室	棋牌室	便民服务中心	多功能活动室	书画活动室	电子阅览室	儿童俱乐部	展览室	健身室	其他
陕西	64.56	73.42	59.49	56.96	84.81	79.75	58.23	43.04	52.03	49.37	3.80
甘肃	61.64	69.86	64.38	56.16	72.60	68.49	53.42	30.14	46.58	36.99	0.00
青海	41.67	58.33	33.33	16.67	33.33	83.33	25.00	16.67	25.00	48.33	16.67
宁夏	53.85	76.92	53.85	61.54	76.92	46.15	38.46	38.46	46.15	30.77	7.69
新疆	44.23	65.38	50.00	59.62	76.92	51.92	53.85	44.23	42.31	50.00	3.85

资料来源：课题组整理

　　基本公共文化服务项目是广大农村居民可以直接接触到的公共文化服务项目，本研究问卷调查对读书看报、收听广播、观看电视、欣赏电影、观看地方戏、参加文体活动、公共文化设施免费开放、参观某些文化设施可以减免门票、参加文化艺术知识培训等项目做了统计。这些项目是广大人民群众接触最广泛的基本公共文化服务项目，他们融入广大居民的日常生活，是文化生活所不可或缺的活动内容。这里所指的基本公共文化服务项目是基于免费提供的服务项目，不包括农村居民自身消费的购买书刊、买票欣赏电影和地方戏、有线电视收费等项目。

表8－32　不同地区农村居民所必需的基本公共文化服务项目统计比例

地区	读书看报	收听广播	观看电视	欣赏电影	观看地方戏	参加文体活动	公共文化设施免费开放	参观某些文化设施可以减免门票	参加文化艺术知识培训	其他
北京	69.77	25.58	30.23	65.12	23.26	58.14	55.81	39.53	34.88	0.00
天津	70.59	35.29	35.29	70.59	14.71	67.65	52.94	61.76	52.94	0.00
辽宁	70.59	52.94	47.06	35.29	23.53	52.94	52.94	23.53	29.41	0.00
上海	51.85	40.74	40.74	48.15	22.22	29.63	40.74	29.63	11.11	0.00
江苏	77.03	27.03	37.84	51.35	27.03	44.59	55.41	35.14	36.49	2.70
浙江	34.88	20.93	23.26	25.58	32.56	51.16	51.16	30.23	30.23	4.65
福建	85.45	38.18	40.00	49.09	40.00	58.18	65.45	45.45	52.73	5.45
山东	74.13	31.47	47.55	52.45	31.47	51.75	59.44	44.76	33.57	1.40
广东	56.29	15.57	33.53	34.73	22.16	37.13	34.73	39.52	24.55	4.79
河北	62.07	36.78	41.38	48.85	30.46	45.98	50.57	30.46	39.66	5.17
山西	70.87	37.86	45.63	52.43	35.92	54.37	49.51	42.72	45.63	1.94
吉林	74.19	42.74	45.16	52.42	30.65	45.97	45.97	30.65	36.29	4.03
黑龙江	69.16	34.80	51.10	43.61	17.18	51.98	48.90	30.84	38.77	2.64

续表

地区	读书看报	收听广播	观看电视	欣赏电影	观看地方戏	参加文体活动	公共文化设施免费开放	参观某些文化设施可以减免门票	参加文化艺术知识培训	其他
安徽	65.06	25.30	42.17	46.99	30.12	34.94	48.19	31.33	36.14	0.00
江西	68.54	26.97	34.83	41.57	26.97	46.07	58.43	47.19	24.72	3.37
河南	60.34	33.43	45.33	46.74	30.31	35.13	46.18	33.43	28.61	4.53
湖北	75.56	37.78	45.56	36.67	28.89	48.89	53.33	25.56	34.44	0.00
湖南	69.09	43.64	46.06	48.48	33.94	53.94	55.76	36.97	38.79	1.82
海南	68.18	13.64	22.73	50.00	45.45	31.82	40.91	27.27	40.91	0.00
内蒙古	50.88	22.81	28.07	35.09	22.81	47.37	50.88	35.09	38.60	1.75
广西	75.56	41.11	38.89	62.22	25.56	38.89	55.56	30.00	26.67	2.22
重庆	87.04	35.19	29.63	62.96	22.22	64.81	61.11	42.59	57.41	3.70
四川	77.92	42.86	49.35	58.44	36.36	54.55	58.44	42.86	45.45	0.00
贵州	67.97	46.41	41.18	41.18	38.56	54.90	52.29	35.29	46.41	2.61
云南	72.12	39.42	53.85	53.85	33.65	53.85	61.54	57.69	48.08	7.69
西藏	71.43	14.29	42.86	50.00	42.86	42.86	50.00	50.00	35.71	0.00
陕西	92.41	73.42	74.68	64.56	64.56	72.15	56.96	46.84	60.76	2.53
甘肃	91.78	69.86	65.75	56.16	49.32	64.38	31.51	35.62	45.21	1.37
青海	50.00	33.33	25.00	50.00	58.33	33.33	33.33	41.67	33.33	41.67
宁夏	84.62	53.85	53.85	84.62	15.38	84.62	53.85	38.46	38.46	0.00
新疆	78.85	42.31	38.46	42.31	23.08	67.31	48.08	36.54	34.62	1.92

资料来源:课题组整理

从表 8 – 32 的统计数据中可见,读书看报(70.14%)和公共文化设施免费开放(50.97%)的比例,达到了 50% 以上。由此可知,不同地区农村居民对读书看报和公共文化设施免费开放需求量比较大,这也是不同地区在基本公共文化服务需求上的共性。在本研究问卷调查中,"收听广播""观看电视"和"欣赏电影"等传统的基本公共文化服务需求的必要性统计并没有占据很高的比例,这主要归因于近年来我国社会和经济的发展,各项通信基础设施和技术的完善,以及农村居民生活水平的提高,可以很便利地享受此类服务项目,所以对此类基本公共文化服务项目的需求紧迫性并不高。"公共文化服务设施免费开放"和"参观某些文化设施可以减免门票"两项基本公共文化服务项目依赖于当地的财政状况以及文化旅游政策的实施水平,经济发展水平影响着不同地区文化服务设施的开放和收费情况,经济发展水平越高,当地政府在公共文化服务上的投入力度会相对加大,有利于促进各类文化设施的开放和减免门票。这两项服务需求度最高的地区分别是福建(65.45%)和天津

（61.76%），都属于经济发展水平较高的东部沿海地区。"观看地方戏"最能体现地方特色，地方戏作为传统中国传统文化的表现形式，凝结着某一地域的民风习俗，一般是指流行于一定地区，同时具有地方特色的戏曲剧种的通称，如吕剧、川剧、秦腔、淮剧、评剧、黄梅戏、越剧、豫剧等。从表 8－32 中可知，海南（45.45%）、西藏（42.86%）、陕西（64.56%）、甘肃（49.32%）、青海（58.33%）等地对地方戏的需求明显高于其他地区。

8.2.2.2 东、中、西部不同地区居民对基本公共文化服务的需求差异分析

基本公共文化服务是最具公平性和保障性的服务类型，其目的是为了使全体公民公正、平等、普遍地享有最基本的文化权利。既然是保障全体公民最基本的文化权利，那么政府在提供基本公共文化服务时就不应该有差距。然而，由于东、中、西部公共文化服务体系建设水平的差距，不同地区的居民对基本公共文化服务的需求势必会表现出不同。更好地分析不同地区居民的需求差异，可以更加充分和细致地了解人民群众的切实需求，制定可行的公共文化服务体系建设策略。此部分内容重点从公共文化机构在内部和外部应当提供的设备类型、公共文化机构配备的面积、人员数量，以及对观看电影、爱国主义教育片频数等方面来分析东、中、西部不同地区居民对基本公共文化服务的需求差异。

从表 8－33 中的数据可见，存包处、饮水处、警报逃生设施三类设备的需求度最高，均达到 50% 以上的比例。此类服务设备是各类公共文化机构所提供的基础设施，也是各类公共文化机构所必备的服务设施。而消费娱乐类的纪念品商店、棋牌室等所占的比例较低，处于 20% 左右。这说明东、中、西部地区农村居民对公共文化机构内部设备的需求有一定的层次性，在满足农村居民基本需求基础之上，稳步提升文化娱乐、消费类的服务设施。对比东部、中部和西部的数据，不同地区农村居民对公共文化机构内部各项设备的需求频数和百分比差距较小，在统计的包括存包处的 10 项设备数据中，西部地区农村居民在 5 项数据中占有最高的比率，中部地区在存包处（79.29%）、儿童俱乐部（36.59%）和棋牌室（28.99%）三项数据中比率最高，东部地区在警报逃生设施（54.90%）和便民服务点（58.78%）两项数据中比率最高。可见，西部地区对公共文化机构内部设备的整体需求度要高于东部和中部地区，东部和中部地区之间的需求度相对持平。

表 8－33 公共文化机构在内部应当提供的设备类型

公共文化机构内部设备		东部	中部	西部	合计
存包处	频数	452	1168	616	2236
	百分比（%）	76.35	79.29	79.28	—

续表

公共文化机构内部设备		东部	中部	西部	合计
饮水处	频数	481	1186	655	2322
	百分比(%)	81.25	80.52	84.30	——
打印复印处	频数	287	633	403	1323
	百分比(%)	48.48	42.97	51.87	——
纪念品商店	频数	149	424	231	804
	百分比(%)	25.17	28.78	29.73	——
餐厅服务点	频数	275	676	379	1330
	百分比(%)	46.45	45.89	48.78	——
健身中心	频数	205	608	385	1198
	百分比(%)	34.63	41.28	49.55	——
警报逃生设施	频数	325	750	426	1501
	百分比(%)	54.90	50.92	54.83	——
棋牌室	频数	130	427	219	776
	百分比(%)	21.96	28.99	28.19	——
儿童俱乐部	频数	210	539	274	1023
	百分比(%)	35.47	36.59	35.26	——
便民服务点	频数	348	788	415	1551
	百分比(%)	58.78	53.50	53.41	——
其他	频数	22	70	39	131
	百分比(%)	3.72	4.75	5.02	——
合计	频数	592	1473	777	2842

资料来源:课题组整理

对比表8-33和表8-34的数据可见,农村地区居民对公共文化机构内部与外部设备的需求有很大相似之处。分析表8-34中的数据可知,西部地区对公共文化机构外部设备的需求度整体高于东部和中部地区,西部地区在11项设备类型中9项需求度均占据最高值,中部地区对桌椅(62.08%)的需求度最高,东部地区对停车场(52.30%)的需求度最高。以公共文化机构外部设备类型来分析,宣传栏、桌椅、绿化设施的需求比率最高,均达到60%以上,而对音响设备、健身设施、娱乐设施等休闲娱乐类的设备需求较低。以东、中、西部农村居民对某一类设备需求比率的差距来看,对公共电话亭的需求差距最大,东部(33.56%)地区公用电话的需求比率明显低于中部(45.24%)和西部(46.56%)地区。公用电话的需求率受到移动电话普及率的影响,正是由于东部沿海省份经济较为发达,农村居民的消费水平较高,移动电话的普及率和使用率较高,所以对公用电话、固定电话的需求率也就相对较低。

表8-34 公共文化机构在外部应当提供的设备类型

公共文化机构外部设备		东部	中部	西部	合计
宣传栏	频数	386	982	567	1935
	百分比(%)	65.76	67.21	73.54	—
公共电话亭	频数	197	661	359	1217
	百分比(%)	33.56	45.24	46.56	—
桌椅	频数	353	907	474	1734
	百分比(%)	60.14	62.08	61.48	—
绿化设施	频数	366	887	485	1738
	百分比(%)	62.35	60.71	62.91	—
电子显示屏	频数	259	671	409	1339
	百分比(%)	44.12	45.93	53.05	—
电子阅读设备	频数	219	577	375	1171
	百分比(%)	37.31	39.49	48.64	—
音响设备	频数	112	354	213	679
	百分比(%)	19.08	24.23	27.63	—
健身设施	频数	190	602	320	1112
	百分比(%)	32.37	41.20	41.50	—
免费读物取阅处	频数	313	777	427	1517
	百分比(%)	53.32	53.18	55.38	—
娱乐设施	频数	185	519	284	988
	百分比(%)	31.52	35.52	36.84	—
停车场	频数	307	693	400	1400
	百分比(%)	52.30	47.43	51.88	—
其他	频数	20	61	32	113
	百分比(%)	3.41	4.18	4.15	—
合计	频数	587	1461	771	2819

资料来源:课题组整理

　　乡镇综合文化站是农村群众的综合性公共文化机构,在基层公共文化服务体系建设中发挥着主力军的作用,是政府指导基层文化工作和协助管理农村文化市场的有效手段,一般集文艺娱乐、报刊阅读、信息服务、科普培训、体育健身、宣传教育等各类文化活动于一体。乡镇文化站的面积受到当地人民群众需求和文化站具体功能的影响,一般来说经济文化越发达的地区对文化站面积和功能的需求会越强烈。2012年5月1日开始施行的《乡镇综合文化站建设标准》(建标160—2012)是我国乡镇文化站建设的依据,可以有力地提高乡镇综合文化站建设的决策水平,加强和规范乡镇文化站建设,充分发挥其投资效益。其中第十五条中指出"乡镇综合文化站建筑面积规模应以服务人口数量为主要依据,兼顾经济社会发展水平、社会需求、功能设计综合确定",同时给出乡镇综合文化站建筑面积控制指标。服务人口在5—10万人的属于大型站,建筑面积控制在800—1500平方米;服务人口在3—5万人的属于中型站,建筑面积控制在500—800平方米;服务人口在1—3万人或1万人一下的属于小型站,建筑面积控制在300平方米。

从表8－35中的数据可见,西部地区农村居民对乡镇文化站面积的要求相比中部和东部地区较低。西部地区对乡镇文化站"50—100平方米"的面积需求比率达到24.55%,东部地区对乡镇文化站"151—200平方米"的需求比例最高(18.41%),中部地区对乡镇文化站"201—300平方米"的需求比例最高(19.64%)。综合东、中、西部数据,对乡镇文化站面积需求较高的是"151—200平方米"和"201—300平方米",分别占16.77%和16.66%。对比《乡镇综合文化站建设标准》(建标160—2012)的相关数据可知,东、中、西部农村地区居民对乡镇文化站面积的需求相对较低,对农村居民基本公共文化服务的需求还有待进一步发掘。

表8－35 乡镇文化站面积需求

乡镇文化站面积		东部	中部	西部	合计
50平方米以内	频数	31	53	48	132
	百分比(%)	5.14	3.58	6.17	4.61
50—100平方米	频数	94	223	191	508
	百分比(%)	15.59	15.05	24.55	17.74
101—150平方米	频数	72	225	131	428
	百分比(%)	11.94	15.18	16.84	14.95
151—200平方米	频数	111	270	99	480
	百分比(%)	18.41	18.22	12.72	16.77
201—300平方米	频数	93	291	93	477
	百分比(%)	15.42	19.64	11.95	16.66
301—400平方米	频数	70	158	69	297
	百分比(%)	11.61	10.66	8.87	10.37
401—500平方米	频数	54	106	46	206
	百分比(%)	8.96	7.15	5.91	7.20
500平方米以上	频数	65	152	97	314
	百分比(%)	10.78	10.26	12.47	10.97
合计	频数	603	1482	778	2863

资料来源:课题组整理

　　《国家基本公共文化服务指导标准(2015—2020 年)》中人员配备部分要求:"乡镇综合文化站每站配备有编制人员 1 至 2 人,规模较大的乡镇适当增加;村(社区)公共服务中心设有政府购买的公益文化岗位。"这是国家基本公共文化服务的底线标准,也是最低标准。基层文化服务工作涵盖乡镇综合文化站和村(社区)公共服务中心,基层文化服务工作人员也包括乡镇综合文化站和村(社区)公共服务中心的工作人员。从表 8 - 36 中的数据可知,农村居民对基层文化服务工作需要配备的工作人员数量的需求整体呈现出下降趋势,其中"1—5 人"的比率占近 50%。若以公共文化服务发展水平来衡量,经济发达地区的农村居民对基层文化服务人员的需求数量会相对较大,但从表 8 - 36 中的数据中并没有表现出对工作人员数量明显的需求。不同地区基层文化服务设置工作人员数量时,要充分考虑经济发展水平、公共文化服务体系建设水平、服务人口数量、特色需求等多种因素。

表 8 - 36　基层文化服务工作需要配备的工作人员数量需求

工作人员数量		东部	中部	西部	合计
1—5 人	频数	298	676	410	1384
	百分比(%)	49.42	45.61	52.70	48.34
6—10 人	频数	183	465	213	861
	百分比(%)	30.35	31.38	27.38	30.07
11—15 人	频数	49	145	67	261
	百分比(%)	8.13	9.78	8.61	9.12
16—20 人	频数	26	90	42	158
	百分比(%)	4.31	6.07	5.40	5.52
20 人以上	频数	28	80	32	140
	百分比(%)	4.64	5.40	4.11	4.89
合计	频数	603	1482	778	2863

资料来源:课题组整理

　　观赏电影是基本公共文化服务中的基本服务项目,《国家基本公共文化服务指导标准(2015—2020 年)》中要求"为农村群众提供数字电影放映服务""为中小学生每学期提供 2 部爱国主义教育影片"。对比表 8 - 37 和表 8 - 38 中的数据可见,农村居民对观看电影和中小学爱国主义教育片的频数比率有很大相似之处,比率最高的是 1 次/月,其次是 2 次/周。1 次/天所占的比率均比较少,处于 10% 以内。表 8 - 37 中,比率的最高值出现在东部地区 1 次/月的观看频数,比率为 39.97%。表 8 - 38 中,比率的最高值出现在西部地区 1 次/月的观看频数,比率为 43.19%。若以观看频数的排名分析,1 次/天到 3 次/周,到 2 次/周,再到 1 次/月,观看的频数是递减的顺序。相比观看频数,东、中、西部农村居民在观看电影和中小学爱国主义教育片相应的比率上均呈现出递增的趋势,说明农村居民成人和中小学生对观赏电影的频数需求并不十分强烈,观看的频数和需求呈现出一定的反相关。可知,政府在提供基本服务项目时,观赏电影的频数并不是越多越好,而是要根据农村居民的具体需求、不同年龄档次的居民的具体情况以及影片的类型加以区分。

表8-37 农村居民对观看电影的需求

观看电影频数		东部	中部	西部	合计
1次/天	频数	28	109	62	199
	百分比(%)	4.64	7.35	7.97	6.95
2次/周	频数	110	319	189	618
	百分比(%)	18.24	21.52	24.29	21.59
3次/周	频数	40	170	84	294
	百分比(%)	6.63	11.47	10.80	10.27
1次/月	频数	241	456	284	981
	百分比(%)	39.97	30.77	36.50	34.26
其他	频数	127	288	83	498
	百分比(%)	21.06	19.43	10.67	17.39
合计	频数	603	1482	778	2863

资料来源:课题组整理

表8-38 农村居民对观看中小学爱国主义教育片频数的需求

观看中小学爱国主义教育片频数		东部	中部	西部	合计
1次/天	频数	22	98	36	156
	百分比(%)	3.65	6.61	4.63	5.45
2次/周	频数	60	229	115	404
	百分比(%)	9.95	15.45	14.78	14.11
3次/周	频数	37	150	77	264
	百分比(%)	6.14	10.12	9.90	9.22
1次/月	频数	222	475	336	1033
	百分比(%)	36.82	32.05	43.19	36.08
其他	频数	176	292	103	571
	百分比(%)	29.19	19.70	13.24	19.94
合计	频数	603	1482	778	2863

资料来源:课题组整理

8.2.3　不同年龄居民基本公共文化服务需求差异分析

年龄是划分服务人群的重要因素,不同年龄群体的农村居民都是公共文化服务的对象。目前,我国人口老龄化速度明显提升,经济发达的地区率先进入老龄化。农村同样面临着人口老龄化的问题,大量农村外出务工人员的流出,老年、儿童在农村人口中的比重逐渐增大。农村老龄化、劳动力减少、代际冲突等成为农村地区的不稳定因素。不同年龄群体的农村居民对基本公共文化服务的需求往往存在着差异,此部分着重从不同年龄农村居民对公共文化机构内部和外部设备的需求、对基层文化工作人员类别需求等方面展开分析。

公共文化机构所提供的内部和外部设备是其开展公共文化服务的物质基础,设施设备水平往往在一定程度上反映了公共文化机构的服务能力和水平。公共文化机构内部和外部设施设备都是为了满足全体居民的基本公共文化服务需求而设置的,公共文化机构内部设备一般包括存包处、饮水处、打印复印处、纪念品商店、餐厅服务点、健身中心、警报逃生设施、棋牌室、儿童俱乐部和便民服务点等,外部设备一般包括宣传栏、公共电话亭、桌椅、绿化设施、电子显示屏、电子阅读设备、音响设备、健身设施、免费读物取阅处、娱乐设施、停车场等。

从表 8 - 39 中可见,在所有内部设备中,农村居民对“存包处”和“饮水处”的需求比例明显高于其他设备,这两项代表了享受公共文化服务的农村居民的最基本需求,也应该成为公共文化机构的必备内部设备。其中,“56—64 岁”的农村居民对“饮水处”的需求比例达到81.69%,是所有统计数据中的最高值。整体需求比例相对较低的是“纪念品商店”和“棋牌室”。“棋牌室”的整体需求比例较低,但在“65 岁及以上”居民的需求比例大幅上升,达到51.79%,并且对“棋牌室”的需求比例随着年龄的增长呈现出一定的上升趋势,可见老年人群体对棋牌类服务需求明显,公共文化机构在内部设备设置上要充分考虑老年人群体的特殊需求。“纪念品商店”在公共文化机构中作用相对较弱,尤其是农村居民的公共文化需求多侧重于基本需求,在“46—55 岁”年龄段的需求也降到20%以下。

在所有统计数据中,数值最低的出现在“65 岁及以上”对“儿童俱乐部”的需求(12.50%),这呈现出一定的合理性,高年龄群体的居民对儿童服务设施需求较低。而需求较高的出现在“26—35 岁”和“36—45 岁”的农村居民,此年龄段的居民正处于养育儿童的关键时期,自然对儿童类相关服务需求明显。不同年龄农村居民对“存包处”的需求变化带有明显的规律性,从“14 岁及以下”到“36—45 岁”的需求比例呈现上升趋势,“36—45 岁”到“65 岁及以上”又呈现出明显的下降趋势,这也充分说明中青年群体对此项服务的需求最为迫切。“警报逃生设施”是任何公共文化机构必备的内部设施设备,不同年龄段农村居民对此项设备需求的比例相对均匀,基本处于50%的需求比例。"餐厅服务点"在农村地区公共文化机构中的作用不是十分明显,农村居民选择外出就餐的比例也相对较低。从表8-39中的数据中可见,随着年龄的增长,农村居民对"餐厅服务点"的需求比例呈现出整体下降的趋势。

表8-39 不同年龄农村居民对公共文化机构内部设备的需求

年龄		存包处	饮水处	打印复印处	纪念品商店	餐厅服务点	健身中心	警报逃生设施	棋牌室	儿童俱乐部	便民服务点
4岁及以下	频数	33	42	19	21	33	23	28	14	22	20
	百分比(%)	56.90	72.41	32.76	36.21	56.90	39.66	48.28	24.14	37.93	34.48
5—25岁	频数	1035	1042	594	421	593	496	702	323	390	715
	百分比(%)	79.43	79.97	45.59	32.31	45.51	38.07	53.88	24.79	29.93	54.87
26—35岁	频数	584	615	364	195	358	320	386	197	327	420
	百分比(%)	80.66	84.94	50.28	26.93	49.45	44.20	53.31	27.21	45.17	58.01
36—45岁	频数	334	333	209	96	203	186	225	103	181	227
	百分比(%)	80.87	80.63	50.61	23.24	49.15	45.04	54.48	24.94	43.83	54.96
46—55岁	频数	229	252	128	63	149	147	148	102	106	160
	百分比(%)	71.34	78.50	39.88	19.63	46.42	45.79	46.11	31.78	33.02	49.84
56—64岁	频数	50	58	34	16	24	29	32	24	15	28
	百分比(%)	70.42	81.69	47.89	22.54	33.80	40.85	45.07	33.80	21.13	39.44
65岁及以上	频数	29	37	21	14	14	27	22	29	7	16
	百分比(%)	51.79	66.07	37.50	25.00	25.00	48.21	39.29	51.79	12.50	28.57

资料来源:课题组整理

从表8-40中的数据可见,农村居民对"宣传栏""桌椅"和"绿化设施"的需求度较高,对"音响设备""电子阅读设备"和"电子显示屏"需求度较低。需求度最高的数值出现在"46—55岁"居民对"宣传栏"的需求(68.54%),而需求度最低的数值出现在"14岁及以下"居民对"音响设备"的需求(17.24%)。对比相关数据可见,农村地区居民对传统类型的公共文化服务设施需求度高于新型的电子、音响设备,反映出农村地区基本公共文化服务的内容和类型较为单一,并且对相关新型设施设备的投入不足,农村居民尚未养成对此类新型服务的消费和使用习惯。以"电子显示屏"为例,目前,各公共文化机构大力推广电子显示屏,公共文化服务走向数字化、智能化。但从统计的数据发现,各年龄段农村居民对"宣传栏"的需求普遍高于对"电子显示屏"的需求度。农村居民对"宣传栏"的需求度很高,说明迫切需要了解和熟悉相关公共文化服务信息,而对"电子显示屏"较低的需求度反映出农村地区公共文化服务水平相对落后,农村居民尚未很好地适应和使用电子设施设备,这需要引起全社会的普遍关注,加大对农村地区基本公共文化服务的投入和宣传,提升相应的硬件设施水平,引导农村居民提升服务需求层次。

与调查预期较为不同的是农村居民对"公共电话亭"的需求,近年来我国互联网技术、移动通信技术发展迅速,农村居民手机拥有率大幅提升(已上升至90%),固定电话的拥有率已降至46%。若以社会发展情况来看,农村居民对"公共电话亭"的需求度也会呈现出下降趋势,但从统计数据来看仍有较高的需求度,这也验证了上文分析的农村居民对外部设备的需求,农村居民仍然对传统类型的服务内容和设备具有很强的依赖性。

此外,表8-40中年龄特色较为明显的外部设备是"娱乐设施"和"停车场"。"14岁及以下"的少年儿童自然对娱乐设施需求度较高,从统计数据可以看出,年龄越大的农村居民对此类设备的需求度越低。年龄在"26—35岁"和"36—45岁"的农村居民对"停车场"的需求度最高,达到50%以上,此类农村居民正是汽车拥有量和驾车习惯的较为集中的年龄段,自然对此类设施的需求度较高。

表8-40　不同年龄农村居民对公共文化机构外部设备的需求

年龄		宣传栏	公共电话亭	桌椅	绿化设施	电子显示屏	电子阅读设备	音响设备	健身设施	免费读物取阅处	娱乐设施	停车场
14岁及以下	频数	26	30	24	26	16	16	10	12	29	24	13
	百分比(%)	44.83	51.72	41.38	44.83	27.59	27.59	17.24	20.69	50.00	41.38	22.41
15—25岁	频数	882	544	810	785	579	525	309	483	695	451	619
	百分比(%)	67.69	41.75	62.16	60.25	44.44	40.29	23.71	37.07	53.34	34.61	47.51
26—35岁	频数	491	283	455	471	386	319	188	304	407	273	402
	百分比(%)	67.82	39.09	62.85	65.06	53.31	44.06	25.97	41.99	56.22	37.71	55.52
36—45岁	频数	283	194	246	253	204	170	90	170	221	122	208
	百分比(%)	68.52	46.97	59.56	61.26	49.39	41.16	21.79	41.16	53.51	29.54	50.36
46—55岁	频数	220	147	198	182	141	118	68	132	157	100	152
	百分比(%)	68.54	45.79	61.68	56.70	43.93	36.76	21.18	41.12	48.91	31.15	47.35
56—64岁	频数	46	38	34	32	28	26	17	18	26	22	24
	百分比(%)	64.79	53.52	47.89	45.07	39.44	36.62	23.94	25.35	36.62	30.99	33.80
65岁及以上	频数	37	24	26	28	22	24	13	16	18	16	15
	百分比(%)	66.07	42.86	46.43	50.00	39.29	42.86	23.21	28.57	32.14	28.57	26.79

资料来源:课题组整理

基层文化工作人员在基层公共文化服务中扮演着重要的角色,是基层公共文化服务顺利开展的人力资源保证。从表8-41中的数据可见,不同年龄段的农村居民对"乡镇综合文化站从业人员"的需求比例普遍高于对其他基层文化工作人员的需求,普遍达到60%以上的比例。目前,"乡镇综合文化站从业人员"是我国基层公共文化服务的中坚力量,往往担任着村普法教育、党员教育培训、科技普及、村社会体育指导、乡土文化宣传推广、农家书屋管理等职责。在农村居民意识中,"乡镇综合文化站从业人员"同样代表着以上职能的工作人员,这也反映出农村基层公共文化服务专人不专职的问题突出。为提升农村基层基本公共文化服务水平,国家和地方政府加大了对基层人、财、物等资源的投入,争取做到专款专用、专人专职,提升基本公共文化服务的专业化水平。

流动服务是基层公共文化服务的重要组成部分,往往在落后的基层地区发挥着不可缺少的作用。从表8-41中的数据可见,农村居民对"流动舞台车服务人员""流动图书车服务人员""流动信息车服务人员"的需求较为相似,整体处于较低的水平,对"流动信息车服务人员"的需求度最低。这反映出农村居民获取信息的能力有所提升。近年来,互联网通信、移动通信技术发展迅猛,农村居民获取信息的途径大幅拓宽,因此对此类文化工作人员的需求也相对较低。其中,"65岁及以上"的农村居民对"流动信息车服务人员"的需求度最低(16.07%),是所有统计数据中的最低值。农村留守者群体是当今社会不可回避的问题,由于农村地区外出务工人员的增多,大量的老人和儿童成为农村留守人员,此类群体是农村地区独有的社会现象,需要在公共文化服务体现建设中充分考虑此部分人员的需求。对"农村留守者文化帮扶人员"需求度较高的是"26—35岁""36—45岁"和"46—55岁"的农村居民,反而"14岁及以下"和"65岁及以上"的农村留守群体对此类人员的需求度较低。26—55岁的农村居民是外出务工的集中群体,老人和儿童自然就成为农村留守者,因此外出务工人员十分关注留守者的文化生活,而留守者自身并没有表现出很高的需求。

表8-41 不同年龄农村居民对基层文化工作人员类别的需求

年龄		乡镇综合文化站从业人员	村普法教育培训人员	村党员教育培训人员	村科技普及培训人员	村社会体育指导员	乡土文化宣传推广人员	农家书屋管理员	流动舞台车服务人员	流动图书车服务人员	流动信息车服务人员	农村留守者文化帮扶人员
14岁及以下	频数	35	25	21	18	13	19	20	17	21	14	16
	百分比(%)	60.34	43.10	36.21	31.03	22.41	32.76	34.48	29.31	36.21	24.14	27.59
15—25岁	频数	845	657	512	568	448	530	524	317	465	331	460
	百分比(%)	64.85	50.42	39.29	43.59	34.38	40.68	40.21	24.33	35.69	25.40	35.30
26—35岁	频数	521	376	287	349	241	313	310	177	223	168	273
	百分比(%)	71.96	51.93	39.64	48.20	33.29	43.23	42.82	24.45	30.80	23.20	37.71

续表

年龄		乡镇综合文化站从业人员	村普法教育培训人员	村党员教育培训人员	村科技普及培训人员	村社会体育指导员	乡土文化宣传推广人员	农家书屋管理员	流动舞台车服务人员	流动图书车服务人员	流动信息车服务人员	农村留守者文化帮扶人员
36—45 岁	频数	294	204	129	192	137	195	157	104	136	89	148
	百分比(%)	71.19	49.39	31.23	46.49	33.17	47.22	38.01	25.18	32.93	21.55	35.84
46—55 岁	频数	223	148	109	151	112	136	136	82	96	65	123
	百分比(%)	69.47	46.11	33.96	47.04	34.89	42.37	42.37	25.55	29.91	20.25	38.32
56—64 岁	频数	53	39	28	26	21	32	24	16	20	14	23
	百分比(%)	74.65	54.93	39.44	36.62	29.58	45.07	33.80	22.54	28.17	19.72	32.39
65 岁及以上	频数	40	33	21	28	18	26	16	14	9	10	15
	百分比(%)	71.43	58.93	37.50	50.00	32.14	46.43	28.57	25.00	16.07	17.86	26.79

资料来源:课题组整理

8.2.4　不同学历居民基本公共文化服务需求差异分析

　　农村居民的学历水平代表着农村居民的受教育水平和文化水平,农村居民受教育程度的高低是影响其基本公共文化服务需求的一个重要因素。如表 8 - 42 所示,不同学历农村居民对基本公共文化服务项目需求呈现出明显的影响效果。随着学历水平的提升,农村居民对基本公共文化服务项目的需求呈现出三种变化态势。首先,大部分基本公共文化服务项目的需求度随着农村居民学历水平的提升而呈现出上升趋势如读书看报、参加文化艺术知识培训、参加文体活动等。其次,某些基本公共文化服务项目的需求随着农村居民学历水平的提升呈现出下降的趋势,如收听广播和观看电视。再次,选择"欣赏电影""观看地方戏"无明显的变化规律,而选择其他选项以及未做选择的农村居民的比例基本保持稳定。

　　对上述数据的分析可见,学历水平对农村居民精神文化生活质量的追求有明显的影响,学历水平越高对读书、文化相关需求会更加明显,而对收听广播和观看电视等传统消费时间的服务项目的需求度会降低。

表8-42 不同学历农村居民对基本公共文化服务项目需求变化

文化程度		读书看报	收听广播	观看电视	欣赏电影	观看地方戏	参加文体活动	公共文化设施免费开放	参观某些文化设施可以减免门票	参加文化艺术知识培训
从未上过学	频数	6	7	7	10	8	7	4	5	5
	百分比(%)	33.33	38.89	38.89	55.56	44.44	38.89	22.22	27.78	27.78
小学	频数	83	65	78	50	51	53	38	37	34
	百分比(%)	56.46	44.22	53.06	34.01	34.69	36.05	25.85	25.17	23.13
初中	频数	180	121	137	120	88	119	122	91	86
	百分比(%)	61.43	41.30	46.76	40.96	30.03	40.61	41.64	31.06	29.35
高中	频数	228	125	156	150	100	139	149	109	99
	百分比(%)	68.06	37.31	46.57	44.78	29.85	41.49	44.48	32.54	29.55
专科	频数	388	220	272	285	177	297	307	212	235
	百分比(%)	67.48	38.26	47.30	49.57	30.78	51.65	53.39	36.87	40.87
本科	频数	898	412	513	645	368	630	690	501	491
	百分比(%)	72.48	33.25	41.40	52.06	29.70	50.85	55.69	40.44	39.63
硕士	频数	187	91	91	130	72	134	148	119	102
	百分比(%)	73.91	35.97	35.97	51.38	28.46	52.96	58.50	47.04	40.32
博士	频数	25	11	12	17	15	27	25	18	17
	百分比(%)	69.44	30.56	33.33	47.22	41.67	75.00	69.44	50.00	47.22

资料来源:课题组整理

　　乡镇文化站在农村居民享受农村基本公共文化服务中扮演着重要的角色,乡镇文化站所配备的设施设备是农村居民享受基本公共文化服务的物质载体。本次调查问卷,针对乡镇文化站的设施设备的调查共设置了36个选项,基本涵盖了各项基本公共文化服务设施设备。表8-43中所列出的部分数据,在一定程度上显示了学历水平对农村基本公共文化服务需求的影响。随着农村居民学历水平的提升,对"投影仪""导览设备""图书柜""电子阅报屏""打印机""亲子活动设备""自助借还机"等多项乡镇文化站设施设备的需求度呈现出整体的上升趋势,而对"棋牌桌""麻将桌"等娱乐游戏类的设备需求表现出明显的下降趋势,具体数据见表8-43。

　　学历水平不同的居民群体对乡镇文化站设施设备的需求侧重点有所区别,学历水平越高的居民群体可能更加关注于乡镇文化站的基本配备、功能完善、建设水平、服务质量等方面,而学历水平较低的居民群体则对设施设备的娱乐性、新颖性等方面比较关注。学历水平对农村居民基本公共文化服务需求有所影响,但在乡镇文化站等的设施设备的配备上应该充分考虑到不同学历居民群体的整体需求,不应该只侧重于满足部分群体的部分需求。本次调查问卷区分出了明显的学历层次,虽然高学历的农村居民对某项设备需求的比例较高,但是由于在农村地区农村居民受教育的整体水平不高,高学历的农村居民群体在数量上毕竟占有少数,因此在乡镇文化站设施设备的配备上,较低学历水平的农村居民是农村基本公共文化服务的主体,若在乡镇文化站基本设施设备配备上更应该首先考虑这部分群体的需求。

表8-43　不同学历农村居民对乡镇文化站应当配备的部分设备的需求

文化程度		投影仪	导览设备	图书柜	自助借还机	电子阅报屏	打印机	亲子活动设备	麻将桌	棋牌桌
从未上过学	频数	6	1	6	2	2	3	2	4	8
	百分比(%)	33.33	5.56	33.33	11.11	11.11	16.67	11.11	22.22	44.44
小学	频数	59	19	57	35	32	26	28	15	76
	百分比(%)	40.14	12.93	38.78	23.81	21.77	17.69	19.05	10.20	51.70
初中	频数	142	54	133	81	77	71	63	51	138
	百分比(%)	48.46	18.43	45.39	27.65	26.28	24.23	21.50	17.41	47.10
高中	频数	181	56	164	102	104	81	79	43	144
	百分比(%)	54.03	16.72	48.96	30.45	31.04	24.18	23.58	12.84	42.99
专科	频数	348	144	302	190	175	172	164	91	261
	百分比(%)	60.52	25.04	52.52	33.04	30.43	29.91	28.52	15.83	45.39
本科	频数	827	334	684	481	411	405	379	183	444
	百分比(%)	66.75	26.96	55.21	38.82	33.17	32.69	30.59	14.77	35.84
硕士	频数	184	90	156	116	88	101	87	34	82
	百分比(%)	72.73	35.57	61.66	45.85	34.78	39.92	34.39	13.44	32.41
博士	频数	26	13	23	17	15	12	17	4	15
	百分比(%)	72.22	36.11	63.89	47.22	41.67	33.33	47.22	11.11	41.67

资料来源:课题组整理

以农村居民对不同基本公共文化服务设备的需求度而言,对"图书""报纸""电脑"等基本公共文化服务设备需求量整体较高,对"光盘""流动舞台车设备""乐器""流动图书车设备"等基本公共文化服务设备需求度较低。从表8-44来看,农村居民对部分基本公共文化设备需求呈现出上涨趋势,而部分也表现出基本平稳或者下降的趋势。伴随着农村居民学历水平的提高,对阅读相关的基本公共文化服务设备的需求变化最为明显,在所有基本公共文化服务设备中需求的上涨趋势也最为突出。以"图书"为例,由从未上过小学的55.56%,上涨到硕士学历的最高值86.96%,并且在所有的基本公共文化服务设备中农村居民对图书的需求度在任何节点都是保持最高的比例,由此可见农村居民对"图书"设备的需求最为迫切。对"光盘"设备的需求呈现出最明显的下降趋势,并且"光盘"设备在任何节点都表现出很低的需求度。当今社会影音技术、网络技术更新换代非常频繁,光盘作为比较传统的影印存储方式被越来越先进的传输和存储设备所取代。并且随着农村居民整体受教育水平的提升,学历越高的人群获取相关影音娱乐信息的途径和方式越便利。农村居民对"乐器"和"流动图书车"设备的需求变化最为平稳,学历水平的高低对此类设备需求的影响不明显。在农村地区观看电视和收听广播是娱乐和获取新闻资讯等的重要方式,而受到电脑和网络技术的冲击,"电视"和"广播"的整体需求度逐渐降低,并且伴随着农村居民学历和受教育水平的提升,"电视"和"广播"的需求度逐渐下滑,而与其相对的"电脑"设备的需求度有明显的上升趋势。小学和硕士学历是重要的转折节点,多数基本公共文化服务设备需求在这两种学历节点变化度非常明显。

表 8 – 44　不同学历农村居民必需的部分基本公共文化服务设备统计

文化程度		图书	报纸	广播	电视	电脑	乐器	光盘	流动舞台车设备	流动图书车设备
从未上过学	频数	10	8	8	9	9	4	3	6	6
	百分比(%)	55.56	44.44	44.44	50.00	50.00	22.22	16.67	33.33	33.33
小学	频数	98	80	75	83	74	45	35	36	43
	百分比(%)	66.67	54.42	51.02	56.46	50.34	30.61	23.81	24.49	29.25
初中	频数	213	187	133	159	141	84	52	64	92
	百分比(%)	72.70	63.82	45.39	54.27	48.12	28.67	17.75	21.84	31.40
高中	频数	265	212	166	189	189	99	53	55	99
	百分比(%)	79.10	63.28	49.55	56.42	56.42	29.55	15.82	16.42	29.55
专科	频数	471	381	312	291	331	172	100	124	170
	百分比(%)	81.91	66.26	54.26	50.61	57.57	29.91	17.39	21.57	29.57
本科	频数	1019	809	555	606	713	369	206	226	384
	百分比(%)	82.24	65.29	44.79	48.91	57.55	29.78	16.63	18.24	30.99
硕士	频数	220	180	118	119	157	69	42	51	81
	百分比(%)	86.96	71.15	46.64	47.04	62.06	27.27	16.60	20.16	32.02
博士	频数	29	23	11	21	21	10	4	10	13
	百分比(%)	80.56	63.89	30.56	58.33	58.33	27.78	11.11	27.78	36.11

资料来源:课题组整理

8.2.5　不同职业居民基本公共文化服务需求差异分析

改革开放以来,我国社会主义市场经济健康快速发展,经济的发展使得社会分工逐渐细化,随之带来的是工作机会大大增加,职业类型越来越多。近年来,社会主义新农村建设取得了显著成就,同时全国城镇化水平大幅度提高,农村居民到城市打工和就业的人口也大幅度增加,因此农村居民所从事的职业类型也逐渐丰富。在对农村居民进行基本公共文化服务需求调查中,无论是哪种职业类型的从业人员都有对其从事行业相关的文化需求,体现出职业需求的特点。13种不同职业类型的农村居民在对政府应当提供的文化设施设备需求上,既表现出明显的共性,也呈现出明显的职业需求特点。其中,演艺从业人员(1人)的职业类型的样本比例较小,远远低于其他职业类型样本数量,不具有明显的代表性,因此在对不同职业农村居民基本公共文化服务需求差异分析时暂不明确分析此类职业类型的从业人员。

从表8-45的分析数据中可见,不同职业类型的农村居民对基本公共文化服务设施设备的需求呈现出多元化、多样化的总体分布,其中不同职业的农村居民对公共图书馆的需求比例整体最高,并且远高于其他基本公共文化服务设施。从职业类型的划分上看,党政机关/公务员、事业单位工作人员、文化机构工作人员对基本公共文化服务文化设施设备的整体需求高于农民/牧民/渔民、个体商户/自由职业者、进城务工人员等农村居民群体。从不同的文化设施设备的需求度排名来看,事业单位工作人员在对公共图书馆(92.70%)、群众艺术馆(48.91%)、科技馆(52.19%)和老年活动中心(50.00%)上的排名均为第一,文化机构工作人员在文化馆(66.00%)、公共博物馆(64.00%)、公共美术馆(54.00%)、妇女儿童活动中心(44.00%)和老年活动中心(50.00%)中的排名占据第一。军人(20.00%)、学生(32.04%)和体育从业人员(25.00%)对老年活动中心的需求比例明显很低,这主要是由此类从业人员的年龄所决定的,体现出需求的年龄特性。科技馆以激发科学兴趣、启迪科学观念为服务目的,服务对象为全体人民大众,但在实际活动开展中,教师和学生群体占有较大的比例,因此在具体需求调查时,教师和学生群体对科技馆的需求度较高。

表8-45　不同职业农村居民对政府应当提供的部分文化设施设备需求情况(%)

职业类型	公共图书馆	文化馆	公共博物馆	公共美术馆	群众艺术馆	科技馆	社区文化室	纪念馆	妇女儿童活动中心	老年活动中心	农家书屋
党政机关/公务员	84.51	61.97	63.38	47.89	43.66	47.89	46.48	21.13	29.58	38.03	25.35
事业单位工作人员	92.70	60.95	63.50	50.00	48.91	52.19	47.08	30.66	40.15	48.91	35.77

续表

职业类型	公共图书馆	文化馆	公共博物馆	公共美术馆	群众艺术馆	科技馆	社区文化室	纪念馆	妇女儿童活动中心	老年活动中心	农家书屋
文化机构工作人员	76.00	66.00	64.00	54.00	48.00	32.00	36.00	20.00	44.00	50.00	20.00
军人	70.00	60.00	40.00	40.00	20.00	40.00	50.00	40.00	30.00	20.00	10.00
国企/集体企业人员	81.63	40.82	45.41	30.10	28.57	35.71	42.35	17.35	32.14	43.37	15.31
农民/牧民/渔民	63.22	48.85	40.23	31.03	37.36	24.71	25.29	18.97	29.89	41.95	20.11
民营/私营企业人员	74.07	35.98	40.21	30.69	31.75	37.04	32.28	23.28	32.80	39.68	19.58
教师	84.08	51.02	42.45	31.02	39.18	45.31	46.53	20.00	34.69	40.00	24.08
学生	87.56	43.34	52.69	35.04	28.86	35.22	30.01	26.48	23.30	32.04	25.15
个体商户/自由职业者	75.22	45.58	46.02	29.20	28.32	28.76	30.09	21.24	34.07	46.90	22.57
体育从业人员	62.50	25.00	12.50	37.50	12.50	12.50	37.50	25.00	25.00	25.00	37.50
进城务工人员	60.31	44.33	33.51	19.59	27.32	21.65	31.96	18.04	34.54	48.45	22.16

资料来源:课题组整理

在现有各种公共文化服务形式中,广播电视在农村居民的文化生活中具有十分重要的地位和作用,是我国公共文化服务的首选样式之一。广播电视服务有其独特的服务特性,可以实现服务的多样性、同质性和普遍性,体现出基本公共文化服务面向全体公众提供的非营利、非排他的文化服务特点。各种职业类型的农村居民对广播电视中心和站、台的需求呈现出由省级向市级、区级、街道、社区递减的趋势。其中,对省级广播电视中心和站、台需求度最高的职业类型是文化机构工作人员(70.00%),对市级广播电视中心和站、台需求度最高的是军人(70.00%),对区级广播电视中心和站、台和社区广播电视中心和站、台需求度最高的是事业单位工作人员(33.58%、31.75%),对街道广播电视中心和站、台需求度最高的是体育从业人员(50.00%)。

移动数字电视和移动多媒体广播是网络移动数字环境下新形式的广播电视设备,农村居民群体对此类型的设施设备需求呈现出增长的趋势。在不同职业的农村居民中,事业单位工作人员对移动数字电视的需求度最高(61.31%),而农民/牧民/渔民的需求量最低(25.86%)。同样,在对移动多媒体广播的需求中,党政机关/公务员的需求比例最高(50.70%),而农民/牧民/渔民的需求比例则仅仅为17.24%。造成此种需求量差距的原因在于农民群体对新技术、新设备的使用率比较低,移动数字技术在农民群体中的影响力低于其他职业群体。然而农民群体在街道广播电视中心和站、台以及社区广播电视中心和站、台的需求比例却相对较高,这也体现出农民/牧民/渔民群体更加关注贴近于自身生活的基本公共文化服务情况。农村居民对"广播电视设备器材""广播电视发射(转播)台(站)""广播电视播音(演播)室""广播电视中心技术用房"等相关广播电视设备的需求度普遍较低,这些设施设备不直接服务于农村居民文化生活,而是提供广播电视服务的基础性设施设备,因此不同职业的农村居民群体对此类设施设备没有明确的需求。从表8-46中的数据来看,对上述几类设施设备的需求整体处于30%以下的比例,不同职业农村居民在此类设施设备的需求度没有明显的区别和变化。

表8-46　不同职业农村居民对政府应当提供的广播电视设施设备需求情况

职业类型		省级广播电视中心和站、台	市级广播电视中心和站、台	移动数字电视	区级广播电视中心和站、台	街道广播电视中心和站、台	移动多媒体广播	社区广播电视中心和站、台	广播电视系统单位或机构	广播电视设备器材	广播电视发射(转播)台(站)	广播电视播音(演播)室	广播收音台(站)	广播电视中心技术用房
党政机关	频数	46	35	41	21	29	36	20	17	18	13	15	9	7
	%	64.79	49.30	57.75	29.58	40.85	50.70	28.17	23.94	25.35	18.31	21.13	12.68	9.86
事业单位	频数	156	145	168	92	109	136	87	71	66	63	76	55	46
	%	56.93	52.92	61.31	33.58	39.78	49.64	31.75	25.91	24.09	22.99	27.74	20.07	16.79
文化机构	频数	35	27	18	12	21	11	10	18	5	14	13	6	5
	%	70.00	54.00	36.00	24.00	42.00	22.00	20.00	36.00	10.00	28.00	26.00	12.00	10.00
军人	频数	7	7	6	2	3	2	1	2	3	3	3	1	1
	%	70.00	70.00	60.00	20.00	30.00	20.00	10.00	20.00	30.00	30.00	30.00	10.00	10.00
国企	频数	90	84	111	59	63	90	52	36	29	39	43	34	27
	%	45.92	42.86	56.63	30.10	32.14	45.92	26.53	18.37	14.80	19.90	21.94	17.35	13.78
农牧渔民	频数	96	77	45	41	70	30	37	38	46	40	38	25	13
	%	55.17	44.25	25.86	23.56	40.23	17.24	21.26	21.84	26.44	22.99	21.84	14.37	7.47
民营/私营	频数	95	77	81	39	73	69	43	47	43	41	49	37	23
	%	50.26	40.74	42.86	20.63	38.62	36.51	22.75	24.87	22.75	21.69	25.93	19.58	12.17
教师	频数	123	94	144	60	100	115	71	50	56	52	65	47	34
	%	50.20	38.37	58.78	24.49	40.82	46.94	28.98	20.41	22.86	21.22	26.53	19.18	13.88
学生	频数	634	508	508	306	431	440	245	223	259	229	305	256	149
	%	55.96	44.84	44.84	27.01	38.04	38.83	21.62	19.68	22.86	20.21	26.92	22.59	13.15
个体/自由职业	频数	105	106	91	39	94	79	50	47	52	51	56	29	38
	%	46.46	46.90	40.27	17.26	41.59	34.96	22.12	20.80	23.01	22.57	24.78	12.83	16.81
体育	频数	5	3	3	0	4	2	2	1	0	0	2	0	0
	%	62.50	37.50	37.50	0	50.00	25.00	25.00	12.50	0	0	25.00	0	0
进城务工人员	频数	96	74	69	40	71	49	49	35	36	33	46	26	26
	%	49.48	38.14	35.57	20.62	36.60	25.26	25.26	18.04	18.56	17.01	23.71	13.40	13.40

资料来源:课题组整理

8.3　分析小结

　　农村居民对基本公共文化服务的认识影响着农村地区基本公共文化服务的需求,而农村居民对基本公共文化服务的需求又在很大程度上影响着政府基本公共文化服务的供给。做好农村基本公共文化服务这项惠及民生的大事,要始终坚持以农村居民需求为中心,从基本公共文化服务的供给和需求两个方面发力,激发基层群众参与基本公共文化服务的积极性和主动性,着力提高基本公共文化服务的吸引力,实现基本公共文化服务供需的有效对接,为建设社会主义新农村奠定基础,进一步提升农村基本公共文化服务的能力和水平。通过对上文农村地区居民对基本公共文化服务的认识分析,可以呈现出以下几个方面的特点:

　　首先,农村居民的基本公共文化权利意识逐渐觉醒,整个农村地区对基本公共文化服务认识的总体水平有很大的提升。在经济和社会变革日益推进的当今社会,单一的文化供给方式和封闭的文化生产模式已无法满足农村居民日益增长的文化需求。基本公共文化服务面向的受众本身就是全体人民群众,培育公民的文化权利精神是基本公共文化服务发展不可或缺的内在因素。农村地区基本公共文化服务仍然是整个基本公共文化服务体系发展的薄弱环节,农村地区基本公共文化服务的发展水平最终影响着这个社会基本公共文化服务的发展水平。由于农村地区受历史、地域、环境、政策等多方面的影响,目前仍然是公共文化服务发展的短板,但是却具有很大的发展空间和进步空间。伴随着农村居民经济生活水平的提升,农村居民对基本公共文化生活的需求度逐渐增加,基本公共文化权利意识逐渐觉醒,对基本公共文化服务的认识层次也逐渐提升。国家对农村基本公共文化服务发展的重视程度的加大,国家政策的支持与倾斜为农村地区基本公共文化服务发展提供了强大的动力。政府在推进基本公共文化服务进程的同时,应当重视和培育公民的公共文化权利意识,逐步提升农村居民对基本公共文化服务的认识水平。

　　其次,农村居民对基本公共文化服务的参与和接触程度有较大的提高。随着我国经济和社会发展水平的日益提高,我国农村居民整体参与基本公共文化活动的深度大幅提高,同时对基本公共文化服务内容的接触广度也大大拓展,农村地区基本公共文化服务逐渐向投资多元化、参与全民化的方向发展,也因此推动着基本公共文化服务资源实现全民共享。但是也仍然面临着参与渠道不顺、参与人次较少、参与面不广、无参与需求等不利因素,主要表现在以下几个方面:政府和农村居民之间没有充分的沟通或沟通的途径不通畅,农村居民参与基本公共文化服务面不广,农村居民对基本公共文化服务预算形成与执行的了解、参与、监督和表达缺少制度途径。此外,农村居民参与基本公共文化服务存在着参与主体的区域、阶层等差异。区域上的不平衡主要表现在不同地域的经济发展水平带来的影响,从阶层上来考虑主要表现在文化素质较高的农村居民参与基本公共文化活动的意识更强,同时在深度和广度上也更加明显。

再次,农村居民对基本公共文化服务内容的满意程度还有很大的提升空间。目前,农村地区基本公共文化服务主要由政府部门做出相关决策,但此种"自上而下"的基本公共文化服务决策机制与农村居民文化生活需求间的矛盾日益凸显,成为农村地区基本公共文化服务体系建设面临的主要矛盾。本次问卷调查中着重考察了农村居民对接触过的基本公共文化服务的满意度,涉及文化活动宣传、内容、开展时间,文化项目的收费,文化工作人员的服务能力和服务态度,以及其他硬件安全性保障等方面,而农村居民对现有服务内容的满意度普遍低于50%。农村居民对基本公共文化服务的满意程度会在极大程度上影响其参与和接触程度,进而会对政府公共文化服务决策带来影响,因此应该将农村居民的满意度作为政府基本公共文化服务决策的晴雨表,建立以农村居民需求为导向的基本公共文化服务供给制度,让农村居民的基本公共文化诉求得到充分表达,不仅要反映农村居民基本公共文化服务在"量"的层面的需求,更要反映农村居民"质"的需求。

最后,由于在地区、户口、学历和职业类型上的差距,农村居民对基本公共文化服务的认识也存在一定的差距。农村地区居民在我国国民总量中占有较大比重,相对于城镇地区的居民在生活水平、受教育水平等方面还存在一定的差距。但即使是在农村居民内部,由于受到我国经济发展水平的不平衡、传统的户籍制度、学历水平以及职业类型不同的影响,农村居民在很多领域也存在着较大的差距,并且这些因素影响到农村居民对基本公共文化服务的认识。这些认识上的差异带来不同农村居民对基本公共文化服务的需求差异,在政府推进农村地区基本公共文化服务的进程中应充分尊重和考虑农村居民在认识上的差异,使基本公共文化服务的决策更有针对性,更能解决农村居民的实际问题、满足农村居民的实际需求。

本次调查体现出不同地区、户口、学历、职业等农村居民对基本公共文化服务认识和需求上的差异,进而为促进我国农村地区基本公共文化服务提供建设性意见和建议。在农村基本公共文化服务供给中,政府应按照农村居民的需求来为农村提供公共文化服务产品,各公共文化服务机构也应该充分考虑农村居民的现实需求,提供高质量的基本公共文化服务内容和项目,提高基本公共文化服务标准化水平,切实推动实现我国基本公共文化服务的均等化。在对农村地区居民基本公共文化服务需求分析的基础上,农村地区居民基本公共文化服务需求呈现出以下几方面特点:

首先,农村居民精神文化生活需求总量大幅度提升。农村经济的大发展带动了农村精神文化需求的大繁荣,农民的闲暇时间和休闲娱乐时间逐渐增多。伴随着农民生活水平和受教育水平的提升,农村居民文化需求总量和对质量的要求普遍提升,各个年龄段的农村居民对文化生活的需求都表现出明显的上升趋势。

其次,农村居民文化消费的多样性和层次性显著增强。文化消费市场在一定程度上可以满足农村居民文化消费的层次性,不可能全部满足全体农村居民的基本文化生活需求,而基本公共文化服务只是旨在保障全体公民基本文化权益的公共文化服务类型。当今社会,人们的价值认同日益多元化,对文化需求的种类也表现出很大的不同。伴随着农村居民生活水平的提高,文化需求表现出明显的层次化和异质化,例如有些人希望提供养生讲座、文化艺术培训等服务项目,而有些则希望提供更多的体育健身、网络服务设施等。

再次,农村居民由公共文化服务的被动需求者变为主动需求者。由于长时间以来农村地区基本公共文化服务发展水平的落后,农村居民对公共文化服务的需求不能得到充分满足,即使是提供部分公共文化服务项目,也是把农村居民当作公共文化服务的被动需求者。而在本次调查研究中,农村居民对文化活动表现出有倾向性的参与,对文化设施也表现出有选择性的使用。同时,农村居民表达出对农村基本公共文化服务供给的满意度和对未来基本公共文化服务的期许,这表明农村居民由公共文化的被动需求者逐渐变为公共文化的主动需求者。

最后,农村居民的文化活动参与性需求增强。农村居民参与性文化需求表现在两个方面,一是,参与各种文化活动的意愿增强。在问卷调查中,大部分被调查者愿意参与农村基本公共文化服务,并会使用当地的公共文化设施和场馆,参与广播、电视、电影、广场活动、戏曲和歌舞演出等一系列公共文化服务活动。二是,自发性组织和宣传文化活动的需求增强。基本公共文化服务为农村提供的是面向全体农村的基本性公共文化服务,伴随着农村居民文化需求的增长和文化权利意识的觉醒,政府提供的基本公共文化服务不能满足农村居民独特的多样性文化生活需求,于是农村居民往往会根据当地实际和自身的需求组织一系列文化娱乐活动,如秧歌、广场舞、棋牌等。这种自娱自乐、农村居民能亲自参与其中的文娱活动越来越丰富,表明农村居民有参与和组织团体性文娱活动的意愿和行为倾向,从而在文娱活动中体现自身价值。

综合上述对农村地区居民基本公共文化服务的认识分析和农村地区居民基本公共文化服务需求分析,结合现阶段农村居民的文化认识与需求情况及新农村建设的需要,我国农村地区基本公共文化服务建设仍然存在着一系列的问题。

(1)农村居民的文化消费仍处于较低的水平

由于我国城乡二元制的发展格局长期存在,农村地区在经济发展和社会文化领域都远落后于城市地区的发展水平。农村地区经济的相对落后,影响到农村居民的生活水平的提高,进而影响到农村居民的文化消费观念。农村居民的文化消费水平较低的原因体现在以下几个方面:①农村居民文化消费能力较低。农村居民的文化消费分为两个方面,即个人文化生活消费和政府提供的免费公共文化生活消费。在农村居民个人文化生活权利消费方面主要受其收入水平的影响,而农村居民的公共文化生活消费则受到政府公共文化服务供给能力和水平的影响。②政府没有实现农村地区基本公共文化服务的有效供给,农村居民缺少享受基本公共文化服务权利的机会。③农村居民文化生活意识相对淡薄,影响了农村居民争取基本公共文化服务基本权利的实现。农村居民的文化生活观念的改变不是一蹴而就的,需要一个长期的转变过程。庸俗的文化现象在农村还普遍存在,政府部门应积极引导农村居民文化需求的方向,发挥现代农村公共文化服务体系的作用,营造一个科学文明、健康向上的良好社会氛围。

(2)农村居民对基本公共文化服务的认识水平还需进一步提高

对于农村居民而言,农村是一个物质世界和精神世界的综合体,农民和农村共同构成了乡村社会体系。长期以来,农村地区都是公共文化服务发展比较薄弱的环节,农村居民有很高的精神文化生活需求,但农村居民的公民文化权利长期没有得到充分的尊重,并且从统计数据来看,农村地区居民对基本公共文化服务需求要高于城镇地区,而城镇地区的基本公共文化服务供给却在很大程度上高于农村地区。这就造成了农村地区基本公共文化服务长期不能得到有效的满足,而农村居民对公共文化服务的需求得不到满足就导致农村居民对公共文化服务态度的漠然。同时,由于农村地区居民在户口、学历和职业等方面的差异,不同农村居民对基本公共文化服务的认识和需求还存在着很大的差异。部分地区和类别的农村居民尚未享受到完整高质量的基本公共文化服务,对农村基本公共文化服务体系建设还没有一个整体和科学的认识。

(3)农村地区基本公共文化服务供需契合度有待加强

我国还处在加快推进基本公共文化服务建设时期,无论是城镇还是农村地区的基本公共文化服务水平都有待进一步加强。即使是在全国公共文化服务整体水平发展不高的当今社会,农村地区和城镇地区在基本公共文化服务供给上也存在着明显的不平衡,政府对城镇地区的基本公共文化服务供给远高于对农村地区的供给,农村地区的文化生活需求长期得不到有效的满足。从国家加大对农村基本公共文化服务建设以来,农村地区还普遍存在所供非所需的现状。这具体体现在农村基本公共文化服务内容、不同区域农村基本公共文化服务供给、基本公共文化设施建设等方面,基本公共文化服务供给和需求契合度不高。因此,政府在基本公共文化服务提供上应注重地方特色建设,减少过多的统一部署;政府多部门加强合作,丰富基本公共文化服务的载体类型;充分尊重不同职业类型、户口类型和学历类型农村居民的个性化需求;加强政府与非政府组织的合作机制,完善农村地区基本公共文化服务的供给机制。

(4)农村居民的文化需求需要引导

文化相对于其他物质层面的事物而言是一种无形的观念或者意识,具有较强的可引导性。同时,农村文化生活中仍存在一些不良文化现象,这体现了农村文化需求引导的迫切性。近年来,由于我国经济的大发展,全民共享发展成果,农村地区不论是经济还是文化都有了很大程度的进步。处在历史转型期的农村地区,传统的文化活动和文化观念受到新思想的冲击而逐渐没落。然而,面临转型期巨大的文化生活需求与供给之间不平衡的矛盾,加上农村遗留不良文化和封建迷信思想的影响,农村地区文化生活需求还面临着一定的问题。例如,益智类的棋牌游戏可能会被异化为赌博工具,农村文化市场流通的书籍可能大量存在盗版问题,且存在大量黄色和暴力元素。在基本公共文化服务供给环节中,供给也会在很大程度上影响需求,因此政府部门可以通过供给创造需求,使农村居民成为基本公共文化服务的受益者和推动者。

因此,要深入解决农村地区对基本公共文化服务的需求,提高农村地区对基本公共文化服务的认识水平,还需要重构农村居民在基本公共文化服务中的需求表达机制。需求表达是公民对其所接触到的公共物品和服务采取多种渠道和方式的真实表达,管理部门以此来确定公共物品和服务的供给范围和供给规模。农村居民有表达公共文化服务需求的权利,但长期以来农村地区的公共文化服务无法真实有效地表达,这在一定程度上造成了农村地区基本公共文化服务供给的低效和不足。农村居民在基本公共文化服务需求方面还面临着种种限制和不利因素,还没有形成科学合理的制度环境,主要表现为农村居民基本公共文化服务供给与需求内容次序的不一致、农村居民自治制度下文化生活需求表达的异化、农村居民决策地位的"边缘化"[①]。为重构农村居民在基本公共文化服务中的需求表达机制,政府部门需完善现有的基本公共文化服务表达渠道,增强农村居民决策的主体地位,提高农村居民在文化生活领域需求表达的意识和能力。

同时,完善以需求为导向的农村地区基本公共文化服务供给机制。农村地区基本公共文化服务需求日益强烈,但对基本公共文化服务需求的表达不足,现代文化需求旺盛而传统文化需求呈现出萎缩的局面。农村地区局面的强烈需求意愿没有转化为对基本公共文化服务需求的有效信息,因此也不能充分地作为政府基本公共文化服务决策的依据。丰富农村

---

① 孙浩,朱宜放.公共文化服务供给中的农民需求表达研究[J].湖北工业大学学报,2012,27(6):9－12,36.

居民的基本公共文化生活,满足农村居民基本公共文化服务生活需求,这关键在于构建以需求为导向的基本公共文化服务供给机制。

　　大力发展农村地区教育,提高农村居民受教育水平。受教育水平在很大程度上影响着农村居民对基本公共文化服务的认识和需求,受教育水平越高的农村居民越能更好地利用其需求表达的权利,更清晰地表达其具体需求。在我国广大的农村地区,农村居民受教育水平还有待大幅度提高,九年义务教育如今还没有全面覆盖和实现。相对于城镇地区,农村地区受教育水平整体较低,并且有很大一部分农村居民在拥有较高学历之后会更倾向于选择留在城市发展,这就使得农村地区良好的人才流动机制难以实现。基本公共文化服务有提高全体大众文化知识水平的职能,农村地区基本公共文化服务水平的提升也会在某种程度上提升农村居民的文化程度,例如农村地区图书馆、图书室等为农村居民创造了获取知识和技术的平台,保证农村居民获取文化知识的基本权利。可见,农村居民的受教育水平与农村基本公共文化服务是一对相辅相成、互相促进的有机体。

9 专家访谈分析

访谈法是本研究中运用到的一个重要方法,专家访谈分析也是收集调查资料的一种替代方法。这种方法不是让被访问者亲自阅读并填答问卷,而是由研究者派遣访问员口头提问,并记录被访者的回答①。本研究在前期调查研究的基础上,发现了研究中存在的部分问题,以期通过专家访谈来解决我国基本公共文化服务标准化与均等化研究中的相关问题。同时通过专家访谈,听取专家对本项目构建的标准体系和标准化体系框架、《我国基本公共文化服务标准化体系实施指南》(以下简称《实施指南》)提出的宝贵意见,以对框架体系和指南做进一步的修正和完善。

9.1 访谈设计

访谈的设计过程在一定程度上反映出访谈的科学性。课题组在准备访谈之前进行了多次研讨,从而明确访谈的目标与任务,解决项目研究中的重点核心问题。访谈专家与访谈提纲经过了课题组成员的多次讨论,访谈的问题主要来源于课题组在项目研究各阶段中遇到的重要问题。

9.1.1 访谈方法

访谈方法的科学性直接影响着访谈的质量和深度,本访谈采用的是半结构化的访谈方式。课题组在访谈之前,经过多次讨论拟定了本次访谈的要点和提纲,并经过多次修改和完善。在访谈过程中,待被访问者回答课题组的提问之后,还允许其提出其他方面的见解和看法,并对有关的问题展开自由交流和讨论。访谈的时间大概控制在 30 至 60 分钟,在征求被访问专家同意的情况之下录音,同时保证访谈内容仅作为项目科研材料,由课题组严格保密。在访谈结束之后,课题组对有关的录音资料进行有效的整理和分析。

根据访谈专家的访谈记录和部分允许的录音资料,有关促进我国基本公共文化服务标准化与均等化研究的相关问题可以归结为四大类别:基本公共文化服务标准化相关意见、基

---

① 艾尔·巴比.社会科学研究方法[M].邱泽奇,译.11 版.北京:华夏出版社,2009:264.

本公共文化服务均等化相关意见、关于构建的标准化体系框架及《实施指南》的相关意见、其他相关意见,如图9-1所示。经过详细分析,课题组对专家意见做出部分处理,处理结果见表9-2。

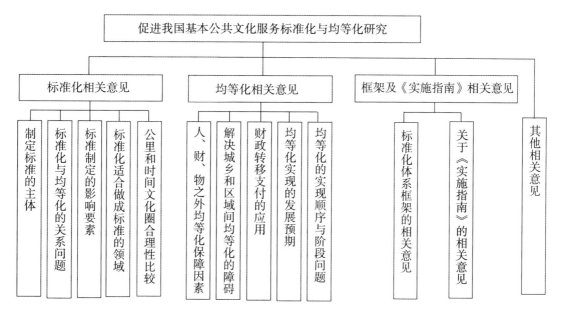

图9-1 重大项目访谈分解结构图

资料来源:课题组整理

9.1.2 样本选择与访谈过程

国内公共文化服务领域的研究专家、公共文化服务领域实践者,运用深度访谈法对我国基本公共文化服务标准化与均等化研究中的多方面问题进行评价和分析。各个访谈专家结合自身的研究或实践专长,对研究中的部分问题提出各自的看法,并提供改进的建议,有助于课题组解决研究中的困难,发现研究中存在的新问题。

本项目选择专家时采取判断抽样的方法。课题组于2018年4月至6月对公共文化领域的学者、实践者共计20位专家进行深度访谈,并获得了较好的访谈效果。专家情况如表9-1所示,为进一步展现观点,本报告的具体内容中将隐去专家姓名,打乱访谈专家表上的顺序。

表9-1 访谈专家一览表

序号	访谈日期	专家姓名	专家单位	专家职务/职称
1	2018-04-24	李菲	长春师范大学	副院长/副教授
2	2018-04-30	李东来	东莞图书馆	馆长/研究馆员

续表

序号	访谈日期	专家姓名	专家单位	专家职务/职称
3	2018 - 05 - 03	盛小平	华南师范大学	教授
4	2018 - 05 - 04	金胜勇	河北大学	副院长/教授
5	2018 - 05 - 04	刘淑华	赤峰市图书馆	馆长/研究馆员
6	2018 - 05 - 06	束漫	华南师范大学	教授
7	2018 - 05 - 06	肖希明	武汉大学	教授
8	2018 - 05 - 07	马忠庚	天津市少年儿童图书馆	馆长/研究馆员
9	2018 - 05 - 07	李培	天津图书馆	馆长/教授
10	2018 - 05 - 08	倪晓建	首都图书馆	原馆长/教授
11	2018 - 05 - 10	李苗	天津文广局社文处	处长
12	2018 - 05 - 11	方家忠	广州图书馆	馆长/研究馆员
13	2018 - 05 - 12	龚剑	贵州民族大学	副馆长/研究馆员
14	2018 - 05 - 17	郑建明	南京大学	教授
15	2018 - 05 - 19	王瑞文	天津商业大学	教授
16	2018 - 05 - 24	马艳霞	洛阳师范学院	副馆长/研究馆员
17	2018 - 05 - 24	潘燕桃	中山大学	教授
18	2018 - 05 - 29	王子舟	北京大学	教授
19	2018 - 06 - 11	阮可	浙江大学城市学院	教授
20	2018 - 06 - 22	王惠君	广东省文化馆	馆长/研究馆员

注:按访谈收回日期排序

资料来源:课题组整理

9.1.3 访谈内容

本次访谈采用的是半结构式访谈,访谈的内容主要集中在基本公共文化服务标准化研究、均等化研究、框架及《我国基本公共文化服务标准化体系实施指南(征求意见稿)》(见附录二)的相关问题等三个方面(访谈提纲见附录一)。

首先,在基本公共文化服务标准化研究领域,相关研究主要集中在以下几个方面:公共文化服务标准化与均等化的关系问题、公共文化领域的时间文化圈和公里文化圈的科学性问题、公共文化服务标准制定的影响要素、公共文化服务标准中"常住人口"和"户籍人口"的科学性问题、公共文化服务设施利用率问题、公共文化服务标准化适合做成标准的领域以及制定公共文化服务标准的主体(政府、公共文化机构、第三方等)。

其次,在基本公共文化服务均等化研究领域,相关研究主要集中在以下几个方面:人、财、物之外基本公共文化服务均等化实现的制度支持,公共文化服务均等化实现的先后(优先)顺序及阶段问题,解决城乡和区域间的公共文化服务发展水平的差距的障碍问题,公共文化服务均等化实现的发展预期情况,财政转移支付在解决基本公共文化服务均等化中的作用问题,在持续发展的社会经济背景之下地区、城乡间公共文化服务差异化问题。

再次,本研究对构建的标准体系框架及《实施指南》向专家组征求了意见。目前,本研究已初步构建出"我国基本公共文化服务标准体系和标准化体系框架",并就体系框架的科学性以及标准化体系实施的前、中、后三个阶段的合理性向专家征求了意见,同时向专家征求对《实施指南》的意见。

9.2　关于促进我国基本公共文化服务标准化与均等化研究的相关意见

9.2.1　标准化研究的相关意见

9.2.1.1　制定公共文化服务标准的主体

公共文化服务标准的制定是公共文化服务标准化的前提,而制定公共文化服务标准需要明确制定标准的主体。目前在公共文化服务领域,政府、公共文化机构和第三方机构都曾参与公共文化服务标准的制定,但由哪方来主导和负责具体标准的制定还需进一步明确和探讨。从访谈结果来看,不同专家的观点可以分成四个类别,即:政府主导多方参与、政府部门负责、第三方负责,以及其他形式。多数专家支持由政府部门指导、多方参与的形式来制定公共文化服务标准。

有多位专家认为政府主导、多方参与的标准制定形式是我国公共文化服务领域现行的主要标准制定形式。专家 A 谈到公共文化是全民所有的,带有社会主义优越性的明显的体现,虽然公共文化服务主体很多,多方力量可以参与提供公共文化服务,但是主导力量应该是一种政府行为。第一是体现着社会主义国家的优越性,第二也能够保证公共文化服务方向的正确性和先进性。

专家 B 指出,公共文化服务标准范围和层次都很广,不应该是一方来做那么简单。从现有的情况来看,应该以政府为主体,有更多社会资源和机构参与才合适。公共文化服务标准范围太广泛,应该让社会力量参与进来,但也应该是有主体的。目前是以公共文化服务机构为主体,由政府做指导和要求。第三方的广泛参与是有益的,面向社会、社会导向是公共文化服务的路径和要求。

专家 C 认为,公共文化服务标准的制定是多方协调合作制定的,不应该依靠单一主体。在所有这些参与主体中,政府部门是首先应该参与的,因为只有通过政府部门的财政支持才能保证公共文化服务的顺利开展。"但是还有一个问题,公共文化服务到底做得好不好,还要由用户或者说第三方(包括一些评估机构)来评价,他们来评估这个公共文化服务标准是否真的实现了。所以公共文化服务标准的制定应该是通过政府、公共文化服务机构,以及用户(包括第三方评价机构)的协作,才能制定出更好、更科学的标准。"

专家 G 认为,应该是政府来组织、颁布和实施,公共文化服务机构和第三方参与。

专家 H 认为,政府牵头是最好的,同时需要公共文化机构和社会第三方共同参与。并建议在下次全国县级以上公共图书馆评估中让公共文化服务机构可以更多地参与,有些实际情况和困难也要进一步考虑。

专家 I 认为,公共文化服务标准制定应该是政府、公共文化机构、第三方相结合。"政府完全脱开肯定不合适,标准最终是要由政府颁布,但是作为具体实施单位的各种文化机构也必须要全程参与。第三方如果能够作为一个充分代表公众的社会第三方,这是很好的。这三方相结合应该是一个最佳的情况。"

专家 K 认为,标准制定还是要政府主导,广泛结合社会公共文化服务的专业研究机构和团队。在现有的体制下,政府投入与主导是必需的,政策和标准的制定要深入实际、结合实际,并需要专业的团队去做专业的组织和操作。下一步就要广泛听取社会各界的意见,包括公共文化服务的各种场馆和机构,以及公众的意见,并结合当地的实际。"现在面临的问题是,既要有宏观的高度、对接国家政策,同时要有可操作性,这方面的结合是很重要的。"

专家 O 认为,公共文化服务标准的制定是一个系统工程,涉及行业、范围广泛,应由政府牵头,各级各类公共文化机构参与。

专家 Q 指出,"依我们国家的情况来看,应该由政府牵头、文化主管部门来做。可以委托专门研究文化的学术机构,他们本身对文化和民众的需求有比较深的了解、比较全的研究,这样的话会更贴合民众真正的需求"。

专家 T 认为,应将三方结合起来,"因为每方有每方的利益,利益达成共识了才能确定出一个可行的标准。如果政府制定出了标准,那么对于公共文化服务机构来说,就有了做什么和不做什么服务的要求。以公共文化机构方来说,他可能就是站在他的角度,认为只有当政府比较支持(什么服务)的时候我才能做;以第三方来说,他们可能更关注自身利益,强调你需要给我提供什么服务,但同时可能就忽略了政府的投入和公共文化机构应有的责任"。

也有部分专家支持第三方制定公共文化服务的标准。专家 E、专家 F、专家 N 和专家 P 等认为,应该由第三方来制定标准,"第三方机构制定标准更能体现考评的独立性和公正性",政府与公共文化服务机构是公共文化服务的提供者,自己制定标准不是太合适。同时专家 N 指出,制定标准的第三方要对公共文化服务业熟悉且有高度的专业水平。专家 P 认为，"标准的制定的重要导向是考评谁、由谁来考评的问题，由第三方机构根据国家相关标准的执行情况结合公共文化服务领域的特殊性，在文化便民、利民导向的基础上制定考评标准，更能起到考评的督促作用"。

有支持第三方制定标准的专家，也有的支持政府部门负责公共文化服务标准的制定。如专家 L 认为，制定科学的标准需要多方面的保证，需要专业的调查研究，包括对利益相关方的协调、博弈机制，实施的导向等，制定主体对这几方面的掌控能力越强越好。因此，人大、政府都是相对比较好的选择。

此外，部分专家指出，公共文化服务领域目前的标准大多是政府颁布的，但是政府有些时候也是将标准的制定委托给行业、第三方等，这个问题的关键是在制定标准时，是以哪方意见作为主体。

专家 D，以高校图书馆评估标准作为比较，指出高校图书馆评估中有三个标准，这三个标准分别是国家标准、行业标准、院校标准，这里面国标要求是最低的。评估中鼓励制定自己的标准，谁都有权利来制定自己的标准，制定一个标准来向着这个方向努力。"不是谁制定标准更合适的问题，而是哪一方更有义务，必须去做标准，或者鼓励谁去做标准。国家要制定标准，行业也可以做标准，自己组织内部也要做标准。"

专家 M 指出，"哪方主导制定这个文化标准，初心是什么？出发点是什么？目标是什么？我觉得这个最重要，而不是说谁来制定。比如说政府，如果说我们回到正常的渠道来，我觉得这个问题都不会存在。因为公共文化服务是政府的职能，但是我们现在要转变政府职能，希望更多地依托其他社会力量来参与、帮助政府完成公共文化服务职能。假如我站在政府的立场，我会这样想，我请你们都是为了完善我的服务，实现我的目标，需要注意的是我制定的目的是为了规避我的责任，还是为了更好地发挥效率"。

9.2.1.2 标准化与均等化的关系问题

标准化与均等化之间的关系问题是影响本研究的核心因素之一。目前，理论和实践界对二者关系的理解表现出不同的看法，大多数研究者和实践者往往将二者理解为辩证的关系，将标准化作为实现均等化的途径，均等化是标准化的目标。本研究针对此核心问题对公共文化服务领域的专家进行了访谈，专家对标准化与均等化也表达出了不同的观点和看法，主要分为以下几种类型：

（1）标准化是均等化的主要解决途径

专家 A 认为，标准化是非常重要的且行之有效的路径，并且现在最行之有效的途径应该还是标准化。

专家 J 指出，标准化是均等化问题的解决路径。地区间虽然有差别，但仍需要整体的广义标准,在保障底线均等的情况下再考虑其他特殊需求。

专家 O 认为,以标准化促进均等化的发展思路是现代公共文化服务体系建设的方向,"我认为是主要的解决路径,没有想到其他解决路径"。

(2)标准化是实现均等化的一个重要途径,但不是唯一途径

专家 C 认为,真正实现公共文化服务均等化涉及很多方面,以标准化来倡导公共文化服务肯定是一个很关键的措施。在标准化以外首先要根据均等化的方案,解决途径肯定与均等化的设计范围、覆盖范围密切相关。

专家 E 认为,标准化是均等化问题的重要解决路径,但不是唯一路径。"标准化只是解决了公共文化服务的供给均等化,但是这并不意味着每个人可以同样享受到均等化的服务。这其实是一个供给与消费如何合拍的问题。"

专家 F,将标准化作为均等化的解决途径之一,其他重要的解决途径包括政治制度、经济保障、技术支撑、社会氛围等。

专家 G 认为,"标准化肯定是均等化的一个路径,甚至是一个前提,但是我也觉得它不是唯一的路径,标准化不是把公共文化服务所有问题解决了那么简单",并指出法制、需求等问题都是影响均等化实现的重要因素。

专家 H 和专家 M 认为,实现均等化的一个前提或基础就是标准化,而且他们都强调了法制化对均等化的影响。

专家 K 指出,公共文化服务中技术、措施都在标准化的范围之内,标准化本身是均等化的一个手段,均等化的过程中可以采取一些更具体的措施,例如数字化阅读、数字图书馆、文化馆、群艺馆等,以及对线下服务方式的补充,可以实现远程的服务,这些都是具体的手段,它和标准不是一个层面。均等化是保障不同人群的基本公共文化需求,在这个基本要求下,下一步是提升满意度。这是服务的一个目标层级,或者是服务项目的一个阶段目标。在提升老百姓的获得感上也需要标准化,标准化是一个有效的手段。"标准化之外,我认为吸引更多的社会力量参与可能是推进标准之外最有效的方式。标准化更多的是针对政府来说,政府始终需要依照保障法来推进标准化。但是无论在基本公共文化服务满足或未满足人民群众公共文化需求的情况下,单纯依靠政府这个主导的力量是远远不够的,还需要老百姓的自我参与、自我管理、特色文化团体、文化能人、社会公益力量、第三方运营机构,这些都是参与的重要主体。在标准出台之后,社会力量按照标准去做公共文化服务,承担公共文化服务产品的供给,反而更加有效。国家公共文化机构也需要遵从这些标准,但是毕竟是有限的,还存在一系列问题。"

专家 I 认为,标准化是解决均等化一个重要,但不唯一的途径,"标准化其实也有一个相对的情况,还要结合当地的经济发展水平、现有的文化需求,不能僵化地搞绝对的均等"。

专家 P 认为,公共文化标准化是促进均等化的重要途径之一。由于历史原因,我国公共文化长期处于无序发展状态,突出的表现就是经济发达的地区公共文化的设施和服务水准都高于经济欠发达地区。尤其是在贫困地区,公共文化服务严重滞后已经是导致农村迷信、宗教无序发展的重要原因。公共文化的公益属性要求我们的公民都能享受到基本的文化服务,公共文化国家标准出台后的兜底效应对于补齐贫困地区公共文化短板起到了重大的作用,也相应地加快了均等化的步伐。促进公共文化服务均等化需要多种因素,多方努力。标准化为均等化提供了支撑,但是在最低标准之上,中西部地区和东部发达地区之间还存在不小的差距。除了发展理念的问题之外,政府的财政投入也是重要的原因之一。所以,增加国家财政对贫苦地区的公共文化服务财政投入,加强东西部地区之间的交流,引进东部地区先进的公共文化服务理念是缩小差距、促进均等化的重要解决路径。

专家 T 指出,均等化还有其他方面,比如人们接受教育的程度问题,对公共文化资源消费问题等。标准化是一个基础,是均等化的一个手段。

（3）标准化本身就是公共文化服务的目标之一

专家 B 认为,标准化与均等化的关系还需要进一步厘清。目前,国内公共文化服务领域的专家把标准化当作一种主要方式。标准化有两种功能,它对应的均等化的作用是不同的,均等化是目标,实现目标有不同途径。比如技术手段是途径之一,这个标准化可以作为一种途径,这是一种功能。第二种功能,标准化可以理解为均等化这一大目标的细化目标。

专家 S 认为,标准是公共文化服务的价值导向。"现在我们往往讲标准化推进均等化,但是标准化本身也是公共文化服务追求的价值导向和目标,它不仅仅是手段。标准化可以提高服务效能,比如图书馆和文化馆总分馆的标准制定,明确其工作的基本程序,进而提高服务效能。"并且,流动服务、数字化、社会化等都是解决均等化的有效方式。

（4）也有专家对标准化与均等化之间的关系表示出与以上陈述较为不同的观点

专家 D 认为,应该将两者作为并列关系,均等化应该是一个相对的均等。"首先我理解的绝对的均等是肯定没有的,包括需求本身,对公共文化服务的需求也是千差万别的。所以说,用什么来衡量公共文化服务是不是做到了绝对的均等呢? 第一,均等绝对做不到;第二,也没法做一个绝对的计量。所以在这种情况下,标准化和均等化是一个什么关系,不是很容易确定。我认为标准化与均等化之间是一个并列的关系,不是说谁一定是谁的前提,或者谁为谁提供服务。"

专家 N 认为,标准化、均等化不是一个概念范畴,公共文化服务标准化不一定是均等化问题的解决路径,解决路径更多应侧重于政策支持。

9.2.1.3 公共文化服务标准制定的影响要素

公共文化服务标准的制定需要量化的衡量,若能提炼出影响公共文化服务标准制定的几大核心影响要素,并对几大影响要素进行量化的分析,这就能够在很大程度上提升公共文化服务标准的科学性和合理性。本研究结合已研究成果以及遇到的相关问题,向公共文化服务领域的不同专家征询了意见。

本研究通过对各个专家返回意见的分析,发现专家对公共文化服务的主体及对象——"人"以及人的认识所占的比例最高。

专家 B 认为,公共文化服务标准制定的影响要素应从服务对象上考虑,这样会更加准确和可靠。重点是满足人的需求,了解需求后还应该有人、财、物的保障。

专家 M 认为,人是影响公共文化服务标准制定的核心要素,并结合专家所在的省份的具体情况探讨了不同要素对制定标准的影响。"人员首先要专职化。在图书馆事业发展比较滞后的地方,没办法保证专职,馆长还得去管社区、刷标语、清洗标语。如何保证为市民提供均等化和标准化的服务,首先做到公共文化服务人员的专职化,这是最基本的。在专职化基础上还得专业化。这个问题也很严峻,不是说单单有了人就可以了,目前有大量的闲置资源,这在很大程度上是人才资源的浪费。""对于标准化,我个人非常认同,因为我始终认为标准化是专业化的一个重要的标志,必须要坚持专业化发展的道路。"

专家 I 认为,影响公共文化服务标准制定的因素有多个方面,最主要的还是人的因素。"在人的要素里,公共文化服务的对象是老百姓,公众的文化需求调动起来,但相应的文化消费的自觉性和主动性可能没有调动起来,就难以进一步开展其他工作。另外一方面是政府管理者,重点是政府部门对客户的重视程度。"

在"人"的认识方面,专家 A 认为,人口、经济两大要素对公共文化服务标准的制定有很大的影响。"第一就是这个地区的人口要素,比如说这个地区是否有此类人才需要,是否有相应的用户需求,用户的需求是公共文化服务标准制定的一个基准,那么是否有相应的人才来做好相应服务对于标准的制定也有一定制约。第二个是经济要素。经济基础决定上层建筑,那么经济情况决定这个地区对于文化的重视度,决定了这个地区的人们获取公共文化的时间是否便利。"

专家 C 认为,制定标准的专家对公共文化的认识是否到位十分关键,主要是专家和公共文化服务的提供者两个方面。"专家的态度和观点、对公共文化服务标准本身的认识,全不全面、科不科学,对于标准的制定有关键的影响。还要考虑标准的实际情况,标准能否很好地提升公共文化服务的水平。也就是说我们要考虑公共文化服务的提供者,他们本身对于公共化服务能不能做好?"

专家 G 重点指出了对标准的认识问题。第一是对标准的认识问题,对标准权威性的认识问题,要不要制定这个标准,有多大权威性。第二是准入机制(见附录二),公共文化服务的提供机构是政府,准入也是政府,因此准入机制在此处说不通。第三是人才问题。公共文化服务的标准需要人来制定,人才需要标准化,"标准的制定需要有一批专家,但是大批的专职人员不一定需要,标准制定以后,只需按标准做就可以"。

专家 P,从国家标准和地方标准的角度探讨了标准的影响因素,指出公共文化服务标准的制定是一个复杂的系统工程。"不同类别的标准制定需要考虑不同的因素,制定国家标准是更多地要有全国一盘棋的思考,既要考虑到东部发达地区的状况,又要考虑到中西部农村贫困地区面临的突出短板,使得最后国家标准切实起到兜底保障的作用。地方标准的制定更多的是要考虑到本地区的现实情况,结合公共文化服务体系建设基础和财政收支情况、群众需求、特色文化保护传承需要等因素,在确保高于国家标准的基础上不断保障群众日益增长的文化需要。"

专家 S 指出,财力保障是重点,另外考核和问责机制、法制意识、文化领域从业人员等都从不同角度影响着公共文化服务标准的制定。

部分专家提出影响标准制定的不同要素。

专家 E 强调,在制定标准时要注意基本公共文化服务的标准化组织和基本公共文化服务的强制性标准两个方面。

专家 F 提出,传统理念、社会制度、经济制约、技术限定等要素。

专家 J 提出,地区差异、经济情况、文化素质等要素。

专家 L 认为,影响因素包括公众需要水平、政府保障水平和图书馆服务水平三大支柱,在此三大支柱之下各有若干要素。

专家 N 提出,公共文化服务内容、实施过程与方法、服务效能三要素。

专家 O 认为,政治、经济、法律、社会、人口等因素对标准制定有重要影响。

此外,有专家指出标准制定时要考虑多样化的需求。

专家 D 指出,时间、距离、人口、文化程度等都是重要的影响因素,可以总结为人口的数量和质量问题,以及户籍制度等。此外,人口的流动性、当地的风土人情、文化特色等也要重点考虑。"比如这个地区居民经常打麻将、听戏,那么在制定标准时是否应该加以考虑?"

专家 H 认为,"国家公共文化服务标准更多是一个兜底的标准,新中国成立初期公共图书馆还做过一些扫盲工作,应从下往上,越是文化素质高的,个性化需求会更明显"。

9.2.1.4 公共文化服务标准化适合做成标准的领域

公共文化服务标准化涉及众多领域,不同领域有不同领域的特点,对不同领域进行标准的衡量往往有一定的困难。在公共文化服务众多领域中,并不是所有的领域都适合做成标准,不同领域对标准的急需程度也往往会有一定的区别。因此,在公共文化服务标准化进程中要明确重点领域和优先事项。

专家 A 认为，一个整体的逻辑思路应该是，可数值的、可数据化的领域都适合做出标准，比如说经费投入、相关法律法规、准入证、专业人才配备、指导性的地方文件等，这些都是可衡量、可数值的。而以个人感观为主体的，或具有创造性、特色性的内容不太适合作为标准设计。"对于急需的标准，实际上还是那些可数值、数据化的内容，能够保证公共文化服务达到一个基本的规模。比如说一些指导性文件的地方法规、建筑设备设施等。那些具体的服务项目和活动，可以暂时作为后续的标准内容提升式的考量，而不是一个完全的基础性的标准考量。"

专家 B 认为，公共服务成型的各个领域都适合开展标准化，包括图书馆、文化馆，以及大文化概念中的体育等。最欠缺和基础性的领域急需标准，与《公共图书馆法》《公共文化服务保障法》相配套的标准要先定下来，比如人、财、物等，这是检验法律落实的抓手和手段。

专家 C 认为，与公共文化服务相关的设施、服务方式、服务内容、服务能力等方面都应该有相应的标准。"比如公共文化服务标准化涉及的服务提供者，是否可以建立公共文化服务员工的能力标准，这是从服务提供的角度来设计的标准。所以说跟公共文化服务相关的设施设备，也许不能具体到某一种设施，但应将设施设备的范围做出界定。具体到文化馆、图书馆、美术馆等领域的标准，我觉得应该进一步细化，如设施、设备、人员、服务等。""至于说哪个领域急需标准，比如说专业人员的能力标准就很重要。公共文化服务实施过程要从实际需求出发，实施过程中哪些问题比较突出、急需解决，就应该优先制定相应标准。"

专家 D 指出，标准制定时的两个问题，第一个是标准不好定，第二个是标准不好做。"我认为标准不好定可以理解，标准不好做应该改变。比如说经费，这个可能不是标准不好定的问题，而是定了之后能否实行的问题。经费、建筑、设施设备等方面，都可以做成标准，而服务理念、态度等不适合量化标准，但是凡是和投入、行为有关的，能做标准就应该做标准。"

专家 E 认为，关于设施设备、保障水平等可以做成标准，关于创意、内容、活动不宜做成标准。文化产品不同于物质产品，标准太多，容易限制创新。其他领域标准相较图书馆领域少，其他领域的标准可以优先制定。

专家 G 认为，硬件的方面容易做，广播电视普及、电影、图书馆藏书量等。有些不容易，公共文化服务的质量很难做成标准，藏书量可以做成标准，而受人欢迎、利用率高比较难以标准化。"另外，我认为人才的标准化有一定难度。相对于一般人才的培养要求，标准化人才的培养要求更高，也更有难度。若是简单确定文化站、图书馆应该配备的人才数量较为容易，但是在公共文化机构中普遍落实标准化的专业人才有一定困难。"

专家 H 认为，评估本身也是标准化的体现，评估是一个标准。通过这个标准达到办馆的水平,当然是一个手段,但是有多大意义可能有不同看法。比如说有多少座椅等,这个时候就不会提到人口了,这个标准都是一个通用值最好。天津和平区和蓟州区,这种绝对值就不如相对值好,两个区域在面积和人口、密度都存在很大的差距。总分馆制有着很强的现实意义,总分馆模式向分布式模式转变很有必要,相应的评估指标也有很大的提升空间。馆舍的大小决定着图书馆的服务面积,没有必要将所有馆舍统一集中起来。国外图书馆的总分馆模式很多是分布式的,服务也更加便利。标准的制定中,同样是区馆,馆舍面积不一样,地理面积、服务人口都要考虑进去。标准是相对的不是绝对的,同样是一个城市,直辖市和一般市是有区别的。

专家 I 指出,当今社会互联网、新媒体等信息技术领域发展迅猛,文化服务普及和推广也相对较快,可在此类领域优先建立标准。技术的创新可以缓解和减轻某些自然条件对公共文化服务的限制,实现跨越式的发展。

专家 L 认为,在基本公共服务范畴内,也应分别对待基本需求和高层次需求,最基本的应该优先保障;只有政府能保障的,市场、社会不保障的,应该优先保障;国际有成熟经验、模式、已经标准化的,优先保障;职业化特征强的,优先保障。"举例而言,公共图书馆应该保障,而文化馆如何保障、如何制定标准?博物馆标准化制定的难度也大于图书馆。无论从现实还是从长远人才队伍建设看,应该需要一个基本标准。原因在于,在我国推进公共服务标准化的过程中,预计需要大量采用购买服务的方式来解决新增人力资源投入的问题。因此,需要有一个对人员基本素质的要求。这个素质要求很可能有别于高等教育相关专业人才培养要求,这是目前比较难解决的一个问题。"

专家 M 认为,从发达地区、公共文化服务发展水平较高的地区来看,其标准化有一定的策略和优先顺序,各地区根据本地的条件做出选择,存在一定的差异化。"若是具备一定条件,都可以进行标准化。但是哪些领域急需标准,我觉得业务标准流程当中的规范可能是一个重点。其次是特色标准,这也是解决差异化、特色化的一个重要路径。"

专家 T 指出,我国基本公共文化服务标准的指导意见是一种兜底的、最基本的保障,这个可以标准化,可以量化的标准大概可参照、可执行。而涉及服务内容方面的标准就很难制定,还有一些标准就是定了以后要有可操作性。

一些专家较为明确地给出了哪些领域适合标准化。

专家 F 指出,图书馆、编辑出版、文化馆、博物馆、美术馆、科技馆等领域适合做标准,新闻广电、文化活动中心、民间机构、特色文化机构等不适合做标准。

专家 N 指出,公共文化服务内容、方法、流程等领域适合标准化,而且这些领域急需标准化。

专家 O 认为,本研究提出的对提供公共文化服务的机构进行准入标准认证很重要。

专家 P 认为,公共文化的硬件设施领域适合标准化,文化活动的内容、数量不适合做成标准,群众对区域公共文化服务水平的满意度方面急需标准。

专家 S 重点对迫切需要标准的领域进行了分析,认为关键问题是以问题为导向,"第一,服务效能问题,服务效能普遍不高;第二,补短板,东西部差异较大,不能一刀切,标准的设计要分区域来考虑;第三,深化文化体制改革工作,比如法人治理结构、总分馆制、公共数字文化等"。

9.2.1.5 公里文化圈和时间文化圈的合理性比较

公共文化服务公里文化圈和时间文化圈旨在更加精准地保证服务范围内的公民的基本文化权益,打通基本公共文化服务的最后一公里。公里文化圈和时间文化圈分别是从距离和时间两个角度对文化圈的划分,针对不同的服务对象和服务内容会表现出不同的服务效果。时间标准和距离标准是衡量基本公共文化服务效果的重要方式,衡量方式的不同会对地方公共文化服务发展规划产生影响。

本研究通过对访谈内容的对比分析,多数访谈专家支持从不同角度对时间文化圈和距离公里文化圈进行衡量。

专家 A 认为,在建设文化圈的过程中,具体的数值有一定合理性。并认为距离要素会显得更加合理,"因为我们知道当利用分钟来衡量的时候,还涉及交通工具的问题,还涉及时间行进速度的问题"。

专家 B 指出,时间是一维属性,资源稀缺性决定了它不可再生。再者,时间和生命相关,公共文化服务是以人为服务对象的,要考虑人的时间消耗。空间距离和交通手段相关,变化性会更多。

专家 C 认为,要注重对城市和乡村问题的区分。"对城市来说我觉得 3 公里到 5 公里都可以,10 公里就不合理了。时间 10 到 15 分钟都可以,也没必要一两分钟之内非要到达,10 分钟我觉得是合理的。"

专家 D 认为,单纯用距离来衡量文化圈肯定不合适,用时间会更好一些。但是时间也会受到多种因素的制约,与多方面有联系。"时间虽然讨论起来会比较复杂,但是比较合理。城市和农村的问题应该是一种理念,让人们享受更加便捷的服务。以图书馆来说,原来是我们到图书馆中去,现在是图书馆来到我们身边,这种理念肯定是对的。至于城市和农村,不必分得太细,不可能建立一个完全绝对的标准化。"

专家 E 认为,对城市而言时间标准更好些,对农村而言距离标准更好些。"城市交通拥堵情况各异,按照时间来说更科学。农村交通不拥堵,按照距离比较科学。"

专家 F 认为,时间和距离标准都可以使用,"城市的社区使用时间标准,农村因为地域和交通工具的问题,使用距离标准更好"。

专家 G 认为,文化圈对于城乡和地域来说会有区别,"城市 10 分钟或 15 分钟是可以的,但农村难以实现。再如东西部人口密度有较大差异,西部地区地广人稀,要具体问题具体分析"。

专家 H 认为,时间标准更合理,但时间也涉及步行、乘车等出行方式的影响,要充分考虑出行方式。

专家 J 认为,不能一概而论,东西部地区会有很大的不同。对农村来说,划定服务圈不太科学,对城市而言是可行的。

专家 K 认为,要针对不同的服务内容来具体衡量。"从受众角度来看,主要感受的是时间,实际距离老百姓有可能没有明确的认识,但是会比较关注时间,现在普遍关注步行多长时间。像博物馆、文化馆如果远一些的话人们还可以接受,图书馆尽可能近一些,现在提倡 15 分钟阅读圈。对于不需要每天都去的场馆,可以按距离衡量。"

专家 M 称,时间和距离因素都是可行的,两者并不是绝对的。"只要保证时间和距离上他都能便捷地到达这个位置,这个标准只要有充分的便捷性,就是可行的。"

专家 O 认为,不管是距离标准还是时间标准对城市和农村都不可能实现一致的效果。"我认为时间标准更好一些,可以减少地域、交通等方面的影响,以时间的可达性促进文化圈的均等化。"

专家 P 认为,"目前一些地区片面追求单体场馆的面积,但实际的效果显示巨大的投入和服务群众的范围和人次之间存在很大的差距,并没有起到很好的效果。不管是以公里为单位的文化圈,还是以分钟为单位的文化圈,目的都是为了让人民群众能在家门口享受到更便捷的文化服务,提高文化设施的效能。如果一个地区实现了不管是以公里为单位的文化设施全覆盖还是以时间为单位的文化设施全覆盖,都可以表明该地区的文化场馆在便民性这方面是很完善的。但是由于农村和城市每平方公里范围内人口密度、交通通达度等的不同,以公里、时间计算文化设施的布局确实在现实中存在着一些问题。设置这些标准的初衷就在于便民,缩短群众前往文化设施的时间,所以我认为以时间标准更能体现文化惠民的初衷。"

专家 T 认为,量上的指标体现了资源的均等配置,也体现了公共文化服务的便利性,文化圈用时间和半径两个要素同时来界定可能更好。

同时,还有一些专家认为还应该充分考虑地域特色。

专家 A 认为,应该根据地域的特色来决定,"并不一定说一公里的就好,10/15 分钟就不好,也不应该说文化圈设定就应该用具体的公里数和分钟数来设定"。

专家 I 认为,距离和时间标准是一个相对的概念,不能绝对地认为哪种标准更合理,应该考虑选择公众更适合的方式。距离、时间很难以一个简单的数值划分,还要结合当地的特点。"怎么对百姓、对公众更方便,让他认为是一个比较舒适的程度,如果能达到这种情况,无论是距离也好,时间也好,就是相对科学的。当然必须要结合当地的特点,当地的地域特点、交通条件,包括百姓的文化消费程度等。"

此外,也有专家对公里文化圈和距离文化圈提出部分质疑。

专家 L 认为,两者都不太接地气,"因为无法比较直观地测度,无法被一般人感知"。

专家 N 指出,"文化领域的 1/3/5/10 公里文化圈、10/15 分钟文化圈"不是一个单纯的时空概念,而是公众文化权益的体现。

专家 S 认为,公里文化圈和时间文化圈的存在是我国客观存在的现状。"老百姓他不管你可及不可及,只要超过 15 分钟也许就不愿意过来。只要离得近,可及性高就愿意过来。""我国与美国等发达国家不一样。他们星罗棋布,按服务人口和范围来划分,而我们国家是按行政级别来划分的,省有省馆、市有市馆、县有县馆。有很多馆的服务半径是重合的,不合理的,这受到很多历史原因的影响。"

9.2.2 均等化研究的相关意见

9.2.2.1 人财物之外的基本公共文化服务均等化保障因素

人财物是一切服务的基本保障,发展基本公共文化服务同样离不开在人财物等方面的支持。很多专家从我国具体国情、经济发展水平差异等角度分析了公共文化服务不均等的现象,并从制度和法律角度探讨了对基本公共文化服务均等化的有效保障。

专家 A 认同人财物是诸多保障要素中最核心的部分,但考虑到公共文化服务可能扩展的一些外向型功能,例如吸纳社会力量和社会群体来共同实现基本公共文化服务均等化,在这个过程中还需要社会参与的保障制度、激励制度,甚至需要理事会制度、志愿者制度等的支持,以此来更好地激发社会力量参与,真正实现均等化服务的大众化。

专家 B 认为,人财物是公共文化服务最主要的支撑和保证,同时需要制度来规范和固化。但是在基本保障制度之外,还需要有专业制度建设的配套支持。不同的公共文化服务有其专项功能,需要一些专业制度的保障来实现。文化馆、图书馆等都需要专项制度的保障,基本公共文化服务有哪些功能,就需要有对应的专有制度来完善、保障。

专家 C 指出,"在我看来,公共文化服务均等化建设实际上最重要的还是制度建设。因为有了制度、法规等建设,才能解决公共文化服务中的人财物问题。其次应该有一些配套的实施条例,也可以来加强设计,或者说加强建设。当然具体到不同的行业,例如图书馆、文化馆行业,也可以适当增加一些行业规范,有关公共文化服务的一些行业准则、规范也是制度建设应该去加强的领域"。

专家 D 认为,均等化不是平均主义,均等化最终是实现一种普惠化,让大家都享受到好的公共文化服务。并指出,与基本公共文化服务相关的技术、政策、制度、意识、观念等都很重要。

专家 E 从基于社区的公共文化服务主体培育、建设、管理制度方面回答了此类问题。

专家 F 将发展规划、指导标准、具体职责、国际合作、国内多方合作、鼓励机制、特殊群体保护制度、年报制度、管理评价、教育培训、专业化发展、法律责任等方面作为必要的保障因素。

专家 G 指出,对人财物的保障不是短期行为,本身就需要制度支持,应该有长效的机制,从而保证公共文化服务长效发展。"人财物之外,应该增加对党政干部的考核评价机制,争取与当地政府政绩挂钩。还有一个是领导干部的观念问题,地方管文化的干部还比较了解公共文化服务,但是党政一把手对公共文化服务的态度十分重要。地方官员的脑海中,不能只有 GDP。现在地方官员,只要与政绩考核有关的都很重视,比如说旅游开发、仿古建筑、恢复古建筑等。观念问题还是很重要,即使是标准化,如果不是强制的,再加上意识薄弱,肯定难以发展。"

专家 H 也重点说明了《公共图书馆法》等法律在公共文化服务中的保障作用。

专家 I 指出,要结合当地文化的发展特色发展公共文化服务,"政府需要引导,但不能一味地迁就。目前我国政府在公共文化领域发挥着主导作用,文化事业不能绝对地将其作为一个产业。由于政府主导,所以法制化发挥着重要作用,依法实行要比单纯的政府自觉行动更加有效。此外,制度保障在公共文化领域也发挥着非常重要的作用,人财物等保障条件必须在法治和制度的框架下才能发挥最大效益,它不仅仅是一种激励、管理、制约,还是一个很好的平衡和协调机制"。

专家 K 指出,在人财物之外,还需要制度上的引领。"重点是法律和制度的保障,结合《公共文化服务保障法》和《公共图书馆法》的顶层设计。"

专家 L 重点指出了制度保障,"最好是最高层次的立法保障,制度设计要解决服务保障目标定位、要素投入保障标准(人财物)问题、服务效能问题,以及建设管理运行体制机制创新,以解决同等投入下提高产出的问题"。

专家 M 指出,我国目前基本公共文化服务的政策设计都有很高的科学性,薄弱环节是在政策的实施上,最大的问题还是没有充分理顺整个管理机制,下一步要重点完成政府角色的转变,完善一系列行政管理制度改革,落实机制创新。

专家 N 认为,基本公共文化服务均等化的保障因素应该包含社会公众意识提升所需的环境、法律、保障制度等。

专家 O 认为,应该从公共文化服务接受者对文化的需求和参与被引导方面给予制度支持。

专家 P 认为,人财物是实现基本公共文化服务均等化的基本保障,除此之外还需要健全的考评指标体系和奖评激励机制。近年来,国家财政和地方各级财政对公共文化方面的投入越来越大,但是实际实施过程中重复建设、资源闲置等问题依然突出,政府宝贵的资金投入并没有发挥最大的效用,公共文化服务设施效能仍然有待提高。资源未得到充分利用背后是我们的考评指标和体系未能发挥指挥棒和裁判员的作用,导致部分地方政府只重视资金设施的投入,实际的效能导向意识不足。

专家 W 同样从工作协调机制创新方面提出了部分建议,指出目前"还需要一些对欠发达地区的奖励措施。通过工作机制的创新,才能使均等化做得更加到位,包括文化馆总馆。总馆把文化站统一起来就可以实现资源共享服务联动,均等化也就更容易实现"。

9.2.2.2 解决城乡和区域间的公共文化服务均等化的障碍

公共文化服务均等化是我国建设现代公共文化服务体系的重要内容,是保证全体公民基本文化权益的必要体现。如今,城乡和区域间的基本公共文化服务发展水平存在很大差距,这是我国实现公共文化服务均等化所要解决的重点问题。找出城乡和区域间公共文化服务均等化发展的障碍,并明确重点和难点,有利于建立科学、合理的公共文化服务发展路径和策略。

针对均等化发展的障碍问题,不同专家从不同角度分析了我国公共文化服务发展的困境影响因素,但在核心问题上也取得了较为一致的看法,即经济发展水平的差异是影响均等化的一个重要因素。

专家 A 和专家 D 认为,重点是经济基础问题,要解决经济基础问题需要管理者和服务者有明确的作为。城乡和区域间的公共文化服务差异不是通过资源的重新配置来弥补,不是搞平均,而是要通过落后地区的提升来弥补、来实现均等。

专家 C 指出,城市与农村的差距表现在经济发展水平差距和财政投入两个方面。我国公共文化服务主要依赖于国家财政拨款,地方经济发展水平直接影响财政投入。此外,一个地区的文化实力和竞争力也对公共文化服务产生影响。若具体到城市、农村的话,发达地区与落后地区本身就有很大差距,这个差距也体现在图书馆、文化馆、艺术馆和美术馆等领域。

专家 E 提出,资金、人员、设施等方面对均等化发展的影响,重点、难点在于领导和社会的认识是否到位。

专家 F 和专家 G 从经济制约和理念制约两个方面分析了此问题,重点是把合适的经费给予合适的人去管理,难点是改变观念,不能一蹴而就。专家 G 认为,障碍与经济实力有密切关系,但经济实力也不是唯一障碍。"有些地方有钱也不一定重视公共文化,有些地方贫困也有可能很重视。党政领导,特别是一把手的认识问题很重要。难点是需求的问题,需求的问题解决起来还很困难。需求可能包括很多方面,若需求旺盛,发展会好一点。比如文化馆,群众有看戏、跳广场舞、看电影等需求,对它很有兴趣,文化馆现在红红火火,图书馆反而显得冷清。这个问题的解决不能只靠文化部门,从农村来看有一个综合治理的问题,比如乡村振兴战略。特别是农村,公共文化服务的空心化比较典型,假如农村劳动力都回流到农村,自然情况会好一点,这是一个综合治理的问题,不单单是文化部门的问题。"

专家 H 指出,越是基层、城乡,制度、经费、人员的保证越重要。发达地区更多强调的是如何提升服务品质,更多地强调个性化、高端服务,基层更多是兜底的意识。

专家 I 指出,经济发展水平决定政府的资金投入,同时当地的文化基础、接受和消费水平也在很大程度上有影响。障碍的解决,一方面是经费的支持,另一方面是要大力提升民众的教育水平。

专家 K 强调,经济基础决定上层建筑。"推进公共文化服务首先要靠政府投入,政府财力决定投入的水平,地区的经济发展水平直接决定老百姓生活支出用于文化消费的比例。在促进均等化的过程中,首先要提升地方的发展水平,扩大政府投入。当一个地区还没有达到基本生活水平的时候,当地民众很难会再更进一步追求文化生活,老百姓生活水平提高、生存问题解决之后才会有更多的文化生活追求。所以可从以下几个方面考虑解决均等化发展的问题,第一是经济发展水平;第二是政府的保障力度;第三是有没有文化需求和文化土壤;第四是文化的培养和引导。"

专家 L 认为,需求、保障、服务是支持公共文化事业发展的三大支柱,发展动力也来自于这三方面。公共文化服务是地方性事业,因此从全国范围看,城乡差距、区域差距会长期存在;从一个小的区域范围看,有可能通过其最高层级的政府统筹解决。

专家 N 和专家 O 认为,人的认识是重点,即包括各级文化行政部门、各级政府、文化工作者等的公共文化服务主客体是否真正重视文化应该是主要问题。

专家 P 认为,"第一是设施的障碍,由于历史的欠账和财政投入的差距,目前城乡之间和区域之间的公共文化服务设施存在很大的差距,阵地缺失是目前面临的较大问题。第二是理念的落后,部分地区还停留在政府办文化的传统观念上,不主动探索本地群众的文化需求特点,单纯按照自己的想法提供文化产品,供需不对等,致使很多资源投入的浪费。第三是人才的短缺,基层文化服务人才的短缺是制约地区文化服务水平提升的重要因素,一个文化能人往往能带动整个村子文化活动氛围的活跃,政府应该合理引导,给予补助,充分调动他们的积极性和主动性"。

专家 R 指出,基层公共文化服务是公共文化服务体系成效的核心部分,重要的是基层老百姓能否受益,因此标准的出台十分重要,同时社会力量准入的标准也比较迫切。

专家 S 对解决城乡基本公共文化均等化的障碍表达出独特的看法,以浙江为例,分析了嘉兴、杭州、偏远地区等公共文化服务建设的不同类型,指出浙江省目前乡村公共文化活动发展良好,而城市社区反而未能很好开展。如今浙江省某种程度上是由农村向城市社区推进,呈现出先农村后城镇的反向发展模式,因此城市与农村发展各有特色,没有必要统一,也不能以城市的眼光来对待农村公共文化服务,要区别对待。

专家 T 指出,最大障碍是在农村的资源配备方面,"包括人财物资源的配备,另外要挖掘欠发达地区和偏远少数民族地区人们对公共文化需求的潜力,让他们更多地去获取这些公共文化资源"。

9.2.2.3 财政转移支付在公共文化服务均等化中的应用

目前,公共文化服务均等化的实现主要依靠的是财政转移支付方式,但也有专家认为转移支付掩盖的是政府财权事权的不匹配问题,治标不治本,应该通过明确主管与财务责任来重构公共服务结构。针对公共文化服务均等化财政转移支付的问题,采访专家表达出较为不同的看法。

专家 A、专家 E、专家 L、专家 M、专家 O 等支持通过继续增大财政转移来支付实现均等化的过程。但专家 A 指出,在支撑的同时要去引导服务主体,真正强化自身公共文化服务均等化的能力,以期最后能转化为自主实现均等化的过程。专家 A 认为现阶段标本兼治当然是最好的效果,如果在不能达到这个最好效果的情况下,还是应该先治标,也就是通过财政转移支付的方式明确引导方向。通过引导,首先要实现整个氛围的营造,让公共文化提供主体、用户都有明确的导向、方向。公共文化建设的主体追求的是均等化,用户应该知道自身有实现均等化的权利。通过逐步治标的过程,也是在给建设者一个有效的引导。而专家 E 认为转移支付有其存在的必要性,对于经济欠发达地区尤其如此。转移支付保持适度规模,不宜持续扩大。

专家 B 指出,我国目前的政策就是财政转移支付,有了转移支付相对来说也就有了一定保障。"我国财政中央统筹力度很大,中央统筹对欠发达地区起到一定保障作用,目前是可行的。从文化口突破来说,现实政策之下,应该是完善转移支付,包括转移支付的细化、专款专用、承担相应的职责、制定专项要求,并同时伴有监督、检查和督导。"

专家 C 认为,是否要继续扩大财政转移支付要看具体情况的需求,"如果说服务确实做得比较差,或者说没有满足用户需求,那在财政上面财政转移支付确实太少了的话,那应该要增大。如果说财政拨款已经很多了,但可能这个钱就没用到实处,或者说这个钱的利用效率很低,那又是另外一回事,所以说这个里面有问题,要具体分析"。

专家 H 认为,这是事权和财权的分离问题,"转移支付个人感觉没问题,有可能不直接"。

专家 I 认为,上级政府对公共文化服务的重视力度很大,对转移支付的力度也很强,但要重点注意财政转移支付的实施效果。现如今的公共文化服务工作还需进一步细化、科学管理,应注重对资金投入之后的制度完善和有效管理,因此要充分发挥地方政府的主导性、主动性和积极性。"地方的一些文化建设,可以地方经费为主,然后中央经费转移支付为辅的这种方式。那么,地方政府以项目申报方式来向中央财政申请经费支持,看他所申报的项目,是什么样的情况,究竟实不实,有没有一套这种相对完整的项目机制。就按照项目申报、项目审批、后续的项目管理和审核这种全流程和机制来管理中央财政经费,可能要比现在简单的转移支付更好一些。因为如果地方真的有比较高的积极性,要搞一些文化服务的项目建设,那么它的项目申报材料肯定会做得相对比较实,那么针对这种有比较实的需求的项目,中央财政可以进行有针对性地支持。当地究竟有没有要做的一些事情、要开展的一些项目? 如果他没有那种主动的想法,只是被动地来接受你的钱,被动地去花,肯定是不会有太好的效果,最后其实到审计、验收恐怕就有问题。现在政府资金的效益评价方式逐渐增多,包括社会公众监督、第三方机构评价等。我觉得因为这个钱是花给老百姓,一定要充分吸收公众参加。所以很多文化项目现在已经采取这种方法,应该说达到的效果也是很好的。第三方不跟被调查的单位接触,直接开展社会评价,应该会得到比较客观的评价结果,评价手段越来越科学、客观。"

专家 J 指出,"虽然政府出台了很多有关文件,但并没有能把整个责任承担好。不论是转移支付还是直接支付都可以,但都需要政府更好地承担"。

专家 N 认为,可以鼓励社会力量参与,财政转移支付考虑的是政策、制度持续。

专家 P 认为,补齐中西部贫困地区公共文化服务体系建设的主要途径是增加中央财政的转移支付力度,这也是在尽可能短的时间内实现公共文化服务均等化的重要途径。但是部分地方过度依赖财政的转移支付不可避免地出现了属地责任下降的问题,短期内可以达到一定的效果,但是终究治标不治本。对于贫困地区的公共文化服务体系建设,国家应该有计划地控制财政转移支付力度和实践,在确保设施完善和提升后逐渐降低转移支付的标准和力度,逐渐明确属地的投入责任,实现公共文化服务体系建设的可持续发展。

专家 S 指出,我国很多西部贫困地区,公共文化的支出主要是转移支付。"有些地方虽然贫困,但是文化工作做得也不错,不是说贫困,文化就一定搞不好。我认为这个问题应该放在一个更大的环境下去考虑,与他的脱贫工作要结合在一起,只有富了才有更大的投入。"

9.2.2.4 对公共文化服务均等化实现的发展预期

均等化的实现是公共文化服务体系建设的重要目标,近年来国家对公共文化服务的投入力度加大,为公共文化事业的发展创造了较好的社会环境。由于我国幅员辽阔,不同地区、城乡的经济文化发展水平存在很大的差距,并在很多情况下表现出一定的特色需求。在国家加快构建现代公共文化服务体系进程中,公共文化服务均等化能否顺利实现?在持续发展的社会经济背景之下,地区、城乡间公共文化服务差异是否会越来越大?这些都是我们需要解决的重点问题。

通过对专家访谈的对比分析,专家们对我国公共文化服务均等化基本持有乐观的预期。

专家A对公共文化服务均等化的发展有较好的预期,认为均等化的差异不会越来越大,只会逐渐缩小。"我们国家现在整体的公共文化服务环境已经达到了一个较高的水平,加上前期的公共文化服务体系标准化的设计提升,都在有效地为均等化实现奠定良好的基础。但东、中、西部和城乡在底线均等实现之后,对于均等的需求肯定会有所不同,要充分考虑地域文化特色。通过目前学界和业界的实践来看,均等化服务的手段或者措施逐渐丰富、均等化的受重视程度不断深入,差异一定会不断缩小。"

专家B对发展预期整体相对乐观。"决胜2020年全面建设小康社会,是国家大政方针。实现基本公共文化服务均等化,目前还需要进一步细化指标和数值要求。"底线均等是国家的最低要求,需要有相应指标来检验《公共文化服务保障法》《公共图书馆法》的落实。实现底线均等后,需要带有不同特色需求的效果均等,发达地区、经济条件好的地区、公共文化服务示范区等已经开始重视特色服务、追求服务成效。

专家H对均等化抱有良好的期待,但由于我国的特殊国情,标准的制定存在太大差异。区域范围内的均等化,可能是分步骤实现的先决条件。"我感觉城乡之间的差距是在加大,当然目标是缩小这个差异。现在的农村空心化,农村只剩下了老人和孩子。若盲目加大对农村文化建设的投入力度,也存在一定的问题。大城市人口较为集中,文化程度较高的人占有一定比重,同时有大量农村劳动力涌入,因此乡村文化建设也应考虑城市务工人员的具体情况。"

专家O对均等化的实现抱有乐观的预期,在保障底线的基础上不同特色需求的效果均等是可行的。"我认为在兜住底线的基础上,一些地区能够提供更多更优质的公共文化服务,这种差异是正常的。通过法律保障,在习近平新时代中国特色社会主义思想指导下,建设富强民主文明和谐美丽的社会主义现代化强国,坚定文化自信,提供基本公共文化服务的均等化是能够顺利实现的。"

有些专家没有明确表明对均等化发展的预期,但是从多个角度分析了我国基本公共文化服务均等化的实际情况。

专家D认为,首先应实现底线均等,但不是统一的底线,然后不断提升底线。制定一个标准,然后不断提升标准,逐渐走向高水平的均等。

专家 E 支持东、中、西部,城乡应实现统一的底线均等,同时在实现底线均等后,应该带有不同特色需求的效果均等。"均等化的差异会继续存在,是否越来越大不好说。此种环境下的均等化是底线不断提高、继续保持合理差异的均等化。"

专家 I 认为,如果公共文化服务始终由政府部门主导,且纳入各级政府绩效考核体系,东、西部和城乡间的差异会逐渐缩小。"如今我国医疗保障、教育等方面的差距在缩小,缩小文化领域的差距相比前者在某种程度上更容易实施,关键要依赖于政府的充分重视。我觉得均等化实际上就是在当地现有水平基础上,文化需求充分得到满足甚至有一些超越,它是一个具体化的实现。包括一些发达国家,城市和农村的文化的保障水平也并不相同。所以不能简单地将它们理解为都是一样的,需求层次本身就存在差异。"

专家 L 认为,由于目前尚未看到国家的发展目标定位,因此难以对公共文化服务均等化做出预期。在中国特色社会主义大背景下,均等化是一个社会层面、政治层面的目标,从图书馆职业看,这也是一种理想的目标。

专家 M 认为,从民族地区的角度出发,今后在公共文化服务均等化的过程中要更加关注民族和欠发达地区的发展。公共文化服务的差距很大,而且这个差距又影响了欠发达地区的后续发展和可持续发展。此外,还应关注活动特色需求的均等,各地应把特色化发展作为其中一个发展重点。"从理想角度,均等化的差异会逐渐缩小,但这个缩小并不完全取决于主管部门的意愿,而是取决于多方面因素,比如标准化制定是否合理。对于社会发展来说,现代社会的发展,行业与行业之间的关联度越来越紧密,这个差异越来越会给社会带来很多不利的发展因素。"

专家 P 认为,从不同地区公共文化服务体系建设状况和群众文化需求差异的角度出发,公共文化服务的均等化应该在确保国家底线的基础上,根据地区实际,最终实现满足不同地区群众特色需求的效果均等。随着经济社会的发展,尤其是交通设施的完善,人们向城市集中的趋势越来越明显,高铁时代大城市"吸虹效应"逐渐突出。在此背景下,城市的基础设施建设不断完善,公共文化服务体系不断健全,并且随着城市居民文化需求的提升,出现了"24小时城市书房""城市书屋"等更加便捷的文化设施,农村地区因为人口的流失,需求减少导致投入的下降,公共文化服务水平将和城市之间的差距越拉越大。文化服务应该随着群众的需求不断调整,城乡差距背景下的均等化,应该是根据人口密度和居民的文化需求的不同提供有针对性的文化服务,不仅要满足城市居民的文化需求,而且更要保证农村地区群众的文化需求,实现效果的均等。

同时,也有不同的专家对均等化的实现抱有不同的看法。

专家 F 表示,均等化的差异会加大,并未对其持有乐观态度,认为差异的缩小只是"一定程度上的缩小差异"。

专家 G 指出,目前城乡、区域间的公共文化服务发展水平差距是很大,但是标准化的目的是为了缩小差距,如果差距越来越大就没有意义了。并且底线均等不容易统一,应该根据具体情况设有不同的标准。

专家 N 认为,要有统一的底线均等,可以考虑地方、民族的特点。并且由于公共文化服务发展是以经济条件支撑的,而不是真正的权益,因此差异会加大。

针对城乡均等化差距是否会加大的问题,专家 S 认为,城乡之间有些差异也没有关系,差距逐渐加大的可能性不大。西部完全靠财政转移支付,也并不是完全不管乡村。以前主要是交通等的局限,现在数字文化服务可以弥补这些缺陷和时空界限。

可见,在当前经济社会持续发展的大环境下,中央政府对文化工作高度重视,投入了大量的人力、物力、财力,城乡、地域间的文化差异会逐渐缩小。要使均等化能够充分促进当地的文化发展,就一定要结合地域特点,不能简单化和机械化。如果脱离开当地的实际条件,很有可能造成资源的浪费。

9.2.2.5 公共文化服务均等化的实现顺序与阶段问题

针对公共文化服务均等化实现的问题,课题组重点向专家咨询了公共文化服务均等化的实现顺序与阶段。问题主要体现在公共文化服务均等化是否有实现的先后(优先)顺序?工作重点应该是农村基层/贫困地区,还是城市以及公共文化服务均等化的实现是否需要分阶段?逐步实现是否可行?通过对访谈内容的分析,所访谈的专家基本上都支持分阶段来实现公共文化服务均等化。针对公共文化服务实现先后顺序的问题,专家所持的观点主要可以分为两大类:

第一,公共文化服务均等化的实现可以有先后顺序的区分。

专家 A 认为,既然是要实现均等化,那么应该在整体一致的情况下,允许一些地区快一些,允许一些地区慢一些。"也就是说在实现的时间起点上他们应该是相同的,但是地区居民的素质、经济实力、公共文化服务现状等方面,确实会导致实现具有先后顺序,但是不应该有优先顺序。工作重点应该侧重于农村基层、贫困地区,因为相较于城市来说,他们所具备的资源条件相对更差一些,他们的用户的需求可能更强烈一些。"

专家 E 认为,这里涉及一个公平和效率的问题。"从公平角度来说,工作重点应该是农村基层/贫困地区;从效率角度来说,工作重点应该是城市。均等化是一个长期持续的过程,可以分阶段逐步实现。"

专家 F 和专家 O 认为,在实际操作中均等化是有实现的顺序的,需要分阶段,逐步实现是可行的。专家 F 指出,工作重点放在农村基层和贫困地区;而专家 O 认为工作重点应以群众的文化需求为导向。

专家 J 认为,有实现的先后顺序,工作重点是政府的投入和政府的重视。同时均等化的实现也要分阶段,不能一蹴而就。目前,政府各项政策的出台为全国推进公共文化服务均等化打下基础。但首先要明确什么是均等化,达到什么水平才算均等化,有衡量尺度之后再分阶段。

专家 L 认为,在同一标准下,需求一定有强弱。所以应该有先后顺序,基本原则是先易后难,不断巩固专业基础,不断积累发展经验,然后持续、有效地推进。均等化是一个动态的概念,随着经济社会发展水平的提升和需求水平的提升,均等化水平也会不断提升。因此,一定要分阶段实现均等化。目前,国内发展比较好的地区,都是逐步实现均等化的。

专家 P 认为,目前我国公共文化服务体系建设的重点和难点都是在基层、在农村,因为我国区域社会经济发展不平衡。就目前来说,我国东、中、西部的公共文化服务体系建设还有较大的差距,补齐中西部尤其是贫困地区的短板还需要很大的努力。因此,公共文化服务的均等化不可能一蹴而就,而应该是根据各地的实际情况在确保达到国家标准的基础上,优先以补齐中西部农村贫困地区为重点,逐渐缩小东、中、西部之间,城市和农村之间的差距。在我国,公共文化服务体系的均等化需要分阶段来实施和完成。一方面,这是目前我国公共文化服务体系建设的现状决定的,东部发达地区的服务水平明显高于中西部地区,城市地区的服务水平明显高于农村地区。这些现实中存在的巨大差距使得短时间内补齐公共文化服务的短板难度较大,需要分步实施。另一方面,由于经济社会发展水平和思想观念等因素的制约,公共文化服务均等化也将是一个逐步实施的过程。国家财政对中西部贫困地区公共文化服务体系建设资金投入的倾斜和西部向东部先进观念的借鉴学习,这会逐渐缩短目前地区存在的差距,这会逐步实现均等化的目标。

专家 T 指出,均等化的提出就是因为公共资源配备不齐,公共资源在城市里面过度集中,在农村偏远地方越偏远资源越匮乏,主要还是应面向基层农村尽快实现均等化,应该首先面向基层、面向弱势群体。专家 T 认为,可以分阶段来实现均等化,均等化随着人们对公共文化的需求不断发展。"如果说在这个量上基本达到了均等化,那么可以在质上更加提升,在服务内容、质量上进一步提升。"

第二,基本公共文化服务均等化的实现应该同步推进,但实施过程中可以根据实际情况有所侧重。

专家 B 认为,应该是同步推进,可以有不同的工作点。发达地区和非发达地区的重点和力度是不同的,重点也可以理解为先后次序。工作肯定要分阶段和步骤,均等化的程度肯定要分层级来实现。均等化是一个大目标，下面有很多标准，标准的实现要分阶段。

专家 C 认为，均等化的实现不能简单地将其划分为先后顺序，可以分阶段来推进。

专家 G 和专家 N 认为，不一定要谁先谁后，可以分层次，循序渐进。专家 G 和专家 R 同时指出，工作重点是补齐短板。农村短就补农村，城市短就补城市。中西部地区可能是短板，可重点考虑。

专家 H 认为，均等化的实现不能有先后顺序。城市和农村都有均等化的问题，是一个相对概念，实践中肯定要分阶段来实现，任何事情都很难一步到位。

专家 I 认为，可以同步实现，不应该有单纯时间上的先后顺序，但实施的标准可以有所差异。无论是经济发达地区，还是经济欠发达地区，都应该是同步推进，只不过需要达到的水平、实现的标准可能会有所区别。公共文化服务与医疗、教育一样，是民生必备，不应该区分先后顺序。

专家 K 认为，建设均等化本身考虑的是整体和覆盖面，不存在先后的顺序。无论是大城市，还是小城市，都会比农村基层的公共文化服务水平要高。要以一把尺子来统一推进，重点关注的可以是基层、贫困地区，可以对这些地区有倾斜，政策上有一定的扶持。

专家 Q 认为，均等化应同时推进。同时由于边远地区或者欠发达地区资源比较欠缺，需要专项的资金支持，需要更大力度的支持，两者并不矛盾。

专家 S 指出，均等化包含有四个层次：区域均等、城乡均等、人群均等和服务方式的均等。由于政府财力保障力度有限，只能保证一些基本服务的提供。要想实现基本公共文化服务的均等化肯定是要分阶段、分层次的。

9.3 关于构建的标准化体系框架及《我国基本公共文化服务标准化体系实施指南》的相关意见

9.3.1 关于构建的标准体系和标准化体系框架的相关意见

本研究所构建的标准体系和标准化体系框架是基本公共文化服务标准化研究的核心内容，标准化体系框架设计的合理性直接影响到项目整体的科学性。专家们基本赞同本研究所构建的标准体系框架，并从不同角度提出了修改和完善的建议。

专家 D 认为，首先要明确体系是由几个要素构成的。并建议："带箭头的不像一个体系，更像一个流程，可以画成圈的或者模块等形式。体系是一个现实存在，而不是走到哪一步的问题。如果标准化体系是一个动态的过程，那我认为还有更上一层的内容，如意识形态、文化战略、文化自信等更高形态的内容。这个标准化体系总感觉像一个研究的东西。标准化的过程，到底是体系制定的过程，还是实施的过程，这个要明确。即使是走这个过程，那最后一步也应该是服务的提升之类的，而不是标准的修订。"

专家 E 指出，标准分类中维度一按照标准层级分类，特色标准与其他三类标准有交叉，特色标准有可能是国家标准、行业标准和地区标准中的任何一个。这与按照层级来分类的原则是相悖的。同时还应该明确前、中、后三个阶段划分的依据是什么？如果确实要划分阶段，不如以第一、第二、第三，甚至第四阶段来划分更好些。

专家 G 表示，没有太关注前中后几个阶段，肯定是要分阶段，但是阶段的内容不太确定。该专家对这个框架总体上表示认可，但对中间的标准体系提出部分疑问。"国家标准与基础标准到底是什么关系，国家标准比基础标准低还是高。国家标准应该是与地方标准并列的，基础标准是什么标准？"此外，该专家认为准入标准不太好理解。"什么机构，达到什么要求才能进入公共文化服务，有些公共文化服务，假如没有达到要求，就不让它参与吗？民间图书馆假如没有达到藏书量的要求，就不能参加公共文化服务吗？所以公共文化服务，只要他能做一点，哪怕有 100 册书，只要能服务就可以。与企业的产品达到什么要求不一样，与企业等同不是很合适。某一个热心公益事业的农民，把房间让出来提供服务，这个行为要鼓励。"

专家 H 认为，要确定标准体系中行业标准所指的内容，是图书馆业务还是与其相关的其他内容。"比如 RFID（无线射频识别），肯定有自身的工业标准，应用到图书馆行业中的射频技术，现在工业标准是没问题。应用到图书馆的标准，是适应图书馆的要求，还是工业的要求。如果是进入图书馆，现在图书馆基本上没有参与，基本是行业的认证。很多设备其实都存在这个问题。"

专家 I 认为，此体系框架基本合理。研究中所考虑的角度比较全面，目前尚无更好的建议。

专家 L 指出，本研究所构建的标准体系设计科学系统应用到现实中恐怕不会面面俱到。建议抓主要矛盾，重点是行业标准和地方标准。

专家 M 认为，分阶段规划和实施会更加科学、合理。"这个框架体系更多的是内容，包括三个维度分类和十个要素，其中的内容和重点领域是有一定合理性的。但是对一般的调研或政策设计，事先要进行摸底或试点。然后在此基础之上，充分结合理论研究，提出一个标准化框架，在框架之后还应该包括运行的反馈。框架图应该是根据对标准制度的研制，再结合我国公共文化服务的现状而绘制出来的。"

专家 N 认为，此框架体系更多的只是假设，可以选择一些样本区域或人群进行验证。

专家 P 认为，"我国基本公共文化服务标准体系和标准化体系框架"非常全面，涉及公共文化服务体系建设的各个方面,但里边的划分还是有些杂乱,没有按照统一的标准,比如国家标准和地方标准是相对的,用的一个划分标准,可以是同位类。但行业标准、特色标准以及产品标准、管理标准等,都不是统一的类分标准。如果这些并列的话,还是有些杂乱。其实将公共文化服务标准制定按照核心要素标准和非核心要素标准进行划分就挺好,抽出核心的要素标准罗列,与非核心要素标准罗列可能更好。附录二中的标准化体系的实施计划则可以分成前、中、后三个阶段。

也有专家对本研究构建的框架图提出了较多的疑问,并提出了合理的修改意见。专家 C 的一个基本观念是这个图应该体现与公共文化服务标准相关的方方面面。"但是与标准不相关的,比如机构不应该体现在这个图里面,实施认证执行修订过程也不应该放在图里面,这是标准的一个实施过程流程图,不是标准化体系框架图。而且框架图的标准体系分为国家标准、技术标准,难道国家标准里面没有技术标准吗?存在很大的一些交叉问题。"该专家建议将实施流程图单独区分。此外,国家标准化管理委员会、文化和旅游部是机构,不应该是一个标准体系,把这个放在里面,这个图可能就不太合理了,"我认为它是要表明实施框架、实施流程的问题,把这个标准实施以及标准制定相关的机构放在一起,这个图应该来说不是标准化体系框架图,不太合适,比如说首先第一个层次在上面,大概是法律,接着法规、具体条例,在这个具体的行业标准里面,如国家标准和基础标准,分类有点乱"。

9.3.2 关于《我国基本公共文化服务标准化体系实施指南》的相关意见

为更好地促进我国基本公共文化服务标准的推行与落实,本研究拟编制了《我国基本公共文化服务标准化体系实施指南(征求意见稿)》,并向有关专家征询了意见。本指南主要是为我国各级、各类与基本公共文化服务标准化工作相关的管理者与工作人员编制的,以便于对我国基本公共文化服务标准化体系的运行和实施进行了解,从而更高效地开展工作。

专家 D 认为,首先要明确《实施指南》的使用方,是标准的制定方还是其他使用方。"如果是为标准的编制提供指南,那这个指南是否有必要分层级?比如国家、地区、组织等,这样指南会更丰富。"同时指出,《实施指南》不能只写流程,还要明确组织机构,编制的主体、内容等,然后是编制的程序。在编制程序之外,编制内容也应该充分体现。"编制的各个方面在《实施指南》里应该写清楚,不能只告诉怎么做,要明确做什么。《实施指南》也可以把标准化体系包括进去,还可以包括对术语的解释等。"

专家 M 认为,《实施指南》主要关注内容如何设计,实际上是对前期研究成果的意见,分阶段实施符合我国发展的实际情况。也因为考虑到《实施指南》的实施和选点情况,其中对我国欠发达地区或民族地区考虑较少,"那我觉得在标准的应用以及后期的评估阶段,是不是可以增加一个内容,事实上发达地区的公共文化服务已经高于这个标准,标准化、均等化研究最终是要能够让不具备这些条件的地区具备一定的标准。因此,调查采样与政策的对应等方面十分重要,需要向此方面倾斜"。

《实施指南》的编纂不可脱离公共文化服务的发展实际,有专家强调《实施指南》的编纂要与前期调研和案例研究相结合。专家 A 认为,本研究编制的《实施指南》体现出了较强的适用性,而且对于编制标准的过程提出了一个完整的、有效的指导。并指出"能否再提供一些鲜活的案例,以便于编制者能够在借鉴的过程中有更感性的认识"。专家 B 和专家 C 认为,本研究所编制的《实施指南》更虚化一点,可以更加明确和细化。专家 N 指出,要进行充分的先期调研,包括对国内外的相关情况的梳理。

部分专家指出了编制《实施指南》的重点,以便更好把握核心内容。专家 G 认为,《实施指南》最重要的是明确内容。"过程和阶段很重要,但重点不在这里,关键是内容。《实施指南》中没有明确哪些方面和内容,应该加强。"专家 P 指出,基本公共文化服务标准的编制与审定是重点,可以更加细化,从而提升可操作性。

9.4 专家意见的处理与完善

为更好地完善本研究的内容、提升研究结论的科学性和合理性,本研究针对部分重要问题以及构建出来的标准化体系框架、《实施指南》征询了部分专家意见,并对专家学者给予的意见和反馈认真思考,最终采纳了部分意见。根据上述专家意见的归纳与总结,同时经过仔细的调研与讨论,对本研究中的部分问题进行了修改和完善。

9.4.1 对专家意见的处理

本研究对专家的意见进行了整理,并经过多次讨论,做出了相应的处理结果,见表 9-2。

表 9-2 专家修改意见及处理结果

专家	序号	意见内容	处理结果
专家 A	1	《实施指南》中能否提供鲜活案例,以便于编制者能有更感性的认识	已处理

续表

专家	序号	意见内容	处理结果
专家 B	2	人口因素中"常住人口"和"户籍人口"没有讨论价值,常住人口已作为国家政策	研究中存在不同意见,暂不修改
	3	"您认为公共文化服务均等化的实现是否需要分阶段?"此问题理解起来会有差误	已处理
	4	《实施指南》更虚化一点	已处理
	5	加大技术手段在促进均等化方面的作用,现代科技要有现行标准来依托和促进	已处理
专家 C	6	"标准化体系框架"逻辑有交叉,建议把实施流程图单独分出来	已处理
	7	《实施指南》简单化,可以进一步细化	已处理
专家 D	8	文化圈是越大越好还是越小越好呢;服务是不是越小越好	已处理
	9	均等化的分析单位是人还是单位	已处理
	10	不应该以户籍制度来限制公民的基本公共文化服务权利	已处理
	11	"标准化体系框架"中带箭头的不像一个体系,更像一个流程,可以画成圈的或者模块等形式	已处理
	12	标准化体系应该还有更上一层的内容,如意识形态、文化战略、文化自信等更高形态的内容	已处理
	13	编制《实施指南》不能只写流程,还要明确组织机构、编制主体、内容、编制程序等	已处理
专家 E	14	用包含流动人口在内的实际人口来衡量公共文化服务标准的人口要素	已处理
	15	标准体系分类中维度一按照标准层级分类,特色标准与其他三类标准有交叉	已处理
	16	前中后三个阶段划分的依据是什么	已处理
专家 G	17	标准的制定是要有一批专家,但是大批的专职人员不一定需要	已处理
	18	"标准化体系框架"核心是中间的标准体系,国家标准与基础标准到底是什么关系	已处理
	19	"准入标准"不好理解,应思考其合理性	已处理
	20	《实施指南》的关键是内容,过程也很重要,但不是重点	已处理
专家 H	21	公共文化服务均等化与总分馆制充分结合	已处理
	22	"标准化体系框架"中明确行业标准的具体内容	已处理

专家	序号	意见内容	处理结果
专家 K	23	基本公共文化服务均等化在人、财、物之外,要注重标准的指导	已处理
	24	"公共文化服务均等化是否有实现的先后(优先)顺序?"存在歧义	已处理
	25	建议访谈时可以针对具有特色的案例进行访谈	已处理
专家 L	26	"公里文化圈"和"分钟文化圈"无法比较直观地测度和感知,"乡乡(镇、街)有图书馆"更明确、更响亮	研究中存在不同意见,暂不修改
专家 M	27	标准体系和标准体系框架要先做摸底和试点	已处理
	28	《实施指南》中更多考虑欠发达地区或民族地区	已处理
专家 N	29	"标准化体系框架"只是假设,可以选择一些样本区域或人群进行试验	已处理
	30	《实施指南》需要进行充分的先期调研,包括国内外的相关情况	已处理
专家 P	31	"标准化体系框架"划分有些杂乱,没有按照统一的标准	已处理
	32	基本公共文化服务标准的编制与审定应该是重点,应该更加细化,具有可操作性	已处理

注:专家按编码顺序排序

资料来源:课题组整理

9.4.2 完善后的框架体系和《实施指南》

9.4.2.1 完善后的我国基本公共文化服务标准化体系

此标准化体系包括多个层级、层面的内容,其核心部分体现在我国基本公共文化服务标准体系的构建,调整之后的标准体系具体包括:国家标准、基础标准、准入标准、地方标准、行业标准、特色标准、服务标准、产品标准和管理标准,但标准的分类仍然存在部分交叉,后期仍有较大的调整和修改空间。标准化体系旨在法律、政策规定和指导下,由专门的标准化主管部门协同基本公共文化服务的行政主管部门,协调和指导相关基本公共文化服务标准研究、研制组织对我国基本公共文化服务标准体系进行研究。标准的实施阶段侧重于对标准的认证、执行与贯彻,同时伴随有标准的评价与监督。本研究对我国基本公共文化服务标准分类进行了多维度的分析,对我国基本公共文化服务标准化体系的内容建设进行了总结,构建了我国基本公共文化服务标准化体系。同时,此标准体系是不断自我修订、完善的有机体,并反馈到研制与研究部门,形成良性循环。此部分内容在本研究后续章节继续展开论述。

9.4.2.2 完善后的《实施指南》

《实施指南》旨在为公共文化服务标准编制单位提供理论和方向指导,主要内容是以本部分构建的实施模型为主线,融入基本公共文化服务标准化基础知识普及战略、基本公共文化服务标准化骨干标准体系建设战略、基本公共文化服务标准化质量管控战略以及基本公共文化服务标准化人才储备与培训战略编制而成。《实施指南》具体内容见附录二。

本研究在完善后的我国基本公共文化服务标准化体系基础上,结合前期研究及专家访谈的意见和建议,尝试提出我国基本公共文化服务标准化体系的实施模型,以保证开展公共文化服务标准化工作过程有一定的借鉴和依据。实施模型按实施阶段分为实施前、中、后三个阶段,并注明不同标准化实施阶段的重要内容。实施前阶段主要是政策和法律层面的保证,包括标准的研究和研制;实施中阶段重点是对标准落实情况的监督,包括准入机制的引入和标准的宣传,以及执行与贯彻;实施后阶段需要对标准进行评价与追踪,从而服务于标准的更新与研制。此前、中、后三个阶段在基本公共文化服务标准化体系实施中相互依赖和贯通,与我国基本公共文化服务标准化体系共同服务于我国基本公共文化服务标准化与均等化的实施进程。

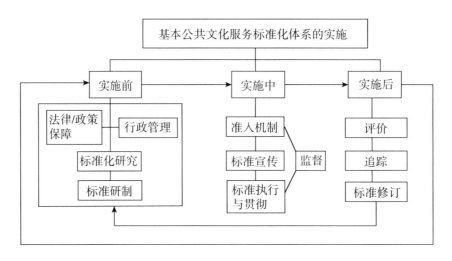

图 9 - 2 基本公共文化服务标准化体系实施模型

资料来源:课题组整理

9.4.3 对专家意见的总结与完善

9.4.3.1 提炼我国基本公共文化服务标准化的几大影响要素

基本公共文化服务标准化是一项复杂而全面的工作,并且由于公共文化独有的特性,它往往不同于工业、医疗等传统领域的标准化。文化本身是软性的工作领域,对其标准化的衡量具有一定的难度,而尝试通过各种途径提炼出影响我国基本公共文化服务标准化的几大要素,可以更好地把握基本公共文化服务标准化的核心内涵和工作重心,从而剖析基本公共文化服务标准化的重点和要点,呈现出我国基本公共文化服务标准化体系的主干要素。

表9-3 专家对人财物之外公共文化服务标准制定影响因素反馈表

专家	因素1	因素2	因素3	因素4
专家A	用户需求	专业化人才	经济因素	
专家B	需求	人财物的保障		
专家C	标准制定专家的认识	服务提供者的认识	标准实际情况	
专家D	人口数量和质量	户籍制度	人口的流动性	风土人情与文化特色
专家F	传统理念	社会制度	经济制约	技术限定
专家G	对标准的认识	准入机制	人才	
专家I	公共文化服务的对象	政府部门重视程度		
专家J	地区差异	经济情况	文化素质	
专家L	公众需求水平	政府保障水平	服务水平	
专家M	人员的专职化	人员的专业化		
专家O	政治	经济	人口	法律
专家P	地域因素	经济基础和财政收支情况	群众需求	特色文化保护传承
专家R	标准的适用性	标准的多样性	标准的特殊性	
专家S	领导认识	问责考核机制	文化从业人员的素质	法制宣传
专家T	文化设施标准	政府投入比例	人员标准	

注:按专家编码排序

资料来源:课题组整理

通过对表9-3进行分析,本研究发现访谈专家从不同角度分析了公共文化服务标准的影响因素,其中人、需求、经济基础、政府保障、特色等都占有较大的比重。一切服务的载体应该是人,而服务的对象也应该落实到具体人员之上,因此人是公共文化服务最核心的要素之一,其中包括公共文化服务的对象、专业化人才(人员)等。公共服务,包括教育、科技、文化、卫生、体育等公共事业,都强调政府的服务性和公民的基本权利,归根到底还是需要人、财、物的综合保障,它高度依赖于政治、经济、法律、文化等大环境的影响,具体可以体现为财政收支情况、标准化组织、人口数量和流动性、地域特色和风土人情等方面。这也充分说明了影响公共文化服务标准的因素可以分为不同的维度和层级,在具体制定公共文化服务标准时要充分综合各方影响因素,同时体现地方特色和需求。

在本研究第10章"我国基本公共文化服务标准化的体系构建"中,本研究尝试将专家访谈内容与问卷、调研部分相结合,提炼出影响我国基本公共文化服务标准化的几大要素,并将影响要素分为 5 大核心要素和 5 大非核心要素。其中核心要素表现为基本公共文化服务的标准化组织、基本公共文化服务的强制性标准、基本公共文化服务的准入与认证机制、基本公共文化服务标准化法制建设、基本公共文化服务标准化专业人才,非核心要素包括推荐性标准与指导性技术文件、地方标准、行业标准、基本公共文化服务的标准公开机制、中国基本公共文化服务标准的国际影响力。

9.4.3.2 分阶段推进我国基本公共文化服务标准化与均等化

由于地理、经济等多方面的影响,我国基本公共文化服务地区之间、地区内部,以及城乡间的发展水平存在很大差异,不均现象十分明显。在建设现代公共文化服务体系中,推进基本公共文化服务标准化与均等化不是一蹴而就的,因此可以分阶段来实施。基本公共文化服务均等化可以从几个方面来考虑,如城乡均等并不是非要将农村的所有服务、设施都落实到与城市完全一致,地域间的均等也不是东、中、西部不同地区采用统一的服务标准。

本次访谈专家都是来自公共文化服务不同领域的实践者或研究者,对分阶段推进我国基本公共文化服务标准化与均等化提供了切实可行的意见,本研究获取了较为丰富的相关信息,为后面的理论研究做了积累。本研究针对此问题共访谈了 17 位专家,不同专家从不同角度对这个问题表明了自己的态度,并说明了相关理由和依据。专家对均等化实现优先顺序的问题存在较大的分歧,并且反对设有优先顺序的专家占据多数,而对分阶段推进表达出较为一致的看法,没有专家表示出反对意见,多数专家认同分阶段推进我国基本公共文化服务标准化与均等化工作。本研究经过后期对访谈专家观点的统计分析,可以直观看到专家对分阶段推进我国基本公共文化服务标准化与均等化的观点,见图 9 - 3 和图 9 - 4。

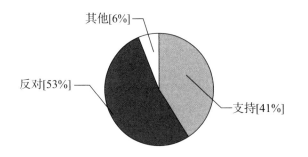
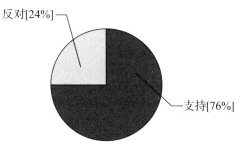

图 9 - 3　专家对均等化实现优先顺序的认可情况　　　　图 9 - 4　专家对均等化实现分阶段的认可情况

资料来源:课题组整理　　　　　　　　　　　　　　　　资料来源:课题组整理

由图 9 - 3、图 9 - 4 可以看出,专家认同分阶段实施并不代表应该有实现的先后顺序,工作重点不应该区分农村基层/贫困地区或城市。访谈专家多是从"均等化"的内涵出发,均等化本身考虑的是整体和覆盖面,不存在先后的顺序。城市和农村都有均等化的问题,均等本身是一个相对概念,实践中肯定要分阶段来实现,任何事情都很难一步到位。例如,专家 C

还明确指出了不同阶段的不同内容:"可以从比较简单的均等化服务先做起,而且这些服务相对来说前期投资也不是太大的话,那就是第一阶段要做的。涉及一些大规模建设和基础性公共文化服务基础设施建设的话,那应该是第二阶段。第三个阶段就是这种所谓的智慧服务,或者更能够满足用户需求的一些公共文化服务。"

因此,基本公共文化服务标准化体系的实施分成前、中、后三个阶段具有可行性,并具有一定的科学合理性。在政府保障有限的条件下,应该分阶段、分层次推进我国基本公共文化服务标准化与均等化工作。

9.4.3.3 更好地满足群众需求,提升公共文化设施设备利用率

国家在大力发展现代公共文化服务体系的进程中,对公共文化服务的投入力度逐渐加大,各公共文化服务机构的设施设备建设水平有了显著提高。但是也面临着一个十分严峻的问题,公共文化设施设备利用率并没有随着投入力度的加大而提升,出现了闲置和浪费的现象。针对此问题,本研究向专家咨询了相关意见。专家们也普遍认为这是一个急需解决的问题,必须引起相关部门的高度重视。

表 9-4　专家对提升公共文化设施设备利用率的意见

专家	措施 1	措施 2	措施 3	措施 4
专家 A	设施设备与需求的匹配	提升群众意识	加强政府引导作用	加强宣传
专家 B	完善综合性的配套措施	均衡资源配置	发挥服务效益	提升服务意识、效能
专家 D	科学合理的布局	引领和拉动需求		
专家 E	提高生产率	提高收入	执行带薪年休假	公共文化服务机构积极开展工作
专家 F	结合民众的实际需求			
专家 G	充分尊重需求			
专家 H	充分利用现代技术	加大宣传和推广	提升用户信息素养	
专家 I	调和需求与配备不对应的矛盾	充分考虑具体实际		
专家 K	设施建设充分考虑需求	提高设施便利性和吸引力,营造良好的文化空间	改变考核方式	建立公众参与的需求对接机制
专家 L	科学适度的发展目标	聚集需求	集中财力	夯实专业基础
专家 M	专业化人才投入	监管和考评机制常态化		

续表

专家	措施1	措施2	措施3	措施4
专家N	解决公共交通	解决人为设置的障碍		
专家O	及时更新设施设备	建立完善的需求征询机制	给地区或基层足够的权限	适时调整文化专项经费的使用
专家P	充分调查群众需求	提供菜单式和订单式的文化服务	通过第三方评估发展"以奖代补"	
专家Q	转变设备提供的方式	提高设施设备便利程度	充分考虑需求	
专家T	政府重视,加大投入	基层文化干部不断学习、创新	利用互联网新技术扩大宣传	挖掘老百姓潜在需求

注:按专家编码排序

资料来源:课题组整理

针对利用率的问题,专家们最多的还是从需求的角度来分析相关对策。例如,专家Q根据之前的相关研究指出,利用率低是多种原因造成的,主要是地区设备提供方式或便利程度并不是民众所需求或者想要的。专家P从三个方面提出了建议,"首先,可以通过问卷调查、实地访谈等途径充分调查本地区群众的文化需要;其次,根据本地区群众的文化需要提供菜单式和订单式的文化服务;最后,通过第三方评估,根据评估结果发展'以奖代补'资金,促进公共文化设施服务效能的提升"。专家A认为,从微观角度说,人们的需求与设施、设备之间没有完全匹配;从宏观角度来说,可能有部分人群尚未意识到公共文化设施的作用。"首先还是应该加强政府的引导作用,其次提供设施的公共文化部门应该加强宣传。"专家D认为,此问题可分两种情况:一种是不被需要的;一种是需要但是设施的设置方面可能不科学、不合理。"如果真的不被需要,那在制定标准的时候就可以少考虑。另外,有可能不是不需要,而是需求需要挖掘、拉动、引导。"

其他专家也都从不同角度表达了自己的看法。例如,专家H指出,这是一个普遍现象。"现在移动端非常方便,技术因素对此有很大影响。另外是缺少宣传和推广,现在图书馆都有电子资源,有些可以通过移动端访问,有些只能通过局域网,图书馆宣传不够。此外还涉及用户的信息素养,有些人不知道怎么用。"专家I指出,这种情况在一些条件比较落后的基层地区比较突出,"这恰恰说明我们在推进公共文化建设时绝对不能简单化、借鉴化,要充分考虑当地的现实情况"。专家L认为,利用率低是一个普遍性问题。任何事业发展本身是一个系统工程,有综合性的配套措施才能良好发展。而我们现在公共文化服务的配套设施往往是不均衡的。资源的配置不均衡,导致了服务效益不能很好地发挥,这是症结。再者,相关的文化设施机构如何提升服务意识和效能从而拓展服务成效也很重要。

9.4.3.4　保障底线均等,推进基层公共文化服务标准化建设

目前,我国基本公共文化服务不平衡、不充分的现象还普遍存在,公共文化服务整体效率有待提高。农村地区和不发达地区居民、低收入群体和弱势群体、体制外就业群体等是我国基本公共文化服务的短板,农村和基层地区也因此成为基本公共文化服务的薄弱环节。这就要求明确我国基层公共文化服务的底线,确立底线思维,守住满足人民群众基本文化需求的底线。底线均等是基本公共文化服务必须要确保的内容,在保障底线的前提下,不断提升底线标准,进而保证全国基本公共文化服务水平的整体提升。在我国,基本公共文化服务的均等是一个相对的概念,在推进基本公共文化服务进程中,不均等现象大量存在于地区间与地区内部。在体现基本公共文化服务的体系建设公平正义追求的同时,应重点突出底线思维与底线尺度,要求将基层公共文化服务基本标准纳入总体战略的全局。

经过专家访谈分析,我们了解到专家普遍认可底线均等,这是对我国基本公共文化服务相关工作推进的认可。在保障底线均等的情况下,均等化还应该充分考虑具体文化发展与需求特色。在加快构建现代公共文化体系进程中,基层公共文化服务推进明显,因此对均等化的实现有较好的预期,对均等化实现充满信心。同时,本研究也对更广阔基层特别是实践问题有了不同角度的理解,在数据问卷之外获得更多感性的来自不同学科及实践背景专家的专业解析,丰富了研究的思考路径。

10 我国基本公共文化服务标准化的体系构建

标准化体系可以说无所不包,仅就文化领域而言,因为文化领域"产品"的生产、加工与成品多是以人或活动为对象的,可量化的类型较少且大部分为标样,其余大部分不可量化的"产品"中,多是只能对方法、流程等进行标准量化,因此,较之工业领域的标准化,显得更为复杂。因而,基本公共文化服务的标准化体系十分庞大、复杂,由维度不同的多方横纵交错组成,无法像工业标准化那样,泾渭分明地严加区分。

尽管国家多次颁布法规、规划乃至法律,对标准化体系的定义、内容、维度等进行了多次阐述,如 2007 年 8 月 6 日,文化部颁布的《文化标准化中长期发展规划(2007—2020)》中指出,标准化是促进文化艺术与现代科技紧密结合、推动文化创新的重要技术保障,是繁荣文化事业和发展文化产业的重要基础性工作,要"加强文化标准化基础建设""加强公共文化服务体系的标准化建设""编制涉及公共文化安全标准""编制文化领域急需标准""以标准化推动文化艺术领域科技进步""以标准化促进文化产业的发展""通过标准化为文化法制化建设打下良好基础""加强文化标准的宣贯实施力度"①。2015 年 3 月 11 日,国务院关于印发《深化标准化工作改革方案》的通知指出,我国标准化工作中出现的问题主要有"标准缺失老化滞后""标准交叉重复矛盾""标准体系不够合理""标准化协调推进机制不完善"②。2015 年 12 月 17 日,国务院转发的《国家标准化体系建设发展规划(2016—2020年)》(国办发〔2015〕89 号)指出,标准是经济活动和社会发展的技术支撑,是国家治理体系和治理能力现代化的基础性制度。我国的标准化发展目标是"标准体系更加健全""标准化效益充分显现""标准国际化水平大幅提升""标准化基础不断夯实",要"优化标准体系""推动标准实施""强化标准监督""提升标准化服务能力""加强国际标准化工作""夯实标准化工作基础"③。

2017 年 3 月 21 日,国务院颁布的《贯彻实施〈深化标准化工作改革方案〉重点任务分工

---

① 文化部关于印发《文化标准化中长期发展规划(2007—2020)》的通知[EB/OL].[2018 – 07 – 15]. http://www.gov.cn/gzdt/2007-08/06/content_707569.htm.

② 国务院关于印发深化标准化工作改革方案的通知[EB/OL].[2018 – 07 – 15]. http://www.miit. gov.cn/n1146285/n1146352/n3054355/n3057674/n3057688/c5226679/content.html.

③ 国务院办公厅关于印发国家标准化体系建设发展规划(2016—2020 年)的通知[EB/OL].[2018 – 07 – 15]. http://www.gov.cn/zhengce/content/2015-12/30/content_10523.htm.

（2017—2018 年）》中指出,2017 年 11 月 14 日通过,并于 2018 年 1 月 1 日开始执行的《中华人民共和国标准化法》（以下简称《标准化法》）指出,为了加强标准化工作,提升产品和服务质量,促进科学技术进步,保障人身健康和生命财产安全,维护国家安全、生态环境安全,提高经济社会发展水平,制定本法①。但不论是实践界还是学界,对我国基本公共文化服务标准化体系尚未达成共识。因此,本研究对基本公共文化服务领域标准化体系进行剖析,这种剖析是基于大量的调研数据,并结合合理的理论推演开展的。

本部分从覆盖我国 31 个省、自治区、直辖市的调研数据中总结分析,并结合上文中的理论基础,归纳出我国基本公共文化服务标准化体系的三个维度标准分类、十大要素、内容建设及重点领域等四个方面的内容。同时,以上述研究为基础,以当前我国各省（自治区、直辖市）出台的基本公共文化服务相关标准为参考,细化《国家基本公共文化服务指导标准（2015—2020 年）》,初步构建起我国东部、中部、西部基本公共文化服务指导标准,同时,以《国家基本公共文化服务指导标准（2015—2020 年）》和本研究调研数据为依据构建《国家基本公共文化服务指导标准（2021—2025）》（建议稿）,以期为我国基本公共文化服务体系标准化提供理论基础和实践参考。

10.1　三个维度标准分类

通过前文的数据分析和逻辑推演,本部分尝试从以下三个维度入手,将上文的理论研究与实证研究结合,尝试厘清我国基本公共文化服务标准化的头绪。

10.1.1　维度一:按标准的层级

按照标准的层级维度,我国基本公共文化服务体系可分为国家标准、地方标准、行业标准。此处将特色标准加入其中,待后文阐述。按层级划分的意义在于,这些标准的严格程度通常依次递增,但也有例外。严格程度越高,表示相应的要求越高。国家标准是兜底线、保民生的最低标准;地方标准的要求通常是略高于国家标准的,但在我国东西部发展不均衡的现实环境下,西部地区,特别是贫困地区的地方标准,有可能低于国家标准,而东部发达地区的标准,通常是高于国家标准的;而行业标准则不受地域限制（若是其他非公共领域,通常为企业标准,但鉴于本领域的公益性,企业通常不会提供基本公共文化服务,因而此处将企业

---

① 中华人民共和国标准化法［EB/OL］.［2018 – 07 – 15］. http://www. npc. gov. cn/npc/xinwen/2017-11/04/content_2031446. htm.

标准约等于行业标准），要求必然高于国家标准与地方标准。

特色标准比较特殊，该类标准并不以行政级别或行业来区分，而是以各地实际需求和特色文化资源、服务等专门定制，例如非遗文化保护与传承标准、传统文化进校园标准等。由于特色标准较为特殊，因此通常情况下，较之国家标准、地区标准以及行业标准，其严格程度在某种程度上更高，这里的"高"不一定是标准参数的绝对值高，而是对质量、类型的要求高，因此，本研究认为特色标准是比上述几种标准的严格程度更高的标准。

10.1.2　维度二：按标准化工作流程

基本公共文化服务标准化的难点在于，文化领域较为容易量化的"产品"，多是在开展基本公共文化服务最后环节呈现给民众的、看得见、摸得着的文化服务成果（如文艺活动、图书、广播电视节目等），而在整个工作流程中相应的管理、服务、监督反馈等环节，是看不见、摸不着的，较难进行量化，特别是保民生、兜底线的基本公共文化服务产品。在大部分人的印象中，硬件设施参数、人员数量及学历、资金、文化活动数量及频度等可量化，且可设置相关标准参数。与工业标准化相比，其余大部分准入标准、评估标准、服务标准、管理标准、反馈标准基本被忽略。值得一提的是，基本公共文化服务标准中，从未提及类似工业领域的"准入标准"。事实上，在工业领域，一个产品生产出来之后，要想在社会上取得普遍认同并顺利进入市场，必须经过认证机构的检测，认证机构要出具合格证明，这就是工业领域的准入标准。若一个产品不符合这个准入标准，则表示这个产品将无法在市场中得到认可，换句话说，也就是不准入。反观基本公共文化服务标准化领域，准入机制尚未建立，更不用提准入标准。

本研究认为，基本公共文化服务领域应该仿效工业领域，设置提供基本公共文化服务的准入标准，对提供服务的机构进行准入标准的认证。若不符合准入标准的，鉴于本领域的"公益性"，与工业产品有所区别，可暂时不"剥夺"其开展业务的权利，但必须公开通报，并限期整改。其余标准如评估标准、管理标准、服务标准、反馈标准等，可参照其他领域（如餐饮服务行业）的标准化体系建设。

10.1.3　维度三：按标准的性质

与其他领域类似，按标准的性质可分为强制标准、推荐性标准和指导性标准。结合《标准化法》中对强制标准的要求，基本公共文化服务标准化体系中的强制性标准可定义为，"在开展基本公共文化服务过程中，保障人体健康，人身、财产安全的标准和法律，行政法规规定强制执行的标准"。强制性标准具有法律属性。具体来说，包括基本公共文化服务机构馆舍及其他活动场地的质量、安全、卫生、环保、应急等标准,此外,基本公共文化服务设计的通用技术术语、符号、代号(含代码)、文件格式和制图方法等基础标准也应归入强制性标准中。而推荐性标准则不具有法律属性,但一旦被强制性标准所引用或纳入指令性文件,则在相关文件范围内具有一定的约束力。指导性标准是除了强制性标准和推荐性标准之外的标准,该类标准在基本公共文化服务标准化中,以指导性技术文件出现,主要是为仍处于技术发展过程中的标准化工作提供指南或信息的文件,是一种类似"半成品"的标准,是具有标准化价值但还不足以制定为标准的"标准"。

10.2 基本公共文化服务标准化十大要素

上文以三个维度划分了我国基本公共文化服务标准化体系中的标准类型,为繁杂的基本公共文化服务标准化厘清了该领域的基本标准"骨架",但鉴于基本公共文化服务领域的复杂性,文化服务及文化资源的无形性、差异性,本部分拟继续从基本公共文化服务标准化复杂而庞大的体系中抽丝剥茧,剖析基本公共文化服务标准化的重点和要点,以十大要素的方式,呈现我国基本公共文化服务标准化体系的主干。

10.2.1 核心要素

10.2.1.1 基本公共文化服务的标准化组织

标准化组织是开展标准化工作的基础和主体,是制定、发布、执行、监督、修订、评价标准的机构。对基本公共文化服务的标准化组织开展研究,有助于了解和掌握我国基本公共文化服务标准化服务的制修订概况、运行现状、管理监督以及评价机制等。因此,基本公共文化服务的标准化组织,是标准化的十大要素之一。

从本研究的调研情况来看,一方面,基本公共文化服务的受众(民众)对标准化组织的认识是迫切但不到位的,多数民众认为,我国基本公共文化服务需要进行标准化,因此,这些业务流程对应的地方,应该有相应的标准化组织进行专门的标准化工作。另一方面,从对专家的访谈中得知,多数专家认同国际上关于标准化组织的划分。综合民众的基本公共文化服务直观需求与基本公共文化服务领域的专家意见,结合国家颁布的文件精神,本研究通过总结归纳,认为在我国基本公共文化服务标准化进程中,必须明确和建立以下基本公共文化标准化组织,这些组织对应的职责分别为:

第一,基本公共文化服务标准化的主管组织;第二,基本公共文化服务标准化的研究组织;第三,基本公共文化服务标准化的研制组织;第四,基本公共文化服务标准化的执行组织;第五,基本公共文化服务标准化的认证组织。

上述五类组织在基本公共文化服务标准化中分别对应协调、研究、研制、执行、检测认证。基本公共文化服务标准化的主管组织,指我国国务院下属的国家质监局下的国家标准化管理委员会。基本公共文化服务标准化的研制组织,指各级各类标准化研究院/所,可以是国家的事业单位,也可以是非政府组织(但需经过严格的认证)。基本公共文化服务标准化的研制组织指文化领域的各个标委会。基本公共文化服务标准化的执行组织指各级各类文化事业单位,这些单位是为民众直接开展基本公共文化服务的机构。基本公共文化服务标准化的认证组织指对标准研制机构研制的标准以及对标准执行机构是否达标开展认证的机构。

10.2.1.2 基本公共文化服务的强制性标准

所谓强制性标准,指《标准化法》中规定的,保障人体健康,人身、财产安全的标准和法律,行政法规规定强制性执行的标准,是具有法律属性的标准。具体到基本公共文化服务的相关标准中来,大体可分为以下几类:

第一类,文化服务馆舍/场所的工程建设标准。此类标准主要应用在各类文化服务馆舍或场所的工程建设,例如文化馆、图书馆、科技馆、剧场、室外舞台等馆舍、场所的建筑标准与搭建标准。

第二类,基本公共文化服务的基础术语、符号、代号(含代码)、文件格式以及制图方法标准。此类标准主要为了统一和规范基本公共文化服务中的基本术语,便于不同地区统一使用相同的基础术语,便于交流。

第三类,基本公共文化服务过程中涉及的馆舍、场所的消防安全与卫生、环保标准。此类标准主要应用在各级各类文化机构开展基本公共文化服务过程中,馆舍以及场所涉及的、必须达标的消防安全、卫生、环保等。

第四类,基本公共文化服务内容的国家最低标准。此类标准主要是依据国家颁布的基本公共文化服务的内容,开展相应的服务项目,是最低标准,也是底线标准。

第五类,开展基本公共文化服务的硬软件准入标准。此类标准是我国基本公共文化服务的门槛,即开展基本公共文化服务应达到的硬软件条件,如工业标准中的产品评估标准,若达不到该标准,则不具备开展业务的资质。

10.2.1.3 基本公共文化服务的准入与认证机制

基本公共文化服务标准化长期以来之所以无法被业内、业外所理解和采纳,很大一部分原因是人们对标准化的理解有偏差。什么是基本公共文化服务标准化?似乎无法用学术语言清晰地表达。通过类比的方式，或许可更易理解。为什么要在本部分提及这个问题？其根本原因，是基本公共文化服务标准化的逻辑起点长期以来未被重视，甚至被忽略了。这个逻辑起点，与工业产品标准化的起点一样，是"产品"的准入与认证机制的建立。一个工业产品，无论是哪家企业进行生产，在产品出厂前，必须经过行业相关认证组织的认证，根据行业标准或国家标准等对产品进行检验。达标者，予以进入市场，市场方认可该产品；未达标者，即使进入市场，也会被市场淘汰。换而言之，认证机制就是准入门槛，没有通过认证，就没有进入市场的"入场券"，生产出来的产品就是废品。同理，各级各类文化机构是提供基本公共文化服务产品的机构，这些机构的"产品"是基本公共文化服务，从目前调研的情况来看，基本公共文化服务产品连最基本的是否达标的概念都尚未明晰，更不用谈认证与准入。这就相当于，工厂或企业生产出来的产品，没有经过任何检验认证就直接进入市场，可想而知，这些产品在市场上的表现十分"一般"。基本公共文化服务必须建立基本的准入与认证机制，由专门的、公允的政府或第三方机构，按照国家底线标准对基本公共文化服务的机构所提供的基本公共文化服务产品进行检验。达标者，允许其提供服务；未达标者，严令整改达标后方可继续提供服务。各地因经济社会发展水平不一样，可允许因地制宜地进行灵活的评估。

10.2.1.4　基本公共文化服务标准化法制建设

基本公共文化服务标准化法制建设，是整个基本公共文化服务标准化的核心和保障基础。最初，从国家行政角度来看，标准与标准化多是被划归质量监督系统的，从国家标准化委员会的上级主管部门就可以看出，其上级部门是国家质监局，但标准化是个复杂的学科，其内容除了质量监督系统之外，还包括管理学科的诸多内容，可以说，标准化也是管理科学的一部分，基本公共文化服务标准化是隶属于公共管理范畴的国家治理与社会治理手段，这种手段要求国家的文化行政系统、文化立法司法系统以及文化服务受众三位一体，以立法司法系统监督和促进行政系统，强制性地依照一定标准，对文化服务的受众提供符合标准的文化服务。因此，建设基本公共文化服务标准化的法制系统，对促进我国基本公共文化服务标准化的发展有巨大作用和重要意义。

我国的第一部标准化法律——《中华人民共和国标准化法》由全国人大第七届全国人民代表大会常务委员会第五次会议于 1988 年 12 月 29 日通过，自 1989 年 4 月 1 日起施行。该法随着我国经济社会的不断发展，历经数十次修改草稿，于 2017 年 11 月 4 日，第十二届全国人民代表大会常务委员会第三十次会议修订，自 2018 年 1 月 1 日起施行。《标准化法》的起草、实施和修订，是应运而生，且与时俱进的。它以法律的形式强制性地将行政、法律、民众三方联系起来，特别是以法律的形式监督和保障行政系统依标准为民众提供基本公共文化服务，是社会治理的进步，特别是在新时代，在人民群众对精神文明的更高追求的现实背景下,以法制促进基本公共文化服务的标准化建设,是基本公共文化服务标准化进程中的重点和要点,是确保基本公共文化服务标准化顺利实施的基础。

10.2.1.5　基本公共文化服务标准化专业人才

开展一切工作的基础和前提是人才。专业人才是开展基本公共文化服务标准化工作的根本。没有标准化专业人才,标准化工作无从谈起。基于本研究前期开展的调研,虽然我国基本公共文化服务的相关人员人数众多,但多数人对于标准化认识十分模糊,甚至没有概念。连标准化概念都不知道的人,如何开展基本公共文化服务标准化工作?所谓基本公共文化服务标准化专业人才,指具备从事基本公共文化服务标准化相关工作能力的人员。例如,各文化领域相关标委会的专职工作人员。此处需要区分的是,开展基本公共文化服务的业务人员,例如图书馆馆员、文化馆馆员、博物馆馆员等,若只从事本职工作而未涉及基本公共文化服务标准化的相关工作,则不可列为标准化专业人员。这里的标准化工作,指涉及基本公共文化服务标准的研究、研制、检验、认证、监督、评估、修订等工作,而非日常的基本公共文化服务工作。与中国人口众多而具有正规足球基础的青少年人口比例极小的情况相类似,即使我国从事基本公共文化服务的工作人员数量巨大,但具有标准化专业知识并专职从事标准化工作的人员十分稀少,因此,标准化在基本公共文化服务领域的推广和实施情况就可想而知了。

综上,只有加大标准化知识在基本公共文化服务领域的普及和推广,并大力培养具备标准化知识的专业人才,才能将基本公共文化服务标准化工作推进并顺利开展。因此,基本公共文化服务标准化人才是基本公共文化服务标准化的核心要素之一。

10.2.2　非核心要素

核心要素是保障基本公共文化服务标准化的基础,核心要素使基本公共文化服务正常运转。与此同时,如何优化运转的状态,则主要依托核心要素之外的五大非核心要素。非核心要素起到优化和提升基本公共文化服务标准化的重要作用。

10.2.2.1　推荐性标准与指导性技术文件

推荐性标准与强制性标准是相对的。在我国,推荐性标准是不具备法律属性的,但也有例外,当强制性标准中引用或纳入推荐性标准后,在该类强制性标准的范围内是具有法律属性的,也就是具有强制性的。指导性技术文件是尚"成型",但仍处于技术发展过程的标准化工作指南,供研发、设计、生产、使用、管理等相关人员参考。基本公共文化服务的推荐性标准与指导性技术文件,其要求应高于强制性的标准。推荐性标准的要求相比强制性标准高,其目的是为了提升基本公共文化服务的效能和质量。指导性技术文件则是动态的,可有效地及时指导变化中的基本公共文化服务,灵活多变。因此,推荐性标准与指导性技术文件都是在强制性标准基础上的"锦上添花"的要素。相对核心要素来说,属于非核心要素。

10.2.2.2　地方标准

地方标准与国家标准处于同一纬度,地方标准从参数上来说,一般也是高于国家基本标准的。地方标准是各地依据本地的具体情况,如经济实力与社会发展水平以及当地民众的文化素养水平等,以国家基本标准为基础,对国家基本标准进行调整。一般来说,地方标准略高于国家标准,但在我国东、中、西部发展不充分、不均衡的大背景下,实际情况是,各地的地方标准与国家标准有所出入,有高有低。实际调研结果表明,某些省份当地的人力、财力和物力无法达到国家标准,实际上当地的标准在执行过程中是低于国家标准的。对于我国基本公共文化服务标准化来说,地方标准是必要的,地方标准的制定和实施,可使各地因地制宜,不用照搬照抄国家的统一标准,给有一定的弹性空间。《标准化法》第十三条明确规定,为满足地方自然条件、风俗习惯等特殊技术要求,可以制定地方标准①。地方标准是推荐性标准。因此,本研究将地方标准列入非核心要素。

10.2.2.3　行业标准

《标准化法》中明确指出,标准包括国家标准、行业标准、地方标准、团体标准、企业标准。国家标准分为强制性标准、推荐性标准,行业标准、地方标准是推荐性标准。第十二条中专门规定,对没有推荐性国家标准、需要在全国某个行业范围内统一的技术要求,可以制定行业标准②。所谓行业标准,在基本公共文化服务标准化中,主要是指按行业分类制定的相关标准。

本研究经过 7200 份调查问卷的调研,将基本公共文化服务相关的行业大致分为以下几类,分别是:图书馆、编辑出版、新闻广电、文化馆、博物馆、美术馆、科技馆、综合文化站、村级综合文化服务中心、社区文化活动中心、青少年宫、室外文化活动场所、民间文化机构/组织、特色文化机构、爱国主义教育基地、互联网(移动互联网)涉及的公共文化、校园文化相关、公共文化数字化等。上述这些与基本公共文化服务相关行业的标准,是基本公共文化服务国家标准的细化,是在国家出台的基本公共文化服务标准基础上的二次优化标准,对于提升各相关行业的服务品质和服务效能起到重要的作用。因此,本研究也将行业标准列为非核心要素。值得一提的是,非核心要素并不表示不重要,而是相对于兜底线、保民生而言的。

10.2.2.4　基本公共文化服务的标准公开机制

标准的公开机制是标准化工作中老生常谈的重要问题。《深化标准化工作改革方案》出台

---

①② 中华人民共和国标准化法[EB/OL].[2018 - 07 - 15]. http://www. npc. gov. cn/npc/xinwen/2017-11/04/content_2031446. htm.

后,为响应国家改革进程,2017 年 2 月,国务院标准化协调推进部际联席会议办公室印发《推进国家标准公开工作实施方案》,随之而来的是"国家标准全文公开系统"的开通。但从以往我国的标准公开情况来看,主要存在的争议是,伴随标准公开机制的版权问题。支持标准免费公开的多数观点认为,在我国标准的制定机构为国家机构,是公益性质的机构,其标准研制的经费是国家拨付的,属于公共财政投入,因此产出的产品——标准应该免费对全体公民开放。而反对者则多认为标准的版权在研制者,免费公开会导致标准的版权得不到保护。

在此,本研究不讨论知识版权的相关问题,但本研究认为,可从标准的根本作用和本质属性来论述是否需要标准公开机制。标准的根本作用是给有标准需求的利益相关方提供"标尺"和"规矩",是否公开相关标准,要看研制该标准的研制方是否是公共财政投入的单位,且还要看该标准的使用方是否是公共财政投入的单位,最后还要看标准的使用方使用该标准是否以营利为目的。若标准的研制机构、使用机构都是公共财政投入的公共机构,且标准的使用机构使用该标准的目的是为全体民众提供公共服务,那么,此类标准必须无条件公开,且免费提供给使用方和社会第三方评估机构。基本公共文化服务的相关标准符合这三个条件,因此,必须建立基本公共文化服务标准免费公开机制。只有这样,将我国的基本公共文化服务标准免费公开机制建立起来,才能扩大基本公共文化服务标准的传播和共享,提升该类标准的作用和价值,国家各相关部门应当坚定地支持落实。

10.2.2.5 中国基本公共文化服务标准的国际影响力

《标准化法》中第八条规定,国家积极推动参与国际标准化活动,开展标准化对外合作与交流,参与制定国际标准,结合国情采用国际标准,推进中国标准与国外标准之间的转化运用。国家鼓励企业、社会团体和教育、科研机构等参与国际标准化活动[①]。以往,我国在农业、工业、服务业以及社会事业等领域所采用或借鉴的标准,多转引自国际标准化组织的相关标准。农业、工业以及服务业尚可借鉴国际标准化组织的相关标准,然而,就基本公共文化服务领域来说,我国在世界上的情况是特殊的,没有直接相关的标准可引用、借鉴。因此,我们要看到这是现实情况的困难,但是,这种困难也是机遇。

我国有开展基本公共文化服务的沃土以及超过 13 亿的人口,虽然世界上各个国家的国情、政体乃至意识形态、社会形态不一,但民众对国家提供的公共文化服务的需求是一致的。纵观国际标准化组织中的各类标准,由中国研制并提出的少之又少。全世界各国,不一定都要按照西方的所谓"主流"价值观,世界正呈现多极增长的态势,而中国的增长和标准,则是多极中重要的组成部分。因此,我国的基本公共文化服务标准,极有可能成为为数不多的、

---

① 中华人民共和国标准化法［EB/OL］.［2018 - 07 - 15］. http://www. npc. gov. cn/npc/xinwen/2017-11/04/content_2031446. htm.

中国研制的国际标准参照。全世界的发展中国家的人民,虽然与我国文化、意识形态有所不同,但对文化的需求是相同的。这便为我国基本公共文化服务标准国际影响力的提升提供了基础。因此,我国应大力研制基本公共文化服务相关标准,努力加强国际交流,特别是同广大发展中国家的交流,力争提升我国基本公共文化服务相关标准的国际影响力。

10.3 基本公共文化服务标准化体系内容建设

10.3.1 基本公共文化服务标准化体系描述

我国基本公共文化服务标准化体系可简要概述为:在法律、政策规定和指导下,由专门的标准化主管部门协同基本公共文化服务的行政主管部门,协调和指导相关基本公共文化服务标准研究、研制组织对我国基本公共文化服务标准体系进行研究,并研制与基本公共文化服务相关的国家标准、基础标准、准入标准、地方标准、行业标准、特色标准、服务标准、产品标准、管理标准。这个标准体系是不断自我完善的有机体,在基本公共文化服务标准体系不断完善的同时,相关机构需要依照该标准体系的标准,对开展基本公共文化服务的各级各类文化服务机构进行认证,各级各类文化服务机构在获得认证之后,应贯彻和执行相关标准,开展服务。在认证与执行贯彻过程中,由监督与评价机构对该过程各环节进行监督与评价。由于该标准体系是不断完善的有机体,该体系会不断地自我修订,并反馈到研制与研究部门,形成良性循环。如图 10 - 1 所示。

在我国基本公共文化服务标准体系中,国家标准指国家强制性的底线标准;基础标准指术语、符号、代号(或代码)标准;准入标准指对公共文化服务机构的服务、产品的评估、定级、认证标准;地方标准指各地根据当地经济社会发展水平的不同,因地制宜制定的标准;行业标准包括图书馆、编辑出版、新闻广电、文化馆、博物馆、美术馆、科技馆、综合文化站、村级综合文化服务中心、社区文化活动中心、青少年宫、室外文化活动场所、民间文化机构/组织、特色文化机构、文旅小镇、境外在华文化机构、爱国主义教育基地、互联网(移动互联网)涉及的公共文化、校园文化相关、国家党政法、事业单位(文化系统外)公共文化、国企公共文化、监狱公共文化、军队公共文化、公共文化数字化标准等公共文化服务领域的相关标准;特色标准包括非遗文化传承与保护标准,文化进校园标准,文物保护标准,香港、澳门特别行政区标准、涉外公共文化交流标准等;服务标准指公共文化服务机构人员的行为标准、岗位标准、监督标准;产品标准包括基本公共文化服务产品的类型、数量、频率、质量控制标准;管理标准包括公共文化服务机构管理人员的权利标准、责任标准、利益标准。

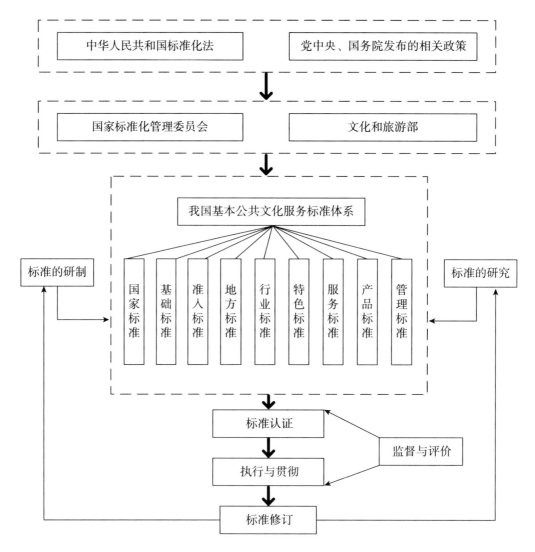

图 10 - 1　我国基本公共文化服务标准化体系

资料来源:课题组整理

10.3.2　基本公共文化服务标准化体系重点领域

在我国基本公共文化服务标准化体系中,重点领域主要集中在三个方面:

第一,整个基本公共文化服务标准化的协调协作机制。所谓基本公共文化服务标准化的协调协作机制,是指从法律、行政、公众三方面协同发展的机制。其重点在于如何将法律与行政紧密地衔接起来,其实质是让行政人员能依法执行标准化工作,按国家规定的标准开展行政工作。要实现这一目标,首先要从我国最高文化主管部门——文化和旅游部入手,普及标准化相关法律知识,对全体人员开展标准化专业知识培训,使标准化的思想深入人心。其次,要由上至下地开展标准化法律、专业知识培训,对各省级、地市级、县级、乡镇级、村级文化工作人员以及领导干部开展全面的、专业的标准化法律与专业知识培训,让全国各级从事基本公共文化服务的相关人员了解标准化的法律依据、什么是标准化、如何开展标准化以及在本职工作中开展标准化工作的意义。最后,要由国家标准化管理委员会与文化和旅游部共同协作,协调与基本公共文化服务相关的部委或其他单位,从人力、物力、财力等各方面支持各级各类文化机构开展基本公共文化服务标准化工作。

第二,基本公共文化服务标准体系的完善与创新。基本公共文化服务标准体系是一个生长的有机体,随着时间的推进和社会经济的发展,处于不断完善的状态。该标准体系涵盖的标准中,除现有的国家标准、地方标准、行业标准外,应该补充增加专门的基础标准、准入标准、特色标准、服务标准、产品标准以及管理标准。之所以增加基础标准,是为了让不同地域的公共文化机构能统一术语、符号、标志等,便于交流和沟通,如同工业产品的各种零部件的标准生产一样,可实现基本公共文化"元服务"的全国性"流通"。这里的"元服务",指基本公共文化服务基础标准中的术语、符号、标志等。而准入标准则是公共文化服务机构是否能提供合格"产品",开展服务的重要标准,如同星级酒店评级标准一样,没有准入标准,就没有门槛可言,更没有"合格"的公共文化服务一说。我国幅员辽阔,各地风土文化不尽相同,因此特色标准应运而生,是为适应全国各地基本公共文化服务的本地特色,为补充国家标准而必须增设的标准。最后,服务标准、产品标准以及管理标准是针对公共文化服务机构具体开展服务时必须遵守的标准,公共文化服务属于公共服务是毫无疑问的,而公共服务被涵盖在服务中也是可以理解的,因此,可参照服务业中的服务标准、产品标准以及管理标准对公共文化服务进行比照。唯一不同的是,公共文化服务领域是公益性质的,可做灵活的变通,但大体框架可参考。

第三,基本公共文化服务标准的贯彻与监督。标准体系不论如何完善,没有贯彻执行,标准就是一纸空文。因此,如何将基本公共文化服务的相关标准贯彻执行到位,是我国基本公共文化服务标准化体系的重中之重。标准的贯彻在于依法执行,而依法执行是否到位重在监督反馈。因此,监督成为重中之重的关键。要使标准的贯彻执行到位,必须有专门的监督机构对贯彻执行情况进行及时、公允的评估。在我国现行的行政机构体制下,这种为基本公共文化服务标准贯彻执行而单独设立的监督机构似乎不可能出现,但是,国家标准化管理委员会、文化和旅游部、国家监察委可以开展协作协调,设立相关内部专职岗位,从上至下地对各级各类文化机构贯彻标准的情况开展监督,及时将监督情况反馈至上级监督部门,一旦发现未达标,可发出警告,若在发出警告后依然未见整改,应责令相关负责人承担行政责任。只有将责任直接落实到具体的岗位或人员,才能有效地将基本公共文化服务标准贯彻执行到位,否则一切都是空谈。

10.4 "十三五"时期国家区域性基本公共文化服务指导标准建议

我国幅员辽阔,社会经济发展水平存在不平衡、不充分的现实情况。作为国家指导性的标准,一套标准难以对我国东部、中部、西部的所有地区进行具体的指导。因此,依据本研究关于东部、中部、西部城市和农村问卷统计分析结果、广泛的实地调研数据、专家意见以及其他资料,本研究对《国家基本公共文化服务指导标准(2015—2020 年)》(以下简称《标准》)进行了细化,将该标准转化为东部标准、中部标准、西部标准。上述三个标准,都是以《标准》为基础,在此基础上采取沿用、增加指标内容种类、增加指标数值以及新增指标等四种方式,形成新的东、中、西部相关标准。

10.4.1 基本公共文化服务国家指导标准

10.4.1.1 《国家基本公共文化服务指导标准(2015—2020 年)》

2015 年 1 月 14 日,中共中央办公厅、国务院办公厅印发《关于加快构建现代公共文化服务体系的意见》,对加快构建现代公共文化服务体系,推进基本公共文化服务标准化均等化,保障人民群众基本文化权益做了全面部署。与意见一同印发的《国家基本公共文化服务指导标准(2015—2020 年)》[1],对各级政府应向人民群众提供的基本公共文化服务项目和硬件设施条件、人员配备等做出了明确规定。在标准的基础上,各地将从实际出发,制定适合本地区的实施标准,并落实保障资金。有关部门将加大监督检查力度,对意见和标准的落实情况进行督查[2]。如表 10 - 1 所示,本研究将该标准中的"项目""内容""标准"分别赋予相应级别的目录代码,便于后续研究。

表 10 - 1   国家基本公共文化服务指导标准(2015—2020 年)

项目	内容	标准
基本服务项目(A)	读书看报(A1)	1. 公共图书馆(室)、文化馆(站)和村(社区)(村指行政村,下同)、综合文化服务中心(含农家书屋)等配备图书、报刊和电子书刊,并免费提供借阅服务 (A11) 2. 在城镇主要街道、公共场所、居民小区等人流密集地点设置阅报栏或电子阅报屏,提供时政、"三农"、科普、文化、生活等方面的信息服务 (A12)

① 中央政府门户网站. 中共中央办公厅、国务院办公厅印发《关于加快构建现代公共文化服务体系的意见》(全文)[EB/OL]. [2018 - 06 - 20]. http://www. gov. cn/xinwen/2015-01/14/content_2804250. htm.
② 人民网. 中办、国办印发《关于加快构建现代公共文化服务体系的意见》[EB/OL]. [2018 - 06 - 20]. http://politics. people. com. cn/n/2015/0114/c1001-26386387. html.

项目	内容	标准
	收听广播 （A2）	3. 为全民提供突发事件应急广播服务 （A21） 4. 通过直播卫星提供不少于 17 套广播节目,通过无线模拟提供不少于 6 套广播节目,通过数字音频提供不少于 15 套广播节目 （A22）
	观看电视 （A3）	5. 通过直播卫星提供 25 套电视节目,通过地面数字电视提供不少于 15 套电视节目,未完成无线数字化转换的地区,提供不少于 5 套电视节目 （A31）
	观赏电影 （A4）	6. 为农村群众提供数字电影放映服务,其中每年国产新片(院线上映不超过 2 年)比例不少于 1/3 （A41） 7. 为中小学生每学期提供 2 部爱国主义教育影片 （A42）
	送地方戏 （A5）	8. 根据群众实际需求,采取政府采购等方式,为农村乡镇每年送戏曲等文艺演出 （A51）
	设施开放 （A6）	9. 公共图书馆、文化馆(站)、公共博物馆(非文物建筑及遗址)、公共美术馆等公共文化设施免费开放,基本服务项目健全 （A61） 10. 未成年人、老年人、现役军人、残疾人和低收入人群参观文物建筑及遗址博物馆实行门票减免,文化遗产日免费参观 （A62）
	文体活动 （A7）	11. 城乡居民依托村(社区)综合文化服务中心、文体广场、公园、健身路径等公共设施就近方便参加各类文体活动 （A71） 12. 各级文化馆(站)等开展文化艺术知识普及和培训,培养群众健康向上的文艺爱好 （A72）
硬件设施 （B）	文化设施 （B1）	13. 县级以上(含县级,下同)在辖区内设立公共图书馆、文化馆,乡镇(街道)设置综合文化站,按照国家颁布的建设标准等进行规划建设 （B11） 14. 公共博物馆、公共美术馆依据国家有关标准进行规划建设 （B12） 15. 结合基层公共服务综合设施建设,整合闲置中小学校等资源,在村(社区)统筹建设综合文化服务中心,因地制宜配置文体器材 （B13）
	广电设施 （B2）	16. 县级以上设立广播电视播出机构和广播电视发射(监测)台,按照广播电视工程建设标准等进行建设 （B21）
	体育设施 （B3）	17. 县级以上设立公共体育场;乡镇(街道)和村(社区)配置群众体育活动器材设备,或纳入基层综合文化设施整合设置 （B31）
	流动设施 （B4）	18. 根据基层实际,为每个县配备用于图书借阅、文艺演出、电影放映等服务的流动文化车,开展流动文化服务 （B41）
	辅助设施 （B5）	19. 各级公共文化设施为残疾人配备无障碍设施,有条件的配备安全检查设备 （B51）
人员配备 （C）	人员编制 （C1）	20. 县级以上公共文化机构按照职能和当地人力资源社会保障、编办等部门核准的编制数配齐工作人员 （C11） 21. 乡镇综合文化站每站配备有编制人员 1—2 人,规模较大的乡镇适当增加;村(社区)公共服务中心设有由政府购买的公益文化岗位 （C12）

续表

项目	内容	标准
	业务培训 （C2）	22. 县级以上公共文化机构从业人员每年参加脱产培训时间不少于15天，乡镇（街道）和村（社区）文化专兼职人员每年参加集中培训时间不少于5天　（C21）

资料来源：课题组根据《国家基本公共文化服务指导标准（2015—2020年）》整理而成

10.4.1.2　标准实施

（1）本标准是国家颁布的指导性标准，各省、自治区、直辖市和新疆生产建设兵团要根据国家指导标准，结合当地群众需求、政府财政能力和文化特色，制定适合本地区的实施标准，建立国家指导标准与地方实施标准相衔接的标准体系。

（2）国家基本公共文化服务指导标准从2015年起开始实施，各相关部门根据职能职责和任务分工，制订具体实施方案；各地根据国家指导标准以及本地制定的实施标准，明确具体的落实措施、工作步骤和时间安排，确保标准实施工作科学、规范、有序开展。标准以县为基本单位推进落实。

（3）县级以上各级政府按照标准科学测算所需经费，将基本公共文化服务保障资金纳入财政预算，落实保障当地常住人口享有基本公共文化服务所需资金。中央和省级财政通过转移支付对老少边穷地区基本公共文化服务保障资金予以补助，同时，对绩效评价结果优良的地区予以奖励。县级以上各级政府安排资金，面向社会力量购买公共文化服务。

（4）文化部、各省级文化行政部门会同有关部门建立对标准实施情况的动态监测机制和绩效评价机制，加强督促检查。积极引入社会第三方开展公众满意度测评，对公众满意度较差的要进行通报批评，对好的做法和经验及时总结、推广。

10.4.2　各地区相关标准目录

在《关于加快构建现代公共文化服务体系的意见》及《国家基本公共文化服务指导标准（2015—2020年）》出台后，我国各省、自治区、直辖市根据该指导标准，陆续出台了相应实施标准，本研究将这些相关的标准按地区划分，汇总如表10-2。需要说明的是，北京市政府为落实《关于加快构建现代公共文化服务体系的意见》，先后发布《北京市人民政府关于进一步加强基层公共文化建设的意见》和《首都公共文化服务示范区创建方案》、《北京市基层公共文化设施建设标准》、《北京市基层公共文化设施服务规范》，即"1+3"公共文化政策文件。除新疆外，其他省份都出台了相关的实施标准或保障实施标准。

表 10 – 2 我国各省(自治区、直辖市)出台的相关标准

地区	序号	省份	标准	发布时间
东部	1	天津	《天津市基本公共文化服务实施标准(2015—2020 年)》	2015 年 7 月
	2	辽宁	《辽宁省基本公共文化服务实施标准(2016—2020 年)》	2016 年 5 月
	3	上海	《上海市基本公共文化服务实施标准(2015—2020 年)》	2015 年 8 月
	4	江苏	《江苏省基本公共文化服务保障标准(2015—2020 年)》	2015 年 7 月
	5	浙江	《浙江省基本公共文化服务标准(2015—2020 年)》	2015 年 7 月
	6	福建	《福建省基本公共文化服务保障实施标准(2015—2020 年)》	2015 年 12 月
	7	山东	《山东省基本公共文化服务实施标准(2015—2020 年)》	2015 年 6 月
	8	广东	《广东省基本公共文化服务实施标准(2015—2020 年)》	2015 年 7 月
中部	9	河北	《河北省基本公共文化服务实施标准(2016—2020 年)》	2016 年 12 月
	10	山西	《山西省基本公共文化服务指导标准(2015—2020 年)》	2016 年 6 月
	11	吉林	《吉林省基本公共文化服务实施标准(2015—2020 年)》	2015 年 9 月
	12	黑龙江	《黑龙江省基本公共文化服务实施标准(2015—2020 年)》	2015 年 10 月
	13	安徽	《安徽省基本公共文化服务实施标准(2015—2020 年)》	2016 年 1 月
	14	江西	《江西省基本公共文化服务保障实施标准(2015—2020 年)》	2015 年 7 月
	15	河南	《河南省基本公共文化服务实施标准(2015—2020 年)》	2015 年 11 月
	16	湖北	《湖北省基本公共文化服务实施标准(2015—2020 年)》	2016 年 3 月
	17	湖南	《湖南省基本公共文化服务实施标准(2015—2020 年)》	2015 年 9 月
	18	海南	《海南省基本公共文化服务实施标准(2016—2020 年)》	2016 年 3 月
西部	19	内蒙古	《内蒙古基本公共文化服务实施标准(2015—2020 年)》	2016 年 5 月
	20	广西	《广西基本公共文化服务实施标准(2015—2020 年)》	2015 年 9 月
	21	重庆	《重庆市基本公共文化服务实施标准(2015—2020 年)》	2015 年 3 月
	22	四川	《四川省基本公共文化服务保障标准(2015—2020 年)》	2015 年 10 月
	23	贵州	《贵州省基本公共文化服务实施标准(2015—2020 年)》	2015 年 12 月
	24	云南	《云南省基本公共文化服务实施标准(2015—2020 年)》	2015 年 11 月
	25	西藏	《西藏自治区基本公共文化服务实施标准(2015—2020 年)》	2015 年 8 月
	26	陕西	《陕西省基本公共文化服务实施标准(2015—2020 年)》	2015 年 9 月
	27	甘肃	《甘肃省基本公共文化服务实施标准(2015—2020 年)》	2015 年 9 月
	28	青海	《青海省基本公共文化服务实施标准(2015—2020 年)》	2015 年 8 月
	29	宁夏	《宁夏回族自治区基本公共文化服务实施标准(2015 年—2020 年)》	2015 年 10 月

注:目前暂未找到北京和新疆受《国家基本公共文化服务指导标准》影响而制定发布的基本公共文化的服务标准或实施标准

资料来源:课题组整理

10.4.3　东、中、西部基本公共文化服务指导标准建议

10.4.3.1　《国家基本公共文化服务指导标准(2015—2020 年)(东部)》(建议稿)

如表 10-3 所示,根据本研究东部地区城市和农村问卷分析结果、东部地区实地调研情况、东部地区实施标准以及相关政策,本研究建议的东部地区的基本公共文化服务指导标准中,与《标准》存在不一致的指标如下,其他未提及指标皆为沿用指标。

A41:通过对东部地区 9 个省的调研,本研究发现,除《标准》中提及的"为农村群众提供数字电影放映服务,其中每年国产新片(院线上映不超过 2 年)比例不少于 1/3"外,东部地区被调研群众中,37.63%的城镇群众、39.97%的农村群众希望得到的服务频率为 1 次/月,其余频率的占比皆低于该项。此外,50.45%、28.25%、25.91%的城镇群众认为电影服务应该由文化行政部门、政府、非营利组织提供,48.22%、26.73%、23.35%的农村群众认为电影服务应由文化行政部门、政府、非营利组织提供。

因此本研究建议将"每月不低于 1 次""可由文化行政部门、政府、非营利组织视具体情况综合提供"纳入东部地区指导标准。东部地区的指导标准中,该项扩充为"为农村群众提供数字电影放映服务,其中每年国产新片(院线上映不超过 2 年)比例不少于 1/3。为群众播放电影的频率不低于 1 次/月。可由文化行政部门、政府、非营利组织视具体情况综合提供"。

A42:39.48%的城镇群众、36.82%的农村群众认为,应该为中小学生提供 1 次/月的爱国主义影片服务,其余频率的占比皆低于该项,因此本研究建议将该频数替换《标准》中的数值。东部地区的指导标准中,该项变更为"为中小学生提供不低于 1 次/月的爱国主义教育影片"。

A51:除《标准》中的"政府采购"形式外,59.21%、31.13%、29.45%的城镇群众认为送地方戏应该由文化行政部门、政府、非营利组织提供,52.66%、28.47%、27.96%的农村群众认为送地方戏应由文化行政部门、政府、非营利组织提供。因此,本研究建议将"可由政府、文化行政部门、非营利组织视具体情况综合提供"纳入送地方戏的项目。

A61:除《标准》中提及的公共图书馆、文化馆(站)、公共博物馆(非文物建筑及遗址)、公共美术馆等公共文化设施的免费开放外,占比最高的文化需求情况为:52.26%的城镇群众希望得到科技馆相关服务,37.17%的农村群众希望得到文化广场的相关服务。基于实际调研数据,本研究建议将"科技馆、文化广场"纳入东部地区指导标准的该项目。

A71:除《标准》中提及的村(社区)综合文化服务中心、文体广场、公园、健身路径的相关服务外,49.93%的城镇群众希望得到游泳馆的相关服务,42.74%的农村群众希望得到文体

活动室的相关服务。本研究建议将"游泳馆、文体活动室"纳入东部地区指导标准的该项目。

B11:23.26%的城镇群众认为文化站面积应在 101—200 平方米之间,18.41%的农村群众认为文化站应在 151—200 平方米之间。本研究建议将上述数值纳入东部地区指导标准的该项目。

B14:36.29%的城镇群众、33.61%的农村群众希望步行 20 分钟内到达公共图书馆(室);36.79%的城镇群众希望步行 30 分钟内、29.78%的农村群众希望步行 20 分钟内到达文化馆(站);43.83%的城镇群众、38.10%的农村群众希望步行 10 分钟内到达村(社区)综合文化服务中心;27.28%的城镇群众希望乘车 30 分钟内、27.45%的农村群众希望乘车 15 分钟内到达公共博物馆;28.61%的城镇群众希望乘车 30 分钟内、25.57%的农村群众希望乘车 15 分钟内到达公共美术馆;31.01%的城镇群众希望步行 20 分钟内、31.07%的农村群众希望步行 10 分钟内到达文体广场;28.07%的城镇群众希望乘车 30 分钟内、24.52%的农村群众希望乘车 15 分钟内到达科技馆;40.94%的城镇群众、40.58%的农村群众希望步行 10 分钟内到达公园;32.58%的城镇群众、27.52%的农村群众希望步行 20 分钟内到达影剧院(放映室);32.75%的城镇群众、30.43%的农村群众希望步行 20 分钟内到达公共体育场(活动中心)。本研究建议新增本项并将上述数据归纳总结。

B21:除传统的各级广播电视中心、站、台外,44.19%的城镇群众、41.50%的农村群众希望增加移动多媒体广播设施,建议将移动多媒体纳入该项。

C12:50.15%的城镇群众认为社区综合文化站应配备 1—5 人专职从事该工作,49.42%的农村群众认为农村综合文化站应配备 1—5 人专职从事该工作。本研究建议将上述数据纳入东部地区的指导标准。

表 10 - 3 《国家基本公共文化服务指导标准(2015—2020 年)(东部)》(建议稿)

项目	内容	标准
基本服务项目(A)	读书看报(A1)	1. 公共图书馆(室)、文化馆(站)和村(社区)(村指行政村,下同)综合文化服务中心(含农家书屋)等配备图书、报刊和电子书刊,并免费提供借阅服务 (A11) 2. 在城镇主要街道、公共场所、居民小区等人流密集地点设置阅报栏或电子阅报屏,提供时政、"三农"、科普、文化、生活等方面的信息服务 (A12)
	收听广播(A2)	3. 为全民提供突发事件应急广播服务 (A21) 4. 通过直播卫星提供不少于 17 套广播节目,通过无线模拟提供不少于 6 套广播节目,通过数字音频提供不少于 15 套广播节目 (A22)
	观看电视(A3)	5. 通过直播卫星提供 25 套电视节目,通过地面数字电视提供不少于 15 套电视节目,未完成无线数字化转换的地区,提供不少于 5 套电视节目 (A31)

续表

项目	内容	标准
	观赏电影 （A4）	6. 为农村群众提供数字电影放映服务,其中每年国产新片(院线上映不超过 2 年)比例不少于 1/3。为群众播放电影的频率不低于 1 次/月。可由文化行政部门、政府、非营利组织视具体情况综合提供 （A41） 7. 为中小学生提供不低于 1 次/月的爱国主义教育影片 （A42）
	送地方戏 （A5）	8. 根据群众实际需求,可由政府、文化行政部门、非营利组织视具体情况综合提供,为农村乡镇每年送戏曲等文艺演出 （A51）
	设施开放 （A6）	9. 公共图书馆、文化馆(站)、公共博物馆(非文物建筑及遗址)、公共美术馆、科技馆、文化广场等公共文化设施免费开放,基本服务项目健全 （A61） 10. 未成年人、老年人、现役军人、残疾人和低收入人群参观文物建筑及遗址博物馆实行门票减免,文化遗产日免费参观 （A62）
	文体活动 （A7）	11. 城乡居民依托村(社区)综合文化服务中心、文体广场、公园、健身路径、游泳馆、文体活动室等公共设施就近方便参加各类文体活动 （A71） 12. 各级文化馆(站)等开展文化艺术知识普及和培训,培养群众健康向上的文艺爱好 （A72）
硬件设施 （B）	文化设施 （B1）	13. 县级以上(含县级,下同)在辖区内设立公共图书馆、文化馆,乡镇(街道)设置综合文化站,按照国家颁布的建设标准等进行规划建设。其中,城镇文化站的面积为 101—150 平方米,农村文化站的面积为 151—200 平方米 （B11） 14. 公共博物馆、公共美术馆依据国家有关标准进行规划建设 （B12） 15. 结合基层公共服务综合设施建设,整合闲置中小学校等资源,在村(社区)统筹建设综合文化服务中心,因地制宜配置文体器材 （B13） 16. 步行 20 分钟内到达公共图书馆(室);城镇步行 30 分钟内、农村步行 20 分钟内到达文化馆(站);步行 10 分钟内到达村(社区)综合文化服务中心;城镇乘车 30 分钟内、农村乘车 15 分钟内到达公共博物馆;城镇乘车 30 分钟内、农村乘车 15 分钟内到达公共美术馆;城镇步行 20 分钟内、农村步行 10 分钟内到达文体广场;城镇乘车 30 分钟内、农村乘车 15 分钟内到达科技馆;步行 10 分钟内到达公园;步行 20 分钟内到达影剧院(放映室);步行 20 分钟内到达公共体育场(活动中心) （B14）
	广电设施 （B2）	17. 县级以上设立广播电视播出机构和广播电视发射(监测)台,按照广播电视工程建设标准等进行建设。增加移动多媒体广播的建设 （B21）
	体育设施 （B3）	18. 县级以上设立公共体育场;乡镇(街道)和村(社区)配置群众体育活动器材设备,或纳入基层综合文化设施整合设置 （B31）
	流动设施 （B4）	19. 根据基层实际,为每个县配备用于图书借阅、文艺演出、电影放映等服务的流动文化车,开展流动文化服务 （B41）
	辅助设施 （B5）	20. 各级公共文化设施为残疾人配备无障碍设施,有条件的配备安全检查设备 （B51）

续表

项目	内容	标准
人员配备 （C）	人员编制 （C1）	21. 县级以上公共文化机构按照职能和当地人力资源社会保障、编办等部门核准的编制数配齐工作人员　（C11） 22. 乡镇综合文化站每站配备有编制人员1—5人，规模较大的乡镇适当增加；村（社区）公共服务中心设有由政府购买的公益文化岗位　（C12）
	业务培训 （C2）	23. 县级以上公共文化机构从业人员每年参加脱产培训时间不少于15天，乡镇（街道）和村（社区）文化专兼职人员每年参加集中培训时间不少于5天　（C21）

资料来源：课题组整理

10.4.3.2　《国家基本公共文化服务指导标准（2015—2020年）（中部）》（建议稿）

如表10-4所示，根据本研究中部地区城市和农村问卷分析结果、中部地区实地调研情况、中部地区实施标准以及相关政策，本研究建议的中部地区的基本公共文化服务指导标准中，与《标准》存在不一致的指标如下，其他未提及指标皆为沿用指标。

A41：通过对中部地区10个省（自治区、直辖市）的调研，本研究发现，除《标准》中提及的"为农村群众提供数字电影放映服务，其中每年国产新片（院线上映不超过2年）比例不少于1/3"外，中部地区被调研群众中，33.40%的城镇群众、30.77%的农村群众希望得到的服务频率为1次/月，其余频率的占比皆低于该项。此外，51.19%、29.79%、27.40%的城镇群众认为电影服务应该由文化行政部门、政府、非营利组织提供，45.20%、31.61%、22.22%的农村群众认为电影服务应由文化行政部门、政府、非营利组织提供。

因此本研究建议将"每月不低于1次""可由文化行政部门、政府、非营利组织视具体情况综合提供"纳入中部地区指导标准。中部地区的指导标准中，该项扩充为"为农村群众提供数字电影放映服务，其中每年国产新片（院线上映不超过2年）比例不少于1/3。为群众播放电影的频率不低于1次/月。可由文化行政部门、政府、非营利组织视具体情况综合提供"。

A42：40.21%的城镇群众、32.05%的农村群众认为，应该为中小学生提供1次/月的爱国主义影片服务，其余频率的占比皆低于该项，因此本研究建议将该频数替换《标准》中的数值。中部地区的指导标准中，此项变更为"为中小学生提供不低于1次/月的爱国主义教育影片"。

A51：除《标准》中的"政府采购"形式外，56.89%、35.49%、29.68%的城镇群众认为送地方戏应该由文化行政部门、政府、非营利组织提供，49.07%、36.32%、25.64%的农村群众认为送地方戏应由文化行政部门、政府、非营利组织提供。因此，本研究建议将文化行政部门、政府、非营利组织等方式纳入送地方戏的项目。

A61:除《标准》中提及的公共图书馆、文化馆(站)、公共博物馆(非文物建筑及遗址)、公共美术馆等公共文化设施的免费开放外,占比最高的文化需求情况为:43.64%的城镇群众希望得到科技馆相关服务,40.65%的农村群众希望得到文化广场的相关服务。基于实际调研数据,本研究建议将"科技馆、文化广场"纳入中部地区指导标准的该项目。

A71:除《标准》中提及的村(社区)综合文化服务中心、文体广场、公园、健身路径的相关服务外,46.69%的城镇群众希望得到游泳馆的相关服务,44.78%的农村群众希望得到中小学体育活动器材的相关服务。本研究建议将"游泳馆、中小学体育活动器材"纳入中部地区指导标准的该项目。

B11:26.38%的城镇群众认为文化站面积应在101—200平方米之间,19.64%的农村群众认为文化站应在201—300平方米之间。本研究建议将上述数值纳入中部地区指导标准的该项目。

B14:40.65%的城镇群众、36.04%的农村群众希望步行20分钟内到达公共图书馆(室);32.26%的城镇群众、34.83%的农村群众希望步行20分钟内到达文化馆(站);39.43%的城镇群众、33.40%的农村群众希望步行10分钟内到达村(社区)综合文化服务中心;28.23%的城镇群众希望乘车30分钟内、28.24%的农村群众希望乘车15分钟内到达公共博物馆;29.15%的城镇群众希望乘车30分钟内、24.91%的农村群众希望步行30分钟内到达公共美术馆;33.72%的城镇群众、32.15%的农村群众希望步行20分钟内到达文体广场;28.04%的城镇群众希望乘车30分钟内、26.58%的农村群众希望步行30分钟内到达科技馆;35.8%的城镇群众、35.45%的农村群众希望步行10分钟内到达公园;30.22%的城镇群众、28.57%的农村群众希望步行20分钟内到达影剧院(放映室);29.63%的城镇群众、31.44%的农村群众希望步行20分钟内到达公共体育场(活动中心)。本研究建议新增本项并将上述数据归纳总结。

B21:除传统的各级广播电视中心、站、台外,40.27%的城镇群众希望增加移动多媒体广播设施,38.6%的农村群众希望增加街道广播电视中心和站、台。本研究建议将移动多媒体广播、街道广播电视中心和站、台纳入该项。

C12:40.71%的城镇群众认为社区综合文化站应配备1—5人专职从事该工作,45.61%的农村群众认为农村综合文化站应配备1—5人专职从事该工作。本研究建议将上述数据纳入中部地区的指导标准。

表 10 - 4 《国家基本公共文化服务指导标准(2015—2020 年)(中部)》(建议稿)

项目	内容	标准
基本服务项目(A)	读书看报(A1)	1. 公共图书馆(室)、文化馆(站)和村(社区)(村指行政村,下同)、综合文化服务中心(含农家书屋)等配备图书、报刊和电子书刊,并免费提供借阅服务 (A11) 2. 在城镇主要街道、公共场所、居民小区等人流密集地点设置阅报栏或电子阅报屏,提供时政、"三农"、科普、文化、生活等方面的信息服务 (A12)
	收听广播(A2)	3. 为全民提供突发事件应急广播服务 (A21) 4. 通过直播卫星提供不少于 17 套广播节目,通过无线模拟提供不少于 6 套广播节目,通过数字音频提供不少于 15 套广播节目 (A22)
	观看电视(A3)	5. 通过直播卫星提供 25 套电视节目,通过地面数字电视提供不少于 15 套电视节目,未完成无线数字化转换的地区,提供不少于 5 套电视节目 (A31)
	观赏电影(A4)	6. 为农村群众提供数字电影放映服务,其中每年国产新片(院线上映不超过 2 年)比例不少于 1/3。为群众播放电影的频率不低于 1 次/月。可由文化行政部门、政府、非营利组织视具体情况综合提供 (A41) 7. 为中小学生提供不低于 1 次/月的爱国主义教育影片 (A42)
	送地方戏(A5)	8. 根据群众实际需求,可由政府、文化行政部门、非营利组织视具体情况综合提供,为农村乡镇每年送戏曲等文艺演出 (A51)
	设施开放(A6)	9. 公共图书馆、文化馆(站)、公共博物馆(非文物建筑及遗址)、公共美术馆、科技馆、文化广场等公共文化设施免费开放,基本服务项目健全 (A61) 10. 未成年人、老年人、现役军人、残疾人和低收入人群参观文物建筑及遗址博物馆实行门票减免,文化遗产日免费参观 (A62)
	文体活动(A7)	11. 城乡居民依托村(社区)综合文化服务中心、文体广场、公园、健身路径、游泳馆、中小学体育活动器材等公共设施就近方便参加各类文体活动 (A71) 12. 各级文化馆(站)等开展文化艺术知识普及和培训,培养群众健康向上的文艺爱好 (A72)
硬件设施(B)	文化设施(B1)	13. 县级以上(含县级,下同)在辖区内设立公共图书馆、文化馆,乡镇(街道)设置综合文化站,按照国家颁布的建设标准等进行规划建设。其中,城镇文化站的面积为 101—200 平方米,农村文化站的面积为 201—300 平方米 (B11) 14. 公共博物馆、公共美术馆依据国家有关标准进行规划建设 (B12) 15. 结合基层公共服务综合设施建设,整合闲置中小学校等资源,在村(社区)统筹建设综合文化服务中心,因地制宜配置文体器材 (B13) 16. 步行 20 分钟内到达公共图书馆(室);步行 20 分钟内到达文化馆(站);步行 10 分钟内到达村(社区)综合文化服务中心;城镇乘车 30 分钟内、农村乘车 15 分钟内到达公共博物馆;城镇乘车 30 分钟内、农村步行 30 分钟内到达公共美术馆;步行 20 分钟内到达文体广场;城镇乘车 30 分钟内、农村步行 30 分钟内到达科技馆;步行 10 分钟内到达公园;步行 20 分钟内到达影剧院(放映室);步行 20 分钟内到达公共体育场(活动中心) (B14)

续表

项目	内容	标准
	广电设施 （B2）	17. 县级以上设立广播电视播出机构和广播电视发射（监测）台，按照广播电视工程建设标准等进行建设。增加移动多媒体广播和街道广播电视中心和站、台的建设 （B21）
	体育设施 （B3）	18. 县级以上设立公共体育场；乡镇（街道）和村（社区）配置群众体育活动器材设备，或纳入基层综合文化设施整合设置 （B31）
	流动设施 （B4）	19. 根据基层实际，为每个县配备用于图书借阅、文艺演出、电影放映等服务的流动文化车，开展流动文化服务 （B41）
	辅助设施 （B5）	20. 各级公共文化设施为残疾人配备无障碍设施，有条件的配备安全检查设备 （B51）
人员配备 （C）	人员编制 （C1）	21. 县级以上公共文化机构按照职能和当地人力资源社会保障、编办等部门核准的编制数配齐工作人员 （C11） 22. 乡镇综合文化站每站配备有编制人员 1—5 人，规模较大的乡镇适当增加；村（社区）公共服务中心设有由政府购买的公益文化岗位 （C12）
	业务培训 （C2）	23. 县级以上公共文化机构从业人员每年参加脱产培训时间不少于 15 天，乡镇（街道）和村（社区）文化专兼职人员每年参加集中培训时间不少于 5 天 （C21）

资料来源：课题组整理

10.4.3.3 《国家基本公共文化服务指导标准（2015—2020 年）（西部）》（建议稿）

如表 10－5 所示，根据本研究西部地区城市和农村问卷分析结果、西部地区实地调研情况、西部地区实施标准以及相关政策，本研究建议的西部地区的基本公共文化服务指导标准中，与《标准》存在不一致的指标如下，其他未提及指标皆为沿用指标。

A41：通过对西部地区 12 个省（自治区、直辖市）的调研，本研究发现，除《标准》中提及的"为农村群众提供数字电影放映服务，其中每年国产新片（院线上映不超过 2 年）比例不少于 1/3"外，西部地区被调研群众中，36.93% 的城镇群众、36.50% 的农村群众希望得到的服务频率为 1 次/月，其余频率的占比皆低于该项。此外，46.49%、33.29%、23.61% 的城镇群众认为电影服务应该由文化行政部门、政府、非营利组织提供，55.09%、31.70%、23.25% 的农村群众认为电影服务应由文化行政部门、政府、非营利组织提供。

因此，本研究建议将"每月不低于 1 次""可由政府、文化行政部门、非营利组织视具体情况综合提供"纳入西部地区指导标准。西部地区的指导标准中，该项扩充为"为农村群众提供数字电影放映服务，其中每年国产新片（院线上映不超过 2 年）比例不少于 1/3。为群众播放电影的频率不低于 1 次/月。可由文化行政部门、政府、非营利组织视具体情况综合提供"。

A42：41.49% 的城镇群众、43.19% 的农村群众认为，应该为中小学生提供 1 次/月的爱国主义影片服务,其余频率的占比皆低于该项,因此本研究建议将该频数替换《标准》中的数值。西部地区的指导标准中,此项变更为"为中小学生提供不低于 1 次/月的爱国主义教育影片"。

A51:除《标准》中的"政府采购"形式外,54.7%、36.75%、28.45%的城镇群众认为送地方戏应该由文化行政部门、政府、非营利组织提供,55.84%、36.34%、25.33%的农村群众认为送地方戏应由文化行政部门、政府、非营利组织提供。因此,本研究建议将"可由政府、文化行政部门、非营利组织视具体情况综合提供"纳入送地方戏的项目。

A61:除《标准》中提及的公共图书馆、文化馆(站)、公共博物馆(非文物建筑及遗址)、公共美术馆等公共文化设施的免费开放外,占比最高的文化需求情况为:54.27%的城镇群众希望得到科技馆相关服务,44.79%的农村群众希望得到文化广场的相关服务。基于实际调研数据,本研究建议将"科技馆、文化广场"纳入西部地区指导标准的该项目。

A71:除《标准》中提及的村(社区)综合文化服务中心、文体广场、公园、健身路径的相关服务外,51.45%的城镇群众希望得到游泳馆的相关服务,41.60%的农村群众希望得到游泳馆的相关服务。本研究建议将"游泳馆"纳入西部地区指导标准的该项目。

B11:24.1%的城镇群众认为文化站面积应在 101—200 平方米之间,24.55%的农村群众认为文化站应在 50—100 平方米之间。本研究建议将上述数值纳入西部地区指导标准的该项目。

B14:37.02%的城镇群众、32.73%的农村群众希望步行 20 分钟内到达公共图书馆(室);36.55%的城镇群众、31.27%的农村群众希望步行 20 分钟内到达文化馆(站);40.48%的城镇群众、33.46%的农村群众希望步行 10 分钟内到达村(社区)综合文化服务中心;26.15%的城镇群众希望步行 20 分钟内、28.39%的农村群众希望乘车 15 分钟内到达公共博物馆;26.12%的城镇群众希望步行 30 分钟内、26.62%的农村群众希望步行 30 分钟内或乘车 15 分钟内到达公共美术馆;31.23%的城镇群众、29.75%的农村群众希望步行 20 分钟内到达文体广场;26.46%的城镇群众希望步行 30 分钟内、27.31%的农村群众希望乘车 15 分钟内到达科技馆;39.61%的城镇群众、34.63%的农村群众希望步行 10 分钟内到达公园;31.28%的城镇群众步行 20 分钟内、27.89%的农村群众希望乘车 15 分钟内到达影剧院(放映室);30.56%的城镇群众、26.68%的农村群众希望步行 20 分钟内到达公共体育场(活动中心)。本研究建议新增本项并将上述数据归纳总结。

B21:除传统的各级广播电视中心、站、台外,46.84%的城镇群众希望得到移动多媒体广播设施,40.94%的农村群众希望得到街道广播电视中心和站、台设施的服务,本研究建议将移动多媒体广播、街道广播电视中心和站、台纳入该项。

C12:48.8%的城镇群众认为社区综合文化站应配备 1—5 人专职从事该工作,52.70%的农村群众认为农村综合文化站应配备 1—5 人专职从事该工作。本研究建议将上述数据纳入西部地区的指导标准。

表 10 - 5 《国家基本公共文化服务指导标准(2015—2020 年)(西部)》(建议稿)

项目	内容	标准
基本服务项目(A)	读书看报(A1)	1. 公共图书馆(室)、文化馆(站)和村(社区)(村指行政村,下同)、综合文化服务中心(含农家书屋)等配备图书、报刊和电子书刊,并免费提供借阅服务 (A11) 2. 在城镇主要街道、公共场所、居民小区等人流密集地点设置阅报栏或电子阅报屏,提供时政、"三农"、科普、文化、生活等方面的信息服务 (A12)
	收听广播(A2)	3. 为全民提供突发事件应急广播服务 (A21) 4. 通过直播卫星提供不少于 17 套广播节目,通过无线模拟提供不少于 6 套广播节目,通过数字音频提供不少于 15 套广播节目 (A22)
	观看电视(A3)	5. 通过直播卫星提供 25 套电视节目,通过地面数字电视提供不少于 15 套电视节目,未完成无线数字化转换的地区,提供不少于 5 套电视节目 (A31)
	观赏电影(A4)	6. 为农村群众提供数字电影放映服务,其中每年国产新片(院线上映不超过 2 年)比例不少于 1/3。为群众播放电影的频率不低于 1 次/月。可由文化行政部门、政府、非营利组织视具体情况综合提供 (A41) 7. 为中小学生提供不低于 1 次/月的爱国主义教育影片 (A42)
	送地方戏(A5)	8. 根据群众实际需求,可由政府、文化行政部门、非营利组织视具体情况综合提供,为农村乡镇每年送戏曲等文艺演出 (A51)
	设施开放(A6)	9. 公共图书馆、文化馆(站)、公共博物馆(非文物建筑及遗址)、公共美术馆、科技馆、文化广场所等公共文化设施免费开放,基本服务项目健全 (A61) 10. 未成年人、老年人、现役军人、残疾人和低收入人群参观文物建筑及遗址博物馆实行门票减免,文化遗产日免费参观 (A62)
	文体活动(A7)	11. 城乡居民依托村(社区)综合文化服务中心、文体广场、公园、健身路径、游泳馆等公共设施就近方便参加各类文体活动 (A71) 12. 各级文化馆(站)等开展文化艺术知识普及和培训,培养群众健康向上的文艺爱好 (A72)
硬件设施(B)	文化设施(B1)	13. 县级以上(含县级,下同)在辖区内设立公共图书馆、文化馆,乡镇(街道)设置综合文化站,按照国家颁布的建设标准等进行规划建设。其中,城镇文化站的面积为 101—200 平方米,农村文化站的面积为 50—100 平方米 (B11) 14. 公共博物馆、公共美术馆依据国家有关标准进行规划建设 (B12) 15. 结合基层公共服务综合设施建设,整合闲置中小学校等资源,在村(社区)统筹建设综合文化服务中心,因地制宜配置文体器材 (B13) 16. 步行 20 分钟内到达公共图书馆(室);步行 20 分钟内到达文化馆(站);步行 10 分钟内到达村(社区)综合文化服务中心;城镇步行 20 分钟内、农村乘车 15 分钟内到达公共博物馆;城镇步行 30 分钟内、农村步行 30 分钟内或乘车 15 分钟内到达公共美术馆;步行 20 分钟内到达文体广场;城镇步行 30 分钟内、农村乘车 15 分钟内到达科技馆;步行 10 分钟内到达公园;城镇步行 20 分钟内、农村乘车 15 分钟内到达影剧院(放映室);步行 20 分钟到达公共体育场(活动中心) (B14)

续表

项目	内容	标准
	广电设施（B2）	17. 县级以上设立广播电视播出机构和广播电视发射（监测）台，按照广播电视工程建设标准等进行建设。增加移动新媒体广播、街道广播电视中心和站、台的建设　（B21）
	体育设施（B3）	18. 县级以上设立公共体育场；乡镇（街道）和村（社区）配置群众体育活动器材设备，或纳入基层综合文化设施整合设置　（B31）
	流动设施（B4）	19. 根据基层实际，为每个县配备用于图书借阅、文艺演出、电影放映等服务的流动文化车，开展流动文化服务　（B41）
	辅助设施（B5）	20. 各级公共文化设施为残疾人配备无障碍设施，有条件的配备安全检查设备（B51）
人员配备（C）	人员编制（C1）	21. 县级以上公共文化机构按照职能和当地人力资源社会保障、编办等部门核准的编制数配齐工作人员　（C11） 22. 乡镇综合文化站每站配备有编制人员1—5人，规模较大的乡镇适当增加；村（社区）公共服务中心设有由政府购买的公益文化岗位　（C12）
	业务培训（C2）	23. 县级以上公共文化机构从业人员每年参加脱产培训时间不少于15天，乡镇（街道）和村（社区）文化专兼职人员每年参加集中培训时间不少于5天　（C21）

资料来源：课题组整理

10.4.3.4　我国东、中、西部基本公共文化服务指导标准汇总

根据上文分析，现将我国东部、中部、西部的基本公共文化服务指导标准与《标准》中相关指标的对比汇总如表10-6。其中，"沿用"指与《标准》指标一致，"种类"指在《标准》指标基础上增加了相应的内容，"数值"指在《标准》指标基础上对数值进行了修改，"新增"是指《标准》中没有该指标，现新增的指标。

表10-6　我国东、中、西部基本公共文化服务指导标准（2015—2020年）汇总

一级指标	二级指标	三级指标	西部	中部	东部
A	A1	A11	沿用	沿用	沿用
		A12	沿用	沿用	沿用
	A2	A21	沿用	沿用	沿用
		A22	沿用	沿用	沿用
	A3	A31	沿用	沿用	沿用
	A4	A41	数值	数值	数值
		A42	数值	数值	数值
	A5	A51	种类	种类	种类

续表

一级指标	二级指标	三级指标	西部	中部	东部
A	A6	A61	种类	种类	种类
		A62	沿用	沿用	沿用
	A7	A71	种类	种类	种类
		A72	沿用	沿用	沿用
B	B1	B11	数值	数值	数值
		B12	沿用	沿用	沿用
		B13	沿用	沿用	沿用
		B14	新增	新增	新增
	B2	B21	种类	种类	种类
		B22	新增	新增	新增
	B3	B31	沿用	沿用	沿用
	B4	B41	沿用	沿用	沿用
	B5	B51	沿用	沿用	沿用
C	C1	C11	沿用	沿用	沿用
		C12	数值	数值	数值
	C2	C21	沿用	沿用	沿用

资料来源:课题组整理

10.5 "十四五"时期国家基本公共文化服务指导标准建议

10.5.1 《国家基本公共文化服务指导标准(2015—2020 年)》需与时俱进

国家出台的《标准》(见表 10 - 1)是在"我国公共文化建设投入稳步增长,覆盖城乡的公共文化服务设施网络基本建立,公共文化服务效能明显提高,人民群众精神文化生活不断改善,公共文化服务体系建设取得显著成效,呈现出整体推进、重点突破、全面提升的良好发展态势"[①]的基础上提出的。该指导标准对我国公共文化服务初级阶段的各项基础性保障条件的建设起到了重要的、关键性的作用,是我国公共文化服务发展过程中的关键起点。新时代,随着我国综合国力不断提升,经济发展水平不断提高,人民群众对文化的需求已逐渐从"吃得饱"向"吃得好"转变,因此,作为指导公共文化服务体系建设、服务标准的标尺和指导

---

① 中央政府门户网站.中共中央办公厅、国务院办公厅印发《关于加快构建现代公共文化服务体系的意见》(全文)[EB/OL].[2018 - 07 - 25].http://www.gov.cn/xinwen/2015-01/14/content_2804250.htm.

性文件,应该与时俱进,做出相应调整和补充。

10.5.2 《国家基本公共文化服务指导标准(2021—2025年)》(建议稿)研制过程及创新点

10.5.2.1 研制过程

在全国31个省、自治区、直辖市范围内,本研究根据城乡人口比例做出配额抽样,即抽样问卷5000份为最低份数。在准确了解公民对公共文化场所和设施(如电影院、剧院、博物馆、公共图书馆、美术馆、科技馆、纪念馆、展览馆、工人文化宫、妇女儿童活动中心、青少年宫、文化馆、文化广场和文化公园、体育馆等)、公共文化活动、日常公共文化活动等三方面的需求情况后,进而对我国东部、中部、西部共计8个省,12个具有典型代表的市、区、县的公共文化服务进行详细的实地调研,并以案例研究的方式进行分析和讨论。具体指标的研制过程如下:

首先,基于服务效能导向,将原有指标进行分析。初步将原有的14个指标进行重新归类,分为A类"服务效能"、B类"保障条件"两大类。

其次,根据本研究的调研、案例研究等得到的数据,对A、B两类指标进行丰富和完善。新增了若干指标,并调整原有指标中若干指标的名称,使之能更为贴切。

最后,将上述所有新指标重新制表,并对标准的指标进行相关备注。

表中各项指标的产生情况如下:

A11:阅读服务。该指标主要包含原标准的"读书看报"项目,拓展诸如"电子阅读""阅读推广活动""馆店合作"等项目。之所以将"读书看报"变更为"阅读服务",首先是原有的"读书看报"指标中,除纸质书报外,还包含了电子图书等非纸质载体的电子读物。其次,在本研究对全国各省份的调研中,群众对"读书看报"相关的需求,远远超过了书、报等。例如,61.60%的城镇居民认为,大量提供数字化的资源可以解决农村和城镇地区基本公共文化服务不均等的问题。87.00%的城镇居民对公共图书馆有需求。此外,在对信阳、东莞等城市的调研中,有群众反映除单纯地阅览纸质书报之外,还需要电子图书、亲子阅读活动等非传统阅览服务。综上,建议将原标准的"读书看报"的名称变为"阅读服务",内容上建议以"服务"为导向,开展与阅读有关的服务。

A12:文艺活动服务。该指标将原标准的"送地方戏"项目以及"文体活动"中的文艺活动整合,拓展诸如"文艺培训""广场舞管理与指导""群众文艺队伍管理与指导""基层文艺活动管理规范"等项目。必须指出的是,"文艺"与"文化"虽然一字之差,但其内涵和外延是有较大区别的。在调研中,河南省信阳市平桥区的"平桥模式",享誉全国文化界。该区的文艺活动中,除包含原指标的"送地方戏"外,还包含文化机构对群众自发组织的文艺队伍的管理、指导和帮扶等。原指标中的"文体活动"中的文艺活动,应该与体育活动稍加区分,虽然广为流传的一句话叫"文体不分家",但从标准化的角度,从管理的流程和提供服务的角度来看,文体的组织、管理、内容确实存在一定的区别。因此,将文艺活动服务单列。

A13:体育活动服务。将原标准中的"文体活动"中的体育活动归纳于此,并将原"文体活动"中体育活动的标准细化为诸如"场地服务管理标准"(包含综合文化服务中心、文体广场、健身路径、公园等)、"普及体育知识培训服务标准""组织基层(乡镇/社区)青少年参与体育锻炼标准"等项目。如本研究在河南信阳平桥区调研所获数据,2014 年 6 月中旬,平桥区在郝堂村举办了首届民俗文化活动周,吸引了周边群众和社会各界人士 10 余万人次,开创了河南省村级举办传承民俗文化节会的先河。平桥区组织部队、医院、企业、学校、各健身队、艺术团、文化骨干参与,将音乐、舞蹈、戏曲、武术、健身操、杂技、小品、非物质文化遗产(剪纸、泥塑艺术、皮影戏)等平桥区的一张张文化"名片"、一项项艺术形式呈现在观众面前,共同参与的群众人数达到 28 000 人次,文化影响力得以不断提升。体育活动在公共文化服务中不容小觑,应予以重视,并出台全流程的管理、服务标准。

A14:广播服务。该指标包含原标准中的"收听广播"项目,拓展诸如"民族语言广播服务""气象灾害专用广播""交通状况专用广播"等项目。在调研中,55.10% 的城镇居民认为,迫切需要移动多媒体广播。与原指标有所不同,新指标的导向是"服务",而非原来的"提供"。因此,名称变为"广播服务"。

A15:电视服务。该指标包含原标准中的"观看电视"项目,拓展诸如"网络电视"等项目。在调研中,53.00% 的城镇群众认为,迫切需要移动数字电视与原指标有所不同,新指标的导向是"服务",而非原来的"提供"。因此,名称变为"电视服务"。

A16:电影服务。该指标包含原标准中的"观赏电影"项目,拓展诸如"电影知识普及(乡镇/社区)""优秀电影进校园"等项目。例如,根据国家送电影下乡"2131"工程的要求,应每月每村放映一次电影,但贵州省贵阳市乌当区新堡布依族乡 2013—2017 年每年每村平均仅放映电影 1 次。

A17:互联网服务。新增指标,主要针对互联网背景下,特别是移动互联网迅猛普及环境下,文化机构通过互联网提供的一切服务,具体指标待细化。例如,上海市嘉定区的"文化嘉定云"平台,该平台提供文化活动、场馆预定、文化社团、文化众筹、文化 e 家、网上书房、数字展馆等几个栏目,公众可通过"网上抢票"功能自由、平等地参加演出、讲座、展览等文化活动,各类文体团队可通过"场馆预订"按需选择适合演出、排练、培训的公共场馆。为了满足用户的移动化需求,嘉定区还建立了"文化嘉定云"微信公众号,整合网上图书馆、网上博物馆、网上文化馆 APP 功能。

A18：文旅服务。新增指标，主要针对文化与旅游融合背景下，文化机构提供的与旅游相关的信息、实体服务，具体指标待细化。例如，江苏省苏州市的"姑苏出发——非遗体验之旅"逐渐成熟完善，其中夏令营活动获苏州市社科普及创新项目、苏州市少儿艺术节优秀组织奖、苏州市未成年人思想道德建设工作创新案例、苏州阅读节优秀活动奖等。如今这项由姑苏区文化馆、图书馆共同主办的活动带领小朋友参观中国昆曲评弹博物馆、苏扇博物馆、苏州丝绸博物馆，并让他们在苏州昆剧院学唱昆曲，在姑苏区非遗生活馆学习苏州剪刻纸，在书香姑苏斋体验苏绣传习技艺。在文化馆、图书馆联合之外，引进旅游专业团队，打造文化品牌，提升公共文化服务机构的社会影响力。

A21：特殊群体服务——服务内容。特殊群体指行动不便的残障人士或具有其他特殊障碍的群体（诸如阅读障碍症、自闭症、多动症等群体）或其他弱势群体（如务工人员及留守儿童）。新增标准，原则上应与 A1 所有项目一致。例如，上海市坚持"政府主导、社会参与、资源统筹、均衡发展"，引导文化资源配送额度向经济薄弱街镇和基层农村倾斜，向学校、驻军及外来务工群体延伸，在用好市级配送、做实区级配送的同时，全面激活街镇配送。嘉定区每年到社区、工地、农村向来沪务工人员配送文艺演出，每年不少于 200 场，并创作了一批反映当地群众与来沪务工人员和谐相处的文艺节目。一些由来沪务工人员组成的文化团队积极参加区内的文化演出活动，提高来沪务工人员参与文化活动的积极性。2016 年全市共放映农村公益影片 51 965 场，累计观影人次 391.83 万人，覆盖全市 9 个区 1701 个具有农业功能的行政村、342 个居委会，连续 11 年达到国家规定的全市农村一月一村放映两场数字电影的目标。又如，河南省信阳市平桥区以关爱留守儿童为切入点，以农村公共图书馆一体化建设为重点的新型农村公共文化服务体系建设工作，成功申报国家第二批公共文化服务体系示范项目。除加强基础设施建设外，平桥区借助公共图书馆平台，开展以关爱留守儿童为特色的各类活动，同时，开展留守儿童调研，建立留守儿童档案、留守儿童联系制度，对问题留守儿童开展成长跟踪辅导，村干部包片管理等。为特殊群体提供何种服务，这是下一阶段必须解决的问题，需提前提上议程。

A22：特殊群体服务——服务方式。新增指标，应根据不同残障人士或具有其他特殊障碍的群体的特点，研究、借鉴国内外人性化的服务方式，具体标准待细化。例如，与上一指标一样，同样是河南省信阳市平桥区，18 个乡镇分馆在关爱农村留守儿童上起到了重要作用，读者活动特色明显，创建亮点多，在读者服务中着力打造特色品牌，向制度化、常态化、规范化、可持续方向发展。因此，如何服务成为一个值得探讨的问题，服务方式值得研究。

A31：设施开放时间。新增指标，包含原标准中的"设施开放"项目，拓展诸如"员工休假时间"等人性化指标。

A32:设施报废时间。新增指标,包含原标准中的"设施开放"项目,拓展诸如"员工休假时间"等人性化指标。

A33:设施使用人次。新增指标,主要针对设施的使用人次,配合设施报废时间,拟作为设施利用率的计算元素之一。例如,2017 年,广东省广州市越秀区图书馆总馆藏 267.3 万多册(件),其中图书 87.4 万多册(件)、电子图书 176.4 多万册,2017 年新增藏量(图书、古籍、报刊、视听文献、缩微制品及其他)19.2 万余册(件),新增电子图书 9.2 万余册,总流通人数 97.1 人次,书刊文献外借 54.1 册次,电子图书、电子期刊阅读及下载量 220 多万次。越秀区图书馆组织 68 场讲座,38 次展览,32 个培训班,向读者提供 129 台电脑免费上网。

A41:跨机构合作。新增指标,主要针对同一区域(区域标准待定)不同机构(包含文化机构与非文化机构)之间的合作情况进行评估。联合社会力量一起提供服务,将社会上专业的社会资源有效整合利用起来,使服务更有针对性、创新型、灵活性、专业性。2012 年 12 月,信阳平桥区协同信阳师范学院共建公共图书馆,政校合作标志着平桥区文化事业创新发展更进一步,有效促进了平桥区公共图书馆管理专业化、科学化、规范化。借助这些平台,平桥区文化馆为平桥区居民提供了更多更好的"适销对路"的服务,实现专业社会力量与群众对美好生活需求的对接。此外,平桥区文化馆还通过联合文化志愿者合作方式,进一步推进了民生工程公共文化场馆的免费开放。积极做好文化馆联盟活动和文化志愿者的合作,以多种形式开展比赛、演出、展览、培训等活动。2016 年全年举办文化专干培训班四期,参加人员达 600 次。又如,广东省深圳市的《深圳市公共图书馆总分馆体系建设指导意见》成为推进总分馆建设的政策保障。在市文体旅游局统筹下,深圳图书馆协助龙华、大鹏等新区公共事业局相继出台《龙华新区图书馆升级改造实施方案》和《大鹏新区图书馆升级改造(2015—2017)三年实施方案》,从馆舍改造、设备更新、RFID 应用、文献更新、物流服务等方面加大投入。

A42:跨区域合作。新增指标,主要针对不同区域(区域标准待定)相同类型以及不同类型机构(包含文化机构与非文化机构)之间的合作情况进行评估。华谊兄弟公益基金向信阳市平桥区图书馆总馆和 18 个乡镇分馆捐赠了 19 套设备,建设"零钱电影院",之后,华谊兄弟公益基金又给零钱电影院增添了笔记本电脑、刻录机等新的装备,对零钱电影院进行了全面整修。

A43:跨境合作。新增指标,主要针对我国境内与境外相同类型以及不同类型机构(包含文化机构与非文化机构)之间的合作情况进行评估。

A51:群众满意度。新增指标,主要针对被服务群众对所有涉及服务项目的满意度打分。目前,偏远地区的群众对于公共文化服务的满意度评价渠道有限,例如,内蒙古自治区赤峰市嘎查村村民则是与文化站工作人员存在隔阂的,不认为文化站工作人员能够为村民文体活动提供支持帮助,即使有文化需求,但不知该向谁反映情况,缺乏村民与工作人员沟通的平台和渠道,在这种情况下,村民对于文化站工作人员以及公共文化的认识偏差进一步加剧。

A52:第三方评价。新增指标,主要指新增与文化服务提供机构、提供对象无直接利益关系的社会第三方的评价机制。2016年7月到2017年2月,在江苏省无锡市文广新局基层站所公共服务标准化全覆盖运行检查评估工作部署会上,考评组成立,各市、区相应成立检查评估小组。各推进部门(单位)在自查自纠的基础上,切实找出存在的问题和差距。同时在考核工作中引入第三方工作机制,对基层站所实行公共服务标准化情况进行明察暗访评议。

A53:机构自我评价。新增指标,主要指新增文化服务提供机构例行的自我评价机制,类似"内部审计"。2016年7月,江苏省无锡市为推动基层站所公共文化服务标准化工作,在已出台的《基层站所公共服务标准化全覆盖运行情况检查评估方案》的要求下,无锡市成立了市文广新局基层站所公共服务标准化全覆盖运行检查评估工作领导小组,由市文广新局局长和副局长分别担任组长和副组长。

A54:特殊群体评价。新增指标,主要指新增基本服务中,特殊群体对其接受的服务的满意度评价机制。

B11:文化设施。该指标包含原标准中的"文化设施"项目,并将原标准中的"流动设施"与"辅助设施"融入与本项相关的指标。江苏省无锡市针对公共文化服务的薄弱环节加大投入,完善基础设施建设,建成了一批高水准的县级和市级乡镇(街道)文体中心(文化站)。例如,惠山区按国家一级文化馆标准建成区文化馆,改造闲置的规划展示馆。惠山开发区实现公共文化服务走进千家万户,7万人以上的社区建成乡镇级文体服务中心,达到一社区一中心的建设标准。又如,2016年7月,苏州颁布《苏州市公共文化设施建设布局规划(2015—2030)》,提出按照打造城区"十分钟文化圈"、农村"十里文化圈"要求,推动公共文化服务设施布局从"全设置"走向"全覆盖",真正打通公共文化服务"最后一公里"。在这一布局规划中起重要意义的是"苏州市文化设施总体布局结构图",这份覆盖苏州2740平方千米,包括姑苏区、吴中区、相城区、苏州高新区、苏州工业园区、吴江区所有市辖区的规划结构图,其强制性的规划建设成为本次调研的重要指引地图。

B12:旅游设施。新增指标,主要针对与文化相关的旅游设施指标,具体指标待定。例如,江苏省苏州市的"姑苏出发——旅游阅读馆"与苏州文化国际旅行社合作,利用双方优势资源形成互补,为读者提供旅游书刊阅览、个性化旅游资讯查询、驴友分享交流等公益服务,是苏州首家旅游专题阅读馆。旅游阅读馆不仅聚焦提供旅行主题相关手册、地图、期刊,更集中展示姑苏文化、旅游发展相关材料,推出"吴文化"特色展示、公共旅游咨询接待、旅游线路"私人订制"等服务项目。2014 年,首批"姑苏出发——非遗体验之旅",为游客带来苏绣、苏钟、苏州织造官府菜、苏州评弹等国家、省、市级非遗项目,使参与者能够深入感受姑苏文化,在发展旅游经济的同时,带动人文旅行书籍的深度阅读。

B13:广电设施。该指标包含原标准中的"广电设施"项目,并将原标准中的"流动设施"与"辅助设施"融入与本项相关的指标中。例如,贵州省贵阳市乌当区新堡布依族乡每年有"2131"工程放映和送文化下乡活动。2013 年 7 个行政村和 31 个自然村全年放映电影 62 场,2014—2017 年,7 个行政村和 28 个自然村每年放映电影 56 场。2017 年,该乡的多彩贵州"广电云"工程进行了 560 户的安装,广播电视实现全覆盖。

B14:体育设施。该指标包含原标准中的"体育设施"项目,并将原标准中的"流动设施"与"辅助设施"融入与本项相关的指标中。在调研中,群众对省级公共体育场、市级公共体育场、区级公共体育场、街道级公共体育场的需求比例分别为 53.34%、55.82%、50.92%、50.15%。例如,贵州省贵阳市乌当区新堡布依族乡通过全民健身路径工程引进体育设施,每个村有基础的体育活动场地和体育器材,经常开展各类体育活动,如 2017 年 8 月 18 日,由该乡举办的乌当区北部乡镇羽毛球邀请赛在新堡民族中学羽毛球场举行。比赛以循环赛进行,来自东风镇、下坝镇、新场镇、新堡布依族乡 4 支男女代表队运动员们参加。每个村修建有小广场,并自发组织广场舞队伍,如马头村、王岗村和陇上村各有 1 个队伍。该乡还修建了灯光球场,乌当区百村篮球赛已在此举办 9 届。

B15:互联网设施。新增指标,主要针对新环境下,特别是移动互联网环境下,文化机构如何提供与互联网有关的设施,具体指标待定。

B16:信息化平台。新增指标,主要针对大数据环境下公共文化服务的数据管理问题,形成信息化平台有助于积累经验、分析现状和预测趋势。例如,上海市嘉定区"文化嘉定云"平台建设。2012 年启动的"文化嘉定云"于 2014 年 1 月起试运行,这个平台整合了中国知网、万方数据、维普期刊等 20 多种数据库的资源,用户只需注册验证在嘉定区内公共图书馆办理的"一卡通"读者证,便能随时随地通过互联网检索或阅读 3000 万篇文献资料、200 万册电子图书和 1 万余种电子期刊,并能在网上选择、观看 2 万场教学讲座。平台还独创了文化场馆的"虚拟漫游"功能,将嘉定博物馆、嘉定竹刻博物馆、嘉定孔庙、嘉定区图书馆、韩天衡美术馆、法华塔、陆俨少博物馆等真实呈现于网络之中。

B21:规划文本。新增指标,主要针对各文化机构是否有规划的文本而设定。例如,2015 年 12 月,广州市提出要建设"图书馆之城",计划到 2020 年实现每 8 万人拥有一座图书馆,人均藏书 3 册。2017 年 6 月出台的《广州市文化广电新闻出版事业发展第十三个五年规划

（2016—2020 年）》提出基本建成"图书馆之城"，大力推进博物馆建设，到 2020 年，全市文化站 100% 达到省一级站标准，80% 达到省特级站标准，每万人拥有室内公共文化设施面积达 1500 平方米，公共文化服务各项指标位居全国先进水平，基本建成现代公共文化服务体系，文化遗产保护体系基本完善等目标。贵州省贵阳市乌当区新堡布依族乡在《乌当区美丽乡村总体规划》指引下，聘请省内外规划设计单位编制了《新堡布依族乡美丽乡村建设总体规划》，用规划指导建设。河南省信阳市平桥区，在规章建设方面，建立起了适合平桥的图书馆的各项法律法规，出台了《平桥区公共图书馆一体化建设管理办法》《平桥区公共图书馆一体化建设考评机制》《人才激励机制及人才引进培养办法》，在规章制度方面，形成了如综合文化站财产保管制度、安全保卫制度、安全应急方案等，建立完善的逐级统一管理服务体系，为图书馆的有序、可持续发展提供有力的政策保障。

B22：信息公开。新增指标，主要针对大数据环境下各文化机构信息公开程度设定的指标，具体待定。2017 年，课题组在互联网环境下检索河南省开封市，很容易找到其设计精美的开封市城乡一体化示范区网站，网站涉及示范区建设的很多方面，但关于开封市公共文化服务的内容没有鲜明标示出。

B23：数据管护。新增指标，主要针对各文化机构线上线下的数据管理和维护水平而设定的指标，具体待定。

B31：准入资格。新增指标，主要指新增公共文化服务机构在编人员的专业技术准入机制，具体指标待定。

B32：人员编制。沿用原标准中的"人员编制"项目。随着我国文化事业单位的改革进入深水区，"人员编制"的概念将逐渐发生变化，值得研究。例如，2010 年，江苏省无锡市无锡新区通过招标形式首先对区图书馆进行社会化运作，选择专业公司负责图书馆的建设、管理、运行和服务。自 2011 年起，无锡市新吴区图书馆通过招标的方式引入社会化运作，将图书馆的管理、运行和服务外包给专业公司，实现图书馆业务全外包，在全国率先推出"服务外包"的管理创新模式。通过招标，无锡新区引入服务外包，开创管理新模式，将图书馆业务外包给台湾艾迪逊公司，依托丰富图书馆运行管理经验的专业公司探索图书馆服务的新模式。

B33：人员职称。新增指标，主要在"人员编制"项目基础上，增加对职称的考核。据调研，河南省开封市图书馆 2017 年人员编制为 73 人，现有在职人员 59 人，其中副研究馆员 4 人、馆员 28 人。高级专业技术人员的缺乏，与公共文化服务的质量有着直接的关系，为缓解这一问题，据调研了解，开封市政府会增加人员供给为新馆顺利运营提供保障。

B34：继续教育。包含原标准中的"业务培训"项目，并拓展诸如"继续教育培训级别""继续教育培训成果"等项目。

10.5.2.2 必备条件指标

通过对《国家基本公共文化服务指导标准(2021—2025 年)》(建议稿)指标的研制,为便于国家相关主管部门在新时期对标准重点关注、文化执行机构对重点指标进行理解和执行,本研究建议将《国家基本公共文化服务指导标准(2021—2025 年)》(建议稿)中涉及的 2个一级指标、6 个二级指标的共计 18 个三级指标列为关键指标。这 18 个三级指标是各地按标准进行公共文化服务时必须开展的服务,是开展公共文化服务的必备条件。必备条件是提纲挈领的指标,并不表示其他指标不重要,而是表示在开展公共文化服务的过程中,需要优先做好的项目,其他指标应在必备条件做好的基础上,加快步伐,做好其他指标的贯彻。《国家基本公共文化服务指导标准(2021—2025 年)》(建议稿)的必备条件指标如表 10 – 7。

表 10 – 7 《国家基本公共文化服务指导标准(2021—2025 年)》(建议稿)必备条件指标

一级指标(2 个)	二级指标(6 个)	三级指标(17 个)
服务效能(A)	基本服务(A1)	阅读服务*(A11)
		文艺活动服务*(A12)
		体育活动服务*(A13)
		广播服务*(A14)
		电视服务*(A15)
		互联网服务*(A17)
	特殊群体服务(A2)	服务内容*(A21)
		服务方式*(A22)
	设施利用率(A3)	设施开放时间*(A31)
	评价机制(A5)	第三方评价*(A52)
保障条件(B)	硬件保障(B1)	文化设施*(B11)
		广电设施*(B13)
		互联网设施*(B15)
		信息化平台*(B16)
	制度保障(B2)	数据管护*(B23)
	人员保障(B3)	准入资格*(B31)
		人员编制*(B32)
		继续教育*(B34)

注:* 为必备条件

资料来源:课题组整理

10.5.2.3 创新点

《国家基本公共文化服务指导标准(2021—2025 年)》(建议稿)的结构与现阶段《标准》的结构相比,主要不同有如下三点:第一,将原有指标的一级指标从 3 个重新聚合为 2 个,指标数虽然有所减少,但分类更科学。第二,将原有指标的二级指标从 14 个重新聚合为 8 个,指标数虽然有所减少,但分类避免原有的重叠现象,且逻辑更合理,更加人性化,显示出与初级阶段不同的精细化,彰显新时期更加以"以人为本"的文化服务指导思想。第三,将原有指标的三级指标从 22 个重新打散、合理归类,并新增了切合时代发展的指标至 33 个,并加以备注,解释。将原有较为初步的分类和重叠情况加以优化,与时俱进,且有些指标具有一定的前瞻性,真正具备了从初级阶段走向服务效能导向阶段的雏形。

从标准的内容上来讲,主要区别是:现阶段《标准》将所有公共文化服务分为"基本服务项目""硬件设施"与"人员配备"三个大类。首先,在"基本服务项目"中,既包含了开展的具体服务的内容,又包含了系列对若干服务的要求,事实上是机制乃至可以认为是初步的服务效能的雏形。其次,"硬件设施"中,涵盖了基本的"文化""广电""体育"等设施的建设和供给要求,并将"流动设施""辅助设施"等与前三者并列,事实上,前三者与后二者并非并列关系,而是交叉包含关系。"流动设施"与"辅助设施"应该体现在前三个设施中的每一项中。最后,"人员配备"一类中,包含了"人员编制"与"业务培训"两项,对比文化事业其他行业的相关标准,例如公共图书馆评估标准,则将人员保障一项细化到编制、支撑、继续教育、所获奖励等,这种细化显示出了标准的科学性与合理性。

因此,作为新时期的公共文化服务指导标准,与现有标准从内容上来看,主要的创新点在于:将原有按"业务内容、硬件设施、人员"的三个维度的标准,优化为以服务效能为导向的"服务效能"和"保障条件"两个维度,并将原有的三个维度的所有指标,重新纳入上述两个维度中。在此基础上,进一步根据调研数据、案例分析以及现有成果,增加相应的与时俱进的指标,以引领未来一段时期我国公共文化服务的发展方向。

从指标的重点来看,增加了"必备条件指标"的概念。必备条件指标的提出,主要基于两方面的考虑。一方面,明确了国家开展公共文化服务指导的重点和方向,起到引领公共文化服务发展方向的作用;另一方面,使文化服务执行机构、非政府文化组织、相关企业等各方可依据必备指标,重点开展、优先发展和建设与必备指标相关的业务,从而加快我国公共文化服务迈向标准化与均等化的步伐。

10.5.3 《国家基本公共文化服务指导标准(2021—2025 年)》(建议稿)

结合本研究综述的已有研究成果、相关理论基础,以上述我国公共文化服务标准化与均等化的调研数据、案例分析为主要分析依据,本研究对《标准》进行调整和重组,并根据本研究调研数据、案例研究结果进行了创新,在现阶段已有基础上,为下一阶段(2021—2025 年)我国的公共文化服务提出了全新的指导标准,以更好地促进公共文化事业的发展。为此,本研究将已形成的《国家基本公共文化服务指导标准(2021—2025 年)》(建议稿)列出(见表 10 - 8)。

表 10 - 8 《国家基本公共文化服务指导标准(2021—2025 年)》(建议稿)

一级指标 2 个(原 3 个)	二级指标 8 个(原 14 个)	三级指标 33 个(原 22 个)
服务效能(A)	基本服务(A1)	阅读服务[*+](A11)
		文艺活动服务[*+](A12)
		体育活动服务[*+](A13)
		广播服务[*+](A14)
		电视服务[*+](A15)
		电影服务[+](A16)
		互联网服务[*#](A17)
		文旅服务[#](A18)
	特殊群体服务[#](A2)	服务内容[*#](A21)
		服务方式[*#](A22)
	设施利用率[#](A3)	设施开放时间[*#](A31)
		设施报废时间[#](A32)
		设施使用人次[#](A33)
	协同合作[#](A4)	跨机构合作[#](A41)
		跨区域合作[#](A42)
		跨境合作[#](A43)
	评价机制[#](A5)	群众满意度[#](A51)
		第三方评价[*#](A52)
		机构自我评价[#](A53)
		特殊群体评价[#](A54)
保障条件(B)	硬件保障(B1)(将原指标中"流动设施"与"辅助设施"融入新标准的每一项)	文化设施[*](B11)
		旅游设施[#](B12)
		广电设施[*](B13)
		体育设施(B14)
		互联网设施[*#](B15)
		信息化平台[*#](B16)
	制度保障[#](B2)	规划文本[#](B21)
		信息公开[#](B22)
		数据管护[*#](B23)
	人员保障(B3)	准入资格[*#](B31)
		人员编制[*](B32)
		人员职称[#](B33)
		继续教育[*+](B34)

注:#为新增指标,加 + 为名称有变化的指标, * 为必备条件

资料来源:课题组整理

11 我国基本公共文化服务标准化的实施策略

基本公共文化服务标准化是提升基本公共文化服务效能、实现基本公共文化服务均等化的使用工具。开展基本公共文化服务标准化，可借鉴非公共服务的服务行业的服务标准化成熟经验，开创我国基本公共文化服务标准化实施的先河，制定我国基本公共文化服务标准化体系的实施策略。

11.1 实施策略制定

基本公共文化服务标准化体系的实施，实质上就是开展公共文化服务标准化工作的过程，这个过程是一个综合的系统过程，按实施阶段，可分为实施前、实施中和实施后三个阶段。因此，本部分按照基本公共文化服务标准化体系的实施阶段，提出该标准化体系实施的过程策略模型，通过该模型阐述我国基本公共文化服务标准化体系的实施策略。具体实施模型见图 9 - 2。

11.1.1 实施前

实施前阶段是基本公共文化服务标准化实施前的准备阶段，应主要包括法律/政策保障、行政管理、标准化研究、标准研制。

11.1.1.1 法律/政策保障

在我国基本公共文化服务标准化实施前，相关的法律/政策保障是开展基本公共文化服务标准化的根本，是在基本公共文化服务领域开展标准化工作合法性的直接依据。

具体来说，2017 年修订并实施的《标准化法》、2016 年通过并于 2017 年实施的《公共文化服务保障法》，为我国基本公共文化服务标准化指明了方向，提供了法律依据。

作为政策依据，2013 年，党的十八届三中全会发布了《中共中央关于全面深化改革若干重大问题的决定》，指出"构建现代公共文化服务体系。建立公共文化服务体系建设协调机制,统筹服务设施网络建设,促进基本公共文化服务标准化、均等化"①。2014 年,文化部宣布将推进基本公共文化服务标准化、均等化,提出要以立法的方式促进公共文化服务标准化、均等化;使公共文化服务有标准可依,进而以标准化促进均等化;并由文化部牵头成立国家公共文化服务体系建设协调组,该协调组由中央 20 个部门组成,标志着国家层面的公共文化服务协调机制正式运转②。2014 年,在十二届全国人大二次会议上,国务院总理李克强在大会《政府工作报告》中指出,对于 2014 年的重点工作,要促进基本公共文化服务标准化、均等化③。2014 年,推进基本公共文化服务标准化、均等化,人民群众更广泛享有免费或优惠的基本公共文化服务。2014 年 2 月 24 日,文化部部长蔡武在发布会上表示,现在正在研究起草公共文化服务标准化、均等化的方案,人民群众将更广泛享有免费或优惠的基本公共文化服务。

2015 年,中共中央办公厅、国务院办公厅印发《关于加快构建现代公共文化服务体系的意见》中,其附件《国家基本公共文化服务指导标准(2015—2020 年)》明确了公共文化服务的服务内容与项目。2016 年 8 月,文化部《中央财政 2016 年支持构建现代公共文化服务体系情况》中指出,为贯彻落实中共中央办公厅、国务院办公厅印发的《关于加快构建现代公共文化服务体系的意见》精神,中央财政积极支持加快构建现代公共文化服务体系,促进基本公共文化服务标准化、均等化。

上述法律、政策是实施基本公共文化服务标准化的基础和保障,是开展基本公共文化服务标准化的方向性指南。

11.1.1.2　行政管理

行政管理主要由两方面组成:一是标准化工作的主管部门,需要对公共文化服务领域进行专门的研究、准备和沟通,特别是对基本公共文化服务标准化涉及的行政制度、行政部门以及人员进行调查摸底,以上述要素为基本管理制度的核心组成,构建基本公共文化服务标准化行政管理机制,依托机制实施管理;二是具体执行基本公共文化服务标准化工作的文化部门,需要以法律、政策为基本依据,以国家、地方以及行业出台的各项标准为标尺,贯彻标准化的思想,以标准化的手段,配合各地文化风俗进行微调,为老百姓提供有标准可依、按标准执行、适应当地的基本公共文化服务。

---

① 关于《中共中央关于全面深化改革若干重大问题的决定》的说明[EB/OL].[2017-10-09].http://cpc.people.com.cn/xuexi/n/2015/0720/c397563-27331312.html? winzoom=1.

② 文化部:全面推进基本公共文化服务标准化均等化[EB/OL].[2017-09-19].http://culture.people.com.cn/n/2015/1019/c172318-27712207.html.

③ 李克强在十二届全国人大二次会议上作的政府工作报告[EB/OL].[2017-09-08].http://finance.ce.cn/rolling/201403/06/t20140306_2424545.shtml.

11.1.1.3 标准化研究

标准化研究是指对基本公共文化服务相关标准的研制、出台、宣传、贯彻、反馈及修订等进行研究的过程。在开展基本公共文化服务标准化工作之前，必须有专门的研究性机构对上述环节进行系统的、专业的、完整的且具有前瞻性的研究。承担这个职责的，一般为专业的标准化研究院、高校相关院系及科研院所。对标准进行研究并不等同于标准的研制，它是一个整体的过程，而标准的研制单指对标准文本进行研发、研制、修订的活动。二者的承担机构是不一样的，视角也是不一样的，所需具备的科研条件、人员的研究侧重等也不一样。

11.1.1.4 标准研制

标准的研制主要是由各公共文化服务相关的标委会承担。标委会的职责是对所处行业的所有相关标准进行研发、研制与修订。其重点在于标准的制定与修订。以文化行业相关的标准化组织为例，目前我国的文化行业有 8 个标委会和 1 个分委会。根据 2008 年国家标准委综合第 114 号文件，正式批准成立了文化部下属的 7 个标委会和 1 个分委会，文化部文化科技司于 2008 年 12 月 9 日正式举行这 7 个标委会和 1 个分委会的成立大会。2013 年 1 月，"全国动漫游戏产业标准化技术委员会"成立。目前，这 8 个标委会和 1 个分委会分别为：①全国剧场标准化技术委员会（SAC/TC 388）；②全国剧场标准化技术委员会（SAC/TC 388）舞台机械分技术委员会（SAC/TC 388/SC 1）；③全国图书馆标准化技术委员会（SAC/TC 389）；④全国文化馆标准化技术委员会（SAC/TC 390）；⑤全国网络文化标准化技术委员会（SAC/TC 391）；⑥全国文化娱乐场所标准化技术委员会（SAC/TC 392）；⑦全国社会艺术水平考级服务标准化技术委员会（SAC/TC 393）；⑧全国文化艺术资源标准化技术委员会（SAC/TC 394）；⑨全国动漫游戏产业标准化技术委员会（SAC/TC 388）。

11.1.2 实施中

实施中阶段主要是基本公共文化服务按标准准入、对标准的宣贯及监督阶段。主要包括公共文化服务的准入机制、标准宣传、标准执行与贯彻以及对上述过程的全程监督工作。

11.1.2.1 准入机制

基本公共文化服务标准化应有合理的准入制度。所谓准入制度，如同食品安全准入一样。在基本公共文化服务的产品（服务）面对公众开放之前，应按照国家标准进行一一对照的评估和检查，只有符合国家最低标准的基本公共文化服务，才能对公众开放，只有符合国家标准的公共文化服务机构，才能获得开展基本公共文化服务的资格。但由于基本公共文化服务的性质较之食品安全等行业较为特殊，属于国家公益性的行业，且属于精神文明类别的服务，因此，在我国人口众多、基础设施尚未均等完善的条件下，要求达标后再开放是不合时宜的,但必须以此为努力的方向,在尚未达标但又必须开放的情况下,可设计相关评分标准,按实际情况评分,设置及格线,定时回看,督促整改,一边开放,一边努力发展,直至及格达标。可以说,在我国目前的国情下,准入制度可在部分东部沿海发达地区试行,对于中西部经济欠发达地区,可实施评分限期整改式的"准入机制"。

11.1.2.2 标准宣传

标准宣传包括两个方面的宣传:一方面是对内宣传;另一方面是对外宣传。对内宣传主要是对标准的执行部门、其主管部门的领导及相关工作人员进行宣传,使得上述人员对标准的内容、标准的实施规范以及标准的反馈有较为清晰的认知,以便于在争取人、财、物支持时消除认知误差和障碍。对外宣传主要是由标准的执行机构对服务的对象(公众)进行各种形式的宣传,使公众清晰地了解到自身的基本文化权利,便于公众对基本公共文化服务提出宝贵的意见,并能依据所了解的相关权利反馈信息。

11.1.2.3 标准执行与贯彻

标准执行与贯彻主要是文化服务机构、其主管部门对标准的实施和支持。关键在于执行标准的到位程度。基本公共文化服务的标准,从严格程度上划分,团体标准最严,国家标准最松,具体为:团体标准 > 行业标准 > 地方标准 > 国家推荐标准 > 国家标准。国家标准是强制执行的,是基本公共文化服务的关键和基础,可以理解为不遵循就会出现根本性的问题。国家推荐标准虽然不是强制执行的,但除非公共文化机构执行更严格的标准,否则一般都要执行。地方标准由当地政府制定,在当地有效,在外地无效。行业标准一般是国家层面的行业协会,或由较多的同行业机构一起制定的标准。团体标准是一些行业团体或者省、市级行业协会制定的,在团体内有效的标准。团体标准是团体制定的,最严格的标准。因此,在我国东西部发展不平衡的国情下,对于基本公共文化服务标准的执行与贯彻,必须在各地政府主管部门对基本公共文化服务标准的清晰认知下,各文化机构以严格执行强度最低的国家标准为底线。

11.1.2.4 监督

在完成准入、宣传与执行贯彻后,最为重要的环节是对上述过程的全程监督。监督的过程主要是对上述环节的合规性、完整性以及实施效果进行监督,避免出现缺失或执行不到位的情况。监督的执行机构应独立于文化执行机构,直接对文化执行机构及其主管部门的上级直属部门负责。

11.1.3 实施后

实施后阶段,是基本公共文化服务的行政管理、准入机制、标准的宣传贯彻等环节完成之后的阶段。主要是针对标准实施效果的评估、追踪以及标准的修订开展相关的工作。此阶段汇集基本公共文化服务标准化实施过程中反馈的相应问题,并对标准的实施效果、实施效率以及适应性等关键问题进行评价和分析,以便反馈到标准的研究与研制机构,便于对相关标准进行改进与修订。

11.2　实施建议

当前,标准化在基本公共文化服务领域已经进入实质性阶段,但实际情况是,该领域并无相关的准入机制,基本公共文化服务领域的标准分类不清晰、不成体系,与实践对应的基本公共文化服务相关标准空白较多,基本公共文化服务标准化专业人才匮乏,中国的文化服务标准的国际影响力有限。形成这些问题的原因,主要是我国公共文化服务相关的机制体制限制,准入机制未能实施、标准化应用在文化领域(特别是基本公共文化服务领域)尚未取得业界充分理解并达成共识、基本公共文化服务相关标准研制不足,且专业性不够、基本公共文化服务标准化观念尚未转变、对专业人才重视不够、国内外文化领域标准的转化传播因文化差异存在一定难度等。因此,必须针对上述现实情况,对基本公共文化服务标准化实施进行战略性的改进。本研究认为,要改善我国基本公共文化服务标准化的实施,必须从以下战略着手。

11.2.1　实施基础知识普及战略

实施基本公共文化服务标准化的基础知识普及战略,是形成"政府—法律—公众"的基本公共文化国家治理体系的基础。从国家层面来说,国家应大力宣传和推广标准化在基本公共文化服务领域的基础知识,让标准化的基础知识为政府相关人员以及公众所共同接受,使政府机构(包括文化事业单位)的相关人员明确自身在法律和标准化框架下的责任和义务,同时提升公民的标准化意识,明确自身在法律和标准化框架下可享受到的文化权利。只有双方都提升标准化意识并了解标准化知识,才能从根本上达成基本公共文化服务标准化的共识。这是基础,也是前提。

11.2.2　实施骨干标准体系建设战略

实施基本公共文化服务标准化骨干标准体系建设战略,是整个标准化工作的核心内容。国家相关部门应牵头研制基本公共文化服务的骨干标准体系,并以此为基础,在基本公共文化服务相关的各个细分领域进行细化,制定更为详细、更加符合细分领域实际的标准。这个骨干标准体系可大体分为基本公共文化服务的保障标准、基础标准、服务标准、管理标准、评价标准以及修订标准。只有形成这个骨干标准体系,才能进一步深化基本公共文化服务标准化工作。

11.2.3 实施质量管控战略

实施基本公共文化服务标准化质量管控战略,是保障基本公共文化服务标准化实施效果的有效手段和必备条件。与其他易为量化的领域(诸如食品安全领域等)不同,基本公共文化服务领域的质量管控战略似乎没有被重视,其原因在于公共文化领域的"质量"不易以数据量化的形式展现,因此"质量"的好坏优劣无法以相应标准来评判。正因为如此,更需要加强对基本公共文化服务领域的质量管控,基本公共文化服务标准化的主管机构应联合相关的科技部门及研究机构,对本领域的"产品"进行深入透彻的研究,并制定相应的质量管控标准及机制,使原来不可量化的文化领域的产品和服务有相应的质量管控依据。实施该战略,能提升我国基本公共文化服务的水平,提升标准化的实施效果。

11.2.4 实施人才储备与培训战略

实施基本公共文化服务标准化人才储备与培训战略,是保障基本公共文化服务标准化工作实施的重要战略。开展一切工作的基础是专业的人才,标准化人才的稀缺是制约基本公共文化服务标准化工作的瓶颈。往往相关标准的研制并无太大的阻碍,但标准的具体实施和贯彻无法到位,其中重要的原因,是没有专业的标准化人才对标准进行宣传和执行,在标准执行之后,也未能准确地将实施效果反馈,极大地影响了标准的执行效果。因此,标准化专业人才,似乎是保障实施基本文化服务标准化的"最后一公里"。当前,各行业专门从事标准化工作的人才十分稀缺,具体到基本公共文化服务领域更是凤毛麟角。从8个文化行业标委会和1个分委会来看,除图书馆标准化委员会之外,其他标委会几乎没有专职从事标准化工作的人员,由此可见,各地方的文化标准化人才的稀缺程度更为严峻。因此,国家要大力培养公共文化服务标准化人才,大力开展此类人才的储备工作。

11.3 实施指南

《我国基本公共文化服务标准化体系实施指南(征求意见稿)》(见附录二)主要是以本部分构建的实施模型为主线,融入基本公共文化服务标准化基础知识普及战略、基本公共文化服务标准化骨干标准体系建设战略、基本公共文化服务标准化质量管控战略以及基本公共文化服务标准化人才储备与培训战略编制而成。《实施指南》的结构如下:

前言

第一部分　实施前阶段

　　一、明确法律/政策保障

　　二、明确行政管理职责

　　三、开展标准化研究

　　四、开展标准研制

第二部分　实施中阶段

　　一、建立准入机制

　　二、开展标准宣传

　　三、标准的执行与贯彻

　　四、监督

第三部分　实施后阶段

　　一、开展评价工作

　　二、开展效果追踪工作

　　三、标准的修订反馈

11.4　实施评价

在我国基本公共文化服务标准化进程中,形成了以相关法律/政策为保障基础和支撑条件,以标准化主管部门以及文化执行机构为实施主体,以我国基本公共文化服务标准体系为实施工具,以公众为实施客体,以标准研究与研制、标准认证、标准执行与贯彻、标准修订为主要过程,以促进基本公共文化服务标准的实施为目标的基本公共文化服务标准化体系。为保证标准化的顺利开展、改进与监督,需要对基本公共文化服务标准化体系在标准化进程中发挥的作用、实施效果进行评价。

11.4.1　实施评价的目标与原则

11.4.1.1　评价的目标

对基本公共文化服务标准化体系实施评价,直接目标是完善和提升基本公共文化服务标准化体系的质量,最终目标是通过提升标准化体系的质量促进我国基本公共文化服务的服务效果、质量和水平,保障公民的基本文化权利得到充分实现。

11.4.1.2 评价的原则

基本公共文化服务标准化体系自身是一个复杂而动态变化的系统,对其进行评价事实上就是公众对基本公共文化服务的供给方所提供的服务效果、服务质量以及服务过程的评价。服务效果多为感受、感觉,而服务质量、服务过程多可以用直观的指标来量化,因此,在对基本公共文化服务标准化体系进行评价时,既要照顾到不易量化的感受、感觉的主观类指标,又要兼顾易于量化的服务质量、服务过程等客观类指标,采取定性与定量相结合的原则。具体来说,应遵循以下评价原则:

第一,公开性原则。公民拥有对基本公共文化服务标准化体系评价的知情权,基本公共文化服务的客体是老百姓,故而老百姓有权利了解和监督基本公共文化服务标准化体系各环节的具体情况(诸如服务标准、相关政策等)。为达到这一目标,在对其开展评价工作时,应遵循信息公开的原则,只有信息公开,才能使老百姓消除信息障碍,积极参与与自身文化权利密切相关的评价活动。评价机构应通过广泛的调查研究,积极告知老百姓相关的评价标准指标,提供一定的参与渠道,引导老百姓便利地参与到评价中来。以促进我国基本公共文化服务标准化体系的建设。

第二,层次性原则。我国幅员辽阔,东、中、西部各省、自治区、直辖市的经济社会发展水平在一定时期内还将继续呈现出不充分、不平衡的现象。相应地,基本公共文化服务标准化体系在各地的运行也将会出现不同的情况。为避免评价时各地出现"一刀切"的现象,应该遵循层次性原则,对经济社会发展程度不同的地区,采取区别对待的评价标准(或同一套评价标准,不同的分级标准),使得经济社会发展水平类似的地区基本采用同一评价标准。

第三,公平性原则。公平性原则在评价中的体现,主要是评估主体依据公平正义理论,通过评估,促进基本公共文化服务标准化体系更好地为国家的全体公民提供服务,特别是对弱势群体的惠及。遵循公平性原则,意味着"基本"二字得到切实落实,保民生、兜底线的公共文化服务得到进一步强调。同时,在层次性原则的基础上,依据公平性原则,通过评价机制,使我国东、中、西部的不均衡逐渐向均衡的方向发展,逐渐缩小同一地区城市与农村基本公共文化服务差距。

第四,闭环性原则。评价机制的关键在于闭环。遵循闭环性原则,指评价中发现的问题以及公众反映的意见能得到有效的、有时限的解决,暂时解决不了的,应予以向利益相关者回复原因以及整改时间表,做到"事事有回复"。对基本公共文化服务标准体系的评价,应包括实施主体对利益相关各方意见的闭环反应的评价,遵循闭环性原则,有利于增加基本公共文化服务标准化主体的权威,促进实施主体与客体的良性沟通。

11.4.2　实施评价的内容

对基本公共文化服务标准化体系实施评价,主要包括三个方面:第一,产品/服务评价,主要是对基本公共文化服务标准化体系中提供的文化产品/服务自身进行评价;第二,过程评价,主要是对基本公共文化服务标准化体系的整体的实施过程进行评价,包括法律、政策是否完善,实施主体是否依法行政,标准体系是否能完全覆盖相关领域,标准的研究、研制、宣传、贯彻、实施监督以及修订等是否完备;第三,效果评价,指对基本公共文化服务标准化体系的实施效果是否达到预期目标的评价。

11.4.3　实施评价的方法

11.4.3.1　定性评价方法

由于实施评价的对象是基本公共文化服务标准化体系,要对一个体系的各方面进行评价,必然涉及体系的效率、效果与受众满意度等相关指标的评价。然而,这些指标多为主观判断、主观感受,无法准确地量化为具体的数值,并以数值来评判其优劣。因此,在评价过程中可采取定性评价方法,如专家访谈法、焦点访谈法、实地观察法等,这些定性类的评价方法主要用于评价效率、效果以及满意度等不易量化的方面。

11.4.3.2　定量评价方法

除了定性评价方法外,由于基本公共文化服务标准化体系中不免涉及对标准自身进行评价,因此,可采用定量的方法开展评价工作。例如,可采用 TOPSIS 法(Technique for Order Preference by Similarity to an Ideal Solution)对标准体系中的标准进行评价。TOPSIS 法根据有限个评价对象与理想化目标的接近程度进行排序的方法,是在现有的对象中进行相对优劣的评价。其基本原理,是通过检测评价对象与最优解、最劣解的距离来进行排序,若评价对象最靠近最优解同时又最远离最劣解,则为最好;否则不为最优。

11.4.3.3　定性与定量相结合的方法

在实施评价时,定性与定量的评价方法可结合使用,要视具体评价的对象而言。使用定性或定量评价方法,或是使用定性与定量相结合的方法,都必须根据评价对象是否易于量化来决定。例如,层次分析法就是典型的定性与定量相结合的评价方法。该方法通过对基本公共文化服务标准化体系中的标准进行多因素分析,划分出各因素间相互联系的层次,再请专家对各层次的因素进行判断,并给出重要性表示及权重,建立相关的模型,最后使用模型进行综合评价。

11.4.4 实施评价的管理过程

基本公共文化服务标准化体系的评价需要进行科学的管理过程控制,管理过程主要涉及的部分为评价主体与客体、过程管理以及其他应该注意的问题。具体如下。

11.4.4.1 评价主体与客体

基本公共文化服务标准化体系的评价主体是多元的,主要分为内部评价主体与外部评价主体两类。所谓内部评价主体,即基本公共文化服务标准化体系的各相关单位作为评价主体,自行开展评价工作。外部评价主体,即上述单位的上级单位或独立的社会第三方机构作为评价主体,开展评价工作。

基本公共文化服务标准化体系的评价客体,主要是指该体系内的各相关单位,包括标准的研究、研制、执行、监督机构,相关标准的文本,贯彻标准化工作的方法、流程等。

11.4.4.2 过程管理

任何评价过程都需要进行过程管理。所谓过程管理,即对基本公共文化服务标准化体系评价全程进行计划、组织、指挥、协调、控制的过程。对评价过程的管理,直接关系到是否能顺利完成评价工作,是否能得到公正的评价结果。

11.4.4.3 应注意的问题

实施评价过程中,可能出现的主要问题包括三个方面:第一,我国基本公共文化服务标准化体系尚未成熟,评价的指标体系需要不断从实践中探索与尝试,可能会出现一些偏差,需要及时发现和修正;第二,各文化服务机构及其主管部门的标准化意识尚未得到巩固,开展标准化体系评估时,会遇到人为的沟通障碍,需要事先做好基本公共文化服务标准化相关知识的普及工作,遇到沟通障碍要及时解决,认真总结,以求改进;第三,我国基本公共文化服务标准化体系中标准本身的问题。在目前尚未形成标准治理体系的情况下,我国基本公共文化服务的诸多标准尚未得到实践的检验,可能会出现水土不服的现象,对此,在评估时要及时发现并反馈给标准的研究、研制部门,使得标准得以发挥最大效用。

11.4.5 我国基本公共文化服务标准化的机遇与贡献

国际上虽然没有对应的"公共文化服务"的概念,也没有对应的"基本公共文化服务"的概念,但不表示国外民众不存在与我国民众一样的对文化的需求。因此,在国外崇尚市场决定的同时,我国以政府主导的、大力推进的公共文化服务标准化工作,在国际上是开创性的,有引领这个领域的潜力和条件。世界上没有哪个国家或地区拥有我国目前如此良好的机遇——由政府主导并充分支持的、努力尝试并推行的、为民众提供一套保障最基本的文化权利的标准化工作。因此,在我国如此庞大的人口基数、如此幅员辽阔的国土、如此数量众多的民族中开展的基本公共文化标准化工作,取得的经验和形成的成果将为世界其他有相同需求的国家提供大有裨益的、可借鉴的范本。由中国提出、研制的 ISO 标准不多,基本公共文化服务标准化为我国提升在国际标准化组织中的话语权提供了的大好机遇。

12 我国基本公共文化服务均等化的制度设计

12.1 制度设计

公共资源的均等化是我们谈论公共服务应当遵循的本源性价值,是我国基本公共文化服务均等化设计的根本。作为社会平等的基础,公共服务特别是公共文化服务的公平对于弥合知识鸿沟、推动社会经济发展、实现民族振兴都有着重要影响。近年来,我国着眼于提高弱势群体社会权力,保障全民共享社会发展红利的社会伦理,从增进社会和谐正义、减少因文化不平等带来的代际不平等效应的政策立场,促进公共文化服务的均等化成为一项重要的政策方向。推进基本公共文化服务均等化建设工作在现阶段最重要也是最基础的工作,从顶层制度设计到具体的政策落实都成为亟待研究的内容。

基本公共文化服务均等化的一个基本前提,是基本的公共文化服务标准体系的建立与完善。2015 年 4 月 30 日,中共中央政治局就健全城乡发展一体化体制机制进行第二十二次集体学习。中共中央总书记习近平强调,加快推进城乡发展一体化,是党的十八大提出的战略任务,也是落实"四个全面"战略布局的必然要求。全面建成小康社会,最艰巨最繁重的任务在农村特别是农村贫困地区①。全面建设小康社会在"十三五"期间进入决胜阶段,我国基本公共文化服务均等化是为了落实全面建成小康社会服务,最艰巨的任务也是农村贫困地区。

"十三五"期间,我国最核心任务之一是全面建设小康社会。习近平总书记指出在决胜阶段有三大重点扶贫工作任务:第一要务是发展经济;第二是教育优先,通过教育这一根本要务阻断贫困的代际相传;第三是基本保障,全面提高我国欠发达地区公共服务体系建设的水平。欠发达地区之所以留不住人才,城乡差距之所以明显,基本公共服务是其中重要的区分。与城市比,农村可使用的公共服务资源,特别是公共文化服务资源少之又少。根据本研究的前期调研,与发达地区相比,欠发达地区的公众对于图书馆、文化馆等公共服务设施提供的免费放映电影、免费上网等服务的需求与使用意愿更为强烈,但服务器材、服务人员、服

---

① 新华网.习近平:健全城乡发展一体化体制机制让广大农民共享改革发展成果[EB/OL].[2016 - 03 - 10]. http://www.xinhuanet.com/politics/2015-05/01/c_1115153876.htm.

务距离都影响到实际使用。

12.2 完善保障

在上述基层调研的数据支撑下,结合党的十九大报告指出的"完善公共文化服务体系,深入实施文化惠民工程,丰富群众性文化活动",本研究尝试根据"立足当前、着眼长远、统筹协调、适度超前"的原则,提出尽可能符合我国基本公共文化服务现状的均等化的完善制度,以利于公共文化服务事业理论与实践的健康有序发展。

均等化是我国发展公共服务的必然要求,公共服务的各方面都在积极推进城乡、区域、群体间的均衡发展,并取得了巨大成就,基本公共文化服务均等化制度设计也可以从中吸取诸多经验教训,财税保障是均等化制度设计的重要前提,统筹协调地区间、政府与社会组织间的关系是均衡发展的要义。

12.2.1 财力保障:合理匹配事权与财力

我国实行分税制财政管理体制,简称分税制。主要按税收来划分各级政府的预算收入,各级预算相对独立,通过转移支付制度进行调节。具体来说是五级财政,分别是中央级财政、省级财政、市级财政、县级财政和乡镇级财政。虽然分税制明确有各级的平衡责任,但财力和事权的不匹配导致的基层财政困局依然明显。早在十七大,财税体制改革就已提出,"财力与事权相匹配"也出现在十七大报告之中。公报中进一步提出"建立事权和支出责任相适应的制度",但随后落实的改变主要领域是交通运输业和部分现代服务业,主要是通过"营改增"配合调整增值税分成比例。

从十七大报告中对"支出责任"的强调,可以看到事权的落实得到进一步重视,即各级政府部门在落实事权时,财力得以保障,各级政府在事权的执行过程中执行力更高。2013 年 8 月,"营改增"范围已推广到全国试行,将广播影视服务业纳入试点范围,文化服务业正式迎来"营改增"。2016 年 5 月 1 日起,营业税退出历史舞台,增值税制度带来的不仅是更加规范的税收改革,更重要的是背后的财政体制调整。

"营改增"带来了中央和地方税收分配机制的变化,但增加地方税权也存在不少障碍。"上面千条线、底下一根针"[①]常用来描述我国基层财政面临的繁多事务与不相符的财政支

---

① 马跃.宏观工作体制和乡镇应对策略——对"上面千条线、下面一根针"的解读[J].经济社会体制比较,2011(2):183－189.

出责任。简单来说就是地方财力与事权不匹配,在我国现有的财政体制中,地方主要依赖于财政预算,预算一般低于实际额度。本研究在基层调研中发现存在地方财政工作会期盼着超额部分来实现补足更多需要财政经费的现象。年初各基层单位都拿着所在系统文件向所在地财政申请划拨经费,但地方财力有限,财政局一般采用等年底看超收来为各单位追加支出。也就是财政实践中,上级政府的“千条线”往往在预算之外,即地方政府的“一根针”情况不仅在于工作的增多,更是缺乏足够资金支持,进而产生在地方政府财政资源有限的情况下,公共文化服务作为非核心基本保障的“锦上添花”得不到足够的经费支持。

借由“营改增”带来的改革契机,加快健全中央和地方财力与事权相匹配的财政体制,成为财税体制改革领域的一个重要命题。事实上,我国地方支出占到80%,中央财政支出只占20%,但收入占比达到52%,可以说地方在管理着大量事务的同时,没有相应的财力,只能依赖转移支付来解决。当然也从中央的角度认为是中央应该管理的事务过多地转移到了地方,如财政部原部长楼继伟提到:“把国家应该管理的事务管起来,从而大量减少相应的专项转移支付。”①如果中央把全部承担应当履行这些事务职能机构的财政支出,相应的转移支付就没有必要了。

无论是从地方看还是从中央看,支出与收入的不合理都是明确存在的。关键是分清中央与地方的支出责任,解决事权、财力不匹配的情况。界定中央与地方及其各级政府之间的事权是政府间财政关系的一个基础性问题,是行政体制改革的基本问题,也是以公共文化服务为代表的公共事务想要实现均等化的基本问题。在正确认识我国国情的前提下,保持财政收入初次分配过程中适度集中,各级政府需要拥有与其事权相匹配的财力,之后通过转移支付再分配是既保证效率又兼顾公平的方式。

近年来,不断推进的“省直管县”财政改革,如同图书馆界的省级图书馆直接指导县级图书馆一样,都是在减少级次,提高效率,财政运行效率的提高无疑是提升效率最有效的方式。我国《宪法》并未划定央地财权和事权的边界,只是明确全国人大审批国家预算,县级以上的地方各级人大审批本行政区域内的预算。我国《预算法》仅仅明确国家实行中央与地方分税制,以及一级政府一级预算。2016年8月24日,国务院印发《关于推进中央与地方财政事权和支出责任划分改革的指导意见》,提出财政事权是一级政府应承担的运用财政资金提供基本公共服务的任务和职责,支出责任是政府履行财政事权的支出义务和保障。在此范围内的财政事权被提升到优先位置,权责在财政领域得到了更好的统一,操作性更高。

通过财政事权确定财权,就可以通过明确事权配置政府财权,真正反映社会民生实际需

---

① 楼继伟.深化事权与支出责任改革,推进国家治理体系和治理能力现代化[J].财政研究,2018(1):2-9.

求。具体到公共文化服务提供单位,就是通过明确提供单位事权,确定所需财权,减少不必要的转移支付,并减除支出上的模糊。简单说,事权是指政府提供公共物品、管理公共事务的权力。基本公共文化服务均等化是从能够提供基本的公共文化服务到实现效果均等的过程,需要各级政府明确所辖事权与财权,上级政府的"越位"或者本级"缺位"都无法实现真正的均等化。

我国政府资金主要是向上集中,但县、乡级政府在基本公共文化服务提供中需要提供多种地方公共服务,县、乡政府财政收入本就少,返还也少,而县、乡两级的事权需要的支出基数确实很大。完善事权与财权相匹配的财税体制成为根本。事权、财权的合理划分、转移支付制度的合理构建,以及事权、财权、转移支付三者间的协调配合状况,是检验财税体制是否科学有效的重要标尺。在重构事权、财权过程中,转移支付是当前文化服务均等化的重要手段。

财权的合理划分,涉及中央、地方的财政收入关系;事权的划分涉及政府间事务责任。不同税种如何设计不是公共文化服务研究的重点,对于财权、事权,基本公共文化服务均等化研究的重点在于事权不大于财权、财权不大于事权。以成本最低、效率最高的方式服务于最广大的社会公众。强调事权、财权的合理匹配,是让地方财权与事权相对等,只有这样才有更多的财力能够真正影响基础公共文化服务的供给,从经济根源上解决当前公共文化服务发展不平衡、不均等的情况。

12.2.2 组织保障:促进各级公共服务资源有效整合

本研究从财政事务从业人员处了解到,财力和事权相匹配的提法虽然看似更得地方政府青睐,但实际上经济发展欠发达的地方政府忽视了自身税收来源水平,更多的税权条件下,发达与欠发达地区间的差异将更为明显。从均等化的角度,欠发达地区因为其财力不会有明显增加反而更需要中央的转移支付,而中央的转移支付能力则有可能因为财力下放而受到影响,造成不同地区财力不均衡局面更加明显。最终又回到因为社会经济地理与历史原因的地区发展不平衡问题,而在这一现实情境下,协调地区间、不同层级政府间关系,促进各级公共服务资源有效整合成为完善基本公共文化服务均等化制度的重要任务。

协调地区间、不同层级政府间关系,最核心的是对各级政府在基本公共文化服务领域交叉或重叠的事权进行明确细分。尤其是对基本公共文化服务领域的事权和支出责任进行细分,进而完善顶层制度构建,通过法规形式明确规范各级政府在基本公共文化服务领域事权。2017 年 3 月 1 日起正式实施的《公共文化服务保障法》,第四十五条提出"国务院和地方各级人民政府应当根据公共文化服务的事权和支出责任,将公共文化服务经费纳入本级预算,安排公共文化服务所需资金"。结合目前地方财政能力与基本公共文化服务项目,地方各级政府事权重心适当上移是比较合理的措施,事权重心上移更符合我国财政收入向上集中、文化支出多来自专项经费的实际情况。

前文分析政府"越位"或"缺位"、事权界定不清将带来一系列问题,如基层政府因为财力不足"缺位"于公共文化服务投入,或"越位"承担应该本可由文化市场承担的发展性非基本文化需求,如部分营利性文化高消费领域等。同样的,地区间、各级政府间事权交叉、责任划分不清的"错位"问题在公共文化服务领域也有存在。一些基本公共文化服务项目按照其公共物品属性应当是全国性,或遵循其行政隶属关系应由中央政府支出责任,但因属地原则转嫁到了地方财政,地方政府的财力又不足以覆盖这种发展性支出,最后反而由中央通过或直接或间接的补贴支付转移方式参与,造成了不同层级政府职责错位。1994 年我国分税制改革规定地方财政主要承担本地区政权机关运转所需支出以及本地区经济、事业发展所需支出,但仍未涉及具体事务,在文化服务这种发展领域,地方文化主管机构拥有的事权其实是中央文化主管机构事权的延伸,可以说是各级文化主管部门"齐抓共管",但具体财权由地方政府承担,直接造成了财力、事权并不匹配的局面。

将基本公共文化服务的支出重心适当上移至省级政府与中央财政,可以让财力与事权更为明晰的省级政府在统筹提供基本公共文化服务中发挥更大的作用。现有图书馆总分馆实践也证明,省直管到县模式很值得推广,"乡财县管"的财政模式也说明适当的财权上移符合现行的行政制度。当然,这些财权事权匹配模式最终都需要建立在公共财政框架下,按照公共产品的属性来对各级政府事权划分标准进行统一。

党的十八大以来,中央扎实推进公共文化服务体系建设,《关于繁荣发展社会主义文艺的意见》《关于加快构建现代公共文化服务体系的意见》《关于做好政府向社会力量购买公共文化服务工作的意见》《中央补助地方公共文化服务体系建设专项资金管理暂行办法》等一系列重要政策文件相继出台,初步构建现代公共文化服务体系的制度框架的同时,不断明确各级政府在公共文化服务体系构建中承担的责任。各省(自治区、直辖市)相继出台落实《关于加快构建现代公共文化服务体系的意见》和《国家基本公共文化服务指导标准(2015—2020 年)》的地方性实施意见、实施标准,提出的标准指标和服务项目也各具特色,这些意见不断推进基本公共文化服务事权的界定统一,统筹保障基本公共文化服务落实开展的同时,更是明确了在坚持政府主导的前提下,社会参与、共建共享。

党的十九大报告提出,转变政府职能,深化简政放权,创新监管方式,增强政府公信力和执行力,建设人民满意的服务型政府。深化简政放权、放管结合、优化服务改革,划清政府与市场界限,增强政府基本公共服务职责,合理划分政府财政事权和支出责任,强化公共财政保障和监督问责。充分发挥市场机制作用，支持各类主体平等参与并提供服务，形成扩大供给合力。从进入工业社会到 21 世纪，社会生产力飞速发展，社会分工越来越细。随着中国经济社会的快速发展，社会组织将扮演越来越重要的角色①，在政府、营利性文化公司之外，社会组织成为政府与公司间建设基本公共文化服务体系的另一种平台，政府与社会组织、企业平等合作共同建设基本公共文化服务，发展新型战略伙伴关系成为大势所趋。

各公共文化服务领域深入贯彻中央关于构建现代公共文化服务体系的决策部署，统筹运用各文化领域各层级公共资源，推进基本公共文化服务体系科学布局，实现均衡配置下的效果均等，从城市偏向型向城乡共进型财政支出体系发展。政府承担主要供给侧责任，加大基本公共文化服务整体投入力度的同时，向基层贫困地区、城乡结合文化薄弱环节、留守老人儿童等重点人群倾斜，推动城乡区域人群均等享有和协调发展。

优化政府财政投入结构的同时，拓展基本公共文化服务的供给模式，不仅仅是促进基本公共文化服务供给侧多元化，鼓励社会力量通过多种形式参与公共文化建设，推进政府购买服务，推广政府和社会资本合作等模式；更是立足基本国情，引导公众对公平价值的社会预期，通过更广泛的社会参与，践行社会发展红利全民共享。探索市场化运作方式，拓展融资渠道，实现公共文化建设资金来源多元化、社会化和市场化，拓宽投入渠道的同时，建立公共文化服务投入保障机制。

12.3 创新设计

2017 年 3 月，国务院发布《"十三五"推进基本公共服务均等化规划》，提出国家基本公共服务制度框架，把基本公共服务制度作为公共产品向全民提供。国家基本公共服务制度框架（见图 12 - 1），将基本公共服务诠释为贯穿一生的基本生存与发展需求。

与图中基本公共文化体育相对应的需求是"文体有获"，《"十三五"推进基本公共服务均等化规划》后附的"'十三五'国家基本公共服务清单"主要集中在公共文化设施免费开放、收听广播、观看电视、读书看报等方面。在明确未来基本公共文化服务均等化发展方向的同时，也揭示出我国在基本公共服务领域的诸多困难。规划将我国基本公共服务发展不平衡问题突出表现总结为："城乡区域间资源配置不均衡，硬件软件不协调，服务水平差异较大；基层设施不足和利用不够并存，人才短缺严重；一些服务项目存在覆盖盲区，尚未有效惠及全部流动人口和困难群体；体制机制创新滞后，社会力量参与不足。"

---

① 刘军. 公共关系学[M].北京:机械工业出版社,2006:5.

在本项目调研过程中,城乡差距、软硬件差距、贫困地区基层人才流失等都有很明显的体现,而社会公众对供应侧的期待是政府的进一步投入。在调整完善现有制度,加大财政投入之外,积极改革创新才是应对"人民日益增长的美好生活需要和不平衡不充分的发展之间的矛盾"的关键。

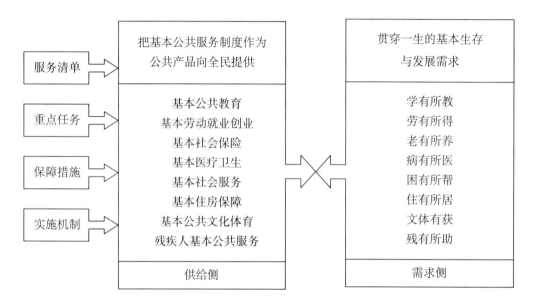

图 12 - 1　国家基本公共服务制度框架

资料来源:国务院."十三五"推进基本公共服务均等化规划.[EB/OL].[2018 - 05 - 17]http://www.gov.cn/zhengce/content/2017-03/01/content_5172013.htm.

12.3.1　明确底线:确立效果均等意识

党的十八大以来,《关于加快构建现代公共文化服务体系的意见》首次把标准化均等化作为重要制度设计和工作抓手。标准给出了底线,正如我国农村最低生活保障制度开始于2007 年,为农村居民后续保障制度的不断完善提供了基础。均等则是要在底线的基础上,追求发展红利的全社会全民共享。但由于经济发展水平的不同步,传统财税制度直接影响各级政府在公共文化服务领域的财政投入能力。由此,合理划分各级政府间的事权与财权,完善财力与事权相匹配的财税体制,将从制度上保障基本公共文化服务对财政投入的需求,服务于基本公共文化服务均等化建设,解决基层调研中集中反映的财政投入问题。

立足基本国情,现阶段的均等化应当充分发挥基本公共文化服务的兜底作用,牢牢把握服务项目,合理引导社会公共预期。严格落实基本公共文化服务最低指导标准的情况下,坚持尽力而为、量力而行,兜住底线,保障人人共享。以基层特别是农村为重点,确立效果均等意识,结合不同层级公众文化生活需求,深入实施重点文化惠民工程,进一步提高基本公共文化服务能力,打通公共文化服务"最后一公里",保证基本公共文化服务全覆盖。

政策制定需要时间积淀,必然带有一定的延后性,合理的社会意识引导应当早于具体的政策执行。例如,二胎政策开放后的医院孕妇建档难、儿科医生严重不足,不仅因为我国基本公共医疗不足,也是前期公共资源分配不均等的反映。随后而来的三甲医院必须设立儿科、儿科医生减少培训、单列儿科计划都是对前期不均等制度设计的无奈弥补,应变性合理性都容易出现问题。基本公共文化服务均等化不能仅作为一个短期项目或者一次性项目,基本公共文化服务均等化意识的培养为公民社会提供精神家园,更可以成为市场经济条件下公共财政的基本原则。效果均等意识从本质上解决"平均主义"的操作困难,最大限度地避免供给与需求不匹配的尴尬。在明确底线前提下,追求效果均等是当前公共文化服务均等化的最优解。只有在如是的顶层设计指引下,均等才能发挥其在社会主义国家保障公众公平权益的价值。

为了保障全体公众的文化权益,我国公共文化资源配置进一步向基层倾斜。文化部联合多部委印发《关于推进县级文化馆图书馆总分馆制建设的指导意见》,将县级文化馆、图书馆的优质资源输送到乡村。在乡村一级,为解决基层文化设施"空壳"问题,中央财政安排乡镇文化站和城市社区文化中心(文化活动室)设备购置专项资金,对基层文化设施设备购置进行补助,很多地方已建成布局合理、功能配套、供需衔接、各具特色的基层综合性文化服务中心。至 2017 年,全国县级文化馆有 3153 个,博物馆、纪念馆有 4109 个,乡镇(街道)文化站有 41 175 个,已经有三分之二的村有了文化中心,所有社区都有了文化活动室。这个覆盖城乡的国家、省、市、县、乡、村(社区)的六级公共文化服务网络构建起了我国基本公共文化服务的底线。

"十三五"期间预计实现国民综合阅读率达 81.6%,国民数字化阅读率达到 70%,年人均图书阅读量 5 册,年人均电子书阅读量 4 册,每家农家书屋年均新增出版物不少于 60 种。公共数字文化建设工程成为保障基本公共文化服务底线的重要途径,例如云南省图书馆通过数字图书馆推广工程将省级服务带到了更多基层图书馆,移动端全民阅读服务、公共信息查询等当地居民未曾想过的服务覆盖到了最边远的少数民族州县。

2016 年,全国文化事业费达到 770.69 亿元,比 2012 年增长 60.5%,但应当认识到我国基本公共文化服务的全面升级仍然任重而道远,当前均等化的核心要义仍然是保证基本公共文化服务底线。2015 年底,国务院等 7 部委出台了《"十三五"时期贫困地区公共文化服务体系建设规划纲要》,贫困地区公共文化服务体系建设总体目标、重点任务和发展指标已经明确。贫困地区开展百县万村综合文化服务中心建设、流动文化车和村文化活动室设备配置等精准扶贫工程。以稳步推进的县级文化馆图书馆总分馆制建设为代表的管理机制改革,在提升公共文化服务效果的同时,更重要的是将总馆的理念意识带到基层实践中,填补基层公共文化服务的短板与空缺。

在我国公共文化服务体系建设快速前进的当前,建设任务最艰巨、最繁重的还是贫困地区,最需要的也是贫困地区。解决贫困地区,特别是农村贫困地区的公共文化服务问题,健全城乡发展一体化体制机制是关键,这是一项关系全局、影响深远的重大任务。在充分认识健全城乡发展一体化的紧迫性之下,加强顶层设计,特别是对体制机制的创新发展,提出有针对性的政策措施。十八届中央政治局第二十二次集体学习强调,要继续推进新农村建设,使之与新型城镇化协调发展、互惠一体,形成双轮驱动。创新农村基础设施和公共服务设施决策、投入、建设、运行管护机制,积极引导社会资本参与农村公益性基础设施建设。要推动形成城乡基本公共服务均等化体制机制,特别是要加强农村留守儿童、妇女、老人关爱服务体系建设。

保障底线将贫困地区公共文化建设摆在更加突出的位置,重点加强县级文化馆和图书馆、乡镇综合文化站、村文化室建设,构建城乡公共文化服务设施网络是保障底线。坚持城乡统筹,优先安排涉及农村的文化建设项目,加大对革命老区、民族地区、贫困地区文化服务网络建设支持力度,增加公共文化设施总量,有效解决城乡、区域公共文化设施布局不平衡问题是追求效果均等。保障底线的效果均等是对基本公共文化服务需求的正面回应,也是对公共文化产品供给侧的挑战。只有真正了解社会公众多样化的文化需求,才能不断完善公共文化服务体系,而不是"一刀切"的简单复制。

12.3.2 人才建设:财力、智力的"转移支付"

均等化是财政领域常见课题,转移支付是财政领域给出的解决方案。上文提到的财权与事权合理划分是财政转移支付制度的逻辑起点与实现基础。综合国际经验,各级政府承担的事权和拥有的财政权力范围界定清晰是根本前提,进而通过事权明确支出项目,建立后续转移支付规则。通过转移支付也可以更加清楚地了解事权与财权在基层公共文化服务实践中的匹配程度。在转移支付成为公共文化均等化发展经费一大来源的现实情况下,与之相对应的"财权与事权相匹配"或"财力与事权相匹配"的分税制原则,将面临不得不调整的局面。目前,我国正在尝试通过加大一般性转移支付,严格限制专项转移支付,明确省级财政向县财政直接支付,探索横向转移支付来弥合地区间的发展不平衡。如果是中央严格规定用途的资金,往往会因为缺乏地方配套而很难严格执行下去,那么资金闲置或者被变通使用的情况就不可避免。也就是说财政上的专项转移支付限定明确,不利于实际问题的解决,是平衡地区间公共文化服务不均等的一个对策,但不是根本。

财权与事权相匹配发展目标下的转移支付，是通过转移支付明确谁更需要事权的支持，以更好地明确事权、财力。而更为根本、更为难得的是智力上的转移支付。我国人口基数大，就业人口知识水平有了明显提升，但就业压力大、劳动力差异明显的格局仍未发生明显改变。相反，受地区发展水平影响的结构性就业矛盾在进一步加剧，公共文化服务相关行业同其他行业一样面临着部分地区人才引进困难和求职人员难进入的问题。"十二五"期间，应届高校毕业生平均年增长近 700 万人，为引导大学生支援中西部地区发展，人力资源和社会保障部建设畅通毕业生到城乡、到中西部地区就业渠道。但从就业数据看，占到 70% 的非国有企业就业率，并没有对基层城乡建设带来大量人才。从现实情况而言，中西部地区、城乡基层的公共文化服务岗位确实存在下不去留不住的实际问题。

我国当前人口总量增幅明显减缓，人口老龄化加剧。行进中新型城镇化彰显着我国城乡人口的结构变化，这些都深刻地影响着我国基本公共文化服务供给与需求。城乡人口结构变化不仅影响着公共文化服务内容的变化，对服务人员的要求也有明显变化。2017 年，国内多个城市开启"人才争夺战"，其中"落户"成为诸多优惠政策中不可忽视的核心，不难看出户籍制度为代表的社会保障仍是最具人才吸引力的核心资源。抢人大战背后是在对第二次人口红利的争夺，更反映出现阶段中国人口结构的深层次问题，人才建设成为调节区域发展水平的重要砝码。

人才建设的背后是中国经济飞速发展的时代背景，区域均衡协调发展需要人才均衡分布。本研究在对基层文化馆、群艺馆调研时发现，虽无行政隶属关系，因为文化艺术人才缺乏，市县级群众艺术馆更多承担着业务指导乡镇文化站的职能，以提升基层工作人员素质。面对基层文化专业从业人员缺乏的大背景，这不失为一个基层实践的合理解决方式。但人才不仅是引进留用，更重要的是培养，文化行业本身具有的社会教育属性应该得到更多发挥空间。如天津市于 2012 年率先推出了文化惠民卡工程，其中有面向天津武清区、东丽区、蓟州区的居民发放的郊区县卡，有面向领取最低生活保证金家庭的学生免费发放的公益卡。2018 年开始推出艺术教育惠民卡，更是在充值期间推出"10 元秒杀 3＋1 节艺术课"活动，可以选修 1 节传统文化艺术课及 3 节音乐、舞蹈表演类课程。这种文化惠民工程扩展开来不仅为更多郊区县、低保家庭子女提供了专项帮扶，也可以将郊区县、低保群体中对公共文化服务感兴趣的潜在从业者进行志愿者培养，他们受益于文化服务，也乐于回馈帮助更多有同样需求的人群。

"十三五"时期是全面建成小康社会的决胜阶段，是我国发展的重要战略机遇期，在完善国家基本公共服务体系、推动基本公共服务均等化水平的机遇和挑战面前，人才建设——这一智力资源的"转移支付"成为重要的制度内容。常规的人才引进方式如提高薪酬待遇、户口档案、职称评定等实际问题都需要更为深入的融入制度设计。目前,对于支援城乡基层工作建设,人力资源和社会保障部采取更多鼓励性措施,国家更推行有大学生村干部计划、大学生"三支一扶"计划等四大计划,四大计划为志愿服务性质,远少于基层实践需求,主要还是起示范和引导作用。除了借助国家引导人才走向基层的政策,面对社会公众的公平、民主、权利意识不断增强的社会人口新结构,基层公共文化服务的人才建设不仅仅是选人用人,更是合理引导社会预期、落实基本公共服务均等化任务的一部分。

基本公共文化服务均等化是建立在一定时期经济社会发展水平基础之上的,其制度设计更应该建立在社会共识基础上,以保障公民基本文化的发展权利。通过合理匹配事权、财权,协调统筹不同层级政府及社会组织关系,完善既有公共文化服务制度;确立效果均等意识,在保障底线的基础上寻求实现社会公平正义,运用公共文化服务的社会教育职能培养人才,设计创新公共文化服务制度,最终缩小基本公共文化服务差距,让每一个社会成员都享有均等的公共文化服务,实现社会公平正义。

13   我国基本公共文化服务均等化的实现路径研究

进入新时代,我国社会的主要矛盾已经转化为人民日益增长的美好生活需要和不平衡不充分的发展之间的矛盾。这一重大论断在我国基本公共文化服务领域同样有着深刻的体现。总体来看,目前我国基本公共文化服务不平衡、不充分的现象还大量存在,主要表现为公共文化资源在区域之间、城乡之间、行业之间、群体之间的分布不合理、配置不均衡、发展水平差距显著、文化权益保障失衡,公共文化服务整体效率不高,公共文化服务政策法规体系有待完备、公共文化服务投入不足、公共文化服务基础设施建设水平落后等现象;同时,对于一些已经建立完成和投入使用的公共文化服务设施与服务设置,除需要进一步的有效机制外,可操作性强的实现路径将真正决定基本公共文化服务的均衡可持续发展。

13.1   保障底线均等

同其他基本公共服务的情况相似,基本公共文化服务还存在着歧视性供给或服务盲区,如歧视或忽视农村地区和不发达地区居民、低收入群体和弱势群体、体制外就业群体等[①]。尤其是在广大农村地区,民众享受到的文化服务还远远落后于发达地区特别是基础条件优越的大城市。这些现实问题来源于既往的经济文化发展水平,更根植于我国幅员辽阔的历史地理环境,只有直面我国不同地区的社会发展水平,认识到均等不是"大锅饭"的绝对一致,明确不同阶段才能最大限度地实现社会公平。

13.1.1   确立底线思维

本研究经过实践调研发现,基层对公共文化尚存在认知误区,普遍存在更重视行政文件引导、轻视社区实际的现象,再加上各地在公共文化服务领域政策支持和财政支持存在的不均衡现象,这成为阻碍基层公共文化服务均等化实现的一大壁垒。除了需逐步完善前述行业法规、健全保障模式,意识提升是第一步,只有认识到底线均等是基本公共文化服务必须要确保的内容,均等化才有进一步落实的可能。

---

① 陈海威.中国基本公共服务体系研究[J].科学社会主义,2007(3):98-100.

底线思维是一种系统战略思维,也是一种积极主动的思维①,底线思维体现在基层公共文化服务建设中,意味着要守住满足人民群众基本文化需求的底线,从底线出发,不断向更高质量的公共文化服务水平迈进,从而做到"有守"与"有为"的统一,让构建我国公共文化服务体系的进程稳步向前。

明确我国基层公共文化服务的底线,既体现了对于公平正义的追求,也体现了基本公共文化服务的体系建设的底线思维与底线尺度。底线原则要求在进行公共文化服务体系的布局谋篇和战略规划时,注重把构建面向基层的公共文化服务基本标准纳入总体战略的全局中去思考。本研究在后续章节也将对基层的公共文化服务基本标准展开详尽研究,并起草意见稿,从而真正发挥底线对整个公共文化服务系统的支撑作用。

长期以来的城乡二元结构,导致城市和农村地区的公共文化服务差距不断扩大,如在北上广等大城市,世界级的文化设施并不少见,而在不少农村地区,基本的文化需求可能都无法满足。各地区不同的社会经济发展水平和文化积淀,也使得区域之间的公共文化服务发展不均衡。目前,全国人均文化事业费只有 61.57 元,文化事业费占财政总支出的比重为 0.42%,仅相当于教育事业费的 1/32,卫生事业费的 1/15。地区间文化事业费投入水平差别巨大,东部地区高达 381.71 亿元,中部地区低于西部,只有 213.30 亿元②。人均文化事业费 166.75 元的北京在全国省区中排名第三③,却也高出河南、河北和安徽等中部大省近百元。投入的不均衡也直接影响了基本公共文化服务的均等化发展。在经济发达、文化氛围浓厚的地区如浙江、江苏等地,基层公共文化服务就建设得比较好。究其原因,经济基础起着非常大的作用,如广东东莞地区,并没有厚重的历史文化,但其经济发达、财力雄厚,加上政府重视,借着国家创建现代公共文化服务体系的机遇,其基层公共文化服务的发展就走在了全国的前列。此外,教育水平、职业、年龄等也对基层公共文化服务发展产生重要影响,目前基层的情况是,老人、青少年、妇女儿童等群体对公共文化的需求会比较多一些,这些都需要底线予以保障。

13.1.2 明确实现阶段

公众对文化生活需求不断提高,基层公共文化服务体系建设应更为深切关照公众不断变化的文化需求,回应社会期待。基层公共文化服务均等化是一项公益性的工作,更是全局

---

① 张国祚.谈谈"底线思维"[J].求是,2013(19):49-50.

② 2017 年文化发展统计公报[EB/OL].[2018-07-17].http://zwgk.mct.gov.cn/auto255/201805/t20180531_833078.html?keywords=.

③ 北京市 2017 年文化发展概况[EB/OL].[2018-09-03].http://zfxxgk.beijing.gov.cn/110021/tjsj53/2018-08/21/content_15915bbadc6742b88183697d55d634c.shtml.

性、战略性的工作,其实现路径设计既要从整体高度全面考虑我国基层公共文化服务各领域,充分结合基层具体情况,构建科学的工作体系;也要紧跟经济、文化、社会发展,关注实践中的重难点,在建设环节中,充分考虑落实与监督的现实操作性。通过完善我国公共文化服务标准化促进均等化,在明确底线的基础上,构建真正具有服务民生、倡导最佳秩序与社会效益的公共文化服务体系。

不同地区在其建设过程中存在问题,常使用刚性指标来衡量经费等各项投入,而且没有形成科学规范的长期监督发展机制,基层公共文化服务体系建设经费投入总量仍然偏低。从调研情况来看,地方资金更多投入在文化设施建设上,而开展基层公共文化服务活动、组织群众文化活动的经费较少。基层公共文化服务涉及的管理层次过多,部门交叉、机构重叠、责任不清甚至出现多头管理和无人管理的现象,而基层本身的从业人员又少,多头管理导致无人实施,这是本研究在调研中发现的问题。此外,公众的文化需求很难及时准确地反馈到管理部门,这就导致了公众需求和公共文化服务供给不足或错位的问题。调研中也发现很多资金投入的公共文化设施建设并未获得社会公众的认可,如部分基层文化设施存在后续使用与保障问题,导致受访者提出"面子工程"的疑问。

但随着十九大提出的国家发展战略安排,提出从 2020 年到 2035 年,现代社会治理格局基本形成,基本公共服务均等化基本实现。同义务教育、基本医疗等公共服务一样,我国的基本公共文化服务体系建设也承担着艰巨而伟大的历史使命。基本公共文化服务均等化的实现则是从底线出发,是实现战略目标的关键步骤和奠基之举。随着公共文化服务相关政策的不断推进落实,各地时间表也逐步明确。预计 2020 年,我国基本公共文化底线构建基本实现。至 2035 年,随着我国现代社会治理格局基本形成,基本公共服务均等化基本实现。

以基层公共服务亟须的人员与服务保障为例,目前尽管市、县、乡、村等四级公共文化服务网络已初步建成,但基层公共文化服务手段依然比较滞后,只有通过分阶段才可以真正长期有效的解决。未来基层公共服务建设对现代信息技术的应用,与现有服务人员、服务能力整体水平不足形成矛盾,缓解公共文化单位人才紧缺问题,提高专业素质和服务水平,规范基层服务成为基层标准建设的基础。

13.2　追求效果均等

基层公共文化服务建设要直面地区间不均衡、软硬件不均衡等情况。历史与经济地理深刻地影响着我国基层资源分布,相对于东部沿海市区而言,西部县乡基层公共文化服务体系标准建设面临着更为突出和严重的问题。大部分县乡的公共文化服务体系建设存在硬件设施易提升，软件如何长期保障的问题，"重硬轻软"现象严重。

13.2.1 标准化是工具而非路径

近年来，欠发达地区的基层乡镇各类资源在硬性指标要求下得到了补充，硬件设施建设受到重视，但制度建设严重落后，体制机制不灵活，存在重视建设、轻视管理的问题。本研究在调研中了解到部分基层文化工作人员认为存在公共文化服务建设与当地居民的实际需求不结合的问题，有"表面文章"的情况发生，不能因地制宜进行公共文化服务建设，导致文化设施利用率不高，服务设施与服务质量也存在不均衡的情况。

由于基层文化工作重视不够、欠发达地区文化站工作人员流动性大和身兼多职的情况，存在"专干不专职""在编不在岗"现象，因此常是上级推什么项目，工作人员就变身为该项专员，甚至一个文化站几个月一换牌子。这样工作人员不仅专业化程度低，服务水平与设施建设推进更是不可能同步，这些既应该成为督查组检查评估时应注意之处，也是基层公共文化服务均等化设计需要重点考虑的问题。就其本质是缺少对基本公共文化服务实践效果的追求，均等化不是盲目的强制统一标准。

我国基本公共文化服务均等化前期研究较少，缺乏针对我国不同地区具体情况的深入研究，各地在创建示范区等实践中推出的诸多案例多是根据经验对照示范区标准等数据进行的修正，缺乏相应实践试点，公众参与性低、实践可操作性不足。这些都在客观上阻碍了基本公共文化服务的均等化推进，某种程度上纵容了应付检查的形式或不实际的服务建设。现有的标准未满足公众对公共文化服务的需求，更未能反映出标准应具有的前瞻性，出现了公共文化服务建设与公众需求相脱节的现象，这些都是今后基本公共文化服务均等化过程中需要注意的现实问题。

为了避免公共文化服务体系建设中"马太效应"的激化，以标准促建设，尽量缩小同一地区中的差距。考虑发展进程中的起点不同、投入不均等的现实问题，设置标准是为了实现均等，给欠发达城市（乡镇）留出追赶先进的时间，但总的原则还是适合当地的发展实践。统一的标准，能促进政府部门统筹规划公共文化服务的资源配置，激发区域内城市（乡镇）间的协同效应，全面提升服务水平，实现公共文化服务体系的均衡发展。

自然条件和历史原因造成了我国地区间的经济发展差异，但这种差异不会一成不变。随着中部崛起、西部开发和城市化进程的不断推进，以及"一带一路"倡议对沿边地区的带动，全国的经济发展趋向均衡，公共文化服务投入的地区差异也在不断缩小。作为衡量事业发展水平和促进事业发展进程的基层公共文化服务的基本标准，最终也应趋向统一，至少先消除东、中、西部地区之间的整体性差距,再致力于提升局部地区或特定城市(乡镇)的服务水平,通过统一的建设标准,实现公共文化服务的真正均等化。

13.2.2 均等化本质是以人为本、因地制宜

本研究除了设计明确底线、追求效果均等的总体实践路径外,通过对搜集到的各项材料进行分析总结,提出了基层实践路径,并给出具体改造方案。以河南省安阳市内黄县马上乡李石村微光书苑为例进行农村均等化路径设计说明。

效果均等不同于统一的标准推进,首先要调整的就是各项基层文化服务硬性标准,听取更多基层需求。开展多渠道、多形式的基层农村文化服务活动,不搞统一化、样板化,根据实际需求制定、调整基层文化服务政策,使之向着健康良性的方向发展。培养农村基层文化服务人才。农村基层文化服务的主力应该是农民,让身边人影响身边人。所以建立常态化组织、培养农村基层文化服务人才势在必行。

2011年,河南省安阳市内黄县村民李翠利,在自己经营的乡村小超市里办起微光书苑,让乡亲们在购买柴米油盐生活品的同时,也能免费借本书带回家阅读。2012年起,微光书苑开始受到各大媒体的关注,通过媒体的宣传报道,全国各地好心人纷纷捐书。上海善根公益也表示愿意为微光书苑提供书源捐赠。2013年,随着社会的信任,微光书苑书籍资源持续增加。2016年,微光书苑通过四年的不懈努力及有关部门、社会各界的鼓励、支持、帮助,现已自费募集图书5万余册,合作店18家,包括超市、旅馆、幼儿园、蛋糕房、美容院等;读者有附近村庄的、有县城的,还有远在天津的,累计借阅量7万余人次。目前,还有全国各地多家合作店正在洽谈中。书苑采取"书屋+经营场所"的模式,主要由书苑总店负责免费提供书籍,各合作店免费提供经营场地并负责书屋日常管理。

目前,微光书苑所有的合作店除了书籍是由微光书苑配备,其他各项投入均为合作店自费投入。配套设施的书柜、借书表格、管理守则等都进行了统一标识。现有的书籍基本来自社会捐赠,这就存在极大的不稳定与单一性,书籍种类受到了选择局限,像农村最需要的农业科技类图书基本供应为零,所以书源的供给亟须完善。团队整体业务能力和团队核心建设关系这个团队和这种模式的命运。书店的团队成员大部分是农民,团队的培训很重要,尤其是加强合作店管理员的业务培训、思想培训,树立其积极正确的服务价值理念,培训还需要有关专业人士的指导,以提高各合作店负责人的专业技能和文化素养,更好地为乡村文化建设服务。

基层公共服务事业一大困境是人才短缺,留不住外来人才,自身又没有足够的能力培养,而积极健康的文化服务发展与传承,是老百姓的迫切需求。不同于文化站,微光书苑这

种公益机构管理更为宽松,各合作店在保证零门槛借阅合作框架内,弹性经营,与时俱进,积极关注国家各项法规、政策,适时改进、调整文化服务计划。根据当地条件,开展除免费借阅外的多项文化公益项目,如零门槛农业电教化讲座、健康卫生知识讲座、国学讲座等。开展留守儿童、留守妇女关爱活动。建设以农村基层文化服务人才为主要力量,集文化培训、文艺演出、礼仪学习、舆论宣传、科学讲座等为一体的农村文化服务基地,使基层文化服务活动的开展成为常态工作。

随着社会的发展和人民生活水平的提高,民众的基本文化需求也会"水涨船高",农村公共文化服务也应及时随之增改。公共文化服务均等化发展必须适时调整基本文化需求的内容界定。基本公共文化服务均等化追求的是底线上的效果均等,是一种相对均等,会随着经济发展和公民文化需求的发展变化等因素进行动态调整和完善,同时也需要在公共文化服务探索实践过程中不断地进行检视和完善,使之成为促进基本公共文化服务均等化的重要杠杆。均等化是相对均等而非绝对均等,均等化并不意味着公共文化服务的简单平均化和无差异化,均等化是在最基本公共文化服务的均等,具有"保基本"和"兜底线"的性质。此外,均等化是一个动态发展的概念,不同的社会发展阶段应该有不同的均等标准和目标。所以在指标等级的设定上不仅需综合考虑不同地区的发展水平,还要考虑可持续发展的原则,杜绝"一刀切"的评价标准,力争科学合理地评价各地区公共文化服务水平。

14 面向基层公共文化服务的基本标准设计

建设和完善我国基本公共文化服务体系兼具推动文化事业和社会治理的双重意义。在这一进程中,"标准化"和"均等化"既是基本公共文化服务的本质要求,也是构建我国基本公共文化服务体系的突破口和重要抓手。已有的相关研究以宏观层面的学理性规范研究为主,缺乏实证调研分析和数据支持,也缺乏对于系统架构和实施路径的研究。针对这些问题,本研究通过对国内外公共文化服务标准进行全面调研,重点对我国基层公共文化服务现状及基本标准现状进行系统深入调研分析,从而构建我国基层公共文化服务基本标准。

14.1 "基层"与"基本"概述

构建我国基层公共文化服务的基本标准,要始终坚持公平正义的原则,体现底线思维和底线标准,采取基于底线、向上提升的"自下而上"策略,从基层公共文化服务供给与需求两个方面入手:①确定基层群众的基本文化需求、基本文化权益,明确乡镇(街道)、村(社区)三个层面的公民基本文化需求与权益的范围和内容;②确定基层公共文化服务的目标及其实现机制,明确各级文化机构提供服务的范围、内容和级别。

14.1.1 概念界定

基层公共文化服务基本标准是一个复合概念。从语义层面理解,这一概念可拆分为基层、公共文化、文化服务、服务标准等子概念;而从内涵概念范畴理解,还包括公共服务、基本公共服务、基本公共文化服务等系列概念;从背后起支撑作用的理论基础来看,涉及公共管理、公共服务、文化事业管理等多个领域的理论。

对基层公共文化服务基本标准概念的条分缕析和细化解读,有助于更加全面、多维度地理解这一概念,消除认识的误区与歧义,形成统一规范的共识,并且有利于引入和运用概念背后的理论工具。基层公共文化服务基本标准这一术语背后的概念体系如图 14-1 所示。

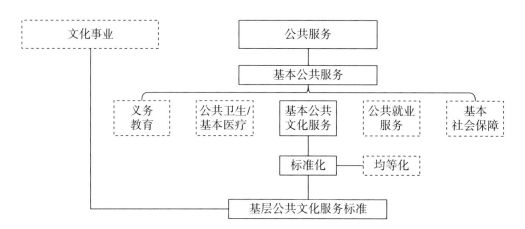

图 14 - 1   研究概念体系

资料来源:课题组整理

由图 14 - 1 可见,本研究的研究对象所处的概念体系大体分为三个层次:①公共服务是上位类,奠定了研究的价值取向、基本范畴与采取立场,基本公共服务是公共服务的下位类,也是公共服务最核心的组成部分,构成了概念体系的第一层次。②基本公共文化服务是基本公共服务的子类,基本公共服务的其他子类还包括义务教育、公共卫生/基本医疗、公共就业服务、基本社会保障等,这些构成了概念体系的第二层次,也是概念体系的核心。在本研究中,由于文化的特殊属性,文化概念/文化形态与公共领域/公共服务相结合,还形成了公共文化等概念,这些需要结合我国发展的现实情况与具体语境进一步加以界定。③标准化与均等化是基本公共文化服务的本质要求,也是构建基本公共文化服务体系的突破口。标准化工作的重要产物就表现为公共文化服务基本标准,此处基本标准中的“基本”与上位类中基本公共服务的“基本”内涵是一致的,都表示对基本需求的满足和对基本权益的保障。最后,“基层”的限定则体现了底线标准,代表了标准对全社会的覆盖。

本研究中的基层概念综合考虑了行政级别、区域范围、公共服务的服务设置/服务对象等因素,主要是指乡镇(街道)和农村(社区)。基层公共文化服务基本标准中的“基层”有两层含义:①源自基层,即由基层单位产生的各类基本标准;②面向基层,即由国家层面或上级单位产生的标准,标准的执行范围覆盖基层。无论基本标准的产生途径如何,从基本标准的作用效果看,“基层”都代表着对全社会的覆盖。

基层公共文化服务基本标准中的“基本”含义与基本公共文化服务中的“基本”内涵类似,都表示对全体社会成员基本文化需求的满足和对基本文化权益的保障。

基层公共文化服务基本标准的主要内容包括基层公共文化服务的基本服务种类、最低保障、场地设施、人均资源配置、服务半径、要求,以及实现这些基本保障的单位和人员编制、经费投入责任等一系列的标准①。

近年来,我国城市公共文化服务建设呈现重心下移,更加重视面向社区、面向文化资源共建和共享的趋势。随着现代社会中公民与社会的直接接触越来越频繁,一些非政府组织、社区以及公民正在成为公共文化服务建设的重要参与者。

14.1.2　地域界定

关于公共文化服务体系标准实践问题研究,主要可以按地域划分为两个方面。

一是城市公共文化服务标准研究。服务标准框架是城市公共文化服务标准的基础,基于公共文化服务建设区域性实践研究,钱荣富、贾晓敏、詹立新、孙盛和等多位学者就各省市公共文化服务标准化实践的问题,提出构建公共文化服务标准体系的框架思路及几点思考②③。张文亮、黄梦瑶和赵东霞基于管理标准、技术标准和工作标准三个方面构建大连市服务标准框架,完善政府标准,制定评价体系,培养专业人才,提高宣传力度,以及合理分担责任④。在此基础上,胡税根、吴芸芸和翁列恩认为可以从公共文化财政、公共文化基础设施、公共文化人才队伍、文化共享工程和基层公共文化服务这几个方面来提升浙江省公共文化服务标准的质量⑤。学界结合当下社会现状,从理论、技术和实践等层面出发,不断进行研究和完善,有力地推动了城市公共文化服务标准的发展。

二是农村公共文化服务标准研究,针对农村社区公共文化服务标准化建设中的理论与机制问题,杨海霞对标准化相关理论研究不足、对标准化认识普遍不足、文化政策在执行中发生的偏离以及体制机制性障碍问题,提出了以下建议:加强相关标准化理论研究,构建高效运转的标准化动力机制,完善标准化保障机制和建立标准化的可持续推进的绩效评估机制⑥。罗一平提出建立标准化、均等化建设组织与协调、保障机制和深化体制机制改革、制定科学的基本公共文化服务标准体系来完善农村公共文化服务标准化体系⑦。唐亚林和朱春就当今中国公共文化服务均等化发展现状进行深入分析,并在此基础上提出推进公共文

---

①　柯平,朱明,何颖芳.构建我国基本公共文化服务体系研究[J].国家图书馆学刊,2015(2):24-29.

②　钱荣富.江苏省公共文化服务标准体系建设实践与思考[J].中国标准化,2017,489(1):143-146.

③　贾晓敏,詹立新,孙盛和,等.探索建立公共文化服务标准体系研究[J].标准科学,2015,499(12):47-51.

④　张文亮,黄梦瑶,赵东霞.大连市基本公共文化服务标准体系建设策略研究[J].公共图书馆,2016,52(3):21-25.

⑤　胡税根,吴芸芸,翁列恩.浙江省公共文化服务标准化发展研究[J].文化艺术研究,2014(1):1-8.

⑥　杨海霞.农村社区公共文化服务标准化研究[D].武汉:华中师范大学,2016.

⑦　罗一平.基层政府推进基本公共文化服务标准化、均等化的实践与思考——以山西省灵石县为例[J].法制与社会,2017(2):151-152.

化服务均等化的路径选择①。农村公共文化服务标准存在诸多问题,需在加强理论研究的基础上,保障均等化建设,促进标准化体系在农村的健康发展。

14.2 基层公共文化服务标准建设

随着国家公共文化服务体系向基层不断延展和深化,标准化成为保障基层公共文化服务体系健康发展的必要保障,也因此成为近年来中央和地方致力于拓展的重点方向。本章就我国基层公共文化服务标准的发展状况进行回顾和梳理,以期勾勒出我国基层公共文化服务标准的总体概貌。

14.2.1 基层公共文化服务标准的发展历史

基层是公共文化服务的重点和薄弱环节,基层的范围主要包括农村和城市社区。基层公共文化服务建设面临着硬件设施不足、人力资源数量和质量欠缺、基本服务项目无法顺利开展等问题②,总体来看主要就是基层公共文化服务资源严重不足或资源利用率较低,因此急需用标准化的方式对群众的需求进行分析,明确目前基层公共文化服务的发展情况,给政府的资源合理分配提供方向,促进基层公共文化服务的提高。到目前为止,可以看出基层公共文化服务标准的制定与实施有三个重要的发展。

2015 年 1 月,为贯彻党的十八届三中全会审议通过的《中共中央关于全面深化改革若干重大问题的决定》的有关要求,加快构建现代公共文化服务体系,中共中央办公厅、国务院办公厅印发了《关于加快构建现代公共文化服务体系的意见》,并发出通知,要求各地区各部门结合实际认真贯彻执行,提出了要从基本国情出发,认真研究人民群众的精神文化需求,因地制宜,科学规划,分类指导,按照一定标准推动实现基本公共文化服务均等化,切实保障人民群众基本文化权益,促进实现社会公平。为统筹推进公共文化服务均衡发展,应建立基本公共文化服务标准体系。以人民群众基本文化需求为导向,围绕看电视、听广播、读书看报、参加公共文化活动等群众基本文化权益,根据国家经济社会发展水平和供给能力,明确国家基本公共文化服务的内容、种类、数量和水平,以及应具备的公共文化服务基本条件和各级政府的保障责任,确立国家基本公共文化服务指导标准,明确政府保障底线,做到保障

---

① 唐亚林,朱春. 当代中国公共文化服务均等化的发展之道[J]. 学术界,2012(5):24-39.
② 国务院办公厅. 关于推进基层综合性文化服务中心建设的指导意见[EB/OL]. [2017-11-20]. http://www.gov.cn/zhengce/content/2015-10/20/content_10250.htm.

基本、统一规范。各地要根据国家指导标准,制定与当地经济社会发展水平相适应、具有地域特色的地方实施标准,逐步形成既有基本共性又有特色个性、上下衔接的标准指标体系。标准以县为基本单位推进落实。建立基本公共文化服务标准动态调整机制,根据经济社会的发展变化,适时调整提高具体指标。

国家公共文化服务体系建设专家委员会秘书长杨永恒表示,《国家基本公共文化服务指导标准(2015—2020年)》是促进基本公共文化服务均等化的重要举措,体现了"国家标准兜底线,地方标准促特色"的分级保障思路①。

《国家基本公共文化服务指导标准(2015—2020年)》是国家颁布的指导性标准,各省、自治区、直辖市和新疆生产建设兵团要根据国家指导标准,结合当地群众需求、政府财政能力和文化特色,制定适合本地区的实施标准,建立国家指导标准与地方实施标准相衔接的标准体系。《国家基本公共文化服务指导标准(2015—2020年)》从2015年起开始实施,各相关部门根据职能职责和任务分工,制订具体实施方案;各地根据国家指导标准以及本地制定的实施标准,明确具体的落实措施、工作步骤和时间安排,确保标准实施工作科学、规范、有序开展。标准以县为基本单位推进落实,县级以上各级政府按照标准科学测算所需经费,将基本公共文化服务保障资金纳入财政预算,落实保障当地常住人口享有基本公共文化服务所需资金。中央和省级财政通过转移支付对老少边穷地区基本公共文化服务保障资金予以补助,同时,对绩效评价结果优良的地区予以奖励。县级以上各级政府安排资金,面向社会力量购买公共文化服务。文化和旅游部、各省级文化行政部门会同有关部门建立对标准实施情况的动态监测机制和绩效评价机制,加强督促检查。积极引入社会第三方开展公众满意度测评,对公众满意度较差的要进行通报批评,对好的做法和经验及时总结、推广②。

14.2.2　基层公共文化服务标准的现状

随着《国家基本公共文化服务指导标准(2015—2020年)》的颁布实施,我国各地区以指导标准为底线,建立了具有地域特色的区域性标准,各地基层公共文化服务标准化工作不断推进。标准的确立是标准化进程实施的基础,合理的标准指标能够促进标准化的发展。

《国家基本公共文化服务指导标准(2015—2020年)》是国家颁布的指导性标准,各省、自治区、直辖市和新疆生产建设兵团要根据国家指导标准,制定适合本地区的实施标准,建

---

① 公共文化服务有了指导标准[EB/OL].[2017 - 11 - 26].http://www.mof.gov.cn/zhengwuxinxi/caijingshidian/zgcjb/201502/t20150213_1192719.html.

② 中共中央办公厅、国务院办公厅.关于加快构建现代公共文化服务体系的意见[EB/OL].[2017 - 11 - 20].http://www.gov.cn/xinwen/2015-01/14/content_2804250.htm.

立国家指导标准与地方实施标准相衔接的标准体系。通过对各地标准内容的梳理发现,当前标准制定体现了"国家标准兜底线,地方标准促特色"的分级保障思路,既从国家标准的基本服务项目、硬件设施、人员配备出发制定符合地方发展情况的标准,又根据自身需求制定了诸如保障标准、评价标准等项目,同时对各指标结合地方特色进行细化的描述,以保证标准的顺利实施推行。

各地区的标准制定为基层公共文化服务标准的制定打下了基础,形成国家—省级—县级单位三级结构的标准体系。标准从国家向县级逐渐细化,标准的水平在国家基础上相应提高,并体现地方特色,实现以标准促发展,以发展促标准的完善①。

在中央《关于加快构建现代公共文化服务体系的意见》《国家基本公共文化服务指导标准(2015—2020)》等重要文件的指引下,各地也制定、发布和实施了相应的标准规范,共同形成我国公共文化服务的标准体系。北京制定"1 + 3"政策文件,全面贯彻落实中央《关于加快构建现代公共文化服务体系的意见》,推进首都现代公共文化服务体系建设。所谓"1 + 3"政策文件即《北京市人民政府关于进一步加强基层公共文化建设的意见》和《首都公共文化服务示范区创建方案》《北京市基层公共文化设施建设标准》《北京市基层公共文化设施服务规范》,"1 + 3"文件的关键在"基层"二字,具体体现公共文化服务总体思路上,"1 + 3"政策文件成为北京市加强公共文化服务体系建设的指导性文件和基本遵循。"1"是统领,"3"是"1"的配套文件和有力支撑。浙江省副省长郑继伟主持开展"浙江省基本公共文化服务标准化均等化的目标和实施路径"研究,确定了推进基本公共文化服务的范围和标准。

浙江省委办公厅、省政府办公厅出台《关于加快构建现代公共文化服务体系的实施意见》,公布《浙江省基本公共文化服务标准》,明确了今后一个时期浙江公共文化服务的发展方向。省公共文化服务体系建设协调组办公室制订《浙江省实施基本公共文化服务标准化均等化行动计划(2015—2020 年)》,每年制定年度责任分解,明确路线图和时间表。

重庆通过沙坪坝区试点,形成了"1 + 2 + 3 + X"的"国家指导标准 + 地方实施标准 + 行业规范标准 + 政策文件"的标准体系建设模式。"1"即《国家基本公共文化服务指导标准(2015—2020 年)》,"2"即《重庆市基本公共文化服务实施标准》和《重庆市沙坪坝区基本公共文化服务实施标准》,"3"即《政府购买专职公共文化服务岗位(街镇)的基本规范》《社会组织参与基层公共文化服务的基本规范》《公共文化服务跨部门合作供给规范》,"X"即《沙坪坝区城市惠民电影消费券发放管理办法》等系列规范性政策文件及标准动态监测机制。其中"3"和"X"是该区的自主创新标准,随着试点的不断推进,配套的规范性文件相应会增

---

① 吴晓,王芬林. 中国道路——论我国公共文化服务标准化建设[J/OL]. [2018 - 07 - 15]. http://kns. cnki. net/kcms/detail/44. 1306. g2. 20171106. 1320. 010. html.

加,有的文件会上升为行业标准,也有部分行业标准会上升为地方标准。

甘肃省强化公共文化服务制度建设,制定以"1 + 2 + 10"为基础的总分结合、上下衔接的制度体系。1 即《关于加快构建现代公共文化服务体系的实施意见》,2 即《甘肃省基本公共文化服务实施标准》和《甘肃省加快构建现代公共文化服务体系百项重点任务推进计划》,10 即《全省"乡村舞台"建设方案》《甘肃省精准扶贫贫困乡村文化场所建设支持计划实施方案》《甘肃省文化集市建设方案》等专项方案和办法。

活动的开展需要经费的投入,运行经费的支持为标准化工作的开展提供了物质保障。安徽省马鞍山市设立了试点工作经费 1100 万元,用于推动标准实施和三大名城建设。湖南省长沙市每年安排 1800 万元试点工作经费,各县(市)区分别设立了 500 万元到 1000 万元不等的专项资金。四川省成都市每年安排 1000 万元,各区(市)县财政每年安排不少于 200 万元,用于政府购买公共文化服务。从 2016 年起,乡镇(街道)综合文化站(中心)公共文化服务经费按区(市)县常住人口情况纳入各区(市)县年度财政预算。在纳入市财政预算的村级公共服务和社会管理专项资金中,安排不少于 3 万元的经费用于保障村综合文化活动室的正常运行。重庆市沙坪坝区与重庆大学、西南政法大学联合成立了"公共文化与公共服务协同创新中心",开展相关课题研究和人员培训,并开设了公共文化服务选修课。科学测算试点工作经费,在区、街镇、社区(村)三级预算总金额 5000 万元的基础上,区财政单列试点经费 500 万元,保障试点工作的顺利推进。

通过建立监督机制,将标准化工作纳入绩效考核体系中,使得标准化工作的运行速度和完成质量有所保障。浙江省建立公共文化服务标准化检查和评估制度,开发"浙江公共文化尺——基本公共文化服务标准化数据跟踪平台",对全省实施基本公共文化服务标准化情况进行实时管理。开展基层公共文化服务评估指数和文化发展指数排名,将考核结果纳入地方政府的年度绩效考核。广东省东莞市聘请专家团队在充分调研的基础上,制定了东莞市各镇(街)公共文化服务绩效评估指标及评估办法。评估结果将作为全市镇(街)领导班子年度考核的内容和依据之一,评估排名情况将在全市宣传文化系统进行通报。委托专业团队开发"公共文化服务绩效评估系统"信息平台,引入第三方评估机制,强化绩效和效能导向,具有较强的可操作性。湖南省长沙市出台《长沙市公共文化服务绩效第三方评估实施办法》,组织或委托第三方开展公共文化机构公众满意度调查测评,测评结果作为评估公共文化机构绩效的重要依据。将公共文化服务标准化试点工作纳入各级党政班子和干部的绩效考核内容,纳入实事工程的考核范畴。每季度对区县(市)公共文化服务体系提质增效进行督查,对督查结果进行通报。安徽省马鞍山市出台《马鞍山市基本公共文化服务评价与绩效考核标准》。

我国公共文化服务标准正在不断地丰富,标准的实施也让我们从实践中获得经验,继续推动标准的完善,颁布《公共文化服务保障法》也使标准化工作有了法律保障和法律约束。基层公共文化服务的推动,真正使标准发挥作用到每一位公民身上,使公共文化服务能够满足人民日益增长的精神文化需求,使人民日益增长的美好生活需要与不充分不平衡的矛盾逐渐减少,使人民的幸福感得以提高。

但同时也应该看到,目前我国基层公共文化服务标准化工作还有优化的空间。从理论上来说,我国公共文化服务标准化起步较晚,对于标准、标准化的研究较多,而对于基层文化服务标准的相关理论研究还不够丰富,还没有形成较完整的体系。从实践上来看,标准的制定与实施也具有一定的难度,制定何种有针对性的标准,标准是否能促进基层单位的发展。依据标准开展文化服务,是否能够实现提供高质量且丰富广泛的服务的目的,标准在何种情况下需要进行修改完善等仍是值得思考的问题。

十九大的召开,总结了十八大以来的成果,也坚定了我们对完善公共文化服务体系的信心。随着基层公共文化服务标准化的不断推进,人民的精神文化生活必将会得到丰富,公民文化素质得到提升,社会越来越朝着和谐文明的方向发展。

14.3 基层公共文化服务基本标准设计目标与思路

基层公共文化服务标准为公共服务活动的真正开展提供了具体可操作的规则,标准建设则是促进文化创新的重要技术保障,为落实公共服务效率与秩序提供了重要依据。我国基层公共文化服务标准建设涉及服务设施的安全质量、工艺功能,服务提供方的资质,基层服务消费者权益保护等各个环节,覆盖图书馆、文化馆代表的传统文化服务场馆,社区文化设施、民办文化娱乐场所等基层领域,是繁荣文化事业和发展文化产业、切实保障普通公众文化权益的重要基础性工作。近年来,我国政府将公共文化服务体系建设纳入政府转型的重要工作,但基层公共文化服务体系建设仍有待提高,思想观念、服务能力、制度资源分布都有待改进。

14.3.1 基本标准设计目标

我国基层公共文化服务总的目标是满足基层民众的基本文化需求,保障基层民众的基本文化权益,提升基层民众的文化素养,完善基层公共文化服务体系。从更宏观的层面来说,发展基层公共文化服务是社会主义文化大发展大繁荣、提升国家文化软实力、传承优秀民族文化的根基所在。具体来说,为了解决我国基层公共文化服务现存的一些突出问题,如不规范、不均衡、内容和数量偏少、质量和效能不高等,从而促进基层公共文化服务均衡、规范、有序发展,提高基层民众参与公共文化服务的主动性、积极性,及对公共文化服务的满意度。

作为本研究的重要成果,基层公共文化服务基本标准的制定需要从中国的现状出发,从中国是拥有960多万平方公里土地和13多亿人口的大国出发,这样的现状决定了我国基层公共文化服务基本标准单单从城市和农村制定标准已不能满足需求,制定的标准想要最大限度地契合现实需求,就应该做到在差异化基础上进行标准化,也只有这样制定出来的标准才是最契合现实需要的、有用的标准。因此,标准的制定不能全国一刀切,需要因地制宜,做到差异化、分类化指导。

14.3.2　基本标准设计思路

制定基层公共文化服务基本标准的目的主要是为了保障基层民众的文化权益,提升基层民众的文化素养,完善基层公共文化服务体系。基本标准的设计应坚持目标导向,以服务质量和基层民众的基本文化需求为主要评价标准。标准指标的选取应简单有力,聚焦于主要的活动和功能,方便指标的理解和使用,同时保持与现有的统计口径一致,以尽可能利用现有的统计资料,减轻评价和统计工作的困难,更要考虑到重点和非重点指标、短期效益和长期效益指标的关系。不仅要体现当前基层群众的文化需求、当地社会经济文化的发展水平,也要根据客观条件和需求的变化,适当进行调整。建立适当的群众文化需求反馈机制和评价机制,使标准的设计不断趋于全面、完善,持续有效地保障基层民众的基本文化权益。

目前,有关基层公共文化服务标准设计的框架主要有三类:一类是《国家基本公共文化服务指导标准(2015—2020年)》,包括基本服务项目、硬件设施和人员配备;一类是国家公共文化服务体系示范区(项目)创建标准,包括设施网络建设,服务供给,服务组织支撑,资金、人才和技术保障和服务评估;一类是全国乡镇综合文化站评估定级参考标准,包括办站条件、队伍建设、公共服务和领导管理。

这三类框架的思路基本一致,大体遵从了文化部门有关制定公共文化服务地方标准中的分类,将标准分为保障标准、技术标准和评价标准三大类。这与国家标准化管理委员会的划分思路不同,它不强调公共文化服务的提供主体,而是将政府要做的事按类别进行划分,将分类的基点上移。这种划分思路用在基层是合适的,因为基层的公共文化服务和设施是混杂在一起的,很难准确地区分公共文化服务主体。但这种划分也有待改进,如保障标准应该涵盖技术标准,而标准本来就有评价的作用。结合基层公共文化服务的实际和已有的标准研究成果,本研究将基本标准的框架分为三大类:服务保障、服务供给、服务效能。

这三类标准的评价主体和评价内容各有侧重:服务保障主要评价基层政府在公共文化服务方面的基础保障能力,从人、财、物、技术等方面进行考察;服务供给主要评价公共文化服务机构在产品和服务方面的供给能力,涉及文化体育活动、书刊阅览、教育培训、数字信息服务等;服务效能主要评价公共文化服务在基层群众中的满意度和影响力,考察公共文化服务的效果和效率。服务保障是基础,没有保障就无法提供公共文化服务;服务供给是内容,有内容才能吸引群众的参与;而服务效能是目标,提高服务效能才能提升群众对公共文化服务的满意度,最终提升公民的文化素养。

15 面向基层公共文化服务的基本标准指标体系

为了促进基层公共文化服务标准化体系建设,构建和谐社会的公共文化服务体系,推动全国文化大发展、大繁荣,本研究在全国范围内进行了广泛的调研,调研范围涉及江苏无锡、广东广州、广东东莞、河南信阳、贵州新堡布依族乡、新疆克拉玛依等地区。调研活动主要收集各类基层公共文化服务标准,包括:规章制度、管理办法、项目公示、人员编制、岗位职责、工作方案、考核标准(评分表)、用户须知、建设标准等文字材料。

基层公共文化服务基本标准的设计是一项十分复杂的系统性工作,涉及面广,涉及主体众多,不仅基层公共文化服务设施众多,基层群众的公共文化需求也复杂多样。因此,首先需要明确基本标准的设计目标、原则与思路,基本标准的特点与适用性等基本理论问题,进而分析标准的结构维度,并针对城市和农村的基层公共文化服务,设计基本标准指标体系。

为了更好地指导基层的公共文化服务机构,本次基本公共文化服务基本标准的制定在考虑城市和农村差异基础上,进一步考虑我国东、中、西部的差异因素,从而建构出《城市基层公共文化服务基本标准(东部)》(建议稿)、《城市基层公共文化服务基本标准(中部)》(建议稿)、《城市基层公共文化服务基本标准(西部)》(建议稿)、《农村基层公共文化服务基本标准(东部)》(建议稿)、《农村基层公共文化服务基本标准(中部)》(建议稿)和《农村基层公共文化服务基本标准(西部)》(建议稿),以期对城市和农村的基层公共文化服务机构有更强的借鉴和指导意义。

15.1 基层公共文化服务基本标准的体系框架

基层公共文化服务的内容和数量偏少,服务质量和服务效能不高。公共文化服务的发展需要充足的经费和人员的保障,但在基层,"三无"现象(无编制、无人员、无经费)和"三不专"现象(文化专干不专职、不专业、不专心)等现象十分突出[1],这些问题导致基层公共文化服务的内容和数量供给不足。目前,基层公共文化服务亟待解决的问题之一是政府提供的公共文化服务与基层群众的文化需求不对接,或者说供需不对称。一些基层政府可能为了完成上级政府的要求,提供

---

① 于群,李国新.中国公共文化服务体系建设的历史性转折[R]//中国公共文化服务发展报告(2012).北京:社会科学文献出版社,2012:29-45.

的基本公共文化服务停留在形式层面,但在内容上却与基层群众的文化需求相差甚远。如建设了乡镇综合文化站,但其选址却远离当地群众的活动中心;为基层群众送去了大量的书籍、电影、文艺演出,但基层群众的热情与参与度不高;还有典型案例如广播电视"村村通"工程,建设主要思路是让农村地区的群众能够看到更多的中央及地方省市台的节目,但在收视率的压力下,这些广播电视节目的内容主要以城市为中心,涉农或者对农节目普遍不足,对农民的吸引力自然不太高①。存在这些问题的主要原因在于政府提供基层公共文化服务时未能及时深入地调查基层群众的文化需求,政策的制定往往以一种"自上而下"的方式在进行。基本标准的设计不仅考察公共文化服务和产品的种类、数量,还考察其质量和效益,注重其满足基层群众文化需求的程度。

由于基层公共文化服务发展的不均衡性,基本标准在设计时除了遵循国家指导标准,还根据各地的经济社会文化等实际情况制定实施标准。在基本公共文化服务相对薄弱的民族、边疆、贫困等地区,注重对公共文化基础设施完备情况的考察;在农村地区,对老年人和留守儿童妇女设计更有针对性的标准和服务;在外来人口多的地区,如东莞,针对外来人口的特点设计相应的标准。同时注重本地具有独特价值的历史文化资源的评价。在各地区形成既有共性又有特色的实施标准。

15.1.1 基本标准结构

为实现城乡一体化,合理分配资源,找到供需的平衡点,推动公共文化服务社会化,2015年1月,中共中央办公厅、国务院办公厅印发《关于加快构建现代公共文化服务体系的意见》和《国家基本公共文化服务指导标准(2015—2020年)》,主要围绕读书看报、收听广播、观看电视、观赏电影、观看演出、参加文体活动和免费使用公共文化设施等提出了具体的项目、内容和指导标准,明确了服务范围、程度和质量要求,综合考虑东、中、西部各地区差异、文化差异、民族差异以及经济差异等颁布的指导性标准,其根本性目的是指导各省、自治区、直辖市和新疆生产建设兵团建设符合当地群众需求、政府财政能力和文化特色的实施标准,建立地方实施标准与国家指导标准相衔接的标准体系。

"十二五"期间,文化部、财政部联合开展了国家公共文化服务体系示范区战略性文化惠民项目,《国家公共文化服务体系示范区创建标准(东部)》《国家公共文化服务体系示范区创建标准(中部)》《国家公共文化服务体系示范区创建标准(西部)》也相继出台。各省、自治区、直辖市和新疆生产建设兵团以国家指导标准为基准,结合自身特色,坚持"以人为本"的原则,制定符合当地群众需求、政府财政能力和文化特色的实施标准,建立起国家指导标准与地方实施标准相衔接的标准体系。

---

① 石力月.城乡二元格局中的公共文化服务问题——以广播电视"村村通"工程建设为例[J].新闻大学,2013(3):43-47.

　　《国家基本公共文化服务指导标准(2015—2020 年)》和《国家公共文化服务体系示范区创建标准(东、中、西)》(以下简称东、中、西《示范区标准》)均从公共文化设施网络建设、公共文化服务效能、公共文化服务与科技融合发展、公共文化服务社会化建设、公共文化服务体制机制建设、公共文化服务保障、其他方面等七个方面提出了建设要求,明确了服务程度和质量等要求。通过制定国家公共文化服务体系示范区创建标准,明确东、中、西部地区基本公共文化服务的底线,尤其是贫困地区,带动中西部地区尽快赶上全国整体发展步伐。

　　随着地域的延伸,东、中、西部的经济发展水平、文化意识、思维观念,甚至是政策等因素的区别造成了东、中、西部地区对文化需求的差异,无论是在对文化需求量还是质的方面都有差异,而在一些偏远地区或者边疆地区,更多的是求发展、求稳定。其次,标准化和均等化都是相对的概念,不是绝对的平均主义,其一是指基本公共文化服务设施的规划、布局和建设要实现均等化,其二是指基本公共文化服务的服务要均等化。所以,在对东、中、西《示范区标准》对比中,显而易见的是从东部逐渐到西部的延伸,各项要素内容的标准也随之降低,以此来适应因地域差异所带来的一系列影响,如民族文化、经济发展水平等。

　　综上所述,东、中、西《示范区标准》之间有相同之处,也有差异之处,但是对于同一层级的标准,标准基本要素结构及体例是相似的,而要素的衡量则需要根据一系列影响因素做出调整,以此适应地区间的差异。

　　公共文化服务涉及社会各行各业,在《国家基本公共文化服务指导标准(2015—2020 年)》和东、中、西《示范区标准》的指导下,地方政府和各行各业综合考虑东、中、西部各地区差异、文化差异、民族差异以及经济差异等特点制定符合自身发展条件的标准文件。指导所在辖区或行业内建设符合当地群众或行业需求、政府财政能力和文化特色的指导或实施标准,建立起国家、行业以及地方实施标准相互衔接的三层标准体系结构。

　　本研究对国家、行业、地方等层面制定颁布的相关标准文件进行了广泛的收集,经过对标准的简单抽取做简表,如表 15－1 所示(详表见附录三),区域中的城市标准清单和农村标准清单分别对应附录三中的两类标准目录,即"城市基层公共文化服务基本标准的参考文件"和"农村基层公共文化服务基本标准的参考文件"。将城市基层公共文化服务相关文件赋予代码 C,将农村基层公共文化服务相关文件赋予代码 N,同时分别将所属国家、行业、政府公告、地方类型的文件编码为 A、B、C、D,城市基层公共文化服务相关文件四种类型的数量分别为 22 条、9 条、21 条、58 条,同时,分别将其编码为 CA1—CA22、CB23—CB31、CC32—CC52、CD53—D110;农村基层公共文化服务相关文件编码同城市服务相关文件,国家、行业、政府公告和地方编码也分为 A、B、C、D 四类,农村基层公共文化服务相关文件四种类型的数量分别为 12 条、7 条、16 条、35 条,同时,分别将其编码为 NA1—NA12、NB13—NB19、NC20—NC35、ND36—ND70。标准中最重要的国家级标准是《国家基本公共文化服务指导标准(2015—2020 年)》,作为指导性标准,各省市要将其结合当地群众需求、政府财政能力和文化特色,制定适合本地区的实施标准,建立国家指导标准与地方实施标准相衔接的标准体系。各省市制定地方标准,如《上海市基本公共文化服务实施标准》《北京市基层公共文化设施服务规范》《甘肃省乡镇文化站评估定级标准》等,确定了各省市基本公共文化服务项目、硬件设施、人员配备等,明确了政府保障底线。各行业制定相关标准,如《中华人民共和国文化行业标准公共图书馆建筑防火安全技术标准》《城市社区体育设施建设用地指标》等。

表 15 - 1　公共文化服务各类标准文本简表

区域	类型	内容	数量	对应编码
城市标准清单	国家(A)	服务标准、规范、编制说明	6	CA11、CA14、CA16、CA5、CA15、CA17
		建设标准、规划	5	CA1、CA19、CA3、CA20、CA22
		管理标准、办法	4	CA2、CA12、CA13、CA18
		示范区创建标准、方案、验收标准	6	CA6、CA7、CA8、CA9、CA4、CA21
		国家基本公共服务体系"十二五"规划	1	CA10
	行业(B)	建设标准	6	CB26、CB27、CB29、CB30、CB31、CB23
		管理办法	2	CB24、CB25
		服务规范	1	CB28
	政府公告(C)	关于加快构建现代公共文化服务体系的实施意见、方案、通知	3	CC33、CC38、CC52
		综合文化服务中心建设方案、服务标准	4	CC36、CC37、CC39、CC40
		建设标准相关	1	CC48
		开展公共文化服务标准化试点通知、方案	6	CC45、CC44、CC34、CC35、CC43、CC32
		"十二五""十三五"相关	6	CC42、CC41、CC49、CC47、CC50、CC51
		开展公共文化机构法人治理结构试点工作方案	1	CC46
	地方(D)	《关于加快构建现代公共文化服务体系的实施意见》	9	CD64、CD62、CD65、CD68、CD79、CD85、CD93、CD100、CD95
		建设标准相关	8	CD67、CD69、CD71、CD73、CD58、CD89、CD108、CD92
		基本公共文化服务实施标准、保障标准	6	CD60、CD78、CD91、CD98、CD99、CD109
		基层公共文化设施服务规范、服务标准	6	CD56、CD57、CD72、CD54、CD75、CD81
		管理标准、办法	8	CD63、CD87、CD74、CD90、CD102、CD107、CD96、CD86
		公共文化服务体系建设纪实、方案、示范区创建	8	CD104、CD105、CD106、CD80、CD94、CD55、CD97、CD82
		基层综合性文化服务中心建设意见、方案	3	CD70、CD76、CD77
		"十三五"相关文件	3	CD61、CD88、CD103
		公共服务事项目录、办事指南	2	CD83、CD84

续表

区域	类型	内容	数量	对应编码
农村标准清单		"文化之城"建设计划	1	CD53
		文化惠民工程、实施意见	2	CD59、CD110
		脱贫攻坚相关	1	CD101
		住房和城乡建设厅 2017 年部门预算公开	1	CD66
	国家（A）	服务指南、标准、规范	5	NA4、NA2、NA3、NA8、NA11
		建设标准、规范	4	NA9、NA1、NA5、NA7
		管理标准	2	NA6、NA10
		《公共文化服务保障法》	1	NA12
	行业（B）	建设标准、规范	3	NB11、NB15、NB19
		技术标准	4	NB14、NB16、NB17、NB18
	政府公告（C）	各省市关于加快构建现代公共文化服务体系的实施意见、方案、通知	5	NC23、NC27、NC31、NC34、NC35
		基本公共文化服务标准化建设的指导意见	1	NC24
		各省市关于推进基层综合性文化服务中心建设的实施意见、方案	4	NC20、NC29、NC32、NC33
		公共文化服务体系相关通知公告	4	NC21、NC22、NC25、NC28
		惠州出台 41 项基本公共文化服务标准保障群众文化权益	1	NC30
		"十三五"相关文件	1	NC26
	地方（D）	（省、市、区）基本公共文化服务实施标准	10	ND36、ND39、ND40、ND41、ND46、ND47、ND52、ND58、ND63、ND67
		（省、市）关于加快构建现代公共文化服务体系的实施意见	7	ND62、ND64、ND65、ND43、ND45、ND48、ND56
		基层公共文化设施服务规范	1	ND37
		管理办法、指南（考核与评估）	6	ND53、ND60、ND57、ND69、ND66、ND61
		建设标准	2	ND38、ND51
		示范区创建标准	1	ND50
		公共文化服务体系活动实施方案、制度设计方案	2	ND68、ND54
		基层综合性文化服务中心建设实施方案	1	ND49
		"十三五"相关文件	3	ND42、ND59、ND70
		公共服务事项办事指南	1	ND55
		技术标准	1	ND44

资料来源：课题组整理

在对上述标准的对比中,不难发现,不同级别的标准文本也存在着相似之处,同时每个标准的侧重点有所不同,各有特色。此外,指标的衡量存在较大的差异,从层级的下降明显反映出指标的细化程度提高,其中行业标准具有较强的针对性,作为行业的指导性标准,其细化程度堪比基层标准,如表 15 – 2 所示。

表 15 – 2　不同层级指导标准对比表

要素	层级			
	国家级	行业	地方	
			省级	乡镇/街道
服务主体	√	√	√	√
服务对象	√	√	√	√
服务项目	√	√	√	√
服务时间		√		√
服务地点		√		√
服务保障	√	√	√	√
服务目标	√	√	√	√
服务设施	√	√	√	√
用户规范				√
工作章程				√
服务评价		√		√

资料来源:课题组整理

国家级和地方标准中的省级基本公共文化服务实施标准主要起指导示范作用,而行业和地方标准中的基层基本公共文化服务实施标准相对针对性较强,属于具体实践性实施层面上的标准。三个层级的公共文化服务基本标准中所包含的核心要素具有相似性,其中随着标准层级的变化,考虑到辐射范围、指导对象、监督部门等因素,要素的细化及衡量都存在一定的差异。

地方层级的基本公共文化服务实施标准是根据国家基本公共文化服务指导标准,并结合各地实际情况制定颁布实施的指导标准,对所属辖区起指导示范作用,根据制定颁布的实施指导标准,结合当地群众需求、政府财政能力和文化建设情况,制定适合本地区的地方实施标准。

基层公共文化服务实施标准是在国家级、省级公共文化服务标准的基础上,结合基层发展现状对各级指导标准的细化分工,即基层公共文化服务基本服务标准是以上级标准作为依据或蓝本,在经过不断的分析考证之后对基本标准各要素进行细化,在实施指导标准中的要素内容基础上进行拓展,明确公共文化服务体系中各文化机构、部门的职能服务标准,与国家级、行业级、省级公共文化服务标准相衔接,以便于基本标准更贴近基层现状,并得以在基层顺利地实施。

基层公共文化服务实施标准在上级实施指导标准的基础上添加了更多的组成要素,除了对服务主体、服务对象、服务项目、服务时间、服务保障、服务目标、服务设施等要素做出了更多的细分之外,还对服务地点、用户规范、工作章程以及服务评价等要素进行了规范,这些规范是建立在对基层实际情况充分调研、反复论证的基础上的。

从辐射范围及指导对象上看,各级标准的指导示范区域范围不一。国家基本公共文化服务指导标准面向全国,对各省、自治区、直辖市和新疆生产建设兵团有指导监督职能。行业标准则是针对本行业,是由我国各主管部、委(局)批准发布,在该部门范围内统一使用的标准。地方标准中省级基本公共文化服务实施标准面向全省,对各市、区有指导监督职能,而基层基本公共文化服务实施标准面向的是基层。从综合考虑因素上看,在各地区发展水平不平衡的条件下,各级标准按照辐射的范围综合考虑各地区公共文化服务水平,国家级主要综合国情因素,行业考虑行情,地方标准中省级考虑省情因素,基层则是关注基层发展水平等因素。此外,三者的监管部门不同,国家级标准由文化部、各省级文化行政部门监管,行业标准是由各行业主管部、委(局),地方标准中省级标准由省文化厅监管,而基层标准则由地方文化机构监管。

综上所述,不同层级的公共文化服务基本标准虽各有特色,但仍存在共性,且根据基本标准辐射范围层次的缩小以及针对性的提高,标准要素的内容不断细分、拓展,更加贴近群众需求,注重服务体验。此外,在对要素的衡量于评价上,也愈加精细。

15.1.2　基本标准指标体系

为及时深入了解全国基层公共文化服务事业发展的走向,起草我国基层公共文化服务最低标准草案,本研究在 2017 年 7 月至 2018 年 7 月间考察了全国范围内的城乡基层公共文化服务基础设施及服务需求与供给现状,为公共文化服务基本标准的制定提供实践依据。选取上海市、广东省、江苏省、河南省、贵州省、新疆维吾尔自治区、内蒙古自治区等 7 个省、自治区、直辖市中有代表性的若干个乡镇和街道作为调研对象,调研内容为城市和农村的公共文化机构基本服务项目、资源建设情况、硬件设施配备情况、经费人员保障情况等。

合理选择具有代表性的重要指标是正确指导和评价基层公共文化服务综合水平的关键因素,因此,标准的要素筛选需要综合考虑各种影响因素以及自身特点。本研究通过经验预选的方法,选取了若干具有代表性的且能综合反映实际情况的指标,确定了初步的标准的基本结构,并在对一定文献的研究之后最终选取了一级指标5个,即基本服务、硬件设施、经费人员保障、资源保障和监督与评价等五要素,这些要素之间相互联系、相互作用,共同组成了基层基本公共文化服务基本标准的主体部分。

在一级指标的设定过程中,本研究根据当前已颁布的国家、地方和行业各类标准,并参照同类型的相应指标,进行类比确定一级指标要素。当前,城市和农村居民文化水平存在一定差异,城市居民较农村居民在文化需求方面起点更高,质量和数量也相对较高,城市基层公共文化服务更偏向用户体验,而农村则更偏向于普及程度,城市基层与农村基层公共文化服务标准虽有差异,但是更多的是共性,随着基层公共文化服务的不断发展以及人民生活水平的提高,农村的文化需求与城市的文化需求愈发相近。

15.2 基层公共文化服务基本标准建议

15.2.1 基层公共文化服务基本标准构建说明

依据本研究广泛的调研数据和专家意见,以及现出台的有关基层公共文化服务基本的政策文件和标准以及其他资料。本研究首先在广泛调研数据即现有标准的基础上搭建起城市和农村的东部标准,即《城市基层公共文化服务基本标准(东部)》(建议稿)以及《农村基层公共文化服务基本标准(东部)》(建议稿)主要是以大量调研数据资料为依据,同时参照现行的国家、地方、行业标准以及政府公报等。

东部标准样本涉及全国各地,东、中、西部地区都有所包涵,所以应是偏向于东部地区,较为均衡。在选取样本的过程中,所选样本大都是公共文化服务水平较高的乡镇(街道),存在较高水平的标准,故将其构建为东部标准。

在东部标准的基础上,从东、中、西部基层公共文化事业发展现状出发,如表15-3至表15-5,结合参照极具代表意义且建设水准较高的东、中、西《示范区标准》,如表15-6,此外,还参照了国家公共图书馆评估的东、中、西部地区评估指标,综合多方面因素提出基层公共文化服务的中部和西部基本标准。结合表15-3和表15-4可以发现,中部地区无论是在文化经费投入总量还是在人均文化事业经费投入上和东部地区都存在着较大差距,且经费投入整体上也少于西部地区。另外,表15-5的数据显示,公共文化服务资源方面,中部地区的博物馆等公共文化服务机构数量、博物馆从业人员数量总量高于西部地区,但人均占有量上博物馆机构数、博物馆从业人员数量却落后于西部,公共图书馆机构总量、人均占有公共图书馆机构数和人均占有图书馆藏量上也呈中部低于西部态势。这与当前诸多学者的研究是相契合的,诸如李国新团队提出的"中部洼地"现象。就当前数据来看,中部在东、中、西三大区域中情况最为严峻,经济发展程度不及东部地区,人口数量又远多于西部地区,且西部地区有国家政策支持,而东部地区公共文化的发展也有着政府雄厚的财政资金支持,中部地区在经济发展程度不及东部、人口众多且政府重视与支持不足的情况下,公共文化服务情况不容乐观。因此,在基层公共文化标准的制定中,应从这样的实际和背景出发,国家也应像扶持西部一样给予中部地区应有的支持与关注,中部地区自身也应对自身现状有清醒与深刻的认知,加大对公共文化服务体系的建设力度,只有政府足够重视,才能实现区域公共文化服务的更好发展。

表 15-3　东、中、西部文化事业经费投入年度对比(亿元)

区域	2000 年	2005 年	2010 年	2015 年	2016 年	2017 年
东部	28.85	64.37	143.35	287.87	333.62	381.71
中部	15.05	30.58	78.65	164.27	184.80	213.30
西部	13.70	27.56	85.78	193.87	218.17	230.00

资料来源:课题组整理

表 15-4　东、中、西部人均文化事业经费投入年度对比(元)

区域	2000 年	2005 年	2010 年	2015 年	2016 年
东部	16.39	14.88	30.52	59.28	68.17
中部	6.19	6.19	15.62	31.97	35.80
西部	5.14	7.67	23.78	52.21	58.31

资料来源:课题组整理

表 15-5　东、中、西部公共文化服务资源及人均对比(2016 年)

服务项目	东部	万人均	中部	万人均	西部	万人均
艺术表演团体机构数(个)	4062	0.0830	5392	0.1044	2831	0.0757
艺术表演场馆机构数(个)	1072	0.0219	792	0.0153	414	0.0111
博物馆机构数(个)	1487	0.0304	1364	0.0264	1255	0.0335
博物馆从业人员(个)	31 721	0.6481	29 885	0.5789	29 237	0.7814
公共图书馆机构数(个)	811	0.017	1139	0.022	1202	0.0320
公共图书馆藏量(万册)	46 592.22	0.9520	21 450.46	0.4155	18 485.08	0.4941

资料来源:课题组整理

表 15-6 《国家公共文化服务体系示范区创建标准(东、中、西)》部分数据区域比对

一级指标	二级指标	东部	中部	西部	批次
业务建设指标	1.2 公共图书馆建设	1.2.1 公共图书馆人均占有藏书1册以上,市、县两级图书馆人均占有藏书0.8册以上,达到部颁二级以上标准	1.2.1 公共图书馆人均占有藏书0.8册以上	1.2.1 公共图书馆人均占有藏书0.6册以上	四
		1.2.2 市、县两级图书馆平均每册藏书年册流通率1次以上	1.2.2 市、县两级图书馆平均每册藏书年流通率0.8次以上	1.2.2 市、县两级图书馆平均每册藏书年流通率0.6次以上	四
		1.2.3 人均年增新书0.06册以上	1.2.3 人均年增新书在0.05册次以上	1.2.3 人均年增新书0.04册以上	四
		1.2.4 人均到馆次数0.5次以上	1.2.4 人均到馆次数0.3次以上	1.2.4 人均到馆次数0.2次以上	四
	1.4 乡镇(街道)综合文化站建设	1.4.1 100%的乡镇(街道)建有单独设置的综合文化站	1.4.1 80%的乡镇(街道)建有综合文化站,其设备配置、活动开展、人员配备、综合管理等达到发展改革委、文化部制定的《乡镇(街道)文化站建设标准》	1.4.1 80%的乡镇(街道)建有单独设置的综合文化站	二
	1.5 村(社区)综合文化服务中心(文化广场)建设	1.5.1 80%的村(社区)依托社区综合服务设施,统筹建有集宣传文化、党员教育、科技普及、普法教育、体育健身等多功能于一体的基层综合文化服务中心	1.5.1 70%的村(社区)依托社区综合服务设施,统筹建有集宣传文化、党员教育、科技普及、普法教育、体育健身等多功能于一体的基层综合文化服务中心	1.5.1 60%的村(社区)依托社区综合服务设施,统筹建有集宣传文化、党员教育、科技普及、普法教育、体育健身等多功能于一体的基层综合文化服务中心,建筑面积不低于200平方米,配套建设群众文化活动广场	四
	1.6 共享工程支中心、基层服务点)建设	1.6.2 100%的乡镇(街道)、社区建有标准配置的公共电子阅览室,实现全覆盖	1.6.2 80%的乡镇(街道)、社区建有标准配置的公共电子阅览室	1.6.2 60%的乡镇(街道)、社区建有标准配置的公共电子阅览室	二

续表

一级指标	二级指标	东部	中部	西部	批次
服务效能指标	1.1;8.1 推动基本公共文化服务均等化(第三、四批为:实现基本公共文化服务标准化)	1.1.2 积极组织城市文化行政部门和单位开展农村文化服务活动。农村和社区依托民族民间文化资源,开展典型文化活动和民族民间文化资源,开展群众喜闻乐见、丰富多彩的文体活动,群众受众和参与率达到本省(区、市)的先进水平,人均参加文体活动的时间每周不少于7小时	1.1.2 积极组织城市文化行政部门和单位开展农村文化服务活动。农村和社区依托民族民间文化资源,开展典型文化活动和民族民间文化资源,开展群众喜闻乐见、丰富多彩的文体活动,群众受众和参与率达到本省(区、市)的先进水平,人均参加文体活动的时间每周不少于5小时	1.1.2 积极组织城市文化行政部门和单位开展农村文化服务活动。农村和社区依托民族民间文化资源,开展典型文化活动和民族民间文化资源,开展群众喜闻乐见、丰富多彩的文体活动,群众受众和参与率达到本省(区、市)的先进水平,人均参加文体活动的时间每周不少于3小时	一
		1.1.2 新增:基本实现每个行政村每月看1场以上电影(其中院线上映不足两年的国产新片比例不低于1/3),每年看5场以上戏剧或文艺演出	1.1.2 新增:基本实现每个行政村每月看1场以上电影(其中院线上映不足两年的国产新片比例不低于1/3),每年看5场以上戏剧或文艺演出	1.1.2 新增:基本实现每个行政村每月看1场以上电影(其中院线上映不足两年的国产新片比例不低于1/3),每年看3场以上戏剧或文艺演出	四
	8.1 免费开放	8.1.2 各级公共文化设施电子阅览室为社会公众提供免费上网服务,时间每周不少于56小时	8.1.2 各级公共文化设施电子阅览室为社会公众提供免费上网服务,时间每周不少于42小时	8.1.2 各级公共文化设施电子阅览室为社会公众提供免费上网服务,时间每周不少于42小时	一
		8.1.3 图书馆每周开放时间不少于56小时。文化馆(站)、博物馆每周开放时间不少于42小时	8.1.3 图书馆每周开放时间不少于56小时。文化馆(站)、博物馆每周开放时间不少于42小时	8.1.3 图书馆每周开放时间不少于56小时。文化馆(站)、博物馆每周开放时间不少于42小时	二
		8.1.5 更新:基本实现每个行政村每月看1场以上电影,每年看5场以上戏剧或文艺演出	8.1.5 更新:基本实现每个行政村每月看1场以上电影,每年看5场以上戏剧或文艺演出	8.1.5 更新:基本实现每个行政村每月看1场以上电影,每年看3场以上戏剧或文艺演出	三

续表

一级指标	二级指标	东部	中部	西部	批次
服务效能指标	9.1 创新公共文化服务方式	9.1.3 市、县两级图书馆,文化馆配备1台以上流动服务车,图书馆每年下基层服务次数不低于50次	9.1.3 更新:图书馆每年下基层服务次数不低于40次	9.1.3 新增:市、县两级图书馆、文化馆配备1台以上流动服务车,图书馆每年下基层服务次数不低于30次	三
		9.1.4 组织流动演出12场以上,流动展览10场以上	9.1.4 更新:文化馆每年组织流动演出10场以上,流动展览8场以上	9.1.4 新增:文化馆每年组织流动演出8场以上,流动展览6场以上	四
资金、人才、科技和技术 保障措施落实方面	2.2 人才保障	2.2.1 乡镇(街道)综合文化站的人员编制3名以上,行政村和社区有至少有1名财政补贴的文化管理员(文化指导员)	2.2.1 乡镇(街道)综合文化站的人员编制3名以上,行政村和社区有至少有1名财政补贴的文化管理员(文化指导员)	2.2.1 乡镇(街道)综合文化站的人员编制3名以上,行政村和社区有至少有1名财政补贴的文化管理员(文化指导员)	四
		2.2.3 市级文化单位业务人员占职工总数不低于70%,县级文化事业单位业务人员占职工总数不低于80%	2.2.3 市级文化单位业务人员占职工总数不低于70%,县级文化事业单位业务人员占职工总数不低于80%	2.2.3 市级文化单位业务人员占职工总数不低于70%,县级文化事业单位业务人员占职工总数不低于80%	四
		2.2.4 新增:加强业余文化骨干、文化志愿者队伍建设,每个社区、村业余文艺团队不少于3支	2.2.4 新增:加强业余文化骨干、文化志愿者队伍建设,每个社区、村业余文艺团队不少于2支	2.2.4 新增:加强业余文化骨干、文化志愿者队伍建设,每个社区、村业余文艺团队不少于1支	四
		2.2.5 县级公益性文化单位在职员工参加脱产培训时间每年不少于15天,乡镇街道、村(社区)基层文化专兼职人员参加集中培训时间每年不少于5天	2.2.5 县级公益性文化单位在职员工参加脱产培训时间每年不少于15天,乡镇街道、村、社区基层文化专兼职人员参加集中培训时间每年不少于5天	2.2.5 县级公益性文化单位在职员工参加脱产培训时间每年不少于15天,乡镇、村、社区、街道基层文化专兼职人员参加集中培训时间每年不少于5天	四

续表

一级指标	二级指标	东部	中部	西部	批次
资金、人才和技术保障措施落实方面	2 人才保障	2.2.6 新增:县、乡、村、社区基层文化专兼职人员参加全国基层文化队伍远程网络培训时间每年不少于100课时	2.2.6 新增:县、乡、村、社区基层文化专兼职人员参加全国基层文化队伍远程网络培训时间每年不少于80课时	2.2.6 新增:县、乡、村、社区基层文化专兼职人员参加全国基层文化队伍远程网络培训时间每年不少于50课时	二
		2.2.6 更新:县、乡、村基层文化专兼职人员参加全国基层文化队伍远程网络培训时间每年不少于50课时	2.2.6 更新:县、乡、村基层文化专兼职人员参加全国基层文化队伍远程网络培训时间每年不少于50课时	2.2.6 更新:县、乡、村基层文化专兼职人员参加全国基层文化队。伍远程网络培训时间每年不少于50课时	四

资料来源:课题组整理

基本标准内容的设置,是通过对当前东、中、西部地区国家公共文化服务体系示范区间的比差,采用六级评价等级体系,对东、中、西部地区的公共文化服务进行评价。部分评价等级标准借鉴了当前我国公共图书馆公共文化服务基本标准实施效果较好的东部地区以及重点城市,在评价要素中,如经费投入,以当地经济水平为基准进行设定,避免了经济发展上的巨大差异导致的评价差异,增加了评价体系的适用性。

基于以上,本研究拟作东部、中部、西部地区城市和农村的基层公共文化服务基本标准,即:《城市基层公共文化服务基本标准(东部)》(建议稿)、《城市基层公共文化服务基本标准(中部)》(建议稿)、《城市基层公共文化服务基本标准(西部)》(建议稿)、《农村基层公共文化服务基本标准(东部)》(建议稿)、《农村基层公共文化服务基本标准(中部)》(建议稿)、《农村基层公共文化服务基本标准(西部)》(建议稿)。

15.2.2　城市(东、中、西部)基层公共文化服务基本标准

便于叙述起见,本研究将基层公共文化服务基本标准中,需要解释参考出处的项目分别赋予相应级别的目录代码。一般来说,二级项目内容以一级项目的参考文件为准,如果二级项目内容有其他参考文件,则另外说明,如表15-7所示。

15.2.2.1　《城市基层公共文化服务基本标准(东部)》(建议稿)

基层公共文化服务基本标准的各项标准设置依据如下:

A1:主要参照《"十二五"时期公共文化体育服务国家基本标准》。

A11:关于开放时间的规定主要根据《社区图书馆服务规范》(WH/T 73—2016)修改,偏远地区一般可达到30小时,东部发达示范区地区可达到70小时。30小时参照哈尔滨市正阳河街道综合文化服务站的相关制度,每天开放6小时,双休;70小时参考上海市《华阳街道图书馆简介》。

A2:具体指标的确立主要参照《宁波市乡镇(街道)图书馆建设与服务规范》、《浙江省基本公共文化服务标准(2015—2020年)》、《社区图书馆服务规范》(WH/T 73—2016)和《标准化视角下的我国基层图书馆事业发展研究》。

A3:主要参照《国家基本公共服务体系"十二五"规划》《新闻出版业"十二五"时期发展规划》以及湖北省黄冈市黄州区赤壁街道访谈资料和上海市访谈资料。

A4:主要参照《国家基本公共服务体系"十二五"规划》和《"十二五"时期公共文化体育服务国家基本标准》。

A5:具体指标确立主要参照《"十二五"时期公共文化体育服务国家基本标准》和《浙江省基本公共文化服务标准(2015—2020年)》。

A6：具体指标确立主要参照《"十二五"时期公共文化体育服务国家基本标准》《浙江省基本公共文化服务标准(2015—2020年)》和《国家基本公共文化服务指导标准(2015—2020年)》。

A7：具体指标确立主要参照《"十二五"时期公共文化体育服务国家基本标准》和《国家基本公共文化服务指导标准(2015—2020年)》。

A8：内容主要参照《国家基本公共文化服务指导标准(2015—2020年)》和《国家公共文化服务体系示范区创建标准(东部)》。优秀指标主要参照金昌市金川区桂林路街道宝林里社区访谈资料；良好指标主要参照河北省唐山丰南区曙光社区综合文化站访谈资料，《国家公共文化服务体系示范区创建标准(东部)》中为50次；基本指标主要参照湖北省黄冈市黄州区赤壁街道文化站访谈资料。

A9：具体指标确立主要参照《中华人民共和国文化部2013年文化发展统计公报》《"十二五"时期公共文化体育服务国家基本标准》和《国家公共文化服务体系示范区创建标准(东部)》。

A10：主要内容主要参照《文化部财政部关于进一步加强公共数字文化建设的指导意见》(文社文发〔2011〕54号)和《云南省基本公共文化服务实施标准(2015—2020年)》。优秀指标主要参照重庆九龙坡区华岩镇华福雅苑社区综合文化服务中心《华福雅苑社区电子阅览室管理制度》48小时，河北唐山丰南区曙光社区综合文化服务中心《文化信息资源共享工程基层服务点管理制度》46小时，黑龙江正阳河文化示范区《正阳河街道综合文化站免费开放时间》54.5小时；良好指标主要参照广西柳州市狮山社区《未成年人电子阅览室管理制度》39小时；基本指标主要参照唐山丰南区曙光社区综合文化服务中心《电子阅览室管理制度》36小时。

B1：主要参照《宁波市乡镇(街道)图书馆建设与服务规范》、《浙江省基本公共文化服务标准(2015—2020年)》、《社区图书馆服务规范》(WH/T 73—2016)、《标准化视角下的我国基层图书馆事业发展研究》、《"十二五"时期公共文化体育服务国家基本标准》、《公共图书馆建设用地指标》和《浙江省文化厅关于推进全省城乡一体化公共图书馆服务体系建设的指导意见》。

B2：主要内容参照《浙江省人民政府办公厅关于进一步加强乡镇综合文化站建设的意见》。具体指标主要参照《文化部　财政部关于进一步加强公共数字文化建设的指导意见》(文社文发〔2011〕54号)、《云南省基本公共文化服务实施标准(2015—2020年)》、《财政部　文化部关于印发〈城市社区文化中心(文化活动室)设备购置专项资金管理办法〉的通知》(财教〔2009〕447号)和《城市社区文化设施管理办法(试行)》。

B3：主要内容参照《关于推进全省农村文化礼堂建设的意见（试行）》《文化礼堂操作手册（试行）》《浙江省公共文化服务体系建设提升年活动实施方案》《国家公共文化服务体系示范区创建标准（东部）》和《国家公共文化服务体系示范区创建标准（中部）》。在具体指标上，室内面积优秀指标主要参照上海市华阳街道文化体育中心对面积指标的相关规定，良好指标主要参照金昌市金川区桂林路街道宝林里社区的调查材料，建筑面积与占地面积主要参照《财政部 文化部关于印发〈城市社区文化中心（文化活动室）设备购置专项资金管理办法〉的通知》（财教〔2009〕447 号）和《城市社区文化设施管理办法（试行）》。

B4—B7：内容指标的确定主要参照《国家基本公共文化服务指导标准（2015—2020年）》。

C1：内容主要参照《宁波市乡镇（街道）图书馆建设与服务规范》、《浙江省基本公共文化服务标准（2015—2020 年）》、《社区图书馆服务规范》（WH/T 73—2016）、《标准化视角下的我国基层图书馆事业发展研究》、《国家公共文化服务体系示范区创建标准（东部）》、《国家公共文化服务体系示范区创建标准（中部）》、《国家公共文化服务体系示范区创建标准（西部）》和《“十二五”时期公共文化体育服务国家基本标准》。

C2：内容主要参照《财政部 文化部关于印发〈城市社区文化中心（文化活动室）设备购置专项资金管理办法〉的通知》（财教〔2009〕447 号）、《城市社区文化中心（街道文化站）设备配置标准》，有条件的社区可以引入电子借阅机和手机 APP 读书软件，主要参照《国民经济和社会发展第十一个五年规划纲要》《国家“十一五”时期文化改革发展规划纲要》《2006—2020 年国家信息化发展战略》《国民经济和社会发展第十二个五年规划纲要》和《国家“十二五”时期文化改革发展规划纲要》以及湖北省武汉市左岭镇农家书屋的相关规定。社区居民可以在手机 APP 上直接下载农家书屋的电子书资源，设备配置主要参照《财政部 文化部关于印发〈城市社区文化中心（文化活动室）设备购置专项资金管理办法〉的通知》（财教〔2009〕447 号）、《城市社区文化活动室设备配置标准》，活动室设备配置主要参照《财政部 文化部关于印发〈城市社区文化中心（文化活动室）设备购置专项资金管理办法〉的通知》（财教〔2009〕447 号）和《城市社区文化活动室设备配置标准》。

D1：内容主要参照《国家基本公共文化服务指导标准（2015—2020 年）》、《社区图书馆（室）服务规范》（DB 34/T 2605—2016）。应配备的工作人员与服务人口主要参照《财政部 文化部关于印发〈城市社区文化中心（文化活动室）设备购置专项资金管理办法〉的通知》（财教〔2009〕447 号）和《社区图书馆（室）服务规范》（DB 34/T 2605—2016）。

D2：具体指标主要参照《国家基本公共文化服务指导标准（2015—2020 年）》。

D3：具体指标主要参照《国家公共文化服务体系示范区创建标准（东部）》《国家公共文

化服务体系示范区创建标准(中部)》《国家公共文化服务体系示范区创建标准(西部)》和《文化部"十二五"时期文化改革发展规划》。

D4:具体指标主要参照《中共中央关于全面深化改革若干重大问题的决定》《文化部中央文明办关于广泛开展基层文化志愿服务活动的意见》(文公共发〔2012〕31号)和《文化部"十二五"时期公共文化服务体系建设实施纲要》。

D51—D52:具体指标主要参照《宁波市乡镇(街道)图书馆建设与服务规范》和《文化部"十二五"时期文化改革发展规划》。

D53:具体指标主要参照《社区图书馆服务规范》(WH/T 73—2016)。

E:内容主要参照《上海市第六次街镇图书馆评估标准细则》《街镇图书馆评估考核标准》《街镇图书馆评估考核等级产生办法》、"区县评估考核评分表"、"读者满意率调查表"。

E1:指标主要参照《国家公共文化服务体系示范区创建标准(西部)》人均到馆次数0.2次,《国家公共文化服务体系示范区创建标准(中部)》人均到馆次数0.3次,《国家公共文化服务体系示范区创建标准(东部)》人均到馆次数0.4次。

E11:具体指标主要参照《标准化视角下的我国基层图书馆事业发展研究》。

E12:具体指标主要参照《标准化视角下的我国基层图书馆事业发展研究》中的3座/千人。

E13:内容主要参照《社区图书馆服务规范》(WH/T 73—2016),具体指标主要参照《标准化视角下的我国基层图书馆事业发展研究》和《社区图书馆服务规范》(WH/T 73—2016)人均藏书量0.5册(件)。

E14:具体指标主要参照《国家公共文化服务体系示范区创建标准(西部)》人均新增藏书0.02册(件),《国家公共文化服务体系示范区创建标准(东部)》人均新增藏书0.04册(件)。

E15:具体指标主要参照上海市《华阳街道图书馆简介》、金昌市《宝林里社区居民文化活动中心管理制度》、哈尔滨市正阳河街道综合文化服务站的相关制度。

E2:指标主要参照《国家公共文化服务体系示范区创建标准(西部)》每册藏书流通次数不低于0.5次/册(件),《国家公共文化服务体系示范区创建标准(中部)》每册藏书流通次数不低于0.7次/册(件),《国家公共文化服务体系示范区创建标准(东部)》每册藏书流通次数不低于1次/册(件)。

基于此,构建我国《城市基层公共文化服务基本标准(东部)》(建议稿)。

表 15 - 7 《城市基层公共文化服务基本标准(东部)》(建议稿)

项目			评价等级		
			优秀	良好	基本
基本服务(A)	服务原则	向所有公众免费开放,服务对象不受年龄、职业、居住地等因素限制			
	设施开放(A1)	开放时间 a(小时),应根据适应需求、方便服务、注重效能的原则加以确定 (A11)	a≥70	a≥55	a≥30
		应设定固定开放时间,双休日应对外开放			
		公共图书馆、文化馆(站)、公共博物馆(非文物建筑及遗址类)、公共体育馆等公共文化设施免费开放,基本服务项目免费健全			
		未成年人、老年人、现役军人、残疾人和低收入人群参观文物建筑及遗址类博物馆实施门票减免,文化遗产日免费参观			
		公园、绿地等公共场所全民健身器材免费使用			
		学校、工人文化宫、青少年宫、妇女儿童活动中心等文体设施向公众免费开放,开放时间和免费项目由地方政府制定			
	服务范围(A2)	社区图书馆(室)按服务半径 a(千米),或服务人口 b(万人)统筹规划、合理布局。3 万人以上的应按照《公共图书馆建设标准》(建标108—2008)的要求设立	a≤1.5 b≥0.3	a≤2.0 b≥0.2	a≤2.5 b≥0.1
	信息服务(A3)	在城镇主要街道、公共场所、居民小区等人流密集地点设置阅报栏或电子显示屏,提供时政、"三农"、科普、文化、生活等方面的信息服务,城市社区服务区域覆盖无线网络。通过新媒体技术,如微信公众号、微博、网站、直播等途径提供节目			
	收听广播(A4)	城市社区有线广播联网率达到100%,广播覆盖率达到100%,为全民免费提供基本的广播电视服务和突发事件应急广播服务			
		通过直播卫星免费提供 a 套广播节目,通过无线模拟免费提供 b 套广播节目,通过数字音频免费提供 c 套广播节目	a≥22 b≥10 c≥20	a≥20 b≥8 c≥18	a≥17 b≥6 c≥15
	观看电视(A5)	有线电视联网比率 a(海岛包括微波方式);通过直播卫星提供 b 套电视节目,通过地面数字电视提供 c 套电视节目	a=100% b≥30 c≥20	a=100% b≥25 c≥15	a<100% b+c≥5
		为低保户免费提供基本有线(数字)电视节目			

续表

项目			评价等级		
			优秀	良好	基本
基本服务（A）	观赏电影（A6）	为城市社区群众提供数字电影放映服务,合理调整放映结构,其中每年国产新片(院线上映两年内)比例a	a≥2/3	a≥1/2	a≥1/3
		为中小学生每学期提供2部爱国主义教育影片			
	看戏（A7）	平均每个社区每年看a场地方戏剧或文艺演出	a≥8	a≥6	a≥4
	文体活动（A8）	每街道每年举办文化节、读书节、运动会等文化体育活动a次	a≥60	a≥36	a≥12
		每个社区每年组织群众性文化体育活动a次	a≥20	a≥10	a≥2
	培训讲座（A9）	街道综合文化站每年举办公益培训次数a次	a≥20	a≥10	a≥6
	数字文化（A10）	街道综合文化站和有条件的社区综合文化服务中心免费提供无线Wi-Fi服务			
		社区综合文化服务中心应建有公共电子阅览室,并免费提供上网服务,电子阅览室每周开放时间a(小时)应与街道的社区图书馆开放时间相适应,且双休日应对外开放	a≥48	a≥39	a≥36
		通过手机、电脑等网络终端可以享受到数字文化服务			
硬件设施（B）	图书馆（室）（B1）	设区市政府所在地街道社区常住人口超过0.3万的设置社区图书馆(室)			
		街道、社区建有标准配置的公共电子阅览室或文化共享工程基层服务点			
	社区文体活动中心（街道文化站）（B2）	街道应建有单独设置的综合文化站。街道综合文化站的服务人口a(万人)与建筑面积b(平方米)相适应,其设备配置、活动开展、人员配备、综合管理等达到《乡镇(街道)文化站建设标准》	a<3 b≥1000	a<3 b≥750	a<3 b≥450
			a≥3 b≥1500	a≥3 b≥1250	a≥3 b≥1000
			a≥5 b≥2000	a≥5 b≥1750	a≥5 b≥1500
		居住区户数a(户)及人数b(人)达到一定数值,文化活动中心的建筑面积c(平方米)与用地面积d(平方米)须达到一定的标准,进行规划设计	a>9000 b>20 000 c>1400 d>1900	a>5000 b>15 000 c>1000 d>1500	a>1000 b>10 000 c>600 d>1100

续表

项目			评价等级		
			优秀	良好	基本
硬件设施（B）	文化中心（活动室）（B3）	具备条件的街道建有文化活动室（a＝1）时，室内面积b（平方米）需达到相应要求，并具备演出、展览、科普、广播、阅读、影视、信息共享、体育健身等功能；尚未设立活动室（a＝0）的街道结合基层服务综合设施建设，整合闲置中小学校等资源，建有建筑面积b（平方米）、室外活动场地c（平方米）也应达到相应要求，文化活动中心做到因地制宜配置器材	a＝1 b≥900	a＝1 b≥500	a＝1 b≥200
			a＝0 b≥300 c≥500	a＝0 b≥200 c≥400	a＝0 b≥100 n≥300
		社区建有面积不低于300平方米的社区文化中心，具备条件的建有文化公园。社区文化中心基本功能空间应包括：多功能活动厅、书刊阅览室、健身活动室、展览陈列室、培训教室、文化信息资源共享工程基层点和管理用房，以及室外活动场地、宣传栏等配套设施。建筑面积a（平方米）、占地面积b（平方米）满足相应的要求，并满足通信、给排水、消防的要求	a≥500 b≥900	a≥400 b≥700	a≥300 b≥500
	广电设施（B4）	街道设广电站（含有线电视机房和广播站），城市社区建成广播室，设备配置达到省颁标准			
	体育设施（B5）	街道建设全民健身中心，社区（居住区）建设健身点（可与文化活动中心合建）			
	流动设施（B6）	开展流动文化服务；根据实际配备流动文化设施			
	辅助设施（B7）	公共文化场所为残疾人配备无障碍设施			
		有条件的公共文化场所配备安全检查设备			
资源保障（C）	文献资源（C1）	社区图书馆（室）人均藏书a册以上，复本不大于2册；人均年新增藏书量不低于0.02册，图书不少于1500册，报刊20—30种	a≥1.5	a≥1	a≥0.5
	电子资源（C2）	城市社区文化中心（街道文化站）设备按照5万元标准配置。分为必配项和选配项两大类，必配项为各地应达到的基本要求，包括信号接入、资源服务、网络连接、控制台及软件5个方面；选配项中的设备，各地可以根据当地的具体应用方案做适当选择。有条件的社区可以引入电子借阅机和手机APP读书软件			

续表

项目			评价等级		
			优秀	良好	基本
资源保障（C）	电子资源（C2）	城市社区文化活动室设备按照 2.5 万元标准配置。分为必配项和选配项两大类，必配项为各地应达到的基本要求，包括信号接入、资源服务、网络连接、控制台及软件 5 个方面；选配项中的设备，各地可以根据当地的具体应用方案选择一个或多个			
经费人员保障（D）	人员编制（D1）	各级公共文化机构按照职能和当地人力资源社会保障、编办等部门核准的编制数量配齐工作人员			
		街道综合文化站配备编制人员不少于 2 人，配备的工作人员 a（人）应与服务人口 b（人）相适应；社区公共服务中心设有由政府购买的公益文化岗位	$a \geq 3$ $b \geq 20\ 000$	$a \geq 2$ $b \geq 15\ 000$	$a \geq 1$ $b \geq 10\ 000$
	业务培训（D2）	乡镇（街道）、村（社区）基层文化专兼职人员每年参加集中培训时间每年 a 天	$a \geq 20$	$a \geq 10$	$a \geq 5$
	文化团队（D3）	各乡镇（街道）拥有相对稳定并经常开展活动的各类文体队伍 a 支；每个行政村（社区）建立 b 支经常性群众文体团队	$a \geq 5$ $b \geq 3$	$a \geq 4$ $b \geq 2$	$a \geq 3$ $b \geq 1$
	文化志愿者（D4）	乡镇（街道）建立具有一定数量的文化志愿者队伍			
	经费（D5）	乡镇（街道）图书馆人均投入应不低于 2 元，且逐年增加　（D51）			
		乡镇（街道）图书馆经费以政府投入为主导，引导多渠道、多样化的社会资金投入　（D52）			
		社区图书馆的日常运营经费应列入区（县）政府财政预算　（D53）			
监督与评价（E）	资源保障水平（E1）	馆舍面积，街道的社区图书馆总建筑面积应 a（平方米），且 b（平方米/千人）	$a \geq 150$ $b \geq 28$	$a \geq 100$ $b \geq 24$	$a \geq 80$ $b \geq 20$
		阅览座位，街道的社区图书馆阅览座位 a 座，且 b 座/千人　（E11）	$a \geq 70$ $b \geq 4$	$a \geq 50$ $b \geq 3$	$a \geq 30$ $b \geq 2$
		馆藏规模，街道的社区图书馆总馆藏量 a 万册（件），馆藏图书 50% 以上应是近 5 年内出版的，人均藏书量 b 册（件）/人　（E12）	$a \geq 0.7$ $b \geq 1.5$	$a \geq 0.5$ $b \geq 1$	$a \geq 0.3$ $b \geq 0.5$
		人均新增藏书，街道的社区图书馆人均新增藏书 a 册（件）/人　（E13）	$a \geq 0.06$	$a \geq 0.04$	$a \geq 0.02$

续表

项目			评价等级		
			优秀	良好	基本
监督与评价（E）	资源保障水平（E1）	人员配置,街道的社区图书馆全时人员 a 人,每千人拥有全时人员 b 人 （E14）	a≥8 b≥0.10	a≥5 b≥0.07	a≥2 b≥0.04
		开放时间,服务开放根据适应需求、方便利用、注重效能的原则加以确定。开放时间相对稳定,双休日应对外开放,每周开放时间 a 小时 （E15）	a≥70	a≥55	a≥30
		经费投入,街道的社区图书馆设施基建费用(一次性投资)、文献资源建设费(多级政府共建,由馆藏规模和新增藏书来控制)不计在内。街道的社区图书馆人均投入应不低于 2 元,人均投入计 a 元/人, $\bar{E}=\frac{\sum_{i=1}^{n}E_i}{n}$,本县(区、市)域内街道社区图书馆(室)人均投入平均值 （E16）	a≥$\bar{E}$×130%	a≥$\bar{E}$×110%	a≥$\bar{E}$×80%
	服务绩效评价（E2）	目标人群覆盖率(办证率),目标人群覆盖率(办证率)按服务人口中的有效持证读者(即持证读者总数减去过去 3 年内未使用者人数)数来计算,目标人群覆盖率(办证率)比例计 a	a≥30%	a≥15%	a≥5%
		人均到馆次数计 a 次/人	a≥0.4	a≥0.3	a≥0.2
		每册藏书流通次数计 a 次/册(件)	a≥1	a≥0.7	a≥0.5
		制定《读者满意度调查表》,表中读者对图书馆满意度的选项为"满意""基本满意""不满意"及"不了解"4 项。读者满意度比例 a,以参与问卷调查的读者中选择"基本满意"和"满意"的人数占调查总人数的比例计	a≥95%	a≥90%	a≥80%

资料来源:课题组整理

15.2.2.2 《城市基层公共文化服务基本标准(中部)》(建议稿)

如上所述,《城市基层公共文化服务基本标准(中部)》(建议稿)是在《城市基层公共文化服务基本标准(东部)》(建议稿)的基础上,结合一系列影响因素对指标做出调整,以此适应地区间的差异,使标准更为适合中部地区现在乃至未来城市基层公共文化服务的发展。

表 15 – 8 《城市基层公共文化服务基本标准(中部)》(建议稿)

项目			评价等级		
			优秀	良好	基本
基本服务(A)		服务原则	向所有公众免费开放,服务对象不受年龄、职业、居住地等因素限制		
	设施开放(A1)	开放时间 a(小时),应根据适应需求、方便服务、注重效能的原则加以确定 (A11)	a≥53	a≥41	a≥23
		应设定固定开放时间,双休日应对外开放			
		公共图书馆、文化馆(站)、公共博物馆(非文物建筑及遗址类)、公共体育馆等公共文化设施免费开放,基本服务项目免费健全			
		未成年人、老年人、现役军人、残疾人和低收入人群参观文物建筑及遗址类博物馆实施门票减免,文化遗产日免费参观			
		公园、绿地等公共场所全民健身器材免费使用			
		学校、工人文化宫、青少年宫、妇女儿童活动中心等文体设施向公众免费开放,开放时间和免费项目由地方政府制定			
	服务范围(A2)	社区图书馆(室)按服务半径 a(千米),或服务人口 b(万人)统筹规划、合理布局。3 万人以上的应按照《公共图书馆建设标准》(建标108—2008)的要求设立	a≤1.1 b≥0.2	a≤1.5 b≥0.2	a≤1.9 b≥0.1
	信息服务(A3)	在城镇主要街道、公共场所、居民小区等人流密集地点设置阅报栏或电子显示屏,提供时政、"三农"、科普、文化、生活等方面的信息服务,城市社区服务区域覆盖无线网络。通过新媒体技术,如微信公众号、微博、网站、直播等途径提供节目			
	收听广播(A4)	城市社区有线广播联网率达到 100%,广播覆盖率达到 100%,为全民免费提供基本的广播电视服务和突发事件应急广播服务			
		通过直播卫星免费提供 a 套广播节目,通过无线模拟免费提供 b 套广播节目,通过数字音频免费提供 c 套广播节目	a≥17 b≥8 c≥15	a≥15 b≥6 c≥14	a≥13 b≥5 c≥11
	观看电视(A5)	有线电视联网比率 a(海岛包括微波方式);通过直播卫星提供 b 套电视节目,通过地面数字电视提供 c 套电视节目	a = 100% b≥23 c≥15	a = 100% b≥19 c≥11	a < 100% b + c≥4
		为低保户免费提供基本有线(数字)电视节目			

续表

项目			评价等级		
			优秀	良好	基本
基本服务（A）	观赏电影（A6）	为城市社区群众提供数字电影放映服务,合理调整放映结构,其中每年国产新片(院线上映两年内)比例a	a≥0.5	a≥0.4	a≥0.3
		为中小学生每学期提供2部爱国主义教育影片			
	看戏（A7）	平均每个社区每年看a场地方戏剧或文艺演出	a≥6	a≥5	a≥3
	文体活动（A8）	每街道每年举办文化节、读书节、运动会等文化体育活动a次	a≥45	a≥27	a≥9
		每个社区每年组织群众性文化体育活动a次	a≥15	a≥8	a≥2
	培训讲座（A9）	街道综合文化站每年举办公益培训次数a次	a≥15	a≥8	a≥5
	数字文化（A10）	街道综合文化站和有条件的社区综合文化服务中心免费提供无线Wi-Fi服务			
		社区综合文化服务中心应建有公共电子阅览室,并免费提供上网服务,电子阅览室每周开放时间a(小时)应与街道的社区图书馆开放时间相适应,且双休日应对外开放	a≥36	a≥29	a≥27
		通过手机、电脑等网络终端可以享受到数字文化服务			
硬件设施（B）	图书馆（室）（B1）	设区市政府所在地街道社区常住人口超过0.3万的设置社区图书馆(室)			
		街道、社区建有标准配置的公共电子阅览室或文化共享工程基层服务点			
	社区文体活动中心（街道文化站）（B2）	街道应建有单独设置的综合文化站。街道综合文化站的服务人口a(万人)与建筑面积b(平方米)相适应,其设备配置、活动开展、人员配备、综合管理等达到《乡镇(街道)文化站建设标准》	a<3 b≥750	a<3 b≥563	a<3 b≥338
			a≥3 b≥1125	a≥3 b≥938	a≥3 b≥750
			a≥5 b≥1500	a≥5 b≥1313	a≥5 b≥1125
		居住区户数a(户)及人数b(人)达到一定数值,文化活动中心的建筑面积c(平方米)与用地面积d(平方米)须达到一定的标准,进行规划设计	a>9000 b>20 000 c>1050 d>1425	a>5000 b>15 000 c>750 d>1125	a>1000 b>10 000 c>450 d>825

续表

项目			评价等级		
			优秀	良好	基本
硬件设施（B）	文化中心（活动室）（B3）	具备条件的街道建有文化活动室（a=1）时，室内面积 b（平方米）需达到相应要求，并具备演出、展览、科普、广播、阅读、影视、信息共享、体育健身等功能；尚未设立活动室（a=0）的街道结合基层服务综合设施建设，整合闲置中小学校等资源，建有建筑面积 b（平方米）、室外活动场地 c（平方米）也应达到相应要求，文化活动中心做到因地制宜配置器材	a=1 b≥675	a=1 b≥375	a=1 b≥150
			a=0 b≥225 c≥375	a=0 b≥150 c≥300	a=0 b≥75 n≥225
		社区建有面积不低于 300 平方米的社区文化中心，具备条件的建有文化公园。社区文化中心基本功能空间应包括：多功能活动厅、书刊阅览室、健身活动室、展览陈列室、培训教室、文化信息资源共享工程基层点和管理用房，以及室外活动场地、宣传栏等配套设施。建筑面积 a（平方米）、占地面积 b（平方米）满足相应的要求，并满足通信、给排水、消防的要求	a≥375 b≥675	a≥300 b≥525	a≥225 b≥375
	广电设施（B4）	街道设广电站（含有线电视机房和广播站），城市社区建成广播室，设备配置达到省颁标准			
	体育设施（B5）	街道建设全民健身中心，社区（居住区）建设健身点（可与文化活动中心合建）			
	流动设施（B6）	开展流动文化服务；根据实际配备流动文化设施			
	辅助设施（B7）	公共文化场所为残疾人配备无障碍设施			
		有条件的公共文化场所配备安全检查设备			
资源保障（C）	文献资源（C1）	社区图书馆（室）人均藏书 a 册以上，复本不大于 2 册；人均年新增藏书量不低于 0.02 册，图书不少于 1500 册，报刊 20—30 种	a≥1.1	a≥0.8	a≥0.4
	电子资源（C2）	城市社区文化中心（街道文化站）设备按照 5 万元标准配置。分为必配项和选配项两大类，必配项为各地应达到的基本要求，包括信号接入、资源服务、网络连接、控制台及软件 5 个方面；选配项中的设备，各地可以根据当地的具体应用方案做适当选择。有条件的社区可以引入电子借阅机和手机 APP 读书软件			

续表

项目			评价等级		
			优秀	良好	基本
资源保障（C）	电子资源（C2）	城市社区文化活动室设备按照 2.5 万元标准配置。分为必配项和选配项两大类，必配项为各地应达到的基本要求，包括信号接入、资源服务、网络连接、控制台及软件 5 个方面；选配项中的设备，各地可以根据当地的具体应用方案选择一个或多个			
经费人员保障（D）	人员编制（D1）	各级公共文化机构按照职能和当地人力资源社会保障、编办等部门核准的编制数量配齐工作人员			
		街道综合文化站配备编制人员不少于 2 人，配备的工作人员 a(人)应与服务人口 b(人)相适应；社区公共服务中心设有由政府购买的公益文化岗位	a≥3 b≥15 000	a≥2 b≥11 250	a≥1 b≥7500
	业务培训（D2）	乡镇(街道)、村(社区)基层文化专兼职人员每年参加集中培训时间每年 a 天	a≥15	a≥8	a≥4
	文化团队（D3）	各乡镇(街道)拥有相对稳定并经常开展活动的各类文体团队 a 支；每个行政村(社区)建立 b 支经常性群众文体团队	a≥4 b≥3	a≥3 b≥2	a≥2 b≥1
	文化志愿者（D4）	乡镇(街道)建立具有一定数量的文化志愿者队伍			
	经费（D5）	乡镇(街道)图书馆人均投入应不低于 2 元，且逐年增加 （D51）			
		乡镇(街道)图书馆经费以政府投入为主导，引导多渠道、多样化的社会资金投入 （D52）			
		社区图书馆的日常运营经费应列入区(县)政府财政预算 （D53）			
监督与评价（E）	资源保障水平（E1）	馆舍面积，街道的社区图书馆总建筑面积应 a(平方米)，且 b(平方米/千人)	a≥113 b≥21	a≥75 b≥18	a≥60 b≥15
		阅览座位，街道的社区图书馆阅览座位 a 座，且 b 座/千人 （E11）	a≥53 b≥4	a≥38 b≥3	a≥23 b≥2
		馆藏规模，街道的社区图书馆总馆藏量 a 万册、件，馆藏图书 50% 以上应是近 5 年内出版的，人均藏书量 b 册(件)/人 （E12）	a≥0.5 b≥1.1	a≥0.4 b≥0.8	a≥0.2 b≥0.4
		人均新增藏书，街道的社区图书馆人均新增藏书 a 册(件)/人 （E13）	a≥0.05	a≥0.03	a≥0.02

续表

项目			评价等级		
			优秀	良好	基本
监督与评价（E）	资源保障水平（E1）	人员配置,街道的社区图书馆全时人员 a 人,每千人拥有全时人员 b 人 （E14）	a≥5 b≥0.10	a≥3 b≥0.07	a≥1 b≥0.04
		开放时间,服务开放根据适应需求、方便利用、注重效能的原则加以确定。开放时间相对稳定,双休日应对外开放,每周开放时间 a 小时 （E15）	a≥53	a≥41	a≥23
		经费投入,街道的社区图书馆设施基建费用(一次性投资)、文献资源建设费(多级政府共建,由馆藏规模和新增藏书来控制)不计在内。街道的社区图书馆人均投入应不低于 2 元,人均投入计 a 元/人, $\bar{E} = \frac{\sum_{i=1}^{n} E_i}{n}$,本县(区、市)域内街道社区图书馆(室)人均投入平均值 （E16）	a≥ $\bar{E}$×98%	a≥ $\bar{E}$×83%	a≥ $\bar{E}$×60%
	服务绩效评价（E2）	目标人群覆盖率(办证率),目标人群覆盖率(办证率)按服务人口中的有效持证读者(即持证读者总数减去过去 3 年内未使用者人数)数来计算,目标人群覆盖率(办证率)比例计 a	a≥23%	a≥11%	a≥8%
		人均到馆次数计 a 次/人	a≥0.3	a≥0.2	a≥0.2
		每册藏书流通次数计 a 次/册(件)	a≥0.6	a≥0.5	a≥0.4
		制定《读者满意度调查表》,表中读者对图书馆满意度的选项为"满意""基本满意""不满意"及"不了解"4 项。读者满意度比例 a,以参与问卷调查的读者中选择"基本满意"和"满意"的人数占调查总人数的比例计	a≥95%	a≥90%	a≥80%

资料来源:课题组整理

15.2.2.3 《城市基层公共文化服务基本标准(西部)》(建议稿)

如前文所述,《城市基层公共文化服务基本标准(西部)》(建议稿)是在《城市基层公共文化服务基本标准(东部)》(建议稿)的基础上,结合一系列影响因素对指标做出调整,以此适应地区间的差异,使标准更为适合西部地区现在乃至未来城市基层公共文化服务的发展。

表 15 - 9 《城市基层公共文化服务基本标准(西部)》(建议稿)

项目			评价等级		
			优秀	良好	基本
基本服务(A)	服务原则	向所有公众免费开放,服务对象不受年龄、职业、居住地等因素限制			
	设施开放(A1)	开放时间 a(小时),应根据适应需求、方便服务、注重效能的原则加以确定 (A11)	a≥44	a≥34	a≥19
		应设定固定开放时间,双休日应对外开放			
		公共图书馆、文化馆(站)、公共博物馆(非文物建筑及遗址类)、公共体育馆等公共文化设施免费开放,基本服务项目免费健全			
		未成年人、老年人、现役军人、残疾人和低收入人群参观文物建筑及遗址类博物馆实施门票减免,文化遗产日免费参观			
		公园、绿地等公共场所全民健身器材免费使用			
		学校、工人文化宫、青少年宫、妇女儿童活动中心等文体设施向公众免费开放,开放时间和免费项目由地方政府制定			
	服务范围(A2)	社区图书馆(室)按服务半径 a(千米),或服务人口 b(万人)统筹规划、合理布局。3 万人以上的应按照《公共图书馆建设标准》(建标108—2008)的要求设立	a≤0.9 b≥0.3	a≤1.3 b≥0.2	a≤1.6 b≥0.1
	信息服务(A3)	在城镇主要街道、公共场所、居民小区等人流密集地点设置阅报栏或电子显示屏,提供时政、"三农"、科普、文化、生活等方面的信息服务,城市社区服务区域覆盖无线网络。通过新媒体技术,如微信公众号、微博、网站、直播等途径提供节目			
	收听广播(A4)	城市社区有线广播联网率达到100%,广播覆盖率达到100%,为全民免费提供基本的广播电视服务和突发事件应急广播服务			
		通过直播卫星免费提供 a 套广播节目,通过无线模拟免费提供 b 套广播节目,通过数字音频免费提供 c 套广播节目	a≥14 b≥6 c≥13	a≥13 b≥5 c≥11	a≥11 b≥4 c≥9
	观看电视(A5)	有线电视联网比率 a(海岛包括微波方式);通过直播卫星提供 b 套电视节目,通过地面数字电视提供 c 套电视节目	a=100% b≥19 c≥13	a=100% b≥16 c≥9	a<100% b+c≥3
		为低保户免费提供基本有线(数字)电视节目			

续表

项目			评价等级		
			优秀	良好	基本
基本服务（A）	观赏电影（A6）	为城市社区群众提供数字电影放映服务，合理调整放映结构，其中每年国产新片（院线上映两年内）比例 a	a≥0.4	a≥0.3	a≥0.2
		为中小学生每学期提供 2 部爱国主义教育影片			
	看戏（A7）	平均每个社区每年看 a 场地方戏剧或文艺演出	a≥5	a≥4	a≥3
	文体活动（A8）	每街道每年举办文化节、读书节、运动会等文化体育活动 a 次	a≥38	a≥23	a≥8
		每个社区每年组织群众性文化体育活动 a 次	a≥13	a≥6	a≥1
	培训讲座（A9）	街道综合文化站每年举办公益培训次数 a 次	a≥13	a≥6	a≥4
	数字文化（A10）	街道综合文化站和有条件的社区综合文化服务中心免费提供无线 Wi-Fi 服务			
		社区综合文化服务中心应建有公共电子阅览室，并免费提供上网服务，电子阅览室每周开放时间 a（小时）应与街道的社区图书馆开放时间相适应，且双休日应对外开放	a≥30	a≥24	a≥23
		通过手机、电脑等网络终端可以享受到数字文化服务			
硬件设施（B）	图书馆（室）（B1）	设区市政府所在地街道社区常住人口超过 0.3 万的设置社区图书馆（室）			
		街道、社区建有标准配置的公共电子阅览室或文化共享工程基层服务点			
	社区文体活动中心（街道文化站）（B2）	街道应建有单独设置的综合文化站。街道综合文化站的服务人口 a（万人）与建筑面积 b（平方米）相适应，其设备配置、活动开展、人员配备、综合管理等达到《乡镇（街道）文化站建设标准》	a<3 b≥625	a<3 b≥469	a<3 b≥281
			a≥3 b≥938	a≥3 b≥781	a≥3 b≥625
			a≥5 b≥1250	a≥5 b≥1094	a≥5 b≥938
		居住区户数 a（户）及人数 b（人）达到一定数值，文化活动中心的建筑面积 c（平方米）与用地面积 d（平方米）须达到一定的标准，进行规划设计	a>9000 b>20 000 c>875 d>1188	a>5000 b>15 000 c>625 d>938	a>1000 b>10 000 c>375 d>688

续表

项目			评价等级		
			优秀	良好	基本
硬件设施（B）	文化中心（活动室）（B3）	具备条件的街道建有文化活动室（a=1）时，室内面积b（平方米）需达到相应要求，并具备演出、展览、科普、广播、阅读、影视、信息共享、体育健身等功能；尚未设立活动室（a=0）的街道结合基层服务综合设施建设，整合闲置中小学校等资源，建有建筑面积b（平方米）、室外活动场地c（平方米）也应达到相应要求，文化活动中心做到因地制宜配置器材	a=1 b≥563	a=1 b≥313	a=1 b≥125
			a=0 b≥188 c≥313	a=0 b≥125 c≥250	a=0 b≥63 n≥188
		社区建有面积不低于300平方米的社区文化中心，具备条件的建有文化公园。社区文化中心基本功能空间应包括：多功能活动厅、书刊阅览室、健身活动室、展览陈列室、培训教室、文化信息资源共享工程基层点和管理用房，以及室外活动场地、宣传栏等配套设施。建筑面积a（平方米）、占地面积b（平方米）满足相应的要求，并满足通信、给排水、消防的要求	a≥313 b≥563	a≥250 b≥438	a≥188 b≥313
	广电设施（B4）	街道设广电站（含有线电视机房和广播站），城市社区建成广播室，设备配置达到省颁标准			
	体育设施（B5）	街道建设全民健身中心，社区（居住区）建设健身点（可与文化活动中心合建）			
	流动设施（B6）	开展流动文化服务；根据实际配备流动文化设施			
	辅助设施（B7）	公共文化场所为残疾人配备无障碍设施			
		有条件的公共文化场所配备安全检查设备			
资源保障（C）	文献资源（C1）	社区图书馆（室）人均藏书a册以上，复本不大于2册；人均年新增藏书量不低于0.02册，图书不少于1500册，报刊20—30种	a≥0.9	a≥0.6	a≥0.3
	电子资源（C2）	城市社区文化中心（街道文化站）设备按照5万元标准配置。分为必配项和选配项两大类，必配项为各地应达到的基本要求，包括信号接入、资源服务、网络连接、控制台及软件5个方面；选配项中的设备，各地可以根据当地的具体应用方案做适当选择。有条件的社区可以引入电子借阅机和手机APP读书软件			

项目			评价等级		
			优秀	良好	基本
资源保障（C）	电子资源（C2）	城市社区文化活动室设备按照2.5万元标准配置。分为必配项和选配项两大类,必配项为各地应达到的基本要求,包括信号接入、资源服务、网络连接、控制台及软件5个方面;选配项中的设备,各地可以根据当地的具体应用方案选择一个或多个			
经费人员保障（D）	人员编制（D1）	各级公共文化机构按照职能和当地人力资源社会保障、编办等部门核准的编制数量配齐工作人员			
		街道综合文化站配备编制人员不少于2人,配备的工作人员a(人)应与服务人口b(人)相适应;社区公共服务中心设有由政府购买的公益文化岗位	$b \geqslant 12\,500$ $a \geqslant 3$	$b \geqslant 9375$ $a \geqslant 2$	$b \geqslant 6250$ $a \geqslant 1$
	业务培训（D2）	乡镇(街道)、村(社区)基层文化专兼职人员每年参加集中培训时间每年a天	$a \geqslant 13$	$a \geqslant 6$	$a \geqslant 3$
	文化团队（D3）	各乡镇(街道)拥有相对稳定并经常开展活动的各类文体团队a支;每个行政村(社区)建立b支经常性群众文体团队	$a \geqslant 4$ $b \geqslant 3$	$a \geqslant 3$ $b \geqslant 2$	$a \geqslant 2$ $b \geqslant 1$
	文化志愿者（D4）	乡镇(街道)建立具有一定数量的文化志愿者队伍			
	经费（D5）	乡镇(街道)图书馆人均投入应不低于2元,且逐年增加(D51)			
		乡镇(街道)图书馆经费以政府投入为主导,引导多渠道、多样化的社会资金投入(D52)			
		社区图书馆的日常运营经费应列入区(县)政府财政预算(D53)			
监督与评价（E）	资源保障水平（E1）	馆舍面积,街道的社区图书馆总建筑面积应a(平方米),且b(平方米/千人)	$a \geqslant 94$ $b \geqslant 18$	$a \geqslant 63$ $b \geqslant 15$	$a \geqslant 50$ $b \geqslant 13$
		阅览座位,街道的社区图书馆阅览座位a座,且b座/千人 （E11）	$a \geqslant 44$ $b \geqslant 3$	$a \geqslant 31$ $b \geqslant 2$	$a \geqslant 19$ $b \geqslant 1$
		馆藏规模,街道的社区图书馆总馆藏量a万册、件,馆藏图书50%以上应是近5年内出版的,人均藏书量b册(件)/人 （E12）	$a \geqslant 0.4$ $b \geqslant 0.9$	$a \geqslant 0.3$ $b \geqslant 0.6$	$a \geqslant 0.2$ $b \geqslant 0.3$
		人均新增藏书,街道的社区图书馆人均新增藏书a册(件)/人 （E13）	$a \geqslant 0.04$	$a \geqslant 0.03$	$a \geqslant 0.01$

续表

项目			评价等级		
			优秀	良好	基本
监督与评价（E）	资源保障水平（E1）	人员配置,街道的社区图书馆全时人员 a 人,每千人拥有全时人员 b 人 （E14）	a≥5 b≥0.10	a≥3 b≥0.07	a≥1 b≥0.04
		开放时间,服务开放根据适应需求、方便利用、注重效能的原则加以确定。开放时间相对稳定,双休日应对外开放,每周开放时间 a 小时 （E15）	a≥44	a≥34	a≥19
		经费投入,街道的社区图书馆设施基建费用(一次性投资)、文献资源建设费(多级政府共建,由馆藏规模和新增藏书来控制)不计在内。街道社区图书馆人均投入应不低于 2 元,人均投入计 a 元/人, $\bar{E}=\dfrac{\sum_{i=1}^{n} E_i}{n}$,本县(区、市)域内街道的社区图书馆(室)人均投入平均值 （E16）	a≥$\bar{E}$×81%	a≥$\bar{E}$×69%	a≥$\bar{E}$×50%
	服务绩效评价（E2）	目标人群覆盖率(办证率),目标人群覆盖率(办证率)按服务人口中的有效持证读者(即持证读者总数减去过去 3 年内未使用者人数)数来计算,目标人群覆盖率(办证率)比例计 a	a≥19%	a≥9%	a≥6%
		人均到馆次数计 a 次/人	a≥0.3	a≥0.2	a≥0.1
		每册藏书流通次数计 a 次/册(件)	a≥0.6	a≥0.4	a≥0.3
		制定《读者满意度调查表》,表中读者对图书馆满意度的选项为"满意""基本满意""不满意"及"不了解"4 项。读者满意度比例 a,以参与问卷调查的读者中选择"基本满意"和"满意"的人数占调查总人数的比例计	a≥95%	a≥90%	a≥80%

资料来源:课题组整理

15.2.3 农村(东、中、西部)基层公共文化服务基本标准

15.2.3.1 《农村基层公共文化服务基本标准(东部)》(建议稿)

A1:内容主要参照《"十二五"时期公共文化体育服务国家基本标准》。

A11:具体指标主要参照上海市亭林镇文化体育中心、黑龙江省大庆市杜尔伯特蒙古自治县农家书屋、广西壮族自治区南宁市青秀区伶俐镇文化体育广播影视站相关标准制度。

A12:内容主要参照《云南省基本公共文化服务实施标准(2015—2020 年)》。

A2:具体指标主要参照上海市朱泾镇文化体育中心、湖北省黄冈市黄州区禹王镇文体站、甘肃省金昌市金川区宁远堡镇中牌村社区服务中心相关标准制度。

A3：内容主要参照《云南省基本公共文化服务实施标准(2015—2020年)》和黑龙江省哈尔滨市道里区榆树镇文化服务站相关标准制度。

A4：内容主要参照《云南省基本公共文化服务实施标准(2015—2020年)》《"十二五"时期公共文化体育服务国家基本标准》《云南省基本公共文化服务实施标准(2015—2020年)》。

A5：内容主要参照《"十二五"时期公共文化体育服务国家基本标准》。

A61：内容主要参照《"十二五"时期公共文化体育服务国家基本标准》、河北省唐山市丰南区银丰镇大岔河村文化大院相关标准制度,具体指标主要参照"上海市朱泾镇文化体育中心活动一览表"和河北省唐山市丰南区银丰镇大岔河村文化大院相关标准制度。

A62：内容主要参照《云南省基本公共文化服务实施标准(2015—2020年)》。

A7：内容主要参照《河北省基本公共文化服务实施标准(2016—2020年)》,具体指标主要参照河北省唐山市丰南区银丰镇大岔河村文化大院相关标准制度。

A8：具体指标主要参照"上海市朱泾镇文化体育中心活动一览表"、"河北省秦皇岛市东港镇综合文化站活动一览表"、《广西柳州市柳南区太阳村镇农家书屋及镇文化楼图书室免费开放读书活动及培训方案》。

A9：内容主要参照《中华人民共和国文化部2013年文化发展统计公报》《"十二五"时期公共文化体育服务国家基本标准(2015—2020)》《国家公共文化服务体系示范区创建标准(东部)》。具体指标主要参照"河北省唐山市丰南镇大岔河村全民素质大讲堂活动计划"。

B11：内容主要参照《文化馆服务标准》(GB/T 32939—2016)。

B12：内容主要参照《东营市乡镇(街道)综合文化站(综合文化服务中心)服务标准(2015)》。

B13：内容主要参照《成都市公共文化服务机构服务标准》。

B21：内容主要参照《安徽省乡镇综合文化站服务标准》。具体指标主要参照"重庆市金带镇仁和村便民服务中心机构调查表""哈尔滨市道里区榆树镇文化服务站调查表"和南宁市青秀区伶俐镇文化体育广播影视站相关标准制度。

B22：内容主要参照《关于村级基本公共文化服务标准化建设的指导意见》(皖宣〔2014〕13号)。

B31：内容主要参照《廊坊市人民政府办公室关于推进基层综合性文化服务中心建设的实施意见》。

B32：内容主要参照《云南省基本公共文化服务实施标准(2015—2020年)》《鄂尔多斯市基本公共文化服务实施标准(2015—2020年)》。

B33：内容主要参照《云南省基本公共文化服务实施标准(2015—2020 年)》。

C11：内容主要参照《乡镇综合文化站建设标准》(建标 160—2012)。

C12：具体指标主要参照《廊坊市人民政府办公室关于推进基层综合性文化服务中心建设的实施意见》《云南省基本公共文化服务实施标准(2015—2020 年)》。

C13：内容主要参照《乡镇综合文化站建设标准》(建标 160—2012)。

C14：内容主要参照《甘肃省基本公共文化服务实施标准(2015—2020 年)》。

C15：内容主要参照《云南省基本公共文化服务实施标准(2015—2020 年)》。

C16：内容主要参照《廊坊市人民政府办公室关于推进基层综合性文化服务中心建设的实施意见》《吉林省乡镇综合文化站管理办法》。

C17：内容主要参照实施"标准化"打造综合文化站建设的"陆川样本"、《河北省基本公共文化服务实施标准(2016—2020 年)》。

C18：内容主要参照《福建省村(社区)综合性文化服务中心建设服务基本标准》。

C2、C31、C32、C4：内容主要参照《云南省基本公共文化服务实施标准(2015—2020 年)》。

C51：内容主要参照《云南省基本公共文化服务实施标准(2015—2020 年)》、《文化馆服务标准》(GB/T 32939—2016)。

C52：内容主要参照《山东省乡镇综合文化站服务标准(征求意见稿)》《安徽省乡镇综合文化站服务标准》。

C53：内容主要参照《山东省乡镇综合文化站服务标准(征求意见稿)》《文化馆服务标准》《山东省乡镇综合文化站服务标准(征求意见稿)》《安徽省乡镇综合文化站服务标准》。

C54：内容主要参照《乡镇综合文化站建设标准》(建标 160—2012)。

C55：内容主要参照《山东省乡镇综合文化站服务标准(征求意见稿)》。

D11：内容主要参照《鄂尔多斯市基本公共文化服务实施标准(2015—2020 年)》。

D12：内容主要参照《关于开展乡镇(街道)综合文化站、村(社区)综合文化服务中心督导检查的通知》《云南省基本公共文化服务实施标准(2015—2020 年)》。

D13：内容主要参照《边疆少数民族地区农家书屋建设研究》。

D21：内容主要参照《山东省乡镇综合文化站服务标准(征求意见稿)》。

D22：内容主要参照《山东省乡镇综合文化站服务标准(征求意见稿)》。

D23：内容主要参照《关于加快构建现代公共文化服务体系的意见》《云南省基本公共文化服务实施标准(2015—2020 年)》《关于开展乡镇(街道)综合文化站、村(社区)综合文化服务中心督导检查的通知》《廊坊市人民政府办公室关于推进基层综合性文化服务中心建设的实施意见》《江苏省基本公共文化服务实施标准(2015—2020 年)》。具体指标主要参照《安徽省基本公共文化服务实施标准(2015—2020 年)》。

D24:内容主要参照《中共中央关于全面深化改革若干重大问题的决定》《文化部中央文明办关于广泛开展基层文化志愿服务活动的意见》(文公共发〔2012〕31 号)和《文化部"十二五"时期公共文化服务体系建设实施纲要》。

D31:内容主要参照《山东省乡镇综合文化站服务标准(征求意见稿)》。

D32:内容主要参照《廊坊市人民政府办公室关于推进基层综合性文化服务中心建设的实施意见》。

D33:内容主要参照《甘肃省基本公共文化服务实施标准(2015—2020 年)》。

D34:具体指标主要参照《云南省基本公共文化服务实施标准(2015—2020 年)》《关于开展乡镇(街道)综合文化站、村(社区)综合文化服务中心督导检查的通知》《廊坊市人民政府办公室关于推进基层综合性文化服务中心建设的实施意见》《吉林省乡镇综合文化站管理办法》。

基于此,构建《农村基层公共文化服务基本标准(东部)》(建议稿)。

表 15-10　《农村基层公共文化服务基本标准(东部)》(建议稿)

项目			评价等级		
			优秀	良好	基本
基本服务(A)	服务原则	向所有公众免费开放,服务对象不受年龄、职业、居住地、性别、宗教信仰等因素限制			
	设施开放(A1)	根据适应需求、方便服务、注重效能的原则确定开放时间为 a(小时) (A11)	a≥56	a≥40	a≥35
		设定固定开放时间,双休日应对外开放			
		文化馆(站)、农家书屋、体育活动中心等公共文化设施免费开放,基本服务项目免费健全			
		未成年人、老年人、现役军人、残疾人和低收入人群参观文物建筑及遗址类博物馆实施门票减免,文化遗产日免费参观			
		公共场所全民健身器材免费使用			
		乡镇公共图书馆和有条件的综合文化站应提供盲文书籍,开展盲人阅读服务 (A12)			
	服务范围(A2)	乡镇图书馆(室)、公共文化体育中心按服务半径 a(千米),或服务人口 b(万人)统筹规划、合理布局	a≤4.8 b≥12	a≤4 b≥2.5	a≤2.5 b≥0.3

续表

项目			评价等级		
			优秀	良好	基本
基本服务（A）	信息服务（A3）	在公共场所、居民小区等人流密集地点设置阅报栏或电子显示屏，提供时政、"三农"、科普、文化、生活等方面的信息服务。村综合文化服务中心免费提供无线 Wi-Fi 服务。通过新媒体技术，如微信公众号、微博、网站、直播等途径提供节目			
	收听广播（A4）	为全民提供突发事件应急广播服务			
		通过直播卫星免费提供 a 套广播节目，通过无线模拟免费提供不低于 b 套广播节目，通过数字音频免费提供不低于 c 套广播节目	a≥15 b≥8 c≥12	a≥10 b≥5 c≥10	a≥8 b≥3 c≥7
	观看电视（A5）	基本实现所有通电行政村和自然村，村村和户户通广播电视。无偿提供 a 套电视节目	a = 8	a = 6	a = 4
		为农村低保户免费提供基本有线（数字）电视节目			
	观看电影（A6）	为农村群众提供数字电影放映服务，调整放映结构。行政村一村一月放映 a 场电影 （A61）	a = 5	a = 2	a = 1
		为中小学生每学期提供 2 部爱国主义教育影片（A62）			
	送戏下乡（A7）	乡镇每年出演 a 场戏剧戏曲等文艺演出	a = 8	a = 5	a = 3
	文体活动（A8）	乡镇综合文化站每年举办 a 次文化节、读书节、运动会等文化体育活动	a = 50	a = 14	a = 4
	培训讲座（A9）	每年举办 a 次公益培训	a = 16	a = 12	a = 8
资源保障（B）	服务评价（B1）	文化馆每年应进行不少于一次的公众满意度调查，满意度应不低于 a （B11）	a≥90%	a≥85%	a≥80%
		接受上级部门对文化馆不定期的满意度调查的检查和监督 （B12）			
		在文化站显著位置设立群众意见箱，公开监督电话，畅通群众监督渠道。每年至少应召开一次读者座谈会，对读者意见或投诉在 5 个工作日内回复并落实（B13）			
	文献资源（B2）	文化站图书室基本藏书不少于 a 册，并逐年递增，原则上每年新增藏书不少于 400 册。报刊不少于 15 种；适当采购电子文献。应注重采选贴近农业生产、农民生活方面的书报刊和电子文献 （B21）	a≥10 000	a≥3000	a≥4900

续表

项目			评价等级		
			优秀	良好	基本
资源保障（B）	文献资源（B2）	每个农家书屋拥有基本藏书 1500 册、流动图书 300 册、报纸 10 种、流动期刊 30 种，解决农民经常看不到新书报、好书报的问题 （B22）			
	信息服务（B3）	在县级图书馆指导和辅导下，开展文化信息资源共享工程服务和数字文化信息服务 （B31）			
		乡镇综合文化站和有条件的村综合文化服务中心免费提供 Wi-Fi 服务 （B32）			
		文化馆（站）、村综合文化服务中心建有公共电子阅览室，并免费提供上网服务 （B33）			
		微信公众号、微博服务			
		触摸媒体服务			
		服务数据显示度			
硬件设施（C）	文化设施（C1）	乡镇综合文化站建筑面积 a 平方米，根据其需求，合理布局，按照建筑面积规模划分为大型站、中型站和小型站三种类型 （C11）	a≥800	a≥500	a≥300
		村综合性文化服务中心建筑面积 150 平方米以上，室外文体广场 a 平方米（含 b 平方米的文化舞台戏台），配备体育健身设施和灯光音响设备等器材（C12）	a≥1000 b≥200		a≥500 b≥100
		多功能活动厅、排练室、展览室净高不低于 3.6m（C13）			
		每个活动室不少于 15 平方米 （C14）			
		有条件的民族自治州、县、乡可结合实际建设民族博物馆、民族文化传承基地、传习馆（所） （C15）			
		乡镇综合文化站应建在便于群众开展活动的中心地段，室内建设规模不少于 300 平方米。建有室外活动场地，设有文体活动器材、文化宣传栏、黑板报等配套设施 （C16）			
		每个行政村参照"七个一"基本标准进行建设，即一个文化活动广场、一个文化活动室（90 平方米）、一个简易戏台（长 10 米、宽 5 米、高 0.8 米）、一个宣传栏、一套文化器材（含一套音响和部分乐器）、一套广播器材、一套体育设施器材（含一个篮球场、二个乒乓球台、一套体育健身器材） （C17）			

续表

项目			评价等级		
			优秀	良好	基本
硬件设施（C）	文化设施（C1）	统一悬挂"××村综合文化服务中心"标志，并由县（市、区）统一式样，悬挂在醒目位置 （C18）			
	广电设施（C2）	选择有条件的乡镇，统筹建设扶持农村固定电影放映点			
	体育设施（C3）	村（社区）建设篮球场，并配置群众体育活动器材设备 （C31）			
		乡建设公共体育场，并配置群众体育活动器材（C32）			
	流动设施（C4）	为每个村配备用于图书借阅、文艺演出、电影放映等服务的流动文化车，开展流动文化服务			
	辅助设施（C5）	文化馆(站)为残疾人配备无障碍设施，有条件的配备安全检查设备 （C51）			
		文化站应配备齐全的安全与消防设施，应在公共活动区域和相应的活动厅室配备一定数量的消防器材，定期进行检修和维护，各部位的消防栓、灭火器均应处于完好状态 （C52）			
		文化站应根据房舍自身条件在活动区域辟有安全通道，设有安全疏散标识。文化站的活动室、广场等聚散集中的用房宜设在建筑首层，并应设置直接对外的安全出口或合理组织应急疏散通道。文化站与其他文化设施联合建设的，应相对独立，并设有专用出入口 （C53）			
		小型乡镇综合文化站应设置室内外给水、排水系统，设水冲厕所、饮水处以及其他盥洗设备 （C54）			
		文化站在各有关工作活动和所组织的活动运作中，对可能发生的各类危及人身与财产安全的突发事件，应事先做好应急预案，并协助公安、消防、交警、电力等相关部门，采取相应的安全措施，以有效防范和处理 （C55）			
		消防、保卫、安全监控系统、节能减排措施			

续表

项目			评价等级		
			优秀	良好	基本
经费人员保障（D）	经费保障（D1）	加大对公共文化的投入力度,保障公共文化投入稳步增长 （D11）			
		日常运营经费应包括场馆运行、人员工资、文献购置、阅读推广活动及宣传、网络通信、业务培训、设备维护、日常办公等			
		各级政府根据实际需要和相关标准,将基层综合性文化服务中心建设所需资金纳入财政预算 （D12）			
		边疆少数民族地区文化站的经费通过省、州、县按3∶2∶1的比例给予配发 （D13）			
	人员编制（D2）	文化站站长应具有大专以上学历或具备相当于大专以上文化程度,热爱文化事业,善于组织群众开展文化活动,具备开展文化站工作的业务能力和管理水平 （D21）			
		少数民族自治地区乡镇综合文化站宜配备熟悉少数民族语言文字的工作人员。有特殊需要的地区应配备一定比例的熟悉方言的工作人员 （D22）			
		乡镇综合文化站每站配备有编制人员 a 人,规模加大的乡镇适当增加;村公共服务中心设有由政府购买的公益文化岗位 （D23）	$a \geqslant 3$	$a \geqslant 2$	$a \geqslant 1$
		乡镇(街道)建立具有一定数量的文化志愿者队伍（D24）			
	业务培训（D3）	文化站工作人员应定期参加上级文化机构组织的相关培训 （D31）			
		文化站工作人员实行职业资格制度,从业人员须通过县级以上文化行政部门或委托有关部门组织的相应考试、考核,取得职业资格或岗位培训证书（D32）			
		专职人员工作每年不低于 240 天,并正式列入当地事业编制 （D33）			
		乡镇文化站专兼职人员每年参加集中培训时间 a 天（D34）	$a \geqslant 10$	$a \geqslant 8$	$a \geqslant 5$

资料来源:课题组整理

15.2.3.2 《农村基层公共文化服务基本标准(中部)》(建议稿)

如上所述,《农村基层公共文化服务基本标准(中部)》(建议稿)是在《农村基层公共文化服务基本标准(东部)》(建议稿)的基础上,结合一系列影响因素对指标做出调整,以此适应地区间的差异,使标准更为适合中部地区现在乃至未来农村基层公共文化服务的发展。

表15-11 《农村基层公共文化服务基本标准(中部)》(建议稿)

项目			评价等级		
			优秀	良好	基本
基本服务(A)	服务原则	向所有公众免费开放,服务对象不受年龄、职业、居住地、性别、宗教信仰等因素限制			
	设施开放(A1)	根据适应需求、方便服务、注重效能的原则确定开放时间为a(小时) (A11)	a≥42	a≥30	a≥26
		设定固定开放时间,双休日应对外开放			
		文化馆(站)、农家书屋、体育活动中心等公共文化设施免费开放,基本服务项目免费健全			
		未成年人、老年人、现役军人、残疾人和低收入人群参观文物建筑及遗址类博物馆实施门票减免,文化遗产日免费参观			
		公共场所全民健身器材免费使用			
		乡镇公共图书馆和有条件的综合文化站应提供盲文书籍,开展盲人阅读服务 (A12)			
	服务范围(A2)	乡镇图书馆(室)、公共文化体育中心按服务半径a(千米),或服务人口b(万人)统筹规划、合理布局	a≤3.6 b≥9	a≤3 b≥1.9	a≤1.9 b≥0.2
	信息服务(A3)	在公共场所、居民小区等人流密集地点设置阅报栏或电子显示屏,提供时政、"三农"、科普、文化、生活等方面的信息服务。村综合文化服务中心免费提供无线Wi-Fi服务。通过新媒体技术,如微信公众号、微博、网站、直播等途径提供节目			
	收听广播(A4)	为全民提供突发事件应急广播服务			
		通过直播卫星免费提供a套广播节目,通过无线模拟免费提供不低于b套广播节目,通过数字音频免费提供不低于c套广播节目	a≥11 b≥6 c≥9	a≥8 b≥4 c≥8	a≥6 b≥2 c≥5
	观看电视(A5)	基本实现所有通电行政村和自然村,村村和户户通广播电视。无偿提供a套电视节目	a=6	a=5	a=3
		为农村低保户免费提供基本有线(数字)电视节目			
	观看电影(A6)	为农村群众提供数字电影放映服务,调整放映结构。行政村一村一月放映a场电影 (A61)	a=4	a=2	a=1
		为中小学生每学期提供2部爱国主义教育影片(A62)			

续表

项目			评价等级		
			优秀	良好	基本
基本服务（A）	送戏下乡（A7）	乡镇每年出演 a 场戏剧戏曲等文艺演出	a＝6	a＝4	a＝2
	文体活动（A8）	乡镇综合文化站每年举办 a 次文化节、读书节、运动会等文化体育活动	a＝38	a＝11	a＝3
	培训讲座（A9）	每年举办 a 次公益培训	a＝12	a＝9	a＝6
资源保障（B）	服务评价（B1）	文化馆每年应进行不少于一次的公众满意度调查，满意度应不低于 a （B11）	a≥68%	a≥64%	a≥60%
		接受上级部门对文化馆不定期的满意度调查的检查和监督 （B12）			
		在文化站显著位置设立群众意见箱，公开监督电话，畅通群众监督渠道。每年至少应召开一次读者座谈会，对读者意见或投诉在 5 个工作日内回复并落实 （B13）			
	文献资源（B2）	文化站图书室基本藏书不少于 a 册，并逐年递增，原则上每年新增藏书不少于 400 册。报刊不少于 15 种；适当采购电子文献。应注重采选贴近农业生产、农民生活方面的书报刊和电子文献 （B21）	a≥7500	a≥3675	a≥2250
		每个农家书屋拥有基本藏书 1500 册、流动图书 300 册，报纸 10 种、流动期刊 30 种，解决农民经常看不到新书报、好书报的问题 （B22）			
	信息服务（B3）	在县级图书馆指导和辅导下，开展文化信息资源共享工程服务和数字文化信息服务 （B31）			
		乡镇综合文化站和有条件的村综合文化服务中心免费提供 Wi-Fi 服务 （B32）			
		文化馆(站)、村综合文化服务中心建有公共电子阅览室，并免费提供上网服务 （B33）			
		微信公众号、微博服务			
		触摸媒体服务			
		服务数据显示度			
硬件设施（C）	文化设施（C1）	乡镇综合文化站建筑面积 a 平方米，根据其需求，合理布局，按照建筑面积规模划分为大型站、中型站和小型站三种类型 （C11）	a≥600	a≥375	a≥225

续表

项目			评价等级		
			优秀	良好	基本
硬件设施（C）	文化设施（C1）	村综合性文化服务中心建筑面积150平方米以上,室外文体广场 a 平方米(含 b 平方米的文化舞台戏台),配备体育健身设施和灯光音响设备等器材（C12）	a≥750 b≥150		a≥375 b≥75
		多功能活动厅、排练室、展览室净高不低于 3.6m（C13）			
		每个活动室不少于 15 平方米　（C14）			
		有条件的民族自治州、县、乡可结合实际建设民族博物馆、民族文化传承基地、传习馆(所)　（C15）			
		乡镇综合文化站应建在便于群众开展活动的中心地段,室内建设规模不少于 300 平方米。建有室外活动场地,设有文体活动器材、文化宣传栏、黑板报等配套设施　（C16）			
		每个行政村参照"七个一"基本标准进行建设,即一个文化活动广场、一个文化活动室(90 平方米)、一个简易戏台(长 10 米、宽 5 米、高 0.8 米)、一个宣传栏、一套文化器材(含一套音响和部分乐器)、一套广播器材、一套体育设施器材(含一个篮球场、二个乒乓球台、一套体育健身器材)　（C17）			
		统一悬挂"××村综合文化服务中心"标志,并由县(市、区)统一式样,悬挂在醒目位置　（C18）			
	广电设施（C2）	选择有条件的乡镇,统筹建设扶持农村固定电影放映点			
	体育设施（C3）	村(社区)建设篮球场,并配置群众体育活动器材设备　（C31）			
		乡镇建设公共体育场,并配置群众体育活动器材（C32）			
	流动设施（C4）	为每个村配备用于图书借阅、文艺演出、电影放映等服务的流动文化车,开展流动文化服务			

项目			评价等级		
			优秀	良好	基本
硬件设施（C）	辅助设施（C5）	文化馆（站）为残疾人配备无障碍设施,有条件的配备安全检查设备 （C51）			
		文化站应配备齐全的安全与消防设施,应在公共活动区域和相应的活动厅室配备一定数量的消防器材,定期进行检修和维护,各部位的消防栓、灭火器均应处于完好状态 （C52）			
		文化站应根据房舍自身条件在活动区域辟有安全通道,设有安全疏散标识。文化站的活动室、广场等聚散集中的用房宜设在建筑首层,并应设置直接对外的安全出口或合理组织应急疏散通道。文化站与其他文化设施联合建设的,应相对独立,并设有专用出入口 （C53）			
		小型乡镇综合文化站应设置室内外给水、排水系统,设水冲厕所,饮水处以及其他盥洗设备 （C54）			
		文化站在各有关工作活动和所组织的活动运作中,对可能发生的各类危及人身与财产安全的突发事件,应事先做好应急预案,并协助公安、消防、交警、电力等相关部门,采取相应的安全措施,以有效防范和处理 （C55）			
		消防、保卫、安全监控系统、节能减排措施			
经费人员保障（D）	经费保障（D1）	加大对公共文化的投入力度,保障公共文化投入稳步增长 （D11）			
		日常运营经费应包括场馆运行、人员工资、文献购置、阅读推广活动及宣传、网络通信、业务培训、设备维护、日常办公等			
		各级政府根据实际需要和相关标准,将基层综合性文化服务中心建设所需资金纳入财政预算 （D12）			
		边疆少数民族地区文化站的经费通过省、州、县按3∶2∶1的比例给予配发 （D13）			
	人员编制（D2）	文化站站长应具有大专以上学历或具备相当于大专以上文化程度,热爱文化事业,善于组织群众开展文化活动,具备开展文化站工作的业务能力和管理水平 （D21）			
		少数民族自治地区乡镇综合文化站宜配备熟悉少数民族语言文字的工作人员。有特殊需要的地区应配备一定比例的熟悉方言的工作人员 （D22）			

续表

项目			评价等级		
			优秀	良好	基本
经费人员保障（D）	人员编制（D2）	乡镇综合文化站每站配备有编制人员 a 人,规模加大的乡镇适当增加;村公共服务中心设有由政府购买的公益文化岗位 （D23）			
		乡镇(街道)建立具有一定数量的文化志愿者队伍（D24）			
	业务培训（D3）	文化站工作人员应定期参加上级文化机构组织的相关培训 （D31）			
		文化站工作人员实行职业资格制度,从业人员须通过县级以上文化行政部门或委托有关部门组织的相应考试、考核,取得职业资格或岗位培训证书（D32）			
		专职人员工作每年不低于 240 天,并正式列入当地事业编制 （D33）			
		乡镇文化站专兼职人员每年参加集中培训时间 a 天（D34）	a≥3	a≥2	a≥1

资料来源:课题组整理

15.2.3.3 《农村基层公共文化服务基本标准(西部)》(建议稿)

如前文所述,《农村基层公共文化服务基本标准(西部)》(建议稿)是在《农村基层公共文化服务基本标准(东部)》(建议稿)的基础上,结合一系列影响因素对指标做出调整,以此适应地区间的差异,使标准更为适合西部地区现在乃至未来农村基层公共文化服务的发展。

表 15－12 《农村基层公共文化服务基本标准(西部)》(建议稿)

项目			评价等级		
			优秀	良好	基本
基本服务（A）	服务原则	向所有公众免费开放,服务对象不受年龄、职业、居住地、性别、宗教信仰等因素限制			
	设施开放（A1）	根据适应需求、方便服务、注重效能的原则确定开放时间为 a(小时) （A11）	a≥35	a≥25	a≥22
		设定固定开放时间,双休日应对外开放			
		文化馆(站)、农家书屋、体育活动中心等公共文化设施免费开放,基本服务项目免费健全			

续表

项目			评价等级		
			优秀	良好	基本
基本服务（A）	设施开放（A1）	未成年人、老年人、现役军人、残疾人和低收入人群参观文物建筑及遗址类博物馆实施门票减免，文化遗产日免费参观			
		公共场所全民健身器材免费使用			
		乡镇公共图书馆和有条件的综合文化站应提供盲文书籍，开展盲人阅读服务　（A12）			
	服务范围（A2）	乡镇图书馆（室）、公共文化体育中心按服务半径 a（千米），或服务人口 b（万人）统筹规划、合理布局	$a \leqslant 3$ $b \geqslant 7.5$	$a \leqslant 2.5$ $b \geqslant 1.6$	$a \leqslant 1.6$ $b \geqslant 0.2$
	信息服务（A3）	在公共场所、居民小区等人流密集地点设置阅报栏或电子显示屏，提供时政、"三农"、科普、文化、生活等方面的信息服务。村综合文化服务中心免费提供无线 Wi-Fi 服务。通过新媒体技术，如微信公众号、微博、网站，直播等途径提供节目			
	收听广播（A4）	为全民提供突发事件应急广播服务			
		通过直播卫星免费提供 a 套广播节目，通过无线模拟免费提供不低于 b 套广播节目，通过数字音频免费提供不低于 c 套广播节目	$a \geqslant 9$ $b \geqslant 5$ $c \geqslant 8$	$a \geqslant 6$ $b \geqslant 3$ $c \geqslant 6$	$a \geqslant 5$ $b \geqslant 2$ $c \geqslant 4$
	观看电视（A5）	基本实现所有通电行政村和自然村，村村和户户通广播电视。无偿提供 a 套电视节目	$a = 5$	$a = 4$	$a = 3$
		为农村低保户免费提供基本有线（数字）电视节目			
	观看电影（A6）	为农村群众提供数字电影放映服务，调整放映结构。行政村一村一月放映 a 场电影　（A61）	$a = 3$	$a = 2$	$a = 1$
		为中小学生每学期提供 2 部爱国主义教育影片（A62）			
	送戏下乡（A7）	乡镇每年出演 a 场戏剧戏曲等文艺演出	$a = 5$	$a = 3$	$a = 2$
	文体活动（A8）	乡镇综合文化站每年举办 a 次文化节、读书节、运动会等文化体育活动	$a = 31$	$a = 9$	$a = 3$
	培训讲座（A9）	每年举办 a 次公益培训	$a = 10$	$a = 8$	$a = 5$

续表

项目			评价等级		
			优秀	良好	基本
资源保障（B）	服务评价（B1）	文化馆每年应进行不少于一次的公众满意度调查，满意度应不低于a（B11）	a≥56%	a≥53%	a≥50%
		接受上级部门对文化馆不定期的满意度调查的检查和监督（B12）			
		在文化站显著位置设立群众意见箱，公开监督电话，畅通群众监督渠道。每年至少应召开一次读者座谈会，对读者意见或投诉在5个工作日内回复并落实（B13）			
	文献资源（B2）	文化站图书室基本藏书不少于a册，并逐年递增，原则上每年新增藏书不少于400册。报刊不少于15种；适当采购电子文献。应注重采选贴近农业生产、农民生活方面的书报刊和电子文献（B21）	a≥6250	a≥3063	a≥1875
		每个农家书屋拥有基本藏书1500册、流动图书300册，报纸10种、流动期刊30种，解决农民经常看不到新书报、好书报的问题（B22）			
	信息服务（B3）	在县级图书馆指导和辅导下，开展文化信息资源共享工程服务和数字文化信息服务（B31）			
		乡综合文化站和有条件的村综合文化服务中心免费提供Wi-Fi服务（B32）			
		文化馆（站）、村综合文化服务中心建有公共电子阅览室，并免费提供上网服务（B33）			
		微信公众号、微博服务			
		触摸媒体服务			
		服务数据显示度			
硬件设施（C）	文化设施（C1）	乡镇综合文化站建筑面积a平方米，根据其需求，合理布局，按照建筑面积规模划分为大型站、中型站和小型站三种类型（C11）	a≥500	a≥313	a≥188
		村综合性文化服务中心建筑面积150平方米以上，室外文体广场a平方米（含b平方米的文化舞台戏台），配备体育健身设施和灯光音响设备等器材（C12）	a≥625 b≥125		a≥313 b≥63
		多功能活动厅、排练室、展览室净高不低于3.6米（C13）			
		每个活动室不少于15平方米（C14）			

续表

项目			评价等级		
			优秀	良好	基本
硬件设施（C）	文化设施（C1）	有条件的民族自治州、县、乡可结合实际建设民族博物馆、民族文化传承基地、传习馆(所)　(C15)			
		乡镇综合文化站应建在便于群众开展活动的中心地段,室内建设规模不少于300平方米。建有室外活动场地,设有文体活动器材、文化宣传栏、黑板报等配套设施　(C16)			
		每个行政村参照"七个一"基本标准进行建设,即一个文化活动广场、一个文化活动室(90平方米)、一个简易戏台(长10米、宽5米、高0.8米)、一个宣传栏、一套文化器材(含一套音响和部分乐器)、一套广播器材、一套体育设施器材(含一个篮球场、二个乒乓球台、一套体育健身器材)　(C17)			
		统一悬挂"××村综合文化服务中心"标志,并由县(市、区)统一式样,悬挂在醒目位置　(C18)			
	广电设施（C2）	选择有条件的乡镇,统筹建设扶持农村固定电影放映点			
	体育设施（C3）	村(社区)建设篮球场,并配置群众体育活动器材设备　(C31)			
		乡镇建设公共体育场,并配置群众体育活动器材(C32)			
	流动设施（C4）	为每个村配备用于图书借阅、文艺演出、电影放映等服务的流动文化车,开展流动文化服务			
	辅助设施（C5）	文化馆(站)为残疾人配备无障碍设施,有条件的配备安全检查设备　(C51)			
		文化站应配备齐全的安全与消防设施,应在公共活动区域和相应的活动厅室配备一定数量的消防器材,定期进行检修和维护,各部位的消防栓、灭火器均应处于完好状态　(C52)			
		文化站应根据房舍自身条件在活动区域辟有安全通道,设有安全疏散标识。文化站的活动室、广场等聚散集中的用房宜设在建筑首层,并应设置直接对外的安全出口或合理组织应急疏散通道。文化站与其他文化设施联合建设的,应相对独立,并设有专用出入口　(C53)			
		小型乡镇综合文化站应设置室内外给水、排水系统,设水冲厕所、饮水处以及其他盥洗设备　(C54)			

续表

项目			评价等级		
			优秀	良好	基本
硬件设施（C）	辅助设施（C5）	文化站在各有关工作活动和所组织的活动运作中，对可能发生的各类危及人身与财产安全的突发事件,应事先做好应急预案,并协助公安、消防、交警、电力等相关部门,采取相应的安全措施,以有效防范和处理 （C55）			
		消防、保卫、安全监控系统、节能减排措施			
经费人员保障（D）	经费保障（D1）	加大对公共文化的投入力度,保障公共文化投入稳步增长 （D11）			
		日常运营经费应包括场馆运行、人员工资、文献购置、阅读推广活动及宣传、网络通信、业务培训、设备维护、日常办公等			
		各级政府根据实际需要和相关标准,将基层综合性文化服务中心建设所需资金纳入财政预算 （D12）			
		边疆少数民族地区文化站的经费通过省、州、县按3∶2∶1的比例给予配发 （D13）			
	人员编制（D2）	文化站站长应具有大专以上学历或具备相当于大专以上文化程度,热爱文化事业,善于组织群众开展文化活动,具备开展文化站工作的业务能力和管理水平 （D21）			
		少数民族自治地区乡镇综合文化站宜配备熟悉少数民族语言文字的工作人员。有特殊需要的地区应配备一定比例的熟悉方言的工作人员 （D22）			
		乡镇综合文化站每站配备有编制人员 a 人,规模加大的乡镇适当增加;村公共服务中心设有由政府购买的公益文化岗位 （D23）	$a \geqslant 3$	$a \geqslant 2$	$a \geqslant 1$
		乡镇(街道)建立具有一定数量的文化志愿者队伍（D24）			
	业务培训（D3）	文化站工作人员应定期参加上级文化机构组织的相关培训 （D31）			
		文化站工作人员实行职业资格制度,从业人员须通过县级以上文化行政部门或委托有关部门组织的相应考试、考核,取得职业资格或岗位培训证书 （D32）			
		专职人员工作每年不低于 240 天,并正式列入当地事业编制 （D33）			
		乡镇文化站专兼职人员每年参加集中培训时间 a 天（D34）	$a \geqslant 6$	$a \geqslant 5$	$a \geqslant 3$

资料来源:课题组整理

16 研究结论与展望

通过全面梳理国内外公共文化服务标准化与均等化的实施现状、实践进展,本研究结合问卷调查、专家访谈、案例研究等实证研究,提炼出国外公共文化服务标准化与均等化的实践特色,为我国实践开展提供借鉴;我国城乡居民的公共文化服务标准化与均等化的认知需求与实施现状得以明晰,为进一步的理论构建和对策建议提供坚实的基础。本研究以前期的理论研究探索、全国范围内的实证调研和各地区的案例分析结果为依据,构建了我国公共文化服务标准化体系框架和公共文化服务均等化的实施路径,并结合我国国情,提出了推进公共文化服务实践发展的对策建议,在此基础上构建了切实可行的"十三五"时期区域性国家基本公共文化服务指导标准、"十四五"时期国家基本公共文化服务指导标准、农村基层公共文化服务的基本标准和城市基层公共文化服务基本标准,以期促进我国公共文化服务标准化与均等化的实现。我国公共文化服务标准化与均等化的理论与实证研究取得了一定进展,但也不可避免存在着一些不足之处,更加深入的研究和实践应用有待进一步展开。

16.1 研究结论与主要贡献

16.1.1 主要研究结论

16.1.1.1 通过对国内外公共文化服务的理论探索和实践考察,总结出国外相关实践特色,为国内基本公共文化服务实践发展提供借鉴

本研究全面梳理国外公共文化服务标准化、均等化理论与实践进展,具体从国外公共文化服务基本理论研究、国外公共文化服务标准化和均等化研究和国外标准化与均等化对我国的启示和借鉴几个方面入手。探索国外公共文化服务标准化、均等化进程中的经验教训与特色做法,以及经济水平、政治制度和文化环境对公共文化服务标准化、均等化的影响。为我国现阶段促进基本公共文化服务标准化与均等化研究提供可以参考的依据和能够借鉴的经验。在此基础上对国内公共文化服务标准化与均等化的实践基础和现实需求进行分析和调研,认清我国现阶段公共文化服务标准化与均等化的发展现状,发掘国内公共文化服务

标准化与均等化现阶段过程的主体需求与客体诉求以及推进这一过程所面临的突出问题和主要矛盾,形成后续深入研究促进国内公共文化服务标准化与均等化的有效依据和重要基础。

16.1.1.2　通过理论梳理和调查研究,明确基本公共文化服务标准化与均等化实践本质,坚持"因地制宜""分类指导"思想贯穿研究

本研究总结梳理当前国内基本公共文化服务标准化与均等化文献与实践进展,组织开展覆盖全国 31 个省、自治区、直辖市的调查统计,组织实施 12 个地区的实地调查研究,探究当前我国不同地区居民基本公共文化服务需求,识别各地区基本公共文化服务进展和建设特征。此外,本研究总结梳理国家公共文化服务体系示范区(项目)创建及相关标准概况,特别是对第一至第四批国家公共文化服务示范区(项目)的统计数据及文本进行分析和总结,归纳国家公共文化服务体系示范区(项目)创建标准指标发展脉络及演变过程,目前国家公共文化服务体系示范区(项目)验收标准共计两批次,本研究也对示范区(项目)验收标准指标发展脉络及演变过程进行阐述。

基于理论梳理和实践研究,明确实际环境下基本公共文化服务标准化与均等化本质,即:基本公共文化服务均等化是相对均等而非绝对均等,追求效果均等但非平均分配;基本公共文化服务标准化是以标准促均等,标准是工具而非路径,是在肯定差异化前提之下的标准化。确定基本公共文化服务"因地制宜""分类指导"思想,课题研究始终贯彻执行,以这一思想为方向探索基本公共文化服务标准化体系的实施策略和基本公共文化服务均等化实现路径,分别拟定"十三五"时期国家东、中、西部基本公共文化服务指导标准;东、中、西部城市基层公共文化服务基本标准;东、中、西部农村基层公共文化服务基本标准,以寻求各地区基本公共文化服务实践进展差异化与基本公共文化服务标准适用性并存形式,以期为各地区开展基本公共文化服务提供借鉴,在各地区有差异、分层次的发展进程中逐步实现区域基本公共文化服务均等。

16.1.1.3　基于理论与实证研究,构建我国基本公共文化服务标准化体系框架和基本公共文化服务均等化制度设计与实现路径

为了全方位、深层次地揭示我国基本公共文化服务标准化和均等化现实问题,本研究综合采用多种实证方法,包括覆盖我国 31 个省、自治区、直辖市(不包括港澳台地区)的问卷调研和横跨多个领域的专家访谈,深入实地调研的案例研究方法,以及对国家公共文化服务体系示范区(项目)标准的发展脉络及演化分析,用深入分析的数据反映我国基本公共文化服务标准化和均等化实施现状和利益相关者的认知、需求状况。通过对这些数据的总结分析,以及前期研究的理论基础,构建出适合我国国情科学、规范的基本公共文化服务标准体系框

架。该体系涵盖了标准的层级、标准化工作流程和标准的性质三个维度标准分类,保障基本公共文化服务标准化的十大要素和优化提升公共文化服务标准化的五大非核心要素,以及内容建设和重点领域四个方面的内容,为理解我国基本公共文化服务体系提供理论基础和实践指导。同时,重点领域和优先事项的确定为国家文化和旅游部制定基本公共文化服务标准提供可靠的决策依据。

另外,本研究从实施建议、实施指南和实施评价三个层面制定我国基本公共文化服务标准化体系的实施策略。首先,在基本公共文化服务标准化体系研究基础上,提出标准化体系实施建议用以指导具体实践;其次,本研究拟定《我国基本公共文化服务标准化体系实施指南》,包括标准的基本规范、操作指南和建议方案等,为指导我国各级文化部门制定基本公共文化服务标准提供客观依据;再次,研究标准及标准化实施评价的方法,以期对基本公共文化服务标准化体系实施的效果进行客观的反馈。

制度设计是实现基本公共文化服务均等化的首要基础。只有不断完善、细化、健全基本公共文化服务的相关政策,才能使公共文化服务体系建设始终保持在规范科学的轨道上。基于此,本研究通过文献调查和问卷调查分析,总结我国基本公共文化服务均等化发展的基本理念和原则,探究科学合理的我国基本公共文化服务均等化发展的价值取向,明确基本公共文化服务均等化的制度基础。在深入调研与分析我国基本公共文化服务均等化制度的缺陷和制约因素等问题的基础上,从顶层制度上对现有制度进行完善补充和创新设计,用以消除二元结构在公共文化服务上的影响,有效补充政府基本公共文化服务的不足,以政策规范的约束力保证基本公共文化服务的机会均等、过程均等及结果均等,并且以实践调研的现实需求为出发点,提出具有可操作性的基本公共文化服务均等化实现路径,用以保障基本公共文化服务的均衡可持续发展。

16.1.1.4 在深入调查研究的基础上,细化《国家基本公共文化服务指导标准(2015—2020年)》,拟作东部、中部、西部基本公共文化服务指导标准和《国家基本公共文化服务指导标准(2021—2025 年)》(建议稿)

本研究通过对我国东、中、西部的基本公共文化服务现状及标准现状进行系统深入的调研分析,对国家公共文化服务体系示范区(项目)标准发展脉络及演化的先进经验进行归纳总结,构建了适用于东、中、西部基本公共文化服务的基本标准。本研究首先是基于本研究面向全国 31 个省、自治区、直辖市基本公共文化服务的调研数据,以东、中、西部三个层面分别统计分析得到城市和农村数据;其次,在组织实施东、中、西部实地调研过程中,系统收集数据和资料,深入各地区了解当地基本公共文化服务现状和标准现状,探讨基本公共文化服务均等化及标准化在实际环境下的状况;再次,厘清我国基本公共文化服务标准化体系的三个维度标准分类、十大要素、内容建设以及重点领域等四个方面的内容;最后,总结分析当前我国各省、自治区、直辖市出台的基本公共文化服务相关标准。

本研究以广泛的调研数据为依据,以基本公共文化服务领域标准化体系理论为支撑,以相关标准为参考,细化《国家基本公共文化服务指导标准(2015—2020 年)》,并分别设计构建了区域性基本标准,即:《国家基本公共文化服务指导标准(2015—2020 年)(东部)》(建议稿)、《国家基本公共文化服务指导标准(2015—2020 年)(中部)》(建议稿)、《国家基本公共文化服务指导标准(2015—2020 年)(西部)》(建议稿),以期为我国东部、中部、西部地区基本公共文化服务建设和标准发展提供参考。在此基础上,结合实际调研情况,本研究为"十四五"时期构建《国家基本公共文化服务指导标准(2021—2025 年)》(建议稿),以期为下一阶段全国基本公共文化服务发展提供决策参考。

16.1.1.5 在深入调查研究的基础上,分别设计构建面向东部、中部和西部地区城市和农村的基层公共文化服务基本标准

本研究通过对我国基层公共文化服务现状及基本标准现状进行系统深入调研分析,设计构建了我国基层公共文化服务的基本标准,以期推动我国基本公共文化服务体系的实现。

本研究首先对我国基层公共文化服务标准的发展历史与现状进行回顾和梳理,勾勒出我国基层公共文化服务的总体框架;然后在全国范围内做广泛深入的调研,收集各类基层公共文化服务标准,明确城乡基层公共文化服务基础设施及服务需求与供给现状,对国家公共文化服务体系示范区(项目)标准的发展脉络进行梳理及演化分析,探索出有示范效应的先进经验,为公共文化服务基本标准的制定提供实践依据。当前,城市和农村居民文化水平存在一定差异,城市居民较农村居民在文化需求方面起点更高,质量和数量也相对较高,城市基层公共文化服务更偏向用户体验,而农村则更偏向于普及程度,城市基层与农村基层公共文化服务标准虽有差异,但是更多的是共性,随着基层公共文化服务的不断发展以及人民生活水平的提高,农村的文化需求与城市的文化需求愈发相近,对此,本研究根据全国调研数据,进行了整理分析,对城市和农村的基本标准进行了细分。

基于东、中、西部调研数据,东、中、西部实际情况,东、中、西部国家公共文化服务体系示范区(项目)创建和验收标准指标发展脉络以及当前国家、地方政府出台的有关基层公共文化服务的政策文件和标准,以差异化思想指导基层公共文化服务标准编制,分别拟作适用于东、中、西部的基层公共文化服务基本标准共 6 套标准,即:《城市基层公共文化服务基本标准(东部)》(建议稿)、《城市基层公共文化服务基本标准(中部)》(建议稿)、《城市基层公共文化服务基本标准(西部)》(建议稿)、《农村基层公共文化服务基本标准(东部)》(建议

稿)、《农村基层公共文化服务基本标准(中部)》(建议稿)、《农村基层公共文化服务基本标准(西部)》(建议稿)。确立我国基层公共文化服务的底线标准,为政府保障基层民众的基本文化权益提供决策依据。

16.1.2 主要贡献

16.1.2.1 学术贡献

(1)技术层面

本研究科学合理地引入相关学科理论,构建了基本公共文化服务标准化的体系框架和实施策略以及基本公共文化服务均等化的制度设计和实现路径。基于学科理论基础,综合运用问卷调查、案例分析、文本分析、专家访谈等多种方法,设计了基层公共文化服务基本标准指标体系,并提出了促进我国基本公共文化服务标准化与均等化的政策建议,为公共文化服务实践提供指导。

(2)思想层面

本研究本着从文献考察到实际调研,从理论推导到数据分析,从体系构建到实践对策提出的基本研究思路,探讨了公共文化服务标准化与均等化的现实需求、实施现状以及建设中存在的问题,从顶层制度设计到基层公共文化服务实施标准的制定,建立自上而下的实施路径,并且结合外部政策环境、民众需求和现实城乡差异制定了一套科学合理的保基本、兜底线、促均等的实施策略。在基本公共文化服务均等化研究中,将科学合理的均等化发展价值取向作为基本公共文化服务均等化的制度基础。价值取向属于价值哲学的重要范畴,是一定主体基于自己的价值观在面对或处理各种矛盾、冲突、关系时所持的基本价值立场、价值态度以及所表现出来的基本价值取向。合理化的价值取向能够唤起态度、指引和调节行为,我国基本公共文化服务均等化制度设计引入价值取向作为理论依据和制度基础,不仅有助于解决我国城乡差异、地区差异的现实问题,还丰富了我国基本公共文化服务研究的理论。

(3)学术材料价值

本研究对国内外有关公共文化服务标准化与均等化的研究文献和实践材料进行了全面梳理,并重点对国外的国家标准化组织、世界各地的公共文化服务标准化与均等化实践进行了调研分析,总结了国外发达国家在公共文化服务标准化与均等化的发展与特点,能够为我国构建现代公共文化服务体系提供有效借鉴,积极推动公共文化服务标准化与均等化实践。

同时本研究采用了面向全国的大规模问卷调研,在全国范围内共发放回收有效问卷6000多份,加上大量的实地调研和专家访谈以及研讨交流,这些大量的一手资料为研究提供了有效保障。

16.1.2.2　实践应用价值

（1）为推进我国基本公共文化服务标准化与均等化进程提供应用指导

本研究提出的促进我国公共文化服务标准化的体系构建与实施策略、推进公共服务均等化的制度设计与实现路径以及实现基层公共文化服务标准化的城乡基本标准等，都是在大规模的理论与实践调研基础之上形成的，因此更具操作性和可推广性，能够对我国基本公共文化服务标准化与均等化实践中存在的重要问题提供直接指导。本研究针对增强我国公共文化服务标准化、均等化方面所提出的方法、对策和保障措施等，可以用来指导各地区、各领域和各类型公共文化事业的发展。基于我国城乡基本公共文化服务提出的可量化和兼具操作性的指标不仅有利于促进公共文化事业建设实现系统性、规范性和可持续性的发展，而且有助于我国公共文化的标准化进程，进而促进文化的发展和增强我国文化软实力。

（2）为政府部门的公共文化服务决策提供理论与现实依据

本研究对我国公共文化服务标准化、均等化方面的现状做了全面而深入的调研。在此基础上形成的我国公共文化服务标准及标准化体系研究、我国基本公共文化服务标准化的重点领域研究、我国基本公共文化服务标准化的优先行业及优先事项研究、我国基本公共文化服务标准化实施策略研究、我国基本公共文化服务标准化体系实施指南研究、我国基本公共文化服务标准化实施评价研究、我国基本公共文化服务均等化制度设计研究、我国基本公共文化服务均等化实现路径研究以及相关对策的研究更具客观性和现实可行性，有利于了解和掌握我国公共文化发展的水平，为国家和各级政府制定相关政策与法规提供决策支持服务，有利于国家调整文化政策。本研究所构建的公共文化服务标准化、均等化方面的指标体系可以直接应用于实践，从而为各级主管部门进行文化管理提供依据。本研究提出在促进我国公共文化服务标准化与均等化过程中，要形成有效的实现路径与稳定的保障机制，为我国相关决策部门协调推进重大公共文化服务法规、政策、标准的制定、实施和考核以及尽快制定国家公共文化服务保障标准等相关工作提供可参考借鉴的范本。

16.1.2.3　社会影响与效益

（1）学界会议交流

各类学术会议对项目专题及成果进行广泛而深入的交流研讨，如中国图书馆学年会、全国图书馆学博士生论坛等。

（2）专题会议研讨

在形成阶段成果和最终成果过程中，多次召开项目专题研讨会，研究公共文化服务标准化与均等化实践进展、存在问题、实施对策等重要问题。本研究在国家图书馆等地举办项目专题研讨会，聘请各地专家参与项目讨论，汲取有益意见。

（3）研究成果在学术期刊发表

项目的大量阶段性研究成果陆续发表后引起学界密切关注，后续研究不断涌现。

（4）期刊专题

为扩大项目成果影响，本研究先后在多个期刊上建立多个专题用以报道项目最新研究成果。

（5）图书馆学专业教育与人才培养

本研究极大地促进了研究生选题与研究水平的提高。随着项目相关的一批博硕士学位论文的撰写完成，项目研究对大学图书馆学教育和学科建设的大力推动作用愈加明显。本研究成员以此项目为依托完成了博士学位论文，参与成员先后成为北京、天津、云南、辽宁、河南、福建等地多所高校及公共图书馆的业务骨干和专业人才。

（6）图书馆队伍建设

结构多样、涉及面广的本研究成员为研究成果的普及与推广发挥着积极作用，促进了理论与实践的有效结合。几十位研究成员分别来自北京、天津、辽宁、云南等全国各省市区的高等院校、公共图书馆、高校图书馆等组织，由博士生导师、教授、图书馆馆长、业务骨干以及在读的硕、博士研究生等各梯队组成。研究不仅使成员提高了自身学术水平，而且促进了更大范围的专业人才素质的提升。

16.2 研究局限与未来展望

16.2.1 研究局限

本研究致力于促进我国基本公共文化服务标准化与均等化实现，调研也覆盖到我国所有省级行政区，但考虑到我国幅员辽阔，在具体研究对象、研究方法与理论上仍有所缺憾，具体如下：

16.2.1.1 研究范围问题

基本公共文化服务作为一个整体，涉及要素较多且实践复杂。我国公共文化机构主要集中在图书馆、文化馆、博物馆、音乐厅、演剧院、美术馆、各级"共享工程"中心、广播电台、电视台、乡镇综合文化站、文化活动中心等。本研究通过大规模问卷调研、实地调研等方式获取了上述各类文化机构相关数据,但受人力与财力限制,更多研究重心集中在图书馆、文化馆、综合文化服务站等现阶段社会公众接触更多、主要归口管理在文化部门的相关机构,存在一定局限。

16.2.1.2　实证调研问题

本研究在前期调研中采用了问卷研究方法,问卷依据我国人口分布比例发放与回收,所获数据覆盖我国所有省级行政区划(不含港澳台地区),为基本公共文化服务标准化体系框架设计与基本公共文化服务均等化的制度设计和实现路径提供现实基础。问卷发放主要采用滚雪球抽样,虽然可以确保调研对象归属地,更有针对性地找到调查对象,降低调查成本。但这种抽样方法也容易将调查的对象局限于属性相近的人群,存在一定的方法局限性误差。

本研究为进一步验证基本公共文化服务标准化、均等化相关理论问题,对相关领域专家进行了专家访谈,在获取专家的看法和意见后,对构建的体系框架做进一步完善和修正。但质性材料分析由于缺乏精确性和整体性,其研究结果解释的可靠性存在缺陷,受研究能力和研究水平所限,研究结果存在一定程度的主观解释,在具体实施过程中遇到的多样化需求方面可能存在一定的局限。

16.2.1.3　理论应用问题

本研究基于问卷调查、实地案例分析、专家访谈,构建了我国基本公共文化服务标准化的体系框架和基本公共文化服务均等化的实现路径。通过对我国基本公共文化服务标准化体系的三个维度标准分类、十大要素、内容建设及重点领域的描述进一步明晰了整个框架的体系结构,并将上述研究应用到具体的公共文化服务实践之中。如通过第六次全国县级以上公共图书馆评估标准的制定与实践检验标准化体系的三个维度分类及相关要素,通过新疆维吾尔自治区图书馆、东莞图书馆的"十三五"规划验证标准化理论框架与基层基本公共文化服务均等化实现路径。但因本研究所构建的体系框架和路径设计仍需要在更大范围、更为深入地具体实施,以求在理论应用过程中不断完善其适用性。

16.2.2　未来研究展望

本研究在全方面收集了解国内外公共文化相关理论与实践既有文献与政策规范的基础上,综合使用问卷调查、专家访谈、案例研究、层次分析等研究方法,探究我国基本公共文化服务标准化与均等化的体系框架和实现路径,设计了基层基本公共文化服务的基本标准,并提出了标准化与均等化的实现策略。基本公共文化服务标准化与均等化研究是一个复杂而长期的工程,涉及诸多因素。本研究虽对我国所有省级行政区(不含港澳台地区)开展了问卷调研,但考虑到我国幅员辽阔,公共服务又直接受具体的环境与服务对象影响,在研究范围、调研开展与理论上仍有所缺憾,很多问题还有待做更为深入具体的探究。

在未来,本研究将进一步扩大范围。一方面,继续完善对东、中、西部不同区域具体公共文化服务需求与发展路径的研究。另一方面,继续增强对更多基层文化机构的走访,通过对不同地区、不同文化机构的研究,使整个研究更加饱满,丰富整个理论框架体系,增加理论到实践的普适性。理论层面做进一步的挖掘。本研究从多个角度出发,对基本公共文化服务标准化与均等化概念和关系做了深入的辨析;在大量调研国内外研究与实践的基础上提出当前我国基本公共文化服务标准化与均等化的主要矛盾和突出问题。合理的研究视角有助于全面深入地理解研究问题,本研究主要从价值取向、标准化等视角展开相关研究,今后可进一步从更广范围的研究视角来探索问题所在,构建更为宽广的理论体系框架。随着政策、经济、技术环境的变化,未来的公共文化服务研究将是怎样的呢?

16.2.2.1　未来的法制化进程

《公共文化服务保障法》构筑起我国公共文化服务基本法律制度体系的框架,法制化推进为公共文化服务的未来提供了坚实的保障与更多可能。国家指导标准、地方实施标准如何落实?基层公共文化服务怎样考核?公共文化设施如何选址?怎么更好地征求社会公众意见?征求来的公众意见如何吸收影响到公共文化法制建设?这些都需要更多配套研究来支撑我国公共文化服务的规范体系进程。

16.2.2.2　未来的政策引导

文化和旅游部的正式挂牌,原文化部公共文化司与原国家旅游局综合协调司组合成新设的"公共服务司",这让社会公众看到了"诗与远方"的相融合并对此产生新期待。过去我国旅游业产业强和事业弱,文化行业则是产业化起步晚,旅游公共设施的关注点是服务外地来的游客,公共文化设施则更多考虑当地居民。未来旅游公共服务可以纳入整个公共服务体系,既解决旅游公共服务投入较少且缺少稳定的资金来源的问题,又能增补公共文化服务设施,提高产业化比重。如公共文化服务乡村旅游面临的公共服务设施不足,与农家书屋等农村公共文化服务使用率低的情况可以整合考虑。更有公共文化事业与文旅产业如何融合?社会力量怎样更好地参与到公共文化服务当中?如何规范及制定公共文化服务标准,如博物馆讲解员是否需要像导游一样持证上岗?这些都是后续需要进一步研究的内容。

16.2.2.3　未来的技术影响

随着文化云、人工智能、VR 的普及,电脑终端和移动智能终端使用频率大幅度提高,公众坐在家里,利用 VR 技术,就可以身临其境到自己需要的公共文化服务机构游览博物馆、翻阅图书馆藏书、观赏文化馆展览演出。结合人工智能，公众可以很便捷地接触公共文化服务，通过远程数据化手段节约了出行费用与时间。公共文化服务机构组织的线下活动与讲座也可以实现实时直播，活动主办方与社会公众可以实时进行互动交流，增强了公众的参与感，提升公众对公共文化服务的了解。公共文化服务以知识服务为基础经营，线上知识服务是将互联网与公共文化服务机构、宣传部门、传播出版公司等事业单位与产业机构融合，在未来很有可能形成以"互联网知识基础设施"支撑的公共文化服务新模式，但同时也面临着互联网知识经济、知识服务企业的冲击。无论是线上远程服务还是线下实体服务，公共文化服务的本质是为人服务，是为了使公众共享我国文化发展成果，感受公共服务的温度。

主要参考文献

中文部分

[1] 边晓红.贫困地区公共文化供给侧改革:观念构建与价值选择[J].图书馆论坛,2016,36(10).

[2] 卜祥记,张玮玮.马克思"社会公正"理论的当代意义[J].哲学研究,2014(4).

[3] 曹爱军.公共文化服务的理论与实践[M].北京:科学出版社,2011.

[4] 曹爱军,方晓彤.新农村公共文化服务系统构建研究[J].农村经济,2010(2).

[5] 陈波.我国农村公共文化服务体系的财政保障机制研究[M].北京:中国社会科学出版社,2014.

[6] 陈波,侯雪言.公共文化空间与文化参与:基于文化场景理论的实证研究[J].湖南社会科学,2017(2).

[7] 陈昊琳.基本公共文化服务:概念演变与协同[J].国家图书馆学刊,2015(2).

[8] 陈建.文化精准扶贫视阈下的政府公共文化服务堕距问题[J].图书馆论坛,2017,37(7).

[9] 陈立旭.公共文化服务的均等化与效率[J].中共浙江省委党校学报,2015,31(1).

[10] 陈世香,苏建健.复合治理、发生机制与创新策略:城市街区公共文化服务模式创新的个案分析[J].湖北社会科学,2018(3).

[11] 陈世香,赵雪.农民工公共文化服务供给机制研究:基于"服务三角"模型的建构[J].行政论坛,2017,24(2).

[12] 陈威.公共文化服务体系研究[M].深圳:深圳报业集团出版社,2006.

[13] 陈信,邹金汇,柯岚馨.我国基本公共文化服务的理论根源和现实依据[J].国家图书馆学刊,2015,24(2).

[14] 陈旭佳.效果均等标准下基本公共文化服务均等化研究[J].当代经济管理,2016,38(11).

[15] 陈志广.中央民政专项转移支付配置:地方行政力量的作用[J].当代财经,2017(11).

[16] 程波辉.我国政府社会管理职能的创新——基于社会公正的视角[J].行政论坛,2013,20(3).

[17] 程焕文.论《公共文化服务保障法》立法精神——国家和政府的公共文化服务责任解析[J].图书馆论坛,2017,37(6).

[18] 崔榕.新时期少数民族传统文化的开发利用与传承研究——以贵州省为例[J].中南民族大学学报(人文社会科学版),2015,35(5).

[19] 段小虎,张梅,谢逸芸,等.西部贫困县图书馆"因素法"财政保障研究[J].图书馆论坛,2018(1).

[20] 鄂义太,吕中军.民族自治地方政府公共服务能力研究[M].北京:中央民族大学出版社,2015.

[21] 范雪.边疆万里数字文化长廊的建设与发展研究[J].现代情报,2016,36(5).

[22] 方晓彤.农村公共文化建设模式与实践[J].重庆社会科学,2017(5).

[23] 冯国权.国家公共文化服务体系示范区(项目)创建与公共图书馆发展研究[M].成都:西南交通大学

出版社,2014.

[24] 冯佳.地方公共文化相关法规与公共图书馆发展[J].中国图书馆学报,2014,40(6).

[25] 冯佳.公共文化服务标准中的公共图书馆[J].中国图书馆学报,2016,42(3).

[26] 冯佳,王珊珊.我国公共图书馆法人治理结构的试点实践研究[J].中国图书馆学报,2018(4).

[27] 傅才武,许启彤.基层文化单位的效率困境:供给侧结构问题还是管理技术问题——以5省10个文化站为中心的观察[J].山东大学学报(哲学社会科学版),2017(1).

[28] 傅才武,岳楠.公共文化服务体系建设中财政增量投入的约束条件——以县级公共图书馆为中心的考察[J].中国图书馆学报,2018,44(4).

[29] 葛道顺.我国公共服务采购:从行政驱动到依法治理[J].国家行政学院学报,2017(3).

[30] 宫平.公共文化服务领域的理论创新与决策支持——社科重大项目"促进我国基本公共文化服务标准化与均等化研究"开题[J].图书情报知识,2015(1).

[31] 宫平,柯平,李京胤,等.我国基本公共文化服务标准化的重点领域与优先事项——基于省级基本公共文化服务实施标准的分析[J].情报资料工作,2018(3).

[32] 顾建光.公共经济与政策学原理[M].上海:上海人民出版社,2014.

[33] 郭庆旺,赵志耘.公共经济学[M].2版.北京:高等教育出版社,2010.

[34] 贺三维,邵玺.京津冀地区人口—土地—经济城镇化空间集聚及耦合协调发展研究[J].经济地理,2018(1).

[35] 胡斌,毛艳华.转移支付改革对基本公共服务均等化的影响[J].经济学家,2018(3).

[36] 胡洪彬.公共文化服务体系协同参与机制的建构——对《中华人民共和国公共文化服务保障法》的学理性补充[J].国家图书馆学刊,2017,26(3).

[37] 胡税根,莫锦江,李军良.公共文化资源整合绩效评估指标体系构建与实证研究[J].理论探讨,2018(2).

[38] 黄茂钦.基本公共服务均等化法治保障研究:基于"事实"与"规范"的展开[M].北京:法律出版社,2014.

[39] 黄雪丽.我国农村公共文化服务"悬浮化"的阐释——基于历史制度主义的分析视角[J].图书馆论坛,2018,38(2).

[40] 霍尔库姆.公共经济学:政府在国家经济中的作用[M].顾建光,译.北京:人民大学出版社,2012.

[41] 姜晓萍,肖育才.基本公共服务供给对城乡收入差距的影响机理与测度[J].中国行政管理,2017(8).

[42] 句华."十三五"时期公共服务供给方式创新探讨[J].理论探索,2017(2).

[43] 柯平.公共图书馆的文化功能:在社会公共文化服务体系中的作用[M].上海:上海交通大学出版社,2010.

[44] 柯平.建立社会组织参与公共文化服务的有效机制[J].图书馆杂志,2015,34(11).

[45] 柯平.《中华人民共和国公共图书馆法》全面保障我国公共图书馆体系化建设[J].图书馆建设,2018(1).

[46] 柯平,朱明,何颖芳.构建我国基本公共文化服务体系研究[J].国家图书馆学刊,2015,24(2).

［47］柯平,邹金汇,李梦玲,等.基本公共文化服务均等化的合理价值取向研究[J].国家图书馆学刊,2017,26(5).

［48］李东来,蒋永福,等.读者权益与图书馆服务研究[M].北京:国家图书馆出版社,2012.

［49］李国新,段明莲,等.国外公共图书馆法研究[M].北京:国家图书馆出版社,2013.

［50］李国新.现代公共文化服务体系建设与公共图书馆发展——《关于加快构建现代公共文化服务体系的意见》解析[J].中国图书馆学报,2015,41(3).

［51］李国新.强化公共文化服务政府责任的思考[J].图书馆杂志,2016,35(4).

［52］李国新.突破“中部洼地”促进均衡发展[J].图书馆,2016(10).

［53］李国新.公共文化服务保障法的制度构建与实现路径[J].图书情报工作,2017,61(16).

［54］李海娟,顾建光.我国公共文化服务供给与需求的辩证关系及矛盾分析[J].毛泽东邓小平理论研究,2017(2).

［55］李丽.少数民族地区基本公共服务均等化问题研究[M].北京:中国经济出版社,2015.

［56］李少惠,崔吉磊.中国现代公共文化服务政策扩散的内在张力与优化策略[J].思想战线,2017,43(6).

［57］李少惠.民族传统文化与公共文化建设的互动机理——基于甘南藏区的分析[J].西南民族大学学报(人文社会科学版),2013,34(9).

［58］李少惠,王苗.农村公共文化服务供给社会化的模式构建[J].国家行政学院学报,2010(2).

［59］李小涛,邱均平.公共文化服务标准的计量分析[J].重庆大学学报(社会科学版),2015,21(6).

［60］李叶妍.中国城市包容度、流动人口与城市发展研究[J].经济学动态,2017(5).

［61］梁立新.精准扶贫情境下贫困地区公共文化服务精准识别研究[J].浙江学刊,2017(1).

［62］梁玉菊,李雨书.供给侧改革视角下基层公共文化建设浅析[J].统计与管理,2017(10).

［63］刘佳云.云南边疆多民族地区公共文化建设跨越式发展研究[J].云南民族大学学报(哲学社会科学版),2018,35(2).

［64］刘俊生.公共文化服务组织体系及其变迁研究——从旧思维到新思维的转变[J].中国行政管理,2010(1).

［65］刘明德.基本公共服务均等化辨析[J].上海行政学院学报,2017,18(4).

［66］刘明慧,侯雅楠.财政精准减贫:内在逻辑与保障架构[J].财政研究,2017(7).

［67］刘旭青.促进我国基本公共文化服务标准化和均等化的重大探索——国家社科重大项目首席专家柯平教授访谈录[J].图书馆学研究,2017(18).

［68］刘学之.基本公共服务均等化问题研究[M].北京:华夏出版社,2008.

［69］卢春龙.我国农民对农村公共文化服务的满意度调查——来自全国九个省市的发现[J].中国政法大学学报,2014(2).

［70］卢春龙,张华.公共文化服务与农村居民对基层政府的政治信任——来自“农村公共文化服务现状调查”的发现[J].政法论坛,2014,32(4).

［71］陆小成.空间正义视域下新型城镇化的资源配置研究[J].社会主义研究,2017(1).

[72] 马海涛,任致伟.转移支付对县级财力均等化的作用[J].财政研究,2017(5).

[73] 马雪松.回应需求与有效供给:基本公共文化服务体系建设的制度分析[J].湖北社会科学,2013(10).

[74] 毛少莹.公共文化服务概论[M].北京:北京师范大学出版社,2014.

[75] 毛雁冰,龙新亚.农村地区公共文化服务供给的影响因素——利用固定效应模型的实证检验[J].图书馆论坛,2018,38(4).

[76] 祁述裕,曹伟.构建现代公共文化服务体系应处理好的若干关系[J].国家行政学院学报,2015(2).

[77] 邱均平,李小涛.公共文化服务标准体系的基本理论问题研究[J].重庆大学学报(社会科学版),2015,21(5).

[78] 容志.公共服务支出的测算与比较[J].上海行政学院学报,2017,18(5).

[79] 阮可.现代公共文化服务体系理论与浙江实践[M].杭州:浙江大学出版社,2014.

[80] 阮可,郭怡.公共文化服务协调机制研究[M].杭州:浙江大学出版社,2015.

[81] 单薇.从多维视角综合评价我国公共文化服务均等化水平[J].中国统计,2015(4).

[82] 申亮,王玉燕.我国公共文化服务政府供给效率的测度与检验[J].上海财经大学学报,2017,19(2).

[83] 申庆喜,李诚固,刘倩.基于服务设施布局视角的城市空间结构研究——以长春主城区为例[J].经济地理,2017,37(3).

[84] 申晓娟.标准化视角下的我国基层图书馆事业发展研究[M].北京:国家图书馆出版社,2015.

[85] 沈亚平,陈建.从建设到治理:公共文化服务体系优化的基本逻辑[J].湖北社会科学,2017(4).

[86] 孙红蕾,经渊,郑建明.《公共文化服务保障法》之内容分析——基于布尔迪厄文化社会学视角[J].图书情报工作,2017,61(7).

[87] 田蓉,唐义.社会力量参与公共数字文化服务研究进展[J].图书馆建设,2018(3).

[88] 王坤.新型城镇化背景下民族地区公共服务供给研究[J].中国行政管理,2015(2).

[89] 王列生.论构建公共文化服务体系的意识形态前置[J].文艺理论与批评,2007(2).

[90] 王洛忠,李帆.我国基本公共文化服务:指标体系构建与地区差距测量[J].经济社会体制比较,2013(1).

[91] 王前,吴理财.公共文化服务可及性评价研究:经验借鉴与框架建构[J].上海行政学院学报,2015,16(3).

[92] 王显成.公共文化服务投入的统计范围与保障标准[J].统计与决策,2017(10).

[93] 王晓玲.我国省区基本公共服务水平及其区域差异分析[J].中南财经政法大学学报,2013(3).

[94] 王子舟.图书馆如何对基层农民实施知识援助[J].图书与情报,2008(6).

[95] 巫志南.社区公共文化服务[M].北京:北京师范大学出版社,2012.

[96] 巫志南,冯佳.现代公共文化服务体系中的公共图书馆[J].中国图书馆学报,2015,41(3).

[97] 吴理财.群众基本文化需求和区域、群体性差异研究——基于20省80县(区)的问卷调查[J].社会科学家,2014(8).

[98] 吴晓,王芬林.中国道路——论我国公共文化服务标准化建设[J].图书馆论坛,2018,38(2).

［99］吴业苗."人的城镇化"困境与公共服务供给侧改革［J］.社会科学,2017(1).

［100］肖鹏.基层视角下的《公共文化服务保障法》解读——以"何以文化事业"与"如何文化事业"为中心［J］.图书馆论坛,2017,37(6).

［101］肖希明,完颜邓邓.以数字化促进基本公共文化服务均等化的实践研究［J］.图书馆工作与研究,2016(8).

［102］肖希明,曾粤亮.新公共服务理论与公共数字文化服务资源整合［J］.图书馆建设,2015(8).

［103］徐双敏.公共文化服务评价中的主观因素研究——以《国家基本公共文化服务指导标准》为例［J］.理论与改革,2015(6).

［104］许安标,钱锋,杨志今.中华人民共和国公共图书馆法释义［M］.北京:中国民主法制出版社,2018.

［105］闫小斌,段小虎,贾守军,等.超越结构性失衡:农村公共文化服务供给驱动与需求引导的结合［J］.图书馆论坛,2018,38(6).

［106］颜玉凡,叶南客.改善居民文化生活质量的资源依赖与组织认同——公共文化服务组织的行动逻辑研究［J］.山东社会科学,2017(2).

［107］颜玉凡.城市社区公共文化服务的多元主体互动机制:制度理想与现实图景——基于对N市JY区的考察［J］.南京社会科学,2017(10).

［108］阳光.我国政府购买公共服务的经验总结与问题分析［J］.中国政府采购,2014(4).

［109］杨林.结构性改革背景下政府如何有效供给公共文化服务?——基于供需协调视角［J］.中央财经大学学报,2017(8).

［110］于群,李国新,蔡武,等.中国公共文化服务发展报告(2012)［M］.北京:社会科学文献出版社,2012.

［111］张波.公共文化服务的均等化和多样性之逻辑解析［J］.社会科学战线,2015(1).

［112］张春霞.健全基层公共文化服务体系:边疆主流意识形态构建的路径选择［J］.社会主义研究,2010(4).

［113］张广钦,李剑.基于平衡计分卡的公共文化机构绩效评价统一指标体系研究［J］.图书馆建设,2017(9).

［114］张桂琳.论我国公共文化服务均等化的基本原则［J］.中国政法大学学报,2009(5).

［115］张晓儒.深圳文化发展报告［M］.北京:社会科学文献出版社,2017.

［116］张雅琪,陈韩梅,刘旭青,等.基本公共文化服务均等化研究综述［J］.国家图书馆学刊,2018,27(1).

［117］张岩,王林.深圳模式:深圳"图书馆之城"探索与创新［M］.北京:中国社会科学出版社,2017.

［118］张永新.以制定公共文化服务保障法为突破口积极推进公共文化立法进程［J］.中国行政管理,2015(2).

［119］赵迎芳.当代中国公共文化服务均等化的路径选择［J］.云南社会科学,2016(5).

［120］宗和.关于加快构建现代公共文化服务体系的意见［M］.北京:人民出版社,2015.

英文部分

［1］ANTONS C. What is "traditional cultural expression?" International definitions and their application in developing Asia[J]. WIPO Journal,2009(1).

[2] ATKINSON A B. On the measurement of inequality[J]. Journal of Economic Theory,1970,2(3).

[3] BANDARIN F,HOSAGRAHAR J,SAILER A F. Why development needs culture[J]. Journal of Cultural Heritage Management and Sustainable Development,2011,1(1).

[4] BOZEMAN B,SU X. Public service motivation concepts and theory:a critique[J]. Public Administration Review,2015,75(5).

[5] POLLIT C. Joined-up Government:a survey[J]. Political Studies Review,2010,1(1).

[6] DOBRANSKY K,HARGITTAI E. Unrealized potential:exploring the digital disability divide[J]. Poetics, 2016,58.

[7] DUTCH M,MUDDIMAN D. The public library,social exclusion and the information society in the United Kingdom[J]. Libri,2001,51(4).

[8] ERDIAW-KWASIE M O,ALAM K. Towards understanding digital divide in rural partnerships and development:a framework and evidence from rural Australia[J]. Journal of Rural Studies,2016,43.

[9] FLYNN S. Equality,culture and representation:considerations on the film industry[J]. Considering Disability Journal,2016,1(1).

[10] FYFE G. Sociology and the social aspects of museums[M]//MACDONALD S A Companion to Museum Studies,Oxford:Blackwell Publishing Ltd,2006.

[11] GEHNER J. Libraries,low-income people,and social exclusion[J]. Public Library Quarterly,2010,29(1).

[12] GOLDFINCH S,WALLIS J. Two myths of convergence in public management reform[J]. Public Administration,2010,88(4).

[13] GONZALES A. The contemporary US digital divide:from initial access to technology maintenance[J]. Information Communication & Society,2016,19(2).

[14] GRABER C B. Traditional cultural expressions in a Matrix of copyright,cultural diversity and human rights [J]. Social Science Electronic Publishing,2009,5.

[15] GRAY T J,GAINOUS J,Wagner K M. Gender and the digital divide in Latin America[J]. Social Science Quarterly,2017,98(1).

[16] HAN Z,BIN L I,ZHANG K. Evaluation and spatial analysis of the equalization of basic public service in urban and rural areas in China[J]. Geographical Research,2015,34(11).

[17] HARRIS C,STRAKER L,POLLOCK C. A socioeconomic related "digital divide" exists in how,not if,young people use computers[J]. Plos One,2017,12(3).

[18] HENNESSY T,LÄPPLE D,Moran B. The digital divide in farming:a problem of access or engagement? [J]. Applied Economic Perspectives & Policy,2016,38(3).

[19] HONG Q,WANG Y,GU S,et al. An epistemological critique of gap theory based library assessment:the case of SERVQUAL[J]. Journal of Documentation,2008,64(4).

[20] JAEGER P T,Taylor N G,Gorham U. Libraries,human rights,and social justice:enabling access and promo-

ting inclusion[M]. Rowman & Littlefield,2015,47(1).

[21] JAEGER P T. Internet justice:reconceptualizing the legal rights of persons with disabilities to promote equal access in the age of rapid technological change[J]. Review of Disability Studies:An International Journal, 2014,9(1).

[22] JARVIE G. Sport,social division and social inequality[J]. Sport Science Review,2011,20(1/2).

[23] CLAMMER J. Culture development and social theory—towards an integrated social development[M]. London:Zed Books,2013.

[24] MYERSCOUGH J. National cultural policy in Sweden:report of a European group of experts,council of Europe council of cultural cooperation,national cultural policy reviews programme[M]. Stockholm:Allmanna Forlaget,1990.

[25] KARIYAWASAM K. Protecting biodiversity,traditional knowledge and intellectual property in the pacific:issues and challenges[J]. Asia Pacific Law Review,2008,16(1).

[26] KATZ-GERRO T. Introduction-cultural policy and the public funding of culture in an international perspective [J]. Poetics,2015,49.

[27] KERNAGHAN K. The emerging public service culture:values,ethics,and reforms[J]. Canadian Public Administration,1994,37(4).

[28] KINNEY B. The Internet,public libraries,and the digital divide[J]. Public library Quarterly,2010,29(2).

[29] LAVAQUE-MANTY M. Equal opportunity to meaningful competitions:disability rights and justice in sports [J]. Disability Studies Quarterly,2005,25(3).

[30] LAZAR J,JAEGER P. Reducing barriers to online access for people with disabilities[J]. Issues in Science and Technology,2011,27(2).

[31] LEE,J K. Research on comparison and analysis of UNESCO world cultural heritage registration criterion and traditional village's evaluation index system identified in China[J]. Journal of the Architectural Institute of Korea Planning & Design. 2017,33(5).

[32] LESLIE E. Public library services for the poor areas:doing all we can [M]. Chicago:American Library Association,2010.

[33] LUO M M,CHEA S. Internet village motoman project in rural Cambodia:bridging the digital divide[J]. Information Technology & People,2018,31(1).

[34] MANDIOLA S P. Paradigms of participation in the National Council for Culture and Arts:challenges on representation,recognition,access to creation and reception in post-dictatorship Chilean public cultural policy[J]. International Journal of Cultural Policy,2018,24(2).

[35] MARQUES M D. Criticisms of the hierarchical model of culture:for a project of cultural democracy for public cultural policies[J]. ReVista De Estudios Sociales,2015(53).

[36] MASON D D M,MCCARTHY C. "The feeling of exclusion":young peoples' perceptions of art galleries[J]. Museum Management and Curatorship,2006,21(1).

［37］MATHIESEN K. Human rights for the digital age［J］. Journal of Mass Media Ethics,2014,29(1).

［38］MCCOOK K P,PHENIX K J. Public libraries and human rights［J］. Public Library Quarterly,2007,25(1/2).

［39］MCCOOK K P. Librarians as advocates for the human rights of immigrants［J］. Progressive Librarian,2007(29).

［40］MEYER K. Why should we demand equality of educational opportunity? ［J］. Theory & Research in Education,2016,14(3).

［41］O'DONNELL M. Creating a performance culture? Performance-based pay in the Australian public service［J］. Australian Journal of Public Administration,1998(3).

［42］MORAN A,KEANE M. Introduction:the global flow of creative ideas［J］. Continuum:Journal of Media & Cultural Studies,2009,23(2).

［43］MUDDIMAN D,DURRANI S,PATEMAN J,et al. Open to all? The public library and social exclusion:executive summary［J］. New library world,2001,102(4/5).

［44］MUMPOREZE N,PRIELER M. Gender digital divide in Rwanda:a qualitative analysis of socioeconomic factors［J］. Telematics & Informatics,2017,34(7).

［45］NAM H D. Legislation problems for improvement of information accessibility for the disabled-prerequisite for the active social participation of the disabled［J］. Legislation and Policy Studies ,2015,33(2).

［46］NGUYEN A,MOSADEGHI S,ALMARIO C V. Persistent digital divide in access to and use of the Internet as a resource for health information:results from a California population-based study［J］. International Journal of Medical Informatics,2017,103.

［47］NIJKAMP P,RIGANTI P. Assessing cultural heritage benefits for urban sustainable development［J］. International Journal of Services Technology and Management,2008,10(1).

［48］NOVAK B. "National standards" vs the free standards of culture:Matthew Arnold's culture and anarchy and contemporary educational philistinism［C］//Philosophy of Education Archive. Philosophy of Education. Illinois:University of Illinois,2003.

［49］O'NEILL M. Essentialism,adaptation and justice:towards a new epistemology of museums［J］. Museum Management and Curatorship,2006,21(2).

［50］ORNELAS C,GUEDES J M,BREDA-VÁZQUEZ I. Cultural built heritage and intervention criteria:a systematic analysis of building codes and legislation of Southern European countries［J］. Journal of Cultural Heritage,2016,20.

［51］PEACE R. Social exclusion:a concept in need of definition? ［J］. Social Policy Journal of New Zealand,2001(16).

［52］PEREIRA RODERS A,VAN OERS R. Bridging cultural heritage and sustainable development［J］. Journal of Cultural Heritage Management and Sustainable Development,2011,1(1).

［53］DUELUND P. Cultural policy:an overview［M］// DELUDED P. The Nordic Cultural Model［M］. Copenhagen：Nordic Cultural Institute,2003.

［54］ PHILIP L,COTTRILL C,FARRINGTON J,et al. The digital divide：patterns,policy and scenarios for con-necting the "final few" in rural communities across Great Britain［J］. Journal of Rural Studies,2017,54.

［55］ PICK J B,NISHIDA T. Digital divides in the world and its regions：a spatial and multivariate analysis of tech-nological utilization［J］. Technological Forecasting & Social Change,2015,91(1).

［56］ PRUTHI S. Wireless robotics：a history,an overview,and the need for standardization［J］. Wireless Personal Communications,2012,64(3).

［57］ ROTHSTEIN B O,TEORELL J A N. What is quality of government? A theory of impartial government insti-tutions［J］. Governance,2008,21(2).

［58］ ROTHSTEIN B,STOLLE D. The state and social capital：an institutional theory of generalized trust［J］. Com-parative politics,2008,40(4).

［59］ SAMUELSON P A. The pure theory of public expenditure［J］. Review of Economics & Statistics,1954,36(4).

［60］ SANDELL R. Social inclusion,the museum and the dynamics of sectoral change［J］. Museum and Society,2003,1(1).

［61］ SANDLER T,TSCHIRHART J T. The economic theory of clubs：an evaluative survey［J］. Journal of Economic Literature,1980,18(4).

［62］ TOMLINSON-CLARKE S M,CLARKE D L. Social justice and transformative learning：culture and identity in the United States and South Africa［M］. London：Rutledge,2016.

［63］ STURGES P,GASTINGER A. Information literacy as a human right［J］. Libri,2010,60(3).

［64］ SVALLFORS S. Government quality,egalitarianism,and attitudes to taxes and social spending：a European comparison［J］. European Political Science Review,2013,5(3).

［65］ TAYLOR-RITZLER T,BALCAZAR F,DIMPFL S,et al. Cultural competence training with organizations ser-ving people with disabilities from diverse cultural backgrounds［J］. Journal of Vocational Rehabilitation,2008,29(2).

［66］ TOMASINO A P,FEDOROWICZ J,WILLIAMS C B. Public sector shared services move out of the "Back-Of-fice"：the role of public policy and mission criticality［J］. Acm Sigmis Database,2017,48(3).

［67］ TOMAZ K. Libraries：creating public service and public space for the Future ［J］. Journal of the European In-stitute for Communication and Culture,2007,14(4).

［68］ TONGA Y. Developing sustainable cultural policies in Turkey：an investigation of public opinion on the thea-tre scene［J］. International Journal of Cultural Policy,2016(3).

［69］ TROUSSET S,GUPTA K,JENKINS-SMITH H,et al. Degrees of engagement：using cultural worldviews to ex-plain variations in public preferences for engagement in the policy process［J］. Policy Studies Journal,2015,43(1).

［70］ TWEED C,SUTHERLAND M. Built cultural heritage and sustainable urban development［J］. Landscape and urban planning,2007,83(1).

［71］ VECCO M. A definition of cultural heritage：from the tangible to the intangible ［J］. Journal of Cultural Heritage,2010,11(3).

［72］ VELDPAUS L,PEREIRA RODERS A R,COLENBRANDER B J F. Urban heritage：putting the past into the future［J］. The Historic Environment：Policy & Practice,2013,4(1).

［73］ WANG S,WU Y. The studies and explores visualization in the information of cultural heritage protection ［C］//Computer-Aided Industrial Design & Conceptual Design(CAIDCD),2010 IEEE 11th International Conference on. IEEE,2010.

［74］ WEISS J W,GULATI G J,YATES D J,et al. Mobile broadband affordability and the global digital divide,an Information ethics perspective［C］// Hawaii International Conference on System Sciences,2015.

［75］ YAN H,ZHOU W,HAN S. Social capital,digital inequality,and a"Glocal" community informatics project in Tianzhu Tibetan Autonomous County,Gansu Province ［J］. Library Trends,2013,62(1).

［76］ YU L,ZHOU W,YU B,et al. Towards a comprehensive measurement of the information rich and poor：based on the conceptualization of individuals as information agents ［J］. Journal of Documentation,2016,72(4).

［77］ YU L,ZHOU W. Information inequality in contemporary Chinese urban society：the results of a cluster analysis ［J］. Journal of the Association for Information Science & Technology,2015,63(1).

［78］ 공순구. A study on the management standards and space arrangement of the library for the visually impaired. Youth Facilities And Environment ［J］. 2015,13(4).

［79］ 손동기. Public cultural policy and elderly leisure activities for the successful aging in France：a case study of the public cultural services for the senior leisure activities of Paris［J］. the Journal of Contemporary European Studies,2015,33(4).

附录一
调查问卷及访谈提纲

一、关于基本公共文化服务标准化与均等化的
需求调查问卷(面向城镇地区)

尊敬的先生/女士:

　　您好! 非常感谢您在百忙之中填答此问卷。本问卷的目的是向您了解平时对基本公共文化服务涉及的设施设备、服务提供、队伍建设、资金保障、资源配置等方面的需求情况,涉及您的习惯、态度、喜好等方面,以期为我国基本公共文化服务标准化与均等化研究提供参考依据。本问卷采用匿名方式,调查结果仅限于研究使用,保证不泄露您的个人隐私,希望您能够真实表达您的意见。谢谢!

国家社会科学基金重大项目

"促进我国基本公共文化服务标准化与均等化研究"课题组

　　1. 请填写您的基本信息【单选题,请在符合的方框"□"上打钩"√"】

您的性别:□男　□女
您的年龄:□14 岁及以下　□15 岁—25 岁　□26 岁—35 岁　□36 岁—45 岁　□46 岁—55 岁 □56 岁—64 岁　□65 岁及以上
您的文化程度:□从未上过学　□小学　□初中　□高中　□专科　□本科　□硕士　□博士
您的职业:□党政机关/公务员　□事业单位工作人员　□文化机构工作人员　□军人　□国企/集体企业人员　□农民/牧民/渔民　□民营/私营企业人员　□教师　□学生　□个体商户/自由职业者　□演艺从业人员　□体育从业人员　□进城务工人员　□其他
您的家庭月收入:□200 元以下　□200 元—500 元　□501 元—1000 元　□1001 元—3000 元　□3001 元—5000 元　□5001 元—10 000 元　□10 001 元—15 000 元 □15 000 元以上

2.户口类型:□农业户口　　□非农业户口

3.您平时的兴趣或爱好是:【多选题】

□读书看报　□收听广播　□看电视　□看电影　□观看文艺演出　□玩手机　□体育或健身　□上网　□看电子书　□书法　□绘画　□玩游戏　□唱戏　□广场舞　□写作　□摄影　□旅游　□其他_____请列出您最喜欢的三项爱好(从强到弱排序)

4.您对下列提法的了解和看法是:【单选题】

基本公共文化服务标准化	□非常不了解　□比较不了解　□不清楚　□比较了解　□非常了解
基本公共文化服务均等化	□非常不了解　□比较不了解　□不清楚　□比较了解　□非常了解
《中华人民共和国公共文化服务保障法》	□非常不了解　□比较不了解　□不清楚　□比较了解　□非常了解
中共中央办公厅、国务院办公厅2015年印发的《关于加快构建现代公共文化服务体系的意见》	□非常不了解　□比较不了解　□不清楚　□比较了解　□非常了解
促进我国基本公共文化服务标准化和均等化	□非常不同意　□比较不同意　□不清楚　□比较同意　□非常同意

5.您认为保障基本公共文化服务,政府应当提供哪些设施设备:【多选题】

文化设施设备类:□公共图书馆　□文化馆　□公共博物馆　□公共美术馆　□群众艺术馆　□科技馆　□社区文化室　□家庭文化室　□纪念馆　□遗址公园　□文化广场　□市民读书社　□社区图书室　□工人文化宫　□妇女儿童活动中心　□老年活动中心　□青少年校外活动场所　□农家书屋　□阅览室及相关器具　□社区综合文化站　□民间剧院　□非物质文化遗产传习场所　□传统民俗文化活动场所　□演艺会展场所　□乐器　□文化教育培训场所　□街道综合文化服务中心　□公益电影放映广场　□音响设备　□影剧院或数字影厅　□培训教室及相关器材　□演出服装　□书法绘画用具

广播电视设施设备类:□省级广播电视中心和站、台　□市级广播电视中心和站、台　□移动数字电视　□区级广播电视中心和站、台　□街道广播电视中心和站、台　□移动多媒体广播　□社区广播电视中心和站、台　□广播电视系统单位或机构　□广播电视设备器材　□广播电视发射(转播)台(站)　□广播电视播音(演播)室　□广播收音台(站)　□广播电视中心技术用房体育设施设备类:□省级公共体育场 □市级公共体育场 □区级公共体育场 □街道级公共体育场 □社区级公共体育场 □省级综合型全民健身活动中心 □中小学体育活动器材 □体育公园或公园健身器械区域 □市级综合型全民健身活动中心 □文体活动室 □社区级综合型全民健身活动中心 □棋牌室 □街道级综合型全民健身活动中心 □游泳场馆 □体育训练基地 □街道群众体育活动器材 □社区群众体育活动器材

流动设施设备类:□图书馆流动站 □流动图书车 □文艺演出流动车 □电影放映流动车 □流动舞台车 □流动信息车

残障人士专用设施设备类:□缘石坡道 □盲道 □无障碍出入口 □轮椅坡道 □扶手 □无障碍通道/门 □无障碍电梯/升降平台 □无障碍厕所 □轮椅席位 □无障碍停车位 □低位服务设施 □无障碍信息与标识 □盲文阅览室 □无障碍游览通路

其他硬件设施设备_____

6.您认为到下面各场所合适的出行方式、距离和时间:(本题中的乘车包括骑自行车、自驾车和乘坐公交或地铁)

公共文化机构或场所	哪种方式到该场所合适?【多选题】	离您的住处多少距离最合适?【单选题】	花多长时间到达该场所合适?【多选题】
公共图书馆(室)	□步行 □自驾车 □自行车 □地铁 □公交	□1公里以内 □1公里—2公里 □2公里—4公里 □4公里—6公里 □6公里—8公里 □8公里—10公里	□步行10分钟以内 □步行20分钟以内 □步行30分钟以内 □乘车15分钟以内 □乘车30分钟以内 □乘车1小时以内
文化馆(站)	□步行 □自驾车 □自行车 □地铁 □公交	□1公里以内 □1公里—2公里 □2公里—4公里 □4公里—6公里 □6公里—8公里 □8公里—10公里	□步行10分钟以内 □步行20分钟以内 □步行30分钟以内 □乘车15分钟以内 □乘车30分钟以内 □乘车1小时以内
社区综合文化服务中心	□步行 □自驾车 □自行车 □地铁 □公交	□1公里以内 □1公里—2公里 □2公里—4公里 □4公里以上	□步行10分钟以内 □步行20分钟以内 □步行30分钟以内 □乘车15分钟以内 □乘车30分钟以内 □乘车1小时以内

续表

公共文化机构或场所	哪种方式到该场所合适？【多选题】	离您的住处多少距离最合适？【单选题】	花多长时间到达该场所合适？【多选题】
公共博物馆	□步行 □自驾车 □自行车 □地铁 □公交	□1 公里以内 □1 公里—2 公里 □2 公里—4 公里 □4 公里—6 公里 □6 公里—8 公里 □8 公里—10 公里	□步行 10 分钟以内 □步行 20 分钟以内 □步行 30 分钟以内 □乘车 15 分钟以内 □乘车 30 分钟以内 □乘车 1 小时以内
公共美术馆	□步行 □自驾车 □自行车 □地铁 □公交	□1 公里以内 □1 公里—2 公里 □2 公里—4 公里 □4 公里—6 公里 □6 公里—8 公里 □8 公里—10 公里	□步行 10 分钟以内 □步行 20 分钟以内 □步行 30 分钟以内 □乘车 15 分钟以内 □乘车 30 分钟以内 □乘车 1 小时以内
文体广场	□步行 □自驾车 □自行车 □地铁 □公交	□1 公里以内 □1 公里—2 公里 □2 公里—4 公里 □4 公里—6 公里 □6 公里—8 公里 □8 公里—10 公里	□步行 10 分钟以内 □步行 20 分钟以内 □步行 30 分钟以内 □乘车 15 分钟以内 □乘车 30 分钟以内 □乘车 1 小时以内
科技馆	□步行 □自驾车 □自行车 □地铁 □公交	□1 公里以内 □1 公里—2 公里 □2 公里—4 公里 □4 公里—6 公里 □6 公里—8 公里 □8 公里—10 公里	□步行 10 分钟以内 □步行 20 分钟以内 □步行 30 分钟以内 □乘车 15 分钟以内 □乘车 30 分钟以内 □乘车 1 小时以内
公园	□步行 □自驾车 □自行车 □地铁 □公交	□1 公里以内 □1 公里—2 公里 □2 公里—4 公里 □4 公里—6 公里 □6 公里—8 公里 □8 公里—10 公里	□步行 10 分钟以内 □步行 20 分钟以内 □步行 30 分钟以内 □乘车 15 分钟以内 □乘车 30 分钟以内 □乘车 1 小时以内

续表

公共文化机构或场所	哪种方式到该场所合适?【多选题】	离您的住处多少距离最合适?【单选题】	花多长时间到达该场所合适?【多选题】
影剧院(放映室)	□步行 □自驾车 □自行车 □地铁 □公交	□1 公里以内 □1 公里—2 公里 □2 公里—4 公里 □4 公里—6 公里 □6 公里—8 公里 □8 公里—10 公里	□步行 10 分钟以内 □步行 20 分钟以内 □步行 30 分钟以内 □乘车 15 分钟以内 □乘车 30 分钟以内 □乘车 1 小时以内
公共体育场(活动中心)	□步行 □自驾车 □自行车 □地铁 □公交	□1 公里以内 □1 公里—2 公里 □2 公里—4 公里 □4 公里—6 公里 □6 公里—8 公里 □8 公里—10 公里	□步行 10 分钟以内 □步行 20 分钟以内 □步行 30 分钟以内 □乘车 15 分钟以内 □乘车 30 分钟以内 □乘车 1 小时以内
文物建筑	□步行 □自驾车 □自行车 □地铁 □公交	□1 公里以内 □1 公里—2 公里 □2 公里—4 公里 □4 公里—6 公里 □6 公里—8 公里 □8 公里—10 公里	□步行 10 分钟以内 □步行 20 分钟以内 □步行 30 分钟以内 □乘车 15 分钟以内 □乘车 30 分钟以内 □乘车 1 小时以内

7. 您认为公共文化机构在内部和外部应当提供的设备是:【多选题】

机构内部(室内):□存包处 □饮水处 □打印复印处 □纪念品商店 □餐厅服务点 □健身中心 □警报逃生设施 □棋牌室 □儿童俱乐部 □便民服务点 □其他

机构外部(室外):□宣传栏 □公共电话亭 □桌椅 □绿化设施 □电子显示屏 □电子阅读设备 □音响设备 □健身设施 □免费读物取阅处 □娱乐设施 □停车场 □其他

8. 您认为城市社区文化站应当配备的面积和设备是:

文化站多少面积合适?【多选题】	□50 平方米以内 □50—100 平方米 □101—200 平方米 □201—300 平方米 □301—400 平方米 □401—500 平方米 □500 平方米以上
文化站应设置哪些场所?【多选题】	□会议室 □培训室 □棋牌室 □图书室 □多功能活动室 □书画活动室 □创客空间 □儿童俱乐部 □健身室 □舞蹈室 □其他

续表

配备哪些设备合适? 【多选题】	□投影仪 □音响设备 □展板 □宣传栏 □图书柜 □图书阅览桌 □报刊栏 □自助借还机 □打印机 □移动电子阅读设备 □无线网络 □DVD □点播台 □录音机 □书法用品 □绘画工具 □3D打印机 □雕刻机 □激光切割机 □儿童娱乐设备 □儿童学习器材 □亲子活动设备 □健身器材 □篮球架 □麻将桌 □彩电(□1台 □2台 □3台) □电脑(□1—3台 □4—6台 □6台以上) □锣鼓(□1—3套 □4—6套 □6套以上) □乒乓球桌(□1—5个 □5—10个 □10个以上) □棋牌桌(□1—5个 □5—10个 □10个以上) □其他

9.您认为以下哪些基本公共文化服务项目是自己所必需的?【多选题,请选择三项】

□读书看报 □收听广播 □观看电视 □欣赏电影 □观看地方戏 □参加文体活动 □公共文化设施免费开放 □参观某些文化设施可以减免门票 □参加文化艺术知识培训 □其他

10.您认为以下各项基本公共文化服务内容应当由哪些部门提供:【多选题】

基本公共文化服务内容	政府	文化行政部门	非营利组织	企业	个人
A 读书看报	□	□	□	□	□
B 收听广播	□	□	□	□	□
C 观看电视	□	□	□	□	□
D 欣赏电影	□	□	□	□	□
E 观看地方戏	□	□	□	□	□
F 公共文化设施免费开放	□	□	□	□	□
G 参观某些文化设施可以减免门票	□	□	□	□	□
H 参加文体活动	□	□	□	□	□
I 参加文化艺术知识培训	□	□	□	□	□

11.您认为以下哪些基本公共文化服务设备或技术是必需的:【多选题】

□图书 □报纸 □杂志 □广播 □电视 □电脑 □音响 □乐器 □服装

□光盘　□体育活动器材　□流动舞台车设备　□流动图书车设备　□流动信息车设备　□图书的实时智能翻译技术　□少数民族语言与汉语间的智能互译　□图书盲文化的自动化生成技术　□人机交互技术的文化服务应用软件　□音视频节目中自动添加手语和字幕技术　□其他

12. 您认为基层文化工作人员配备的需求是：

是否需要配备专职人员？ 【单选题】	□是　□否　□不清楚
配备多少人合适？（含专职和兼职人员）【单选题】	□1—5 人　□6—10 人　□11—15 人　□16—20 人　□20 人以上
需要配备哪些类别人员【多选题】	□社区综合文化站（中心）从业人员 □街道普法教育培训人员　□街道党员教育培训人员 □街道科技普及培训人员　□街道社会体育指导员 □城市文化宣传推广人员　□社区图书室管理员 □流动舞台车服务人员　□流动图书车服务人员 □流动信息车服务人员　□城市弱势群体文化帮扶人员

13. 您对基本公共文化服务均等化的看法是：【单选题】

	非常 不同意	比较 不同意	不清楚	比较 同意	非常 同意
农村和城镇在文化资源（如图书、报纸、戏曲、电影等）配置上应当均等（相同的资源）	□	□	□	□	□
各地应配置有地方特色的资源	□	□	□	□	□
大量提供数字化的资源可以解决农村和城镇地区基本公共文化服务不均等的问题	□	□	□	□	□
加强文化工作人员培训可以解决农村和城镇地区基本公共文化服务不均等的问题	□	□	□	□	□
提高老百姓的文化水平可以解决农村和城镇地区基本公共文化服务不均等的问题	□	□	□	□	□
政府加大投入可以解决农村和城镇地区基本公共文化服务不均等的问题	□	□	□	□	□

14. 请按照您的实际情况填写：

	您接触过该服务吗?【单选题】	如是,您认为进行该活动合适频数?【单选题】	列出您最喜爱的类型或具体名称?
到图书馆/室看书	□是　□否	□3 次/周　□2 次/周 □1 次/周　□其他____	【书名】
到图书馆/室阅读报刊	□是　□否	□3 次/周　□2 次/周 □1 次/周　□其他____	【报刊名】
广播	□是　□否	□1 次/天　□2 次/周 □1 次/月　□其他____	【节目名称】
电视	□是　□否	□1 次/天　□2 次/周 □1 次/月　□其他____	【节目名称】
参加文化知识普及和培训	□是　□否	□1 次/周　□1 次/月 □2 次/月　□其他____	【培训名称】
参加红色、党员教育和讲座	□是　□否	□1 次/周　□1 次/月 □2 次/月　□其他____	【讲座名称】
观看电影	□是　□否	□1 次/周　□1 次/月 □2 次/月　□其他____	【电影名称】
欣赏戏曲	□是　□否	□1 次/周　□1 次/月 □2 次/月　□其他____	【戏曲名称】
中小学爱国主义教育片	□是　□否	□1 次/周　□1 次/月 □2 次/月　□其他____	【教育片名称】
参加篮球、足球、太极拳等体育健身运动	□是　□否	□3 次/周　□2 次/周 □1 次/周　□其他____	【活动名称】
参加敲锣打鼓、广场舞、扭秧歌等文艺活动	□是　□否	□3 次/周　□2 次/周 □1 次/周　□其他____	【活动名称】
参加合唱团	□是　□否	□3 次/周　□2 次/周 □1 次/周　□其他____	【活动名称】

15. 请问在您所接触过的基本公共文化服务中,哪些是令您感到满意的:【多选题】

□文化活动宣传　□文化活动内容　□文化活动开展时间　□文化项目的收费　□文化工作人员的服务能力　□文化工作人员的服务态度　□设施设备的操作性　□文化场所

的开放时间　□文化场所的整体环境　□文化场所的安全性保障　□设施设备的安全性保障　□其他

16.在现代公共文化服务体系建设中,您认为以下机构的重要性程度是:【单选题】

	非常不重要	比较不重要	不清楚	比较重要	非常重要
A 政府	□	□	□	□	□
B 文化主管部门	□	□	□	□	□
C 公共图书馆	□	□	□	□	□
D 档案馆	□	□	□	□	□
E 博物馆	□	□	□	□	□
F 社区文化中心	□	□	□	□	□
G 科技馆	□	□	□	□	□
H 美术馆	□	□	□	□	□
I 纪念馆、名人故居	□	□	□	□	□

17.您对现阶段公共文化服务建设还有哪些需求、建议和看法?

_____

感谢您的参与!

二、关于基本公共文化服务标准化与均等化的
需求调查问卷(面向农村地区)

尊敬的先生/女士:

您好！非常感谢您在百忙之中填答此问卷。本问卷的目的是向您了解平时对基本公共文化服务涉及的设施设备、服务提供、队伍建设、资金保障、资源配置等方面的需求情况,涉及您的习惯、态度、喜好等方面,以期为我国基本公共文化服务标准化与均等化研究提供参考依据。本问卷采用匿名方式,调查结果仅限于研究使用,保证不泄露您的个人隐私,希望您能够真实表达您的意见。谢谢！

国家社会科学基金重大项目

"促进我国基本公共文化服务标准化与均等化研究"课题组

1. 请填写您的基本信息【单选题,请在符合的方框"□"上打钩"√"】

您的性别:□男□女
您的年龄:□14 岁及以下　　□15 岁—25 岁　　□26 岁—35 岁　　□36 岁—45 岁　　□46 岁—55 岁　　□56 岁—64 岁　　□65 岁及以上
您的文化程度:□从未上过学　　□小学　　□初中　　□高中　　□专科　　□本科　　□硕士　　□博士
您的职业:□党政机关/公务员　　□事业单位工作人员　　□文化机构工作人员　　□军人　　□国企/集体企业人员　　□农民或牧民或渔民　　□民营/私营企业人员　　□教师　　□学生　　□个体商户/自由职业者　　□演艺从业人员　　□体育从业人员　　□进城务工人员　　□其他
您的家庭月收入:□200 元以下　　□200 元—500 元　　□501 元—1000 元　　□1001 元—3000 元　　□3001 元—5000 元　　□5001 元—10 000 元　　□10 001 元—15 000 元　　□15 000 元以上

2. 户口类型:□农业户口　　□非农业户口

3. 您平时的兴趣或爱好是:【多选题,请在符合的方框"□"上打钩"√"】

□读书看报　□收听广播　□看电视　□看电影　□观看文艺演出　□玩手机　□体育或健身　□上网　□看电子书　□书法　□绘画　□玩游戏　□唱戏　□广场舞　□写作　□摄影　□旅游　□其他_____请列出您最喜欢的三项爱好(从强到弱排序)

4. 您对下列提法的了解和看法是:

基本公共文化服务标准化	□非常不了解　□比较不了解　□不清楚　□比较了解　□非常了解
基本公共文化服务均等化	□非常不了解　□比较不了解　□不清楚　□比较了解　□非常了解
《中华人民共和国公共文化服务保障法》	□非常不了解　□比较不了解　□不清楚　□比较了解　□非常了解
中共中央办公厅、国务院办公厅 2015 年印发的《关于加快构建现代公共文化服务体系的意见》	□非常不了解　□比较不了解　□不清楚　□比较了解　□非常了解
促进我国基本公共文化服务标准化和均等化	□非常不同意　□比较不同意　□不清楚　□比较同意　□非常同意

5. 您认为保障基本公共文化服务,政府应当提供哪些设施设备:【多选题】

文化设施设备类:□公共图书馆　□文化馆　□公共博物馆　□公共美术馆　□群众艺术馆　□科技馆　□社区文化室　□家庭文化室　□纪念馆　□遗址公园　□文化广场　□市民读书社　□社区图书室　□工人文化宫　□妇女儿童活动中心　□老年活动中心　□青少年校外活动场所　□农家书屋　□阅览室及相关器具　□社区综合文化站　□民间剧院　□非物质文化遗产传习场所　□传统民俗文化活动场所　□演艺会展场所　□乐器　□文化教育培训场所　□街道综合文化服务中心　□公益电影放映广场　□音响设备　□影剧院或数字影厅　□培训教室及相关器材　□演出服装　□书法绘画用具

广播电视设施设备类:□省级广播电视中心和站、台　□市级广播电视中心和站、台　□移动数字电视　□区级广播电视中心和站、台　□街道广播电视中心和站、台　□移动多媒体广播　□社区广播电视中心和站、台　□广播电视系统单位或机构　□广播电视设备器材　□广播电视发射(转播)台(站)　□广播电视播音(演播)室　□广播收音台(站)　□广播电视中心技术用房

体育设施设备类:□省级公共体育场　□市级公共体育场　□区级公共体育场　□街道级公共体育场　□社区级公共体育场　□省级综合型全民健身活动中心　□中小学体育活动器材　□体育公园或公园健身器械区域　□市级综合型全民健身活动中心　□文体活动室　□社区级综合型全民健身活动中心　□棋牌室　□街道级综合型全民健身活动中心

□游泳场馆　□体育训练基地　□街道群众体育活动器材　□社区群众体育活动器材

残障人士专用设施设备类：□缘石坡道　□盲道　□无障碍出入口　□轮椅坡道 □扶手　□无障碍通道/门　□无障碍电梯/升降平台　□无障碍厕所　□轮椅席位　□无障碍停车位　□低位服务设施　□无障碍信息与标识　□盲文阅览室　□无障碍游览通路

流动设施设备类：□图书馆流动站　□流动图书车　□文艺演出流动车　□电影放映流动车　□流动舞台车　□流动信息车

6. 您认为到下面各场所合适的出行方式、距离和时间：（本题中的乘车包括骑自行车、自驾车和乘坐公交或地铁）

公共文化机构或场所	哪种方式到该场所最合适？【多选题】	离您的住处多少距离最合适？【单选题】	花多长时间到达该场所合适？【多选题】
公共图书馆（室）	□步行 □自驾车 □自行车 □地铁 □公交	□1 公里以内 □1 公里—2 公里 □2 公里—4 公里 □4 公里—6 公里 □6 公里—8 公里 □8 公里—10 公里	□步行 10 分钟以内 □步行 20 分钟以内 □步行 30 分钟以内 □乘车 15 分钟以内 □乘车 30 分钟以内 □乘车 1 小时以内
文化馆（站）	□步行 □自驾车 □自行车 □地铁 □公交	□1 公里以内 □1 公里—2 公里 □2 公里—4 公里 □4 公里—6 公里 □6 公里—8 公里 □8 公里—10 公里	□步行 10 分钟以内 □步行 20 分钟以内 □步行 30 分钟以内 □乘车 15 分钟以内 □乘车 30 分钟以内 □乘车 1 小时以内
社区综合文化服务中心	□步行 □自驾车 □自行车 □地铁 □公交	□1 公里以内 □1 公里—2 公里 □2 公里—4 公里 □4 公里以上	□步行 10 分钟以内 □步行 20 分钟以内 □步行 30 分钟以内 □乘车 15 分钟以内 □乘车 30 分钟以内 □乘车 1 小时以内
公共博物馆	□步行 □自驾车 □自行车 □地铁 □公交	□1 公里以内 □1 公里—2 公里 □2 公里—4 公里 □4 公里—6 公里 □6 公里—8 公里 □8 公里—10 公里	□步行 10 分钟以内 □步行 20 分钟以内 □步行 30 分钟以内 □乘车 15 分钟以内 □乘车 30 分钟以内 □乘车 1 小时以内

续表

公共文化机构 或场所	哪种方式到该场所最 合适？【多选题】	离您的住处多少距离 最合适？【单选题】	花多长时间到达该场所 合适？【多选题】
公共美术馆	□步行 □自驾车 □自行车 □地铁 □公交	□1 公里以内 □1 公里—2 公里 □2 公里—4 公里 □4 公里—6 公里 □6 公里—8 公里 □8 公里—10 公里	□步行 10 分钟以内 □步行 20 分钟以内 □步行 30 分钟以内 □乘车 15 分钟以内 □乘车 30 分钟以内 □乘车 1 小时以内
文体广场	□步行 □自驾车 □自行车 □地铁 □公交	□1 公里以内 □1 公里—2 公里 □2 公里—4 公里 □4 公里—6 公里 □6 公里—8 公里 □8 公里—10 公里	□步行 10 分钟以内 □步行 20 分钟以内 □步行 30 分钟以内 □乘车 15 分钟以内 □乘车 30 分钟以内 □乘车 1 小时以内
科技馆	□步行 □自驾车 □自行车 □地铁 □公交	□1 公里以内 □1 公里—2 公里 □2 公里—4 公里 □4 公里—6 公里 □6 公里—8 公里 □8 公里—10 公里	□步行 10 分钟以内 □步行 20 分钟以内 □步行 30 分钟以内 □乘车 15 分钟以内 □乘车 30 分钟以内 □乘车 1 小时以内
公园	□步行 □自驾车 □自行车 □地铁 □公交	□1 公里以内 □1 公里—2 公里 □2 公里—4 公里 □4 公里—6 公里 □6 公里—8 公里 □8 公里—10 公里	□步行 10 分钟以内 □步行 20 分钟以内 □步行 30 分钟以内 □乘车 15 分钟以内 □乘车 30 分钟以内 □乘车 1 小时以内
影剧院(放映室)	□步行 □自驾车 □自行车 □地铁 □公交	□1 公里以内 □1 公里—2 公里 □2 公里—4 公里 □4 公里—6 公里 □6 公里—8 公里 □8 公里—10 公里	□步行 10 分钟以内 □步行 20 分钟以内 □步行 30 分钟以内 □乘车 15 分钟以内 □乘车 30 分钟以内 □乘车 1 小时以内

续表

公共文化机构 或场所	哪种方式到该场所最 合适?【多选题】	离您的住处多少距离 最合适?【单选题】	花多长时间到达该场所 合适?【多选题】
公共体育场(活动 中心)	□步行 □自驾车 □自行车 □地铁 □公交	□1 公里以内 □1 公里—2 公里 □2 公里—4 公里 □4 公里—6 公里 □6 公里—8 公里 □8 公里—10 公里	□步行 10 分钟以内 □步行 20 分钟以内 □步行 30 分钟以内 □乘车 15 分钟以内 □乘车 30 分钟以内 □乘车 1 小时以内
文物建筑	□步行 □自驾车 □自行车 □地铁 □公交	□1 公里以内 □1 公里—2 公里 □2 公里—4 公里 □4 公里—6 公里 □6 公里—8 公里 □8 公里—10 公里	□步行 10 分钟以内 □步行 20 分钟以内 □步行 30 分钟以内 □乘车 15 分钟以内 □乘车 30 分钟以内 □乘车 1 小时以内

7.您认为公共文化机构在内部和外部应当提供的设备是:【多选题】

机构内部(室内):□存包处　□饮水处　□打印复印处　□纪念品商店　□餐厅服务点　□健身中心　□警报逃生设施　□棋牌室　□儿童俱乐部　□便民服务点　□其他

机构外部(室外):□宣传栏　□公共电话亭　□桌椅　□绿化设施　□电子显示屏□电子阅读设备　□音响设备　□健身设施　□免费读物取阅处　□娱乐设施　□停车场□其他

8.您认为乡镇文化站应当配备的面积和设备是:

乡镇文化站多少面积合 适?【单选题】	□50 平方米以内　□50—100 平方米　□101—200 平方米　□201—300 平方米　□301—400 平方米　□401—500 平方米 □500 平方米以上
乡镇文化站应设置哪些场 所?【多选题】	□会议室　□培训室　□棋牌室　□便民服务中心　□多功能活动室 □书画活动室　□电子阅览室　□儿童俱乐部　□展览室　□健身室 □其他

配备哪些设备合适？ 【多选题】	□投影仪　□音响设备　□DVD　□录音机　□点播台 □展板　□展示柜或展架　□宣传栏　□导览设备 □图书柜　□图书阅览桌　□自助借还机 □报刊栏　□电子阅报屏　□免费取阅处 □打印机　□移动电子阅读设备　□无线网络　□电话 □书法用品　□绘画工具　□3D打印机　□雕刻机 □激光切割机　□儿童娱乐设备　□儿童学习器材　□亲子活动设备 □健身器材　□篮球架　□麻将桌 □彩电(□1 台　□2 台　□3 台) □电脑(□1—3 台　□4—6 台　□6 台以上) □电话(□1—3 部　□4—6 部　□6 部以上) □锣鼓(□1—3 套　□4—6 套　□6 套以上) □乒乓球桌(□1—5 个　□5—10 个　□10 个以上) □棋牌桌(□1—5 个　□5—10 个　□10 个以上) □其他

9.您认为以下哪些基本公共文化服务项目是自己所必需的?【多选题,请选择三项】

□读书看报　□收听广播　□观看电视　□欣赏电影　□观看地方戏　□参加文体活动　□公共文化设施免费开放　□参观某些文化设施可以减免门票　□参加文化艺术知识培训　□其他

10.您认为以下各项基本公共文化服务内容应当由哪些部门提供:【多选题】

基本公共文化服务内容	政府	文化行政部门	非营利组织	企业	个人
A 读书看报	□	□	□	□	□
B 收听广播	□	□	□	□	□
C 观看电视	□	□	□	□	□
D 欣赏电影	□	□	□	□	□
E 观看地方戏	□	□	□	□	□
F 公共文化设施免费开放	□	□	□	□	□
G 参观某些文化设施可以减免门票	□	□	□	□	□
H 参加文体活动	□	□	□	□	□
I 参加文化艺术知识培训	□	□	□	□	□

11.您认为以下哪些基本公共文化服务设备或技术是必需的:【多选题】

□图书　□报纸　□杂志　□广播　□电视　□电脑　□音响　□乐器　□服装　□光盘　□体育活动器材　□流动舞台车设备　□流动图书车设备　□流动信息车设备

□图书的实时智能翻译技术　□少数民族语言与汉语间的智能互译　□图书盲文化的自动化生成技术　□人机交互技术的文化服务应用软件　□音视频节目中自动添加手语和字幕技术　□其他

12. 您认为基层文化工作人员配备的需求是：

是否需要配备专职人员？【单选题】	□是　□否　□不清楚
配备多少人合适？（含专职和兼职人员）【单选题】	□1—5人　□6—10人　□11—15人　□16—20人　□20人以上
需要配备哪些类别人员【多选题】	□乡镇综合文化站(中心)从业人员 □村普法教育培训人员　□村党员教育培训人员 □村科技普及培训人员　□村社会体育指导员 □乡土文化宣传推广人员　□农家书屋管理员 □流动舞台车服务人员　□流动图书车服务人员 □流动信息车服务人员　□农村留守者文化帮扶人员

13. 您对基本公共文化服务均等化的看法是：【单选题】

	非常不同意	比较不同意	不清楚	比较同意	非常同意
农村和城镇在文化资源(如图书、报纸、戏曲、电影等)配置上应当均等(相同的资源)	□	□	□	□	□
各地应配置有地方特色的资源	□	□	□	□	□
大量提供数字化的资源可以解决农村和城镇地区基本公共文化服务不均等的问题	□	□	□	□	□
加强文化工作人员培训可以解决农村和城镇地区基本公共文化服务不均等的问题	□	□	□	□	□
提高老百姓的文化水平可以解决农村和城镇地区基本公共文化服务不均等的问题	□	□	□	□	□
政府加大投入可以解决农村和城镇地区基本公共文化服务不均等的问题	□	□	□	□	□

14. 请按照您的实际情况填写：

	您接触过该服务吗?【单选题】	如是,您认为进行该活动合适频数?【单选题】	列出您最喜爱的类型或具体名称?
到图书馆/室看书	□是　□否	□3 次/周　□2 次/周 □1 次/周　□其他＿＿	【书名】
到图书馆/室阅读报刊	□是　□否	□3 次/周　□2 次/周 □1 次/周　□其他＿＿	【报刊名】
广播	□是　□否	□1 次/天　□2 次/周 □1 次/月　□其他＿＿	【节目名称】
电视	□是　□否	□1 次/天　□2 次/周 □1 次/月　□其他＿＿	【节目名称】
参加文化知识普及和培训	□是　□否	□1 次/周　□1 次/月 □2 次/月　□其他＿＿	【培训名称】
参加红色、党员教育和讲座	□是　□否	□1 次/周　□1 次/月 □2 次/月　□其他＿＿	【讲座名称】
观看电影	□是　□否	□1 次/周　□1 次/月 □2 次/月　□其他＿＿	【电影名称】
欣赏戏曲	□是　□否	□1 次/周　□1 次/月 □2 次/月　□其他＿＿	【戏曲名称】
中小学爱国主义教育片	□是　□否	□1 次/周　□1 次/月 □2 次/月　□其他＿＿	【教育片名称】
参加篮球、足球、太极拳等体育健身运动	□是　□否	□3 次/周　□2 次/周 □1 次/周　□其他＿＿	【活动名称】
参加敲锣打鼓、广场舞、扭秧歌等文艺活动	□是　□否	□3 次/周　□2 次/周 □1 次/周　□其他＿＿	【活动名称】
参加合唱团	□是　□否	□3 次/周　□2 次/周 □1 次/周　□其他＿＿	【活动名称】

15. 请问在您所接触过的基本公共文化服务中,哪些是令您感到满意的:【多选题】

□文化活动宣传　□文化活动内容　□文化活动开展时间　□文化项目的收费　□文化工作人员的服务能力　□文化工作人员的服务态度　□设施设备的操作性　□文化场所

的开放时间 □文化场所的整体环境 □文化场所的安全性保障 □设施设备的安全性保障 □其他

16. 在现代公共文化服务体系建设中,您认为以下机构的重要性程度是:【单选题】

	非常不重要	比较不重要	不清楚	比较重要	非常重要
A 政府	□	□	□	□	□
B 文化主管部门	□	□	□	□	□
C 公共图书馆	□	□	□	□	□
D 档案馆	□	□	□	□	□
E 博物馆	□	□	□	□	□
F 社区文化中心	□	□	□	□	□
G 科技馆	□	□	□	□	□
H 美术馆	□	□	□	□	□
I 纪念馆、名人故居	□	□	□	□	□

17. 您对现阶段公共文化服务建设还有哪些需求、建议和看法?

——

感谢您的参与!

三、国家社科基金重大项目访谈提纲

访谈目的：了解当前我国基本公共文化服务标准化与均等化的发展现状，发现其中存在的问题，为我国基本公共文化服务标准化与均等化的发展提出切实可行的策略。

访谈时间：2018 年×月××日

访谈地点：××

访谈方式：面对面访谈/电话访谈/邮件访谈

访谈对象：××

访谈小组成员：×××，×××

访谈小组分工：××提问与交谈，××笔录、音视频记录

1. 访谈开场

您好，非常感谢您能在百忙之中接受我们课题组的访问，想耽误您几分钟宝贵的时间和您探讨一些我国目前基本公共文化服务标准化与均等化领域的相关问题。本次访谈主要通过问答形式进行，访谈内容我们课题组会严格保密。

2. 访谈问题

（1）您认为公共文化服务标准化是均等化问题的解决路径吗？是否还有其他重要的解决路径？在保障底线均等的情况下，均等化是否应该考虑具体文化发展与需求特色？请您谈一下原因！

（2）您认为除了人、财、物之外，实现基本公共文化服务均等化还需要哪些制度方面支持？

（3）您认为现在文化领域的 1/3/5/10 公里文化圈、10/15 分钟文化圈对城市和农村来说是否科学？您认为距离、时间标准哪个会更好一些？为什么？

（4）您认为公共文化服务均等化是否有实现的先后（优先）顺序？工作重点应该是农村基层/贫困地区，还是城市？

（5）您认为哪些要素对公共文化服务标准的制定会有重要的影响？

（6）您认为人口因素中"常住人口"和"户籍人口"哪个更适合作为衡量公共文化服务标准的要素？为什么？

（7）您认为公共文化服务均等化的实现是否需要分阶段？逐步实现是否可行？

（8）您认为解决城乡和区域间的公共文化服务发展水平的差距、实现均等化的过程中会有哪些障碍？重点、难点主要在哪里？

（9）公共文化服务标准化涉及众多领域，您认为哪些领域适合、哪些不适合做成标准？哪些领域急需标准？

（10）您对公共文化服务均等化实现的发展预期如何？（比如东、中、西部、城乡都应实现统一的底线均等？或者在实现底线均等后，带有不同特色需求的效果均等？）

（11）现有的很多调查都反应公共文化设施设备利用率低，就您了解的情况来看，如何更好地提高其利用率？

（12）目前课题组已初步构建出"我国基本公共文化服务标准体系和标准化体系框架"，希望您能提出宝贵的意见和建议！标准化体系的实施划分成前、中、后三个阶段是否合理？

（13）希望您对课题组编制的《我国基本公共文化服务标准化体系实施指南》提出宝贵意见和建议！

（14）目前均等化主要依靠的是财政转移支付方式，但也有专家认为转移支付掩盖的是政府财权事权的不匹配问题，治标不治本，应该通过明确主管与财务责任来重构公共服务结构，您是如何看待的？您是否支持通过继续增大财政转移支付来实现均等化？

（15）您认为由哪方制定公共文化服务标准会更合适（政府、公共文化机构、第三方等）？请您说明理由！

（16）在持续发展的社会经济背景之下，您认为地区、城乡间公共文化服务差异是否会越来越大？您怎么看待此种环境下的均等化？

3. 访谈结束

再次感谢您抽出宝贵的时间接受我们课题组的访问，祝您工作、生活愉快！

附录二
我国基本公共文化服务标准化体系实施指南（征求意见稿）

前　言

随着我国基本公共文化服务标准化体系日臻完善，该体系成为提升我国基本公共文化服务效能、实现基本公共文化服务均等化的重要支撑。在公共文化服务领域引入标准化的思想，构建标准化的体系，发挥标准化体系的作用，成为我国基本公共文化服务领域的重点和难点。从世界范围来看，由于各国文化差异较为显著，在文化领域引入标准化思想的范例尚不多见，特别是在我国特有的"公共文化"的语境下，对公众开展文化服务时可参考的标准化相关的例子不多。为了规范和促进我国基本公共文化服务标准化工作，进一步推进基本公共文化服务标准化工作，我国公共文化服务领域也迫切需要制定一部符合我国国情的基本公共文化服务标准化体系实施指南，为本领域提供一个系统的、完整的、可操作的指导性工具。同时，本课题组在调研访谈过程中发现，多数从事公共文化服务相关工作的管理者、普通工作人员认为十分有必要编制一部适合我国国情的基本公共文化服务标准化体系实施指南。

本指南以课题组构建的基本公共文化服务标准化体系实施模型为主线，融入基本公共文化服务标准化基础知识普及战略、基本公共文化服务标准化骨干标准体系建设战略、基本公共文化服务标准化质量管控战略以及基本公共文化服务标准化人才储备与培训战略。本指南共分为三个部分，分别为"实施前阶段""实施中阶段"以及"实施后阶段"，每个阶段下有若干个实施活动项，以推进该部分的标准体系的实施。

本指南主要是为我国各级、各类与基本公共文化服务标准化工作相关的管理者与工作人员编制的，上述人员无论之前是否拥有开展基本公共文化服务标准化工作的经验，都可参考本指南。位于顶层机构的人员可依据本指南制定基本公共文化服务标准化体系相关政策，处于中层和基层机构的人员可依据本指南对我国基本公共文化服务标准化体系的运行和实施进行了解，便于开展工作。本指南不是强制性的，也不是指令性的，而是提供一个可操作性的参考，以方便各级、各类工作人员理解我国基本公共文化服务标准化体系的架构，便于开展基本公共文化服务标准化的相关工作。上述人员可根据自身所在地的具体情况，自行决定如何以及多大程度上应用本指南。

我们诚恳地希望本指南的使用者在使用过程中对本指南进行讨论，并提供修改意见。

第一部分 实施前阶段

一、明确法律/政策保障

在实施基本公共文化服务标准化体系之前,各级各类文化相关机构应明确与基本公共文化服务相关的法律、政策有哪些,进一步地,要明确这些相关法律、政策中有哪些具体的法条、规定涉及"标准"以及"标准化"。

明确了法律、政策中的相关法条、规定后,可依据这些法条、规定进行基本公共文化服务标准化基础知识的普及和宣传,对政府主管机构、文化执行机构、公众等进行普法、政策宣传。

二、明确行政管理职责

各级、各类文化主管部门、文化执行机构在学习相关法律、政策的基础上,应清晰地知道本机构在基本公共文化服务标准化体系中所处的位置、应尽的职责以及拥有的权利。

上述机构应将具体职责落实到具体的岗位和人员,制定相应的保障制度,以保证标准化工作能顺利开展。

上述机构还应制定相应的反馈机制,以保证标准化工作在遇到问题时能及时向上反映,共同解决问题,确保标准化工作可顺利开展并得到改进。

三、开展标准化研究

各级、各类标准化研究组织(专业的标准化研究院、高校相关院系及科研院所等)应积极开展与基本公共文化服务标准化相关的研究。

在开展基本公共文化服务标准化工作之前,上述机构应对基本公共文化服务相关标准的研制、出台、宣传、贯彻、反馈及修订等进行研究。

上述机构还应对标准化主体、客体、标准化的实施体系、标准化的实施评价等进行研究。

上述研究性机构应进行系统的、专业的、完整的且具有前瞻性的研究。

值得注意的是,对标准化进行研究并不等同于标准的研制,它是一个整体的过程,而标准的研制单指对标准文本进行研发、研制、修订的活动。

四、开展标准研制

标准的研制主要是由各公共文化服务相关的标委会承担。

标委会的职责是对所处行业的所有相关标准进行研发、研制与修订,其重点在于标准的制定与修订。

各标委会应设置专职岗位对所在行业的标准进行详细的研发、研制与修订工作。

各标委会应建立良好的信息收集与反馈系统，便于收集所在行业的最新动态。

各标委会应做好标准化专业人才的培训与储备工作，依据相关法律、政策向主管部门申请专门的经费，用于专门开展标准研制工作。

第二部分　实施中阶段

一、建立准入机制

基本公共文化服务标准化应有合理的准入制度。

各级、各类文化主管部门，应在相应的文化机构开展基本公共文化服务之前，对这些机构按照国家标准进行——对照的评估和检查。

只有符合国家最低标准的基本公共文化服务，才能对公众开放。

只有符合国家标准的公共文化服务机构，才能获得开展基本公共文化服务的资格。

由于基本公共文化服务的性质较为特殊，属于国家公益性的行业，且属于精神文明类别的服务，因此，在我国人口众多、基础设施尚未均等完善的条件下，要求达标再开放是不合时宜的。

若接受评估的机构尚未达标但又必须开放，可设计相关评分标准，按实际情况评分，设置及格线，定时回看，督促整改，一边开放，一边努力发展，直至及格达标。

在我国目前的国情下，准入制度可在部分东部沿海发达地区试行，对于中西部经济欠发达地区，可实施评分限期整改式的"准入机制"。

二、开展标准宣传

标准的宣传包括两方面的宣传。一方面是对内宣传，一方面是对外宣传。

对内宣传主要是对标准的执行部门、其主管部门的领导及相关工作人员进行宣传，使得上述人员对标准的内容、标准的实施规范以及标准的反馈有较为清晰的认知，以便在争取人、财、物支持时消除认知误差和障碍。

对外宣传主要是由标准的执行机构，对服务的对象（公众）进行各种形式的宣传，使公众清晰地了解到自身的基本文化权利，便于公众对基本公共文化服务提出宝贵的意见，并能依据所了解的相关权利，反馈信息。

三、标准的执行与贯彻

标准的执行和贯彻主要是文化服务机构、其主管部门对标准的实施和支持。

关键在于执行标准的到位程度。基本公共文化服务的标准,从严格程度上划分,团体标准最严,国家标准最松,具体为:团体标准 > 行业标准 > 地方标准 > 国家推荐标准 > 国家标准。

在我国东西部发展不平衡的国情下,对于基本公共文化服务标准的执行与贯彻,必须在各地政府主管部门对基本公共文化服务标准的清晰认知下,各文化机构以严格执行强度最低的国家标准为底线。

四、监督

在完成准入、宣传与执行贯彻后,最为重要的环节是对上述过程的全程监督。

监督的过程主要是对上述环节的合规性、完整性以及实施效果进行监督,避免出现缺失或执行不到位的情况。

监督的执行机构应独立于文化执行机构,直接对文化执行机构及其主管部门的上级直属部门负责。

第三部分　实施后阶段

一、开展评价工作

实施后阶段,是基本公共文化服务的行政管理、准入机制、标准的宣传贯彻等环节完成之后的阶段。

主要是针对标准实施效果的评估,同时,对基本公共文化服务标准化体系进行整体性的评价。

对基本公共文化服务标准化体系实施评价,直接目标是完善和提升基本公共文化服务标准化体系的质量。

应遵循的评价原则有:第一,公开性原则;第二,层次性原则;第三,公平性原则;第四,闭环性原则。

评价的方法有:定量评估方法、定性评估方法、定量与定性评估相结合。

评价的主体是多元的,主要分为内部评价主体与外部评价主体两类。所谓内部评价主体,即基本公共文化服务标准化体系的各相关单位作为评价主体;外部评价主体,即上述单位的上级单位或独立的社会第三方机构作为评价主体。

评价的客体,主要是指该体系内的各相关单位,包括标准的研究、研制、执行、监督机构,相关标准的文本,贯彻标准化工作的方法、流程等。

评价的过程,即对基本公共文化服务标准化体系评价全程进行计划、组织、指挥、协调、控制的过程。

评价过程需要被管理,过程管理直接关系到是否能顺利完成评价工作,是否能得到公正的评价结果。

评价过程中应注意的问题有:第一,评价的指标体系需要不断修正;第二,开展标准化体系评估时,需要事先做好基本公共文化服务标准化相关知识的普及工作;第三,我国基本公共文化服务的诸多标准尚未得到实践的检验,在评估时要及时发现并反馈给标准的研究、研制部门。

二、开展效果追踪工作

在此阶段,主要是汇集基本公共文化服务标准化实施过程中反馈的相应问题,并对标准的实施效果、实施效率以及适应性等关键问题进行评价和分析,以便反馈到标准的研究与研制机构,便于对相关标准进行改进与修订。

三、标准的修订反馈

在此阶段,主要是由标准化研究机构以及标准研制机构根据评价机构的反馈信息以及自身收集的信息,对标准化体系中出现的问题以及标准指标中的不恰当指标进行研究分析,通过优化和改善标准化体系以及标准指标,及时研究体系的发展趋势,及时研制符合发展规律的标准指标。

附录三
基层公共文化服务标准研究相关文件目录

说明:

在国家以及行业系列相关标准颁布之际,各省市县区等也纷纷颁布了一系列的服务实施以及建筑标准。为全面了解目前基层公共文化服务标准现状,课题组于2016至2017年,通过网络搜索方式,在各地方政府网站公开信息、新闻报道、期刊等多种形式的网络信息中选取权威性、可靠性最高的信息进行收集和提取,并按照标准的类型进行分类整理,以为课题组构建城市和农村基层公共文化服务基本标准提供参考。

一、城市基层公共文化服务基本标准的参考文件

序号	标准名称	类型	制定(发布)者	编码
1	城市社区文化活动室设备配置标准	国家	文化部	CA1
2	城市社区文化设施管理办法(试行)	国家	文化部	CA2
3	城市社区文化中心(街道文化站)设备配置标准	国家	文化部	CA3
4	创建国家公共文化服务体系示范区验收标准(中部)	国家	文化部	CA4
5	公共图书馆服务规范(GB/T 28220—2011)	国家	文化部	CA5
6	国家公共文化服务体系示范区(项目)创建标准(东部)	国家	文化部、财政部	CA6
7	国家公共文化服务体系示范区(项目)创建标准(西部)	国家	文化部、财政部	CA7
8	国家公共文化服务体系示范区(项目)创建标准(中部)	国家	文化部、财政部	CA8
9	国家公共文化服务体系示范区(项目)创建工作方案	国家	文化部、财政部	CA9
10	国家基本公共服务体系"十二五"规划	国家	国务院办公厅	CA10
11	国家基本公共文化服务指导标准(2015—2020年)	国家	中共中央办公厅、国务院办公厅	CA11
12	全国乡镇(街道)文化站试评估定级必备条件	国家	文化部	CA12

续表

序号	标准名称	类型	制定(发布)者	编码
13	全国乡镇综合文化站评估定级标准指导纲要	国家	文化部	CA13
14	文化馆服务标准(征求意见稿)	国家	文化部	CA14
15	文化馆服务标准编制说明	国家	文化部	CA15
16	乡镇综合文化站服务标准(征求意见稿)	国家	文化部	CA16
17	乡镇综合文化站服务标准编制说明	国家	文化部	CA17
18	乡镇综合文化站管理办法	国家	文化部	18
19	乡镇综合文化站建设标准(建标160—2012)	国家	文化部	CA19
20	公共文化体育设施条例	国家	国务院	CA20
21	国家公共文化服务体系示范区(项目)创建标准	国家	文化部	CA21
22	全国地市级公共文化设施建设规划	国家	国家发改委、文化部、国家文物局	CA22
23	城市社区体育设施建设用地指标(建标〔2005〕156号)	行业	国家体育总局	CB23
24	城市社区文化设施管理办法(试行)	行业	文化部	CB24
25	城市社区文化中心(文化活动室)设备购置专项资金管理办法	行业	文化部、财政部	CB25
26	公共图书馆建设标准(建标108—2008)	行业	文化部	CB26
27	公共图书馆建设用地指标(建标〔2008〕74号)	行业	文化部	CB27
28	社区图书馆服务规范(WH/T 73—2016)	行业	文化部	CB28
29	文化馆建设标准(建标136—2010)	行业	文化部	CB29
30	文化馆建设用地指标(建标〔2008〕128号)	行业	文化部	CB30
31	乡镇综合文化站建设标准(建标160—2012)	行业	文化部	CB31
32	鄂尔多斯市人民政府办公厅关于印发公共文化服务标准化试点实施方案和公共文化服务体系建设协调机制实施方案的通知	政府公告	鄂尔多斯市人民政府办公厅	CC32
33	鄂尔多斯市人民政府关于加快构建现代公共文化服务体系的意见	政府公告	鄂尔多斯市人民政府办公厅	CC33
34	公共文化服务标准化试点工作方案	政府公告	文化部	CC34
35	公共文化机构法人治理结构试点工作方案	政府公告	文化部	CC35

续表

序号	标准名称	类型	制定(发布)者	编码
36	关于开展乡镇(街道)综合文化站、村(社区)综合文化服务中心督导检查的通知	政府公告	中共威海市委宣传部、威海市文化广电新闻出版局	CC36
37	关于印发《汉台区基层综合文化服务中心建设实施方案》的通知	政府公告	汉台区政府办公室	CC37
38	关于征求《浙江省关于加快构建现代公共文化服务体系的实施意见》意见的公告	政府公告	浙江省文化厅	CC38
39	关于转发《国家标准文化馆服务标准乡镇综合文化站服务标准征求意见稿》的通知	政府公告	山东省文化厅	CC39
40	国务院办公厅关于推进基层综合性文化服务中心建设的指导意见	政府公告	国务院办公厅	CC40
41	国务院关于印发"十三五"推进基本公共服务均等化规划的通知	政府公告	国务院	CC41
42	国务院关于印发国家基本公共服务体系"十二五"规划的通知	政府公告	国务院	CC42
43	基层综合性文化服务中心建设试点工作方案	政府公告	文化部	CC43
44	文化部办公厅关于公布国家公共文化服务标准化试点地区等名单的通知	政府公告	文化部	CC44
45	文化部办公厅关于开展公共文化服务标准化等试点工作的通知	政府公告	文化部办公厅	CC45
46	文化部办公厅关于开展公共文化机构法人治理结构试点工作方案	政府公告	文化部	CC46
47	文化部等七部委印发《"十三五"时期贫困地区公共文化服务体系建设规划纲要》	政府公告	文化部	CC47
48	文化部关于认真贯彻实施《文化馆建设标准》的通知	政府公告	文化部	CC48
49	文化部关于印发《文化部"十二五"时期公共文化服务体系建设实施纲要》的通知	政府公告	文化部	CC49
50	文化部关于印发《文化部"十二五"时期文化改革发展规划》的通知	政府公告	文化部	CC50
51	云南省文化厅关于印发《云南省文化信息化"十二五"发展规划》的通知	政府公告	云南省文化厅	CC51

续表

序号	标准名称	类型	制定(发布)者	编码
52	中共中央办公厅、国务院办公厅印发《关于加快构建现代公共文化服务体系的意见》(全文)	政府公告	中共中央办公厅、国务院办公厅	CC52
53	"文化之城"建设三年行动计划	地方	沧州市委、市政府	CD53
54	安徽省乡镇综合文化站服务标准	地方	安徽省文化厅	CD54
55	北京市公共文化服务体系建设基本情况	地方	文化部公共文化司	CD55
56	北京市基层公共文化设施服务规范	地方	北京市文化局	CD56
57	北京市基层公共文化设施服务规范(试行)	地方	北京市文化局	CD57
58	北京市基层公共文化设施建设标准	地方	北京市人民政府	CD58
59	大连市人民政府关于进一步加强文化惠民工作的实施意见	地方	大连市人民政府	CD59
60	鄂尔多斯市基本公共文化服务实施标准(2015—2020年)	地方	鄂尔多斯市人民政府办公厅	CD60
61	甘肃省"十三五"公共文化服务体系建设规划	地方	甘肃省人民政府办公厅	CD61
62	甘肃省委办公厅省政府办公厅关于加快构建现代公共文化服务体系的实施意见	地方	甘肃省人民政府办公厅	CD62
63	甘肃省乡镇文化站评估定级标准	地方	甘肃省人民政府办公厅	CD63
64	关于加快构建现代公共文化服务体系的实施意见	地方	云南省人民政府办公厅	CD64
65	关于加快构建现代公共文化服务体系的实施意见(广东)	地方	广东省人民政府办公厅	CD65
66	广东省住房和城乡建设厅2017年部门预算公开	地方	广东省住房和城乡建设厅	CD66
67	行政村和社区综合文化服务中心建设标准	地方	江苏省文化厅	CD67
68	黑龙江省关于加快构建现代公共文化服务体系的实施意见	地方	黑龙江省文化厅	CD68
69	横沥镇村(社区)综合性文化服务中心建设标准(2016—2018年)	地方	横沥镇人民政府	CD69

续表

序号	标准名称	类型	制定(发布)者	编码
70	横沥镇落实基层综合性文化服务中心建设分工方案	地方	横沥镇人民政府	CD70
71	江苏省行政村(社区)综合文化服务中心建设标准	地方	泰州市文新广局	CD71
72	力推农村基层公共文化服务标准化	地方	中共安徽省委宣传部	CD72
73	洛江区社区文化活动中心建设标准	地方	洛江区文体旅游新闻出版局	CD73
74	内蒙古自治区公共文化服务体系建设评价考核办法(试行)	地方	内蒙古自治区人民政府办公厅	CD74
75	社区图书馆(室)服务规范(DB34/T2605—2016)	地方	安徽省文化厅	CD75
76	省政府办公厅关于推进基层综合性文化服务中心建设的实施意见	地方	江苏省人民政府办公厅	CD76
77	推进全省基层综合性文化服务中心建设实施方案	地方	吉林省人民政府办公厅	CD77
78	云南省基本公共文化服务实施标准	地方	云南省人民政府办公厅	CD78
79	上海市贯彻《关于加快构建现代公共文化服务体系的意见》的实施意见	地方	上海市人民政府办公厅	CD79
80	关于开展江苏省公共文化服务体系示范区创建工作的通知	地方	江苏省文化厅	CD80
81	宁波市乡镇(街道)图书馆建设和服务规范	地方	宁波技术质量监督局	CD81
82	宁夏吴忠市公共文化服务体系制度设计研究方案	地方	吴忠市公共文化示范区创建办	CD82
83	攀枝花市第一批公共服务事项"七公开"办事指南	地方	市政管办、市法制办、市委编办	CD83
84	攀枝花市第一批公共服务事项目录	地方	市政管办、市法制办、市委编办	CD84
85	青海省《关于加快构建现代公共文化服务体系的实施意见》	地方	中共青海省委办公厅、青海省人民政府办公厅	CD85

续表

序号	标准名称	类型	制定(发布)者	编码
86	山东省地方公共文化服务体系建设专项资金管理使用办法	地方	山东省财政厅	CD86
87	山东省乡镇综合文化站等级必备条件和评估标准	地方	山东省文化厅	CD87
88	山西省"十三五"基本公共服务均等化规划	地方	山西省人民政府	CD88
89	陕西省基层综合性文化服务中心建设指导标准	地方	陕西省政府办公厅	CD89
90	陕西省乡镇(街道)综合文化站服务效能考核办法	地方	陕西省文化厅	CD90
91	上海市基本公共文化服务实施标准(2015—2020年)	地方	中共上海市委办公厅、上海市人民政府办公厅	CD91
92	上海市社区文化活动中心基本配置要求	地方	上海社区文化活动中心	CD92
93	天津市《关于加快构建现代公共文化服务体系的实施意见》	地方	天津市政府	CD93
94	文韵润城乡北京市朝阳区公共文化服务体系建设纪实	地方	人民网	CD94
95	西藏自治区正式出台《关于加快构建现代公共文化服务体系的实施意见》	地方	中共西藏自治区委员会办公厅、西藏自治区人民政府办公厅	CD95
96	云南省公共文化服务单位信息公开管理办法	地方	云南省文化厅	CD96
97	浙江省公共文化服务体系建设提升年活动实施方案	地方	浙江省文化厅	CD97
98	浙江省基本公共文化服务标准(2015—2020年)	地方	浙江省文化厅	CD98
99	浙江省实施基本公共文化服务标准化均等化行动计划(2015—2020年)	地方	浙江省文化厅	CD99
100	浙江省《关于加快构建现代公共文化服务体系的实施意见》	地方	浙江省文化厅	CD100

续表

序号	标准名称	类型	制定(发布)者	编码
101	中共辽宁省委辽宁省人民政府关于全力打赢脱贫攻坚战的决定	地方	辽宁日报	CD101
102	重庆市公共文化服务单位常规管理办法	地方	重庆市人民政府办公厅	CD102
103	重庆市公共文化服务体系建设"十三五"发展规划	地方	重庆市人民政府办公厅	CD103
104	江苏省公共文化服务体系示范区创建标准(地市级)	地方	江苏省文化厅	CD104
105	江苏省公共文化服务体系示范区创建标准(县级)	地方	江苏省文化厅	CD105
106	江苏省公共文化服务体系示范区创建标准(乡镇级)	地方	江苏省文化厅	CD106
107	江苏省农村公共文化服务管理办法	地方	江苏省政府	CD107
108	江苏省农家书屋建设标准	地方	江苏省新闻出版局	CD108
109	无锡市基本公共文化服务保障标准(ZDWJT 0081—2015)	地方	无锡市质量技术监督局	CD109
110	盐城市文化惠民工程	地方	盐城市政府	CD110

资料来源:课题组整理

二、农村基层公共文化服务基本标准的参考文件

序号	标准名称	类型	制定(发布)者	编码
1	办公家具 阅览桌、椅、凳(GB/T 14531—2008)	国家	全国家具标准化中心	NA1
2	公共图书馆服务规范(GB/T 28220—2011)	国家	文化部	NA2
3	国家基本公共文化服务指导标准(2015—2020年)	国家	中共中央办公厅、国务院办公厅	NA3
4	社区服务指南 第3部分:文化、教育、体育服务(GB/T 20647.3—2006)	国家	全国服务标准化技术委员会(SAC/TC 264)	NA4
5	体育场馆LED显示屏使用要求及检验方法(GB/T 29458—2012)	国家	国家体育总局	NA5
6	体育场馆公共安全通用要求(GB 22185—2008)	国家	国家体育总局	NA6
7	厅堂扩声系统设计规范(GB 50371—2006)	国家	建设部	NA7

续表

序号	标准名称	类型	制定(发布)者	编码
8	文化馆服务标准(修改稿)(GB/T 32939—2016)	国家	文化部	NA8
9	文化馆建设标准(建标136—2010)	国家	文化部	NA9
10	文化娱乐场所卫生标准(GB 9664—1996)	国家	卫生部	NA10
11	乡镇综合文化站服务标准(GB/T 32940—2016)	国家	文化部	NA11
12	中华人民共和国公共文化服务保障法	国家	第十二届全国人民代表大会常务委员会	NA12
13	村级文化活动室建设标准	行业	不详	NB13
14	公共图书馆建筑防火安全技术标准(WH 0502—96)	行业	文化部	NB14
15	体育场馆公共座椅(QB/T 2601—2003)	行业	国家发改委	NB15
16	图书馆行业条码(WH 0501—1995)	行业	文化部	NB16
17	演出场馆设备技术术语 舞台机械(WH/T 35—2009)	行业	文化部	NB17
18	音响舞台灯光机械验收标准	行业	不详	NB18
19	镇(乡)村文化中心建筑设计规范(JGJ 156—2008)	行业	住房和城乡建设部	NB19
20	安徽省人民政府办公厅关于印发推进基层综合性文化服务中心建设实施方案的通知	政府公告	安徽省人民政府	NC20
21	宝鸡市人民政府关于印发创建国家公共文化服务体系示范区规划及相关工作方案的通知	政府公告	宝鸡市人民政府	NC21
22	财政部关于印发《中央补助地方公共文化服务体系建设专项资金管理暂行办法》的通知	政府公告	财政部	NC22
23	德州市关于加快构建现代公共文化服务体系的实施意见	政府公告	中共德州市委宣传部	NC23
24	关于村级基本公共文化服务标准化建设的指导意见	政府公告	安徽省文化厅	NC24
25	关于公布第一批创建国家公共文化服务体系示范区(项目)名单的通知	政府公告	财政部	NC25
26	关于印发郎溪县"十三五"时期文化事业发展规划的通知	政府公告	安徽省郎溪县人民政府	NC26

续表

序号	标准名称	类型	制定(发布)者	编码
27	广东省出台《关于加快构建现代公共文化服务体系的实施意见》	政府公告	广东省文化厅	NC27
28	国务院关于公共文化服务体系建设工作情况的报告	政府公告	国务院	NC28
29	河北省人民政府办公厅 关于推进基层综合性文化服务中心建设的实施意见	政府公告	河北省人民政府办公厅	NC29
30	惠州出台41项基本公共文化服务标准 保障群众文化权益	政府公告	广东省财政厅	NC30
31	青州市人民政府办公室关于印发加快构建现代公共文化服务体系实施方案的通知	政府公告	山东省青州市人民政府	NC31
32	石狮市人民政府办公室关于印发《石狮市推进基层综合性文化服务中心建设实施方案》的通知	政府公告	石狮市人民政府	NC32
33	云南省人民政府办公厅关于推进基层综合性文化服务中心建设的实施意见	政府公告	云南省人民政府	NC33
34	中共安徽省委办公厅、安徽省人民政府办公厅关于加快构建现代公共文化服务体系的实施意见	政府公告	安徽省人民政府	NC34
35	中共中央办公厅、国务院办公厅印发《关于加快构建现代公共文化服务体系的意见》	政府公告	中共中央办公厅、国务院办公厅	NC35
36	安徽省基本公共文化服务实施标准(2015—2020年)	地方	安徽省人民政府	ND36
37	北京市基层公共文化设施服务规范	地方	北京市文化局	ND37
38	北京市基层公共文化设施建设标准	地方	不详	ND38
39	滨海新区基本公共文化服务实施标准(2015—2020年)	地方	天津市滨海新区人民政府	ND39
40	德州市基本公共文化服务实施标准(2015—2020年)	地方	德州市人民政府	ND40
41	鄂尔多斯市基本公共文化服务实施标准(2015—2020年)	地方	鄂尔多斯市人民政府办公厅	ND41

续表

序号	标准名称	类型	制定(发布)者	编码
42	甘肃省"十三五"公共文化服务体系建设规划	地方	甘肃省人民政府办公厅	ND42
43	甘肃省委办公厅　省政府办公厅关于加快构建现代公共文化服务体系的实施意见	地方	甘肃省人民政府	ND43
44	公共场所英文译写规范　第4部分:文化体育(DB 32/T 1446.4—2009)	地方	江苏省质量技术监督局	ND44
45	关于加快构建现代公共文化服务体系的实施意见	地方	甘肃省委办公厅、省政府办公厅	ND45
46	广东省基本公共文化服务实施标准(2015—2020年)	地方	广东省人民政府	ND46
47	河北省基本公共文化服务实施标准(2016—2020年)	地方	河北省人民政府	ND47
48	黑龙江省关于加快构建现代公共文化服务体系的实施意见	地方	中共黑龙江省委办公厅、黑龙江省人民政府办公厅	ND48
49	吉林省人民政府办公厅关于印发推进全省基层综合性文化服务中心建设实施方案	地方	吉林省人民政府办公厅	ND49
50	江苏省公共文化服务体系示范区创建标准(县级)	地方	江苏省人民政府文化厅	ND50
51	洛江区社区文化活动中心规划标准	地方	不详	ND51
52	闵行区基本公共文化服务实施标准(2015—2020年)	地方	上海市闵行区人民政府	ND52
53	内蒙古自治区人民政府办公厅关于印发 自治区公共文化服务体系建设 评价考核办法(试行)	地方	内蒙古自治区人民政府办公厅	ND53
54	宁夏吴忠市公共文化服务体系制度设计研究方案	地方	不详	ND54
55	攀枝花市第一批公共服务事项办事指南	地方	攀枝花市人民政府政务服务管理办公室	ND55
56	青海省加快构建现代公共文化服务体系的实施意见	地方	青海省委、省政府	ND56

续表

序号	标准名称	类型	制定(发布)者	编码
57	山东省地方公共文化服务体系建设专项资金管理使用办法	地方	山东省财政厅	ND57
58	山东省基本公共文化服务实施标准	地方	山东省文化厅	ND58
59	山西省"十三五"基本公共服务均等化规划印发实施	地方	山西省人民政府	ND59
60	陕西省乡镇(街道)综合文化站服务效能考核办法	地方	陕西省文化厅	ND60
61	上海市大型公共文化设施建筑合理用能指南	地方	上海市质量技术监督局	ND61
62	上海市贯彻《关于加快构建现代公共文化服务体系的意见》的实施意见	地方	中共上海市委办公厅上海市人民政府办公厅	ND62
63	上海市基本公共文化服务实施标准(2015—2020年)	地方	上海市文化厅	ND63
64	天津市关于加快构建现代公共文化服务体系的实施意见	地方	中共天津市委办公厅	ND64
65	西藏自治区贯彻落实《关于加快构建现代公共文化服务体系的意见》的实施意见	地方	中共西藏自治区委员会办公厅、西藏自治区人民政府办公厅	ND65
66	云南省公共文化服务单位信息公开管理办法	地方	云南省文化厅	ND66
67	云南省基本公共文化服务实施标准	地方	云南省人民政府办公厅	ND67
68	浙江省公共文化服务体系建设提升年活动实施方案	地方	浙江省文化厅	ND68
69	重庆市公共文化服务单位常规管理办法	地方	中共重庆市委宣传部	ND69
70	重庆市文化发展"十三五"规划	地方	重庆市人民政府办公厅	ND70

资料来源:课题组整理

索 引

（以拼音为序）

后　记

自进入学术界以来,我承担过多项省部级和国家级项目,其中有国家级一般项目,也有国家级重点项目,但承担国家重大项目,这是第一次。

当获得国家重大项目时,着实有过特别的兴奋和喜悦,加上领导和众多学术朋友的祝贺,我一度感觉身处学术高峰且有些飘飘然。很快,这种兴奋和喜悦便转为冷静与压力。正如我在开题会上阐释重大项目中"重大"二字的意义:一是选题很重大;二是其指导者和顾问团队、专家团队很重大;三是责任重大。有了前面两个重大更觉得肩上的担子沉重,压力山大。

拿重大项目难,做重大项目更难。当项目成果在我办公室摆满了办公桌时,当我的学生们推着小车子将几箱子成果送往社科处时,当网上发布我的项目结项信息时,我心里有说不出的滋味,似如释重负,似苦乐调和。

重大项目的成果比较丰厚,除阶段性成果和子课题研究报告外,最终研究报告就有21章80万字,包括理论研究、调查研究、案例研究等,课题组搜集并整理近千万字相关材料,并完成有800余万字的《我国公共文化服务标准汇编》。

重大项目得以完成,课题组成员付出了辛勤劳动。课题组成员最初有40人,后又增加35人,其他形式的参与者不计其数,形成了一个庞大的研究团队。

本书抽取了项目最终研究报告的核心部分,在项目最终成果的基础上加工完成。全书共16章,各章撰写情况如下:

第1章"绪论"由柯平、胡银霞撰写,彭亮在初稿基础上进行修改。

第2章"研究设计"由胡银霞撰写,张雅琪、邹金汇在初稿基础上进行修改。

第3章"基本理论问题探讨"以子课题一的研究为基础,由张雅琪撰写。

第4章"国内公共文化服务标准化与均等化的实践基础"以子课题二的研究为基础,由刘旭青撰写。

第5章"国外公共文化服务标准化与均等化的实践借鉴"以子课题一的研究为基础,由宫平撰写。

第6章"问卷调查概述"以课题组问卷调查成果为基础,由胡银霞撰写,胡娟在初稿基础上进行修改。

第7章"城镇地区居民问卷调查分析"以课题组问卷调查成果为基础,由张雅琪撰写。

第8章"农村地区居民问卷调查分析"以课题组问卷调查成果为基础,由刘旭青撰写。

第9章"专家访谈分析"以课题组专家访谈成果为基础,由刘旭青撰写。

第10章"我国基本公共文化服务标准化的体系构建"以子课题三的研究为基础,由苏福撰写。

第11章"我国基本公共文化服务标准化的实施策略"以子课题三的研究为基础,由苏福撰写。

第 12 章"我国基本公共文化服务均等化的制度设计"以子课题四的研究为基础,由邹金汇撰写。

第 13 章"我国基本公共文化服务均等化的实现路径研究"以子课题四的研究为基础,由邹金汇撰写。

第 14 章"面向基层公共文化服务的基本标准设计"以子课题五的研究为基础,由邹金汇撰写。

第 15 章"面向基层公共文化服务的基本标准指标体系"以子课题五的研究为基础,由袁珍珍、邹金汇撰写,袁珍珍在初稿基础上进行修改。

第 16 章"研究结论与展望"由柯平、胡银霞撰写,张雅琪、邹金汇在初稿基础上进行修改。

主要参考文献由胡银霞、张雅琪整理完成。

索引由袁珍珍整理完成。

全书由柯平负责统稿,张雅琪参与了统稿工作。李菲对第 1—5 章提出修改意见,陈媛媛对第 6—8 章提出修改意见,陈昊琳对第 9—12 章提出修改意见,张文亮对第 13—15 章提出修改意见。在统稿过程中,邹金汇、苏福、胡银霞、张雅琪、刘旭青、宫平、袁珍珍、胡娟、陈韩梅、彭亮、陈昊琳、孙慧云、吴素舫、张海玲、张文亮、李菲、陈媛媛、牛佳宁、奚悦、裴爽参与了修改和校对。

本书即将出版之时,我再次回忆从重大项目的申报、开题、研究、结项至书稿整理的全过程,忘记了其中的辛苦,剩下的全是成就感和幸福感,感恩之情油然而生。感谢全国哲学社会科学工作办公室给了我承担国家重大项目的荣誉和责任,特别要感谢国家社科基金"图书馆·情报与文献学"学科规划评审组组长黄长著先生对我的特别关爱和长期支持,我的国家重点项目"公共文化服务体系中的图书馆战略规划模型与实证研究"(项目批准号:08ATQ001)成果出版时,先生欣然作序,此次国家重大项目成果出版时,本想再请先生为书作序,可先生因工作劳累过度至今还在医院治疗,不敢再去打扰先生,在此祝福先生身体早日康复。感谢课题组子课题负责人吴志成教授、高洁教授、申晓娟研究馆员、张进昌教授、赵益民研究馆员及课题组全体成员,特别要感谢所有给予项目指导的各级领导和专家学者。感谢国家图书馆出版社图书馆学编辑室一直关注国家重大项目以及高爽、唐澈两位责任编辑为本书所做的认真且专业的编辑工作。

任何项目成果都不会尽善尽美,重大项目也不例外。由于出自多人之手以及研究过程中存在的不足与遗憾,本书定会存在错误和疏漏,敬请各位专家学者和读者朋友批评指正。

秋实思春华,杏园溢书香。

柯平
2020 年 6 月 24 日于南开大学